Wilhelm Uhde

Von Bismarck bis Picasso
Erinnerungen und Bekenntnisse

—

Aufzeichnungen aus den Kriegsjahren

Für die großzügige Unterstützung dankt der Verlag:

UBS Kulturstiftung

STIFTUNG
ART PROGRESSIVE

Titel der Originalausgabe: »Von Bismarck bis Picasso. Erinnerungen und Bekenntnisse«, erstmals erschienen 1938 bei Dr. Oprecht & Helbling AG Zürich. »Aufzeichnungen aus den Kriegsjahren« von Wilhelm Uhde und »Nachwort (Paris, Juli 1950)« von Anne-Marie Uhde aus: Manfred Flügge »Paris ist schwer«. Deutsche Lebensläufe in Frankreich. Berlin, Das Arsenal, 1992.

Die beiden Texte von Wilhelm Uhde und das Nachwort von Anne-Marie Uhde wurden ohne Änderungen aus dem Original übernommen. Das trifft auch auf die Rechtschreibung zu. Die Fußnoten im Text »Von Bismarck bis Picasso« stammen von Wilhelm Uhde, sofern nicht mit Herausgeber (Römerhof Verlag) vermerkt, bei »Aufzeichnungen aus den Kriegsjahren« von Manfred Flügge.

Druck: bod

ISBN 978-3-905894-06-6

Vorwort

Ich habe diese Aufzeichnungen in erster Linie für mich selbst gemacht. Indem ich das sechzigste Lebensjahr überschritt, wollte ich Klarheit darüber haben, ob die durchlebte Zeit einen Sinn, vielmehr, ob sie meinen Sinn hat, ob das, was ich gefühlt, gedacht und getan habe, einen Zusammenhang hat und eine Einheit bildet. Ich wollte nicht etwa aus größerer Erkenntnisreife heraus beurteilen, ob alles richtig war; nicht die Wahrheit (was ist Wahrheit?) wollte ich feststellen, sondern die Wahrhaftigkeit. Und ich wollte wissen, ob ich den Schlaf aus Ewigkeit in Ewigkeit, aus dem ich für kurze Dauer erwacht bin, um einer der unzähligen Träger dessen zu sein, was man Leben nennt, mit gutem Gewissen werde fortsetzen können, sehr bald vielleicht, da die Arbeitsschicht der Menschen, zu der ich gehöre, allmählich hinabsinkt, während eine neue heraufsteigt.

Wie jemand, der in nicht ferner Zeit seinen Laden zumachen wird, durchblättere ich das große Hauptbuch, auf dessen Titel »Mit Gott« steht, nicht um zu sehen, ob ich Erfolg hatte und gute Geschäfte machte (ach, ich weiß, daß es nicht der Fall ist), sondern, ob ich ein ehrenhafter Kaufmann war. Das ist nun eine Sache, die allein mich angeht.

In zweiter Linie erst ist dieses Buch für andere bestimmt. Das Tragische unseres Lebens liegt darin, daß es zu kurz ist. Es besteht in einem fortgesetzten Sammeln von Erfahrungen. Haben wir deren genügend gemacht, so können wir sie nicht mehr ausnützen, denn das Leben ist zu Ende. Wir sind durch Schaden klug geworden, aber wir nehmen diese Klugheit mit ins Grab. Alles, was wir tun können, ist, den Verlauf unseres Lebens zum Nutzen der folgenden Geschlechter aufzuzeichnen.

Freilich, die durchschnittlichen Leben, die in der Mitte der menschlichen Möglichkeiten liegen und die diese in leichten Dosierungen enthalten, haben sich gegenseitig nichts Wichtiges mitzuteilen. Das sind die kleinen, bürgerlichen, zufriedenen Leben. Aber es gibt andere, die an den Polen oder in deren Nähe liegen, mit exklusiven, mehr oder weniger einseitig betonten Wert- und Zielsetzungen. Diese Leben haben sich gegenseitig viel zu sagen. Hier findet ein lehrreicher und fruchtbarer Verkehr von Pol zu Pol statt. Ein solches Leben, das seine Einseitigkeit auslebt, in deren Sinn handelnd sich deutet, ist ein echtes; es wird auch ein reiches, wenn es daneben den Sinn des andern Pols versteht und dessen Möglichkeiten als Ergänzungen sich einbezieht. Dieses sind die polaren Leben, die zu leben es sich lohnt und aus denen man Nutzen ziehen kann, wenn man sie aufschreibt.

Es gibt eine doppelte Polarität des menschlichen Lebens, soweit es interessant ist, das heißt, soweit es an Extreme rührt, nicht neutral in mittleren Lagen sich befindet. Da ist einmal der Punkt, an dem aus einem Glauben an eine höhere Wesenheit des Menschlichen die aus der sogenannten »Krone der Schöpfung« sich ergebenden Werte als absolute und ewige bejaht und zur Grundlage von Idealen gemacht werden. Während am Gegenpole diese als Idiosynkrasien erscheinen, über die höher organisierte Wesen, vielleicht des Mars, ein mitleidiges Lächeln haben. Wenn nicht, extremer noch, die Menschheit als die der Natur gefährlichste Bazillenkultur sich darstellt, die den Körper der Erde mit dem charakteristischen Schorf ihrer Behausungen verunziert. Wer am Pole des Idealismus seine Heimat hat, aber es nicht verschmäht, die weite Erkundungsfahrt in die trostlosen Gegenden des Werte verneinenden Gegenpols zu machen, wird künftig, um einen Überschwang des Glaubens, Liebens und Hoffens zu mildern, eine überlegene Ratio, eine feine Skepsis und die Gabe des Humors zur Verfügung haben.

Da, wo eine stark ausgebildete Persönlichkeit dem positiven Pole der Wertebejahung zugekehrt ist, erwächst ihr die Möglichkeit einer zweiten Polarität. Es fragt sich nämlich, was für Werte bejaht werden: die tatsächlich vorhandenen oder die eingebildeten. Denn es gibt Menschen, die das Leben voll Befriedigung nehmen, wie es ist, die es in leidenschaftlicher Beglückung betrachten, erkennen, deuten und genießen und die, von einer »irdischen Liebe« erfüllt, rufen: »So ist, Gott sei Dank, das Leben.« Und dann gibt es andere, die eine höhere Wirklichkeit ersehnen, in sich selbst die Elemente einer solchen finden, sich zu ihnen bekennen und die, dieser »himmlischen Liebe« untertan, rufen: »So sollte das Leben sein.« Die horizontale, klassisch-impressionistische, und die vertikale, gotisch-romantische Einstellung bedingen die beiden entgegengesetzten Möglichkeiten des innern Verhaltens eines am Pole der Bejahung verankerten Menschen. Auch hier ist die Möglichkeit einer gegenseitigen Beeinflussung, das heißt einer Polarität, gegeben, wenn etwa, um eines der beiden denkbaren Beispiele zu nehmen, ein von der himmlischen Liebe besessener Mensch es vermag, bewußt auch die irdische seinem Leben einzufügen. Indem dem Flug in erträumte Welten, der sein Sehnen befriedigt, doch immer wieder die Rückkehr zur Erde folgt, aus der seine Sinne schöne Nahrung ziehen.

Die vier Punkte im Wesen polarer Menschen, in denen die Beeinflussungsprozesse der Veranlagung mit dem Erworbenen zum endgültigen Ausdruck kommen, bestimmen die mathematische Figur, die dem betreffenden Leben eigentümlich ist und die zu verstehen lehrreich sein kann. Ob und in welchem Maße dieses Buch im Bereiche der angedeuteten Nützlichkeit liegt, wird der Leser beurteilen. Nur er kann erfühlen, ob das Leben, das es erzählt, im Sinne der obigen Ausführungen ein polares ist und ob es ihm gelang, ein kosmisches Gebilde aus sich zu machen.

Ich habe mich an verschiedenen Stellen dieses Buches bei Gedanken oder Ereignissen der Formulierungen bedient, die ich zu der Zeit gegeben hatte, als sie stattfanden, weil ich fürchtete, für manches nicht mehr den gleichen glücklichen Ausdruck finden zu können. Ich durfte dies um so eher tun, als meine Bücher fast sämtlich vergriffen und im Handel nicht mehr auffindbar sind. So bleibt von ihnen, denen ich ein schlecht sorgender Vater war, der nichts für sie tat, nachdem er sie in die Welt gesetzt hatte, vielleicht Lebendiges bestehen.

C'est le voyageur solitaire qui va le plus loin.

Céline, Voyage au bout de la nuit

Kinder- und Schuljahre

Es erscheint mir nicht ganz einfach, die Erinnerungen meines frühen Lebens in Einklang zu bringen mit einer fast dreißigjährigen Tätigkeit, in deren Mittelpunkt das moderne Bild steht. Es spielt dieses in meiner Jugend nicht die geringste Rolle. Daraus schließe ich, daß diese Tätigkeit des Sammelns, Schreibens, Handelns, von der ich keine Spuren in meinem frühen Leben entdecken kann, auf die Entfaltung innerer Kräfte zurückzuführen ist, die sich nicht mit Notwendigkeit am modernen Bilde erproben mußten, sondern letzten Endes auch ein anderes Feld gefunden hätten.

Wäre ich so ein Mann, der sich einen Laden mietet, ihn mit rotem Sammet drapiert, sich selbst einen Cut und gestreifte Hosen anzieht und Bilder von Malern aufhängt, deren Namen berühmt sind, so hätte sich das wohl schon in der Kindheit angekündigt. Ich hätte dann als Junge wahrscheinlich versucht, ein dreiklingiges Taschenmesser für eine Handvoll Marmeln, die ich irgendwo aufgelesen, einzutauschen, in der Absicht, es einem mir vorher gesicherten Abnehmer möglichst teuer zu verkaufen. Wäre ich aber so ein Mann geworden, der, umgeben von dicken Büchern und Reproduktionen nach Kunstwerken, unaufhörlich über Malerei schreibt, so hätte ich wohl als Kind den geliebten Saft der Tinte reichlich an Händen und Gesicht getragen als Vorahnung kritischen Genies. Wäre ich so ein Sammler moderner Bilder geworden, wie sie im allgemeinen sind, so hätte ich früher vielleicht meinen Sammeltrieb an Briefmarken befriedigt und die Tendenz bekundet, durch den vorteilhaften Verkauf minderwertiger Marken in die Lage zu kommen, zu Gelegenheitspreisen hochwertige zu erwerben, oder ich hätte mit Leidenschaft unbekömmliche Zigaretten geraucht und mutig die schlechteste Schokolade gegessen, um die den Packungen beigelegten Bilderserien zu besitzen.

Ich glaube auch nicht, daß meine Tätigkeit innerhalb der Pariser Kunstbewegung irgendwie zu der Tatsache in Beziehung zu bringen ist, daß ich in Friedeberg in der Neumark geboren wurde, dem Wahlkreise des komischen Antisemiten Ahlwardt, der vor vielen Jahren von sich reden machte. Oder daß die Familie Uhde in Halle an der Saale ungefähr 450 Jahre heimisch war (ohne merkwürdigerweise dadurch Schaden zu nehmen) und mein Urgroßvater in dieser Stadt eine Holzhandlung besaß, noch, daß mein Großvater protestantischer Pfarrer war oder daß die Familie meiner Mutter aus Posen stammte.

Immerhin ist zu bemerken, daß ich in Posen meine erste eindrucksvolle Begegnung mit einem Bilde hatte. Der Vater meiner Mutter war Landwirt und hatte sich in der näheren Umgebung der Stadt auf seinen großen Besitzungen einige Schlösser gebaut, die er mit Bildern schmückte, gemalt von der Hand eines seiner Söhne, des einzigen »Künstlers« in der Familie. Es waren Schneelandschaften mit Wild, tote Hasen oder Rehböcke, und dann Porträts, die Familienglieder darstellten. Da hing nun in dem großen Saale des Kazmierzer Schlosses das erwähnte Bild, auf das meine Tante mein Interesse lenkte, indem sie sagte:»Achte einmal darauf, mein Junge, wie dieses Bild dir überallhin mit den Augen folgen wird, wohin du auch gehst.« Ich achtete darauf und stellte mit größter Bewunderung fest, daß sie recht hatte. Diese erste künstlerische Erschütterung deutet kaum an, daß ich später einer der frühsten Liebhaber von Henri Rousseau, Picasso und Braque wurde.

Durch die Familie meines Vaters ging ein strenger und asketischer Zug, der allem Phantasievollen fremd gegenüberstand. Die bürgerlich gebliebenen wie die nobilitierten Zweige der Familie Uhde haben wohl alle ihren Ursprung in Halle an der Saale, wo diese Familie 1483 zum erstenmal auftaucht. Ich sehe mich als Kind über die zwei riesenhaften Bände der Dreyhauptschen Hallenser Chronik gebeugt, wo ich mit Interesse immer wieder die Tafeln mit den Abbildungen von Mißgeburten betrachtete, die im Laufe einiger Jahrhunderte in der Stadt vorgekommen waren, um dann auf den später folgenden Tafeln unter den Wappen der alten Familien das der Familie Uhde herauszufinden und in der beigefügten Genealogie immer wieder gedankenvoll festzustellen, daß das erste aufgeführte Mitglied durch Selbstmord aus dem Leben geschieden war.

Mein Vater war in den engen und strengen Auffassungen einer protestantischen Pastorenfamilie aufgewachsen, über der die Schatten eines schweren Schicksals lagen. Solange ich ihn kannte habe ich nie etwas »Unnötiges« in seinem Besitze gesehen. Er besaß keine Bibelots*, im Gegensatze zu der Familie meiner Mutter, in der nach dem Tode jedes Mitgliedes immer unzählige schöne Dinge, Nippes, Uhren, Porzellane und Bronzen hinterblieben. Mein Vater besaß auch keine Bilder, und seine Bücher fanden Platz in einem schmalen Schrank und bestanden großenteils aus juristischen Nachschlagewerken. Nur Heines gesammelte Werke, die er sich im Alter gekauft hatte und mit Entzücken las, sowie einzelne Bände von Fontane gingen nicht mehr in diesen Schrank hinein. Das Mobiliar seines Arbeitszimmers war sehr einfach und der schönste Gegenstand war das enorme eiserne Tintenfaß, das nach dem des alten Kaisers kopiert war, das sich im Schlosse von Neubabelsberg be-

---

* Bibelot: frz. für Krimskrams, Nippes, Nippesachen

fand. Mein Vater war eine auffallend gute Erscheinung, bis in sein Alter von vollkommener Schlankheit. Was sogleich an ihm auffiel, war die hohe und edle Stirn.

Die Familie meiner Mutter besaß auf ihre Art einen gewissen künstlerischen Einschlag. Meine Onkel und Tanten hatten von ihrem Schlösser bauenden Vater nicht nur diese geerbt, sondern auch den Sinn, das Leben durch kostbare Anlagen zu verschönen. So umgaben sie ihre Wohnstätten mit herrlichen Gärten. Verloren dann später freilich Geld und Gut. In meine Kindheit fiel noch etwas von dem Glanze dieser festlichen Zeit. Während meine Onkel mit den Totenkopfhusaren schwere Rotweine tranken, ging ich mit schönen Kusinen in den Gärten spazieren und schnitt Rosensträuße für die Vasen. Hier verbrachte ich meine Ferien, ungezwungen und glücklich. Ich ritt auf ungesatteltem Pferde über die weiten Gebiete oder lag stundenlang unter den Obstanlagen, mich bis zum Halse mit süßen Beeren füllend, und suchte die schlimmen Folgen durch reichlichen Genuß des starken Kornbranntweins zu dämmen, den die Brennereien meiner Onkel destillierten. Ja, es muß erwähnt werden, daß auf allen den vielen Gütern meiner direkten und angeheirateten Verwandten Schnaps gebrannt wurde und daß ich von jeder Art gekostet habe. Ich will auch in diesem Zusammenhange nicht verschweigen, daß mein Urgroßvater Baarth zu Beginn des 19. Jahrhunderts eine der beiden staatlich konzessionierten Brennereien in der Stadt Posen besaß, in einem finstern und weitläufigen Gebäude, in dem zu bestimmter Stunde Geisterschritte in einem Saale vernehmbar wurden, deren Ursache auch durch wiederholtes Öffnen des Fußbodens niemals klargestellt wurde. Kann ich in meiner frühen Jugend, wie ich schon feststellte, kein Anzeichen finden, das auf eine spätere Leidenschaft für Bilder weist, so kann man für meine Neigung zu alkoholischen Getränken, die in diesem Buche zuweilen sich offenbaren wird, Grund und Entschuldigung wohl in der Rolle finden, die der Branntwein in der Familie meiner Mutter gespielt hat.

Die Rittergütter meiner Verwandten waren sehr ausgedehnt, das Leben auf ihnen war großzügig und es waren immer Gäste im Hause. Aber der Geist war eng. »Man« war Gutsbesitzer, Beamter oder Offizier, aber nicht Kaufmann. Als dieses ein einziges Mal innerhalb der ausgedehnten Familie dennoch eintrat, erschien es als ein Unglück, eine Deklassierung, die man mit der geringen Begabung des Betreffenden entschuldigte. Ein Jude war eine minderwertige und merkwürdige Art menschlichen Wesens, zu dem man nur die eine Beziehung haben konnte, daß man ihm Geld schuldete. Wessen geistige Interessen über die »fliegenden Blätter«* und die Marlitt hinausgingen, galt als krankhaft veranlagt. »Man« war natürlich konservativ und Monarchist und wußte in der königlichen Familie genau Bescheid. Die auf den Tischen liegenden Albums enthielten Photos von allen Mitgliedern des Königshauses in den verschiedensten Lebensaltern und Lebenslagen.

Um aber auf den Anfang meines Lebens zurückzukommen, so sei festgestellt, daß ich das Licht der Welt am 28. Oktober 1874 in Friedeberg in der Neumark erblickte als Sohn des damaligen königlichen Staatsanwalts Johannes Uhde und seiner Frau Antonie, geborenen Fehlan. Ich habe stets ein großes Gewicht auf den Monat meiner Geburt gelegt, und ich glaube, daß alles Leidenschaftliche, Merkwürdige, Revolutionäre in meinem Wesen sich auf die Tatsache zurückführen läßt, daß ich im Zeichen des Skorpion geboren wurde. Von dem Vorrecht der Oktoberkinder, sich mit Opalen zu beschäftigen, habe ich immer Gebrauch gemacht und habe mehr als einmal festgestellt, daß dieser sonst so verhängnisvolle Stein mir Glück brachte.

---

* »Fliegende Blätter« war eine deutsche Wochenschrift, die von 1844 bis 1944 beim Verlag Braun & Schneider in München erschien. Es wurden Karikaturen u. a. von bekannten Künstlern wie Wilhelm Busch veröffentlicht, aber auch Gedichte und Geschichten. Ab 1845 wurden die zwei Typen Biedermann und Bummelmaier, aus deren Namen schließlich der Begriff Biedermeier entstand, zu beliebten Serienfiguren. (Anmerkung des Herausgebers)

Von Friedeberg wurde mein Vater nach kurzer Zeit nach Spandau versetzt. An beide Orte habe ich keine Erinnerung. Meine Eltern waren sehr stolz auf mich und brachten mich Knirps eines Tages in das Städtchen der Provinz Sachsen, in dem mein Großvater väterlicherseits Superintendent* war, um mich vorzustellen. Dort entfaltete ich zum ersten Male eine Eigenschaft, die ich später im Leben häufiger zeigte: mich gerade dort unbeliebt zu machen, wo man mir mit freundlichen Gefühlen entgegenkam. Meine erste Handlung war, daß ich sämtliche Blumentöpfe des blumenliebenden alten Herrn mutwillig zertrümmerte. Und bei der ersten gemeinsamen Mahlzeit zerstörte ich jedes günstige Vorurteil, das etwa noch bestehen konnte, indem ich plötzlich von meinem Platze aufstand, meinem Vater auf die Knie sprang und ihn mit dem Zuruf »Vater, du alter Esel« am Barte riß. Dieses wurde um so peinlicher empfunden, als mit uns zwei Kusinen von mir eingeladen waren, die, wie ihr ganzes Leben lang, schon damals als Kinder durch einwandfreie Korrektheit sich angenehm von meinem auffallenden Benehmen Unterschieden.

Ich war noch nicht ganz vier Jahre alt, als mein Vater nach Posen versetzt wurde. Da wohnten viele gute Onkel und Tanten von mir auf den erwähnten Rittergütern, und wenn ich mit meiner alten Wärterin, der ich durch Unarten das Leben unerträglich machte, durch die Stadt ging, begegnete man immer einem der vielen Verwandten, zu denen alle Menschen gehörten, die entweder Fehlan oder Baarth hießen. Ein Vetter von mir war Landrat, und verschiedene andere Vettern standen als Offiziere in den Posener Regimentern.

---

*Der Superintendent ist u. a. in einigen evangelischen Landeskirchen (hier Evangelische Kirche der Kirchenprovinz Sachsen) der leitende Geistliche eines Kirchenkreises bzw. einer Superintendentur, also eines Zusammenschlusses mehrerer Kirchgemeinden. Kreispfarrer, Kreisoberpfarrer, Dekan, Probst oder Inspektor sind vergleichbare Ämter in anderen evangelischen Landeskirchen. (Anmerkung des Herausgebers)

Das anerkannte Haupt der weitverzweigten Familie war aber meine verwitwete Großmutter Anna Fehlan geborene Baarth, deren jüngste Tochter meine Mutter war. Sie hatte viele Kinder, die am Leben waren, aber sie trauerte bis zu ihrem Tode um den einen Sohn, der sehr jung und sehr schön in der Schlacht von Sedan gefallen war und dessen Verschwinden lange Zeit ihren Geist mit Umnachtung bedroht hatte. Sie bewohnte vor einem der Festungstore, die es damals noch gab, ein altes Haus, hinter dem ein großer Park lag. Auf der andern Seite der Straße waren Rosenanlagen, große Nußbäume, Pfirsichspaliere, Gemüsebeete und inmitten, abgezäunt, kleine Gärten der nächsten Verwandten. Da hatte auch meine Mutter den ihren zugeteilt erhalten, in dessen Mitte ein großer Baum stand. Meine Mutter züchtete Rosen in ihm, eine Gewohnheit, der sie ihr Leben lang treu blieb. Überall, wohin sie kam, legte sie ihren kleinen Rosengarten an, in dem es immer die La-France- und Maréchal-Niel-Rosen gab. Mir gehörte ein Beet in diesem kleinen Garten; ich züchtete auf ihm gemischte bunte Blumen und Radieschen. Aber die bunten Blumen waren in der Überzahl, wie das auf meinem Lebensbeete später auch der Fall sein sollte, wo das Nahrhafte und Nützliche immer etwas zu kurz kam. Den bemerkenswertesten Garten hatte die Schwester meiner Großmutter, eine Frau Anna Wiczynska, eine seltsame, einsame Frau, die alle Menschen von sich fern hielt und selbst meine Großmutter fast niemals sah. Sie arbeitete täglich in diesem Garten, den ich nur einmal betreten durfte, in dem sie Grotten, Wasserfälle mit Brücken, Stiftersche Landschaften angelegt hatte. Stifter war übrigens der Lieblingsschriftsteller meiner Großmutter.

Diese hatte viel polnisches Personal, unter dem »die Nicólais« eine besondere Rolle spielten. Sie bewohnten ein kleines Haus, aus zwei Zimmern bestehend, das gegenüber dem Herrschaftshaus lag. Ich hielt mich gern dort auf. Wenn ich kam, beugte die Nicólai, die einen glockenförmigen Rock trug, die Knie zur Erde und küßte mir die Hände, und dann durfte ich die schönen Sachen bewundern, die sie hatte: Muttergottes- und Heiligenbilder und die silbernen Glasvasen, in denen ungeheuer bunte künstliche Blumen waren. Vom König Leopold von Belgien las ich einmal, daß er gegenüber seinen Domestiken von sich in der dritten Person sprach. »Der König geht jetzt spazieren.« Meine Großmutter hielt die Distanz, indem sie die andern in der dritten Person anredete: »Die Nicólai wird jetzt die Wege harken«, sagte sie.

Die Vormittage brachte die Großmutter in einem kleinen, sehr geheimnisvollen Arbeitskabinett zu, das ein großes Erkerfenster zum Park hinaus hatte und das vom Saal aus durch eine Tapetentür zu erreichen war. Hier empfing sie ihre Söhne und Schwiegersöhne, wenn sie kamen, um Geld zu bitten und ihr mitteilten, daß ihre Güter völlig kaputt seien, wenn sie es ihnen nicht gäbe. Da meine Großmutter außerordentlich schwerhörig war, hörte man diese lebhaften Auseinandersetzungen oft durch mehrere Zimmer. Hier fanden auch die Abrechnungen mit Gärtner und Gesinde statt. Nach dem Mittagessen schlief die Großmutter. Wenigstens sagte die Gesellschafterin, wenn sie nach ihr sah: »Die gnädige Frau schläft immer noch ganz fest.« Meine Großmutter freilich schlief nach ihrer eigenen Überzeugung nie; weder nachmittags noch nachts. »Ich habe wieder kein Auge zugetan«, pflegte sie zu sagen. Sobald sie sich erhoben hatte, ließ sie die Schimmel anspannen, und dann fuhren wir spazieren, sehr oft zu meinem Onkel Adolf Fehlan, der zwei oder drei Kilometer von Posen entfernt ein Rittergut namens Solacz hatte, das jetzt ein Villenvorort der polnischen Stadt Poznan ist. Mein Onkel war kein dummer Mann. »Ich möchte wissen, was für eine Art Junge du bist«, sagte er eines Tages zu mir und legte zwei köstliche illustrierte Bücher auf den Tisch. Das eine war eine Sammlung von Weidmannsgeschichten, das andere waren die Abenteuer des Freiherrn von Münchhausen. Ich sollte mir von diesen Büchern eines als Geschenk aussuchen, und ich wählte das letztgenannte.

Mein Onkel hatte wohl nicht nur feststellen wollen, ob ich Vergnügen am Jagen hatte, sondern, ob ich ein richtiger Junge war oder ein phantasievoller, dem Wirklichen abgekehrter Träumer. Indem ich das Weidmannsbuch kaum eines Blickes würdigte, aber mit Eifer zu den Abenteuern des Freiherrn von Münchhausen griff, glaubte er die richtige Lösung gefunden zu haben. Meine Natur hatte in der Tat eine gewisse Abneigung gegen alle gegebenen Tatsachen, alles Feststehende und fühlte sich vor allem im Reiche des Unwirklichen wohl. So etwas Feststehendes war unter anderem auch der liebe Gott, dessen hartnäckige, ununterbrochene Gegenwart mich sehr störte. Aus Opposition kniete ich stundenlang vor einem weißen Kachelofen, zu dem ich zum Entsetzen meiner Mutter rief: »Götze, ich bete dich an.«

Ich war ein absonderliches und nicht sehr bequemes Kind. Meiner Mutter wurde es verhältnismäßig leicht, meine Art zu ertragen, da sie in mir ein bemerkenswertes Wesen mit interessanter Zukunft sah. Mein Vater aber verlor zuweilen die Geduld, und da in jener Zeit die körperliche Strafe der Kinder noch nicht als unzulässig galt, schritt er zuweilen zu einer exemplarischen Züchtigung. Aber es war nicht leicht, meiner habhaft zu werden. Die Jagd ging zumeist durch sämtliche Zimmer. Unter herausfordernden Zurufen glitt ich unter Betten hindurch, sprang über Tische und Stühle. Und wenn man mich schließlich hatte und das Stöckchen seine Arbeit tat, biß ich die Zähne zusammen und sagte spöttisch: »Hau doch noch etwas mehr! Oder bist du schon müde?«

Jeden Morgen nahm mich mein Vater auf den Rücken, nahm mich »Huckepack«, wie wir das nannten, und trat mit mir die Reise durch zwei Zimmer der Wohnung an. Ich konnte dann an die interessanten Dinge rühren, die mir sonst unzugänglich waren, vor allem an Flinten und Rehgehörne, die an den Wänden hingen. Ich sehe mich dann in der dunklen Ecke des großen Eßzimmers, die ich als Spielraum hatte, auf einem

Schaukelpferde, mit blutigen Knien, die ich mir in kurzen Zwischenräumen auf der scharfen Türschwelle immer von neuem schlug und auf die man mit einem Messer etwas Butter strich. Oder ich lag im Bett, und neben mir saß der »Onkel Doktor« mit den enormen, abstehenden Ohren und einer großen, flachen, goldenen Uhr in der Hand und fuhr mir mit einem an einem Draht befestigten, sauer riechenden Schwämmchen in die Luftröhre. Schlimm war es, wenn die »Beängstigungen« kamen, jene unbeschreiblichen Zustände, in denen Grauenvolles die Gestalt von Stricken annahm, die auf unheimliche Weise drohten und quälten. Oder ich ging mit der alten Kinderfrau im Festungsglacis* spazieren und quälte sie mit meinen Unarten. Wir gingen für einen Augenblick zu meiner Großmutter, ich küßte ihr die Hand, die, mit feinen Sommersprossen bedeckt, aus einer Spitzenmanschette hervorsah. Und wenn ich wieder auf der Straße war, wußte ich, daß sie aus dem Schrankzimmer sehen und mir einen der gelben, durchsichtigen Bonbons herauswerfen würde, von denen ich nie feststellen konnte, wo sie verwahrt wurden. Vermutlich in einem der großen Schränke, aus denen ein starker Duft von Lavendel kam, wenn man sie öffnete. Oder ich sehe mich im Treibhaus, in das man direkt vom Saal aus gelangte, mit einer kleinen Tüte voll Salz in der Hand und vergeblich versuchen, daraus den Spatzen etwas auf den Schwanz zu streuen, weil man mir erzählt hatte, daß man sie damit fangen könnte.

Als ich ungefähr fünf Jahre alt war, hatte das alles ein Ende. Da trat etwas in mein Leben, was mir so furchtbar schien, daß es mir alle Freude selbst an den schönsten Dingen nahm, etwas, das mich für viele Jahre unglücklich machte: die Schule. Ich glaube auch heute nicht, daß es irgendwo und irgendwann jemanden in der Welt gab, der mehr an der Schule litt als

---

* Das Glacis ist im Festungsbau die Bezeichnung für eine leicht ansteigende Erdanschüttung, die vor dem äußeren Grabenrand einer Befestigung nach dem Feld hin flach verläuft. (Anmerkung des Herausgebers)

ich. Schon in meinem frühesten Schulhefte, in dem die ersten mit Bleistift gemachten Schreibversuche waren, stand mit roter Tinte die vernichtende Bemerkung: »In einer Stunde nur zwei Zeilen geschrieben – ein Tadel.« Und ich besinne mich, daß diesem »Tadel« dadurch Nachdruck verliehen wurde, daß man mich in eine Ofenecke stellte. Jetzt war es vorbei mit dem freien Kinderdasein, mit Träumen, mit Blumen- und Radieschenbeeten, mit allem, was mir Spaß machte. Das geheimnisvolle Kabinett mit der Tapetentür im Hause meiner Großmutter verlor jedes Mysterium, denn es wurde zwei Male in der Woche Herrn Lehrer Brendel zur Verfügung gestellt, der mir dort auf einer Schiefertafel Nachhilfestunden im Rechnen gab. Damals fing es an und hörte seitdem nie mehr auf. Solange ich auf der Schule war, habe ich immer im Rechnen, in Mathematik und Arithmetik Nachhilfestunden gehabt. Aber sie haben mir nichts genützt, ich habe in ihnen nichts gelernt, und auch heute bin ich nicht imstande, eine größere Zahlenkolonne zu addieren. Wenn ich es fünfmal versuche, erhalte ich fünf verschiedene Resultate, unter denen sich niemals das richtige befindet. Es kam ein instinktiver Widerwille gegen das Material der Schiefertafel, des Schieferstifts und das Geräusch, das dieser beim Schreiben machte, hinzu. So, wie mir später das Berühren der Kreide peinlich war, wenn ich eine Aufgabe an die Klassentafel schreiben sollte, und ich hatte eine unangenehme Reaktion, wenn mir etwas davon unter die Fingernägel kam.

Die Schule entwickelte Häßliches in mir, das meiner Natur eigentlich fern lag. Ich besinne mich – daß ich mich überhaupt darauf besinne, ist wohl ein gutes Zeichen – auf ein kleines Vorkommnis aus der Zeit, da ich im Alter von fünf Jahren die Vorschule besuchte. Ein Schüler gab auf eine Frage des Lehrers die Antwort: »Ich kann nicht darauf kommen.« Worauf dieser antwortete: »So stelle einen Stuhl daran.« Ich weiß genau, daß mir dieses Wortspiel einen dummen und albernen Eindruck machte. Aber aus dem dauernden Gefühle von Unwürdigkeit und Angst heraus und in dem Wunsche, dem Lehrer zu gefallen, lachte ich noch stürmischer als die andern über den dummen Witz und beging so meine erste Untreue.

Ich bin in Posen wohl nur einige Monate in die Schule gegangen. Dann wurde mein Vater als Erster Staatsanwalt in die kleine hannoversche Stadt Lüneburg versetzt. Das war ein reizender Ort mit alten Häusern, den Resten von Festungswällen, die die tägliche Promenade bildeten.

Heinrich Heine besingt diesen Lüneburger Stadtwall:

Jenseits erheben sich freundlich,
In winziger, bunter Gestalt,
Lusthäuser und Gärten und Menschen
Und Ochsen und Wiesen und Wald.

Ja, es gab auch Wälder, deren Anblick mir vom flach gelegenen Posen her ungewohnt war und die das Ziel weiter Spaziergänge wurden, die ich mit meinen Eltern machte. Nach den ersten Jahren zogen wir ins Freie vor die Stadt. Dort spielte ich mit den Kindern der Nachbarhäuser in den Höfen. Wir hatten einen alten Schuppen primitiv als Theater eingerichtet und führten dort Szenen aus »Turandot« von Schiller und Stücke von Theodor Körner auf. Aber oft improvisierte ich kleine Akte, die wir sofort darstellten, wobei jedem ein Maximum von Phantasie und Freiheit gelassen war.

Mit der Schule ging am Anfang alles zur Zufriedenheit. Meine Mutter hatte sich entschlossen, alle Schularbeiten mit mir zu machen. Sie saß neben mir und überwachte ermahnend jeden Buchstaben, den ich schrieb. Sie entwickelte für mich den Ehrgeiz, der mir selbst vollkommen fehlte. So kam ich als Zweiter durch die untersten Klassen. Dann aber traten Ereignisse ein, die die Lage vollkommen veränderten: die Geburt meines Bruders Heinrich, einige Jahre später die einer Schwester, deren Krankheit und früher Tod meine Mutter mit Kummer erfüllten, noch später die Geburt meiner Schwester Annemarie. Jetzt hatte meine Mutter keine Zeit mehr, sich mit mir zu beschäftigen, was zur Folge hatte, daß ich von stolzer Höhe sofort in die tiefsten Tiefen sank und von jetzt an als Letzter oder Vorletzter in der Klasse unter wiederholtem Sitzenbleiben ein unansehnliches Schuldasein führte.

Das Material an Lehrern war damals schlechter als es heute ist. Es bestand noch nicht – wie es jetzt der Fall ist – eine freundliche oder gar freundschaftliche Beziehung zwischen Lehrer und Schüler. Jener war vielmehr ein Tyrann, der diesen ohne Rücksicht auf Veranlagungen und Nuancen ein bestimmtes Pensum auswendig lernen ließ. Noch heute befällt mich ein leises Grauen, wenn ich an die grotesken Figuren denke, denen wir damals ausgeliefert waren. Schubs, Glatz und Büh hießen mit ihren Spitznamen die bemerkenswertesten unter ihnen. Der erste war ein kleiner, schwarzer, hinkender Teufel in glänzendem Bratenrock*, mit gelber Haut, der ab und zu ohne äußern Anlaß betonte, daß auch in einem häßlichen Körper eine schöne Seele wohnen könne. Für ihn war »Griechisch« ein Lehrfach, das ausschließlich mit Grammatik und Vokabeln zu tun hatte, und die griechischen Schriftsteller waren da, um beide an ihnen zu üben. Ich sehe ihn, wie er zwischen den Bankreihen mit seinen Heften heranhinkte, beim Vorletzten halt machte und sagte: »Sie haben eine schlechte Arbeit geliefert, ich hätte Ihnen gern die 5 gegeben, aber die – mußte ich mir für Uhde aufheben.« Diese wie jede andere Art von Humor war Glatz, dem Mathematiker, fern. Er machte nie einen Scherz, lächelte nie. Mit rotem Bart und hartem Blick war er wie eine Mensch gewordene Formel, wie ein lebendiger Urteilsspruch, der die Guten von den Bösen scheidet. Ich glaubte, die Posaunen des Jüngsten Gerichts zu hören, wenn er mich an die Tafel rief, ich war vernichtet und verwirrt und sank wieder auf meinen Platz

---

* Bratenrock: Scherzhaft für Gehrock. Für Minister, Kommerzienräte, Ärzte und Geschäftsleute war der dunkle Gehrock ab ca. 1870 die offizielle Kleidung. Als er immer weniger und nur noch zu festlichen Anlässen getragen wurde, nannte man ihn scherzhaft Bratenrock. (Anmerkung des Herausgebers)

zurück, wenn mir vor der leeren, schwarzen Tafel nichts einge-
fallen war und die erbarmungslose Stimme mir zurief: »Setzen
Sie sich!« – Waren diese beiden Lehrer unmenschlich, sachlich,
gerecht, so war der, den wir Büh nannten und der uns französischen Unterricht gab, durch sein Schicksal bösartig geworden. Die Schüler waren seine Feinde, die er bekämpfte. Sie hatten ihn aus einem andern Orte vertrieben, weil sie ihm seinen
Spitznamen Büh dauernd ins Gesicht schrien. Und jetzt war es
in Lüneburg dieselbe Sache geworden. Wenn er morgens seine
Wohnung verließ, stand auf den Pflastersteinen, an den Mauern der Häuser, den ganzen weiten Weg zur Schule entlang
überall in Kreide das verhaßte Wort, das eigentlich nichts aus-
sagte und das ihn dennoch so ungeheuer kränkte. Es sprang
aus den Ecken des Schulgebäudes ihn an, tönte laut und deutlich in der Klasse, sobald er sich umdrehte, und einige Male
stand es sogar an der Tafel. Eine einzige überlegene Geste, ein
einziges amüsiertes Lächeln hätten genügt, dem Spuk ein Ende
zu machen, der sein Leben zerstörte. Er fand sie nicht, und sein
Unterricht wurde ein dauernder stiller Racheakt. – Über dem allem aber herrschte die gewaltige Gestalt des Direktors, dessen
rötlich gelocktes Haupt von Verantwortung, Sorgen und Wut
durchfurcht und dessen Seele gewalttätig, krank und verdüstert war, eine Romanfigur, der es an Format nicht fehlte.

Hier wurde ein Kult der Tatsachen getrieben, der dumm
und verbrecherisch war. Meine Natur, die intuitiv, träumerisch,
unlogisch war, litt unendlich darunter. Unvermögen und heimlicher Widerspruch verbündeten sich, und ich ertrug lieber alle
Demütigungen, als daß ich etwas lernte. Die Schule war mein
großer Feind. Sie trieb mich von Angst zu Angst, denn ich war
fast niemals vorbereitet. Da ich in der ersten Stunde für die
zweite, in der zweiten für die dritte und so weiter arbeitete, der
Unterricht mich aber dauernd störte, befand ich mich in ewiger Unsicherheit. Sah ein ganzer Unterrichtstag von vornherein allzu hoffnungslos aus, kehrte ich auf dem Festungswalle
um und erklärte zu Hause, mir sei unterwegs schlecht gewor-

den und ich hätte mich übergeben müssen. Ja, es kam eines Tages so, daß ich mich vor einer besonders gefürchteten Stunde unter dem Vorwand heftiger Zahnschmerzen befreien und mir einen tatsächlich gesunden Zahn unter grausamen Schmerzen ziehen ließ.

Auf allem, was mir hätte Freude machen können, lag der Schatten der Schule, das heißt der persönlichen Unfreiheit, der widerwillig übernommenen Verpflichtungen. In den Pausen, die zwischen den Schulstunden lagen, konnte ich an den Scherzen der andern nicht teilnehmen, weil ich wußte, daß bald das Zeichen ertönen würde, das mich von neuem in Angst und Gefahr brachte. Dieser Glockenton, der plötzlich so erbarmungslos und gellend einsetzte, erschütterte mich im Innersten. Und heute noch, nach einem halben Jahrhundert, vermag ich ihn mir mit seinem ganzen Schrecken vorzustellen. Während einem der schönen weiten Spaziergänge, die ich mit meinem Vater durch die Wälder machte, konnte mich plötzlich Sorge befallen, weil ich eine Blume nicht mehr fand, die ich in meinem Herbarium aus Nachlässigkeit ausgelassen hatte und weil ich nun die Entdeckung von seiten des Lehrers fürchtete. Und während wir auf schmalem Pfade durch die wogenden Ährenfelder zurückkehrten, über denen die Lerche jubelte, war mein junges Herz verdüstert, weil ich voraussah, daß ich die mathematische Aufgabe, die für den nächsten Tag fällig war, nicht würde lösen können, da ich seit Wochen nicht mitgearbeitet hatte. Kam es vor, daß am Walle der kleinen Stadt das geliebte Jahrmarktsfest war, ich auf dem Pferde eines Karussells saß, konnte es wohl passieren, daß ich nicht nach dem Ringe in der Birne griff, weil mich plötzlich eine Sorge der Schule lähmte. Meine Natur lieferte täglich eine Schlacht gegen alles Definitive, Erlernbare, Tatsächliche, und verlor sie täglich.

Und was war im Leben des damaligen Schülers nicht alles »Tatsache«! Nicht nur die Kaiserzahlen und die Daten der Schlachten waren es, die arithmetischen Formeln, die protestantischen Erklärungen Luthers, die Höhe der Gebirge, daß

»ut« den Konjunktiv regiere. Auch die Sonntage waren Tatsachen, mit dem Kirchgang, an dem der Vater nur an den Hohen Festtagen teilnahm. Man trug schwarze Handschuhe und ein kleines, in Leder gebundenes Gesangbuch, auf dem an der Seite in goldenen Lettern der Name stand. Sie waren Tatsachen, weil hier Spiel und Erholung Gewohnheit waren, weil hier immer der gleiche, ebenmäßig schöne Kalbsbraten auf den Tisch kam, am Nachmittag der gleiche Familienspaziergang über die Wälle an der Ordnung war, und weil ein Protest gegen diese Regelmäßigkeit unmöglich gewesen wäre. Das einzige, was aus der strengen Ordnung des Gegebenen herausfiel, waren an den Wochentagen die wenigen Viertelstunden, in denen man in einem Winkel mit den bunten Marmeln spielte, von denen ich die kleinsten, die oft rosa und hellgrün waren, zärtlich liebte und die ich erst, wenn ich die einfachen, großen, mit den groben Farben, verloren hatte, zum Einsatz brachte. Ja, diese zartgetönten kleinen Marmeln waren das einzig Heitere, Zärtliche und Phantasievolle dieser traurigen Jugendtage.

Zu den Tatsachen, die das Gemüt belasteten, gehörte das Sedanfest, an dem in der Aula immer gleich pathetische Knabenstimmen Uhland und Geibel in Gegenwart versammelter Lehrer- und Elternschaft deklamierten, an welchem Tage nachmittags die ganze Schule, die Kleinen voran, in das Gehölz marschierte, unter Bäumen an Familientischen Kaffee trank und mit jungen Mädchen tanzte, um am Abend mit Papierlaternen zurückzukehren, wiederum die Kleinen voran. Das Unabänderliche solcher Feiern belastete mein Gemüt genau so schwer wie das Feststehende aller Jahreszahlen und Formeln.

Es gab auch vieles andere, was so eine Tatsache war, wie dieses alles und wie der weiße, saftige Kalbsbraten am Sonntag: beispielsweise Bismarck. Um ihn konnte man nicht herum, man mußte ihn akzeptieren und auswendig lernen wie alles andere. Es war feststehend, daß die Obersekunda ihren Schulausflug nach Friedrichsruh machte, und es ereignete sich jedesmal dasselbe. Man sang meist in glühender Sonnenhitze vor dem Parktor eine Stunde lang patriotische Lieder. Beim dritten »Deutschland über alles« fuhr der Reichskanzler heraus, von seinen Doggen umgeben, ließ halten und sagte: »Ah so, meine alten Freunde aus Lüneburg.« Dann wünschte er viel Erfolg und setzte seine Spazierfahrt fort. Da ich in der Obersekunda sitzengeblieben war, genoß ich diesen Besuch zweimal genau auf die gleiche Weise.

Es kam nichts hinzu, mein Gefühl des Unglücks auf der Schule zu erleichtern. Im Gegenteil trug manches dazu bei, meine Stimmung zu verschlechtern. Mein Vater besaß eine Jagd in der Nähe von Lüneburg und liebte es, daß ich ihn dorthin begleitete. Wir brachen meist gleich nach dem Mittagessen auf und kamen nach dem Dunkelwerden zurück. Der Weg war weit und unerfreulich. Meine Tätigkeit, die darin bestand, hin und wieder ein dichtes Gehölz, mit dem Stock gegen die Bäume schlagend, zu durchqueren, erschien mir öde. Das Totschießen von Tieren, Hasen und Rebhühnern, das mein Vater praktizierte, hatte nicht den geringsten Reiz für mich. Müde und gelangweilt, aber bemüht, meinen Vater diese Stimmung nicht merken zu lassen, schleppte ich mich zurück. Mich interessierte bei dem Ganzen nur eine Wiese, über die wir auf dem Rückweg kamen, weil auf ihr eine seltene blaue Blume, die dem Enzian ähnlich war, wuchs, und von ihr nahm ich immer einen großen Strauß mit nach Hause.

Selbst die Tanzstunde brachte kein Licht in mein dunkles Dasein. Sie fand im Hause der ersten Lüneburger Familie, der des Weinhändlers Frederich, statt, deren buddenbrookhafter Niedergang schon damals mit dem Selbstmord des einen Chefs des großen Hauses begann. Ich verliebte mich ohne rechte Überzeugung nacheinander in fast alle jungen Mädchen, die am Unterricht teilnahmen, aber ohne Erfolg, denn da ich völlig unmusikalisch bin, lernte ich das Tanzen schlecht, und die Mädchen tanzten lieber mit andern jungen Leuten als mit mir, der ich ihnen auf die Füße trat und außer Takt blieb.

Große Sorgen aber brachte mir die Konfirmandenstunde. Ich wollte so gerne »glauben«, aber konnte es nicht. Religiöse Zweifel beunruhigten mich und ließen es mir als unwahrhaftig erscheinen, das Heilige Abendmahl zu nehmen. Des öfteren war ich nahe daran, ein offenes Bekenntnis meines Unglaubens abzulegen, fand aber schließlich nicht den Mut dazu. Fast hätte ein Dummerjungenstreich, den ich beging, eine Lösung gebracht, indem ich Gefahr lief, als unwürdig zurückgestellt zu werden. In der Höheren Töchterschule fanden vor Ostern während einer Woche die Unterrichtsstunden öffentlich statt, das heißt, es stand Angehörigen frei, einmal zuzuhören. Die Einrichtung war aber veraltet und niemand machte von ihr Gebrauch; eine kleine Bank stand in jedem Klassenzimmer für alle Fälle bereit. Ein Mitschüler hatte mich nun überredet, mit ihm einer solchen Stunde beizuwohnen, und zwar in einer Klasse, der ein junges Mädchen angehörte, mit dem wir seit einiger Zeit einen Flirt hatten. Wir wählten eine Schulstunde aus, von der wir wußten, daß ein schwacher, der Lage nicht gewachsener Lehrer sie abhielt. Für mich blieb keine andere Möglichkeit der Beteiligung, als eine Konfirmandenstunde zu schwänzen. So standen wir denn kurz nach Beginn des Unterrichts vor der Tür des Klassenzimmers und losten, wer die Klinke nehmen und öffnen sollte. Wir entdeckten gleich am Eingang die kleine Bank, waren aber so aufgeregt, daß wir sie beinahe umgeworfen hätten. Unser Einzug rief stürmisches Aufsehen hervor. Die Schülerinnen saßen während des ganzen Unterrichts lachend, halb zu uns gewendet, da, und der Lehrer war, wie wir vorausgesehen hatten, machtlos, wagte aber nicht, uns vor die Tür zu setzen. Die Angelegenheit machte im ganzen Orte das größte Aufsehen und war tagelang das Stadtgespräch. Ich wurde aber doch konfirmiert, in der alten Johanneskirche mit dem grünspanfarbenen Turm, von dem greisen Superintendenten, der immer nur Konfirmanden »aus den ersten Kreisen« hatte. Aber der liebe Gott und der lutherische Katechismus und das Heilige Abendmahl, bei dem jeder bessere Familienvater, zwischen Brot und Kelch hinter dem Altar herumgehend, ein Fünf-markstück für den Geistlichen unter die Serviette eines kleinen Tisches schob, gehörten in meinem Leben zu den »Tatsachen«, wie Bismarck, das Sedanfest, die mathematischen Formeln und die deutschen Kaiserzahlen. Ich hatte unrecht gehabt, mir Gewissensbisse zu machen, daß ich nicht »glauben« konnte. Mit Gefühl und Glauben hatten diese Dinge nichts zu tun. Man mußte sie »wissen« und anerkennen.

Aber wie ich als kleiner Junge lieber einem von mir gewähl-ten weißen Kachelofen mein Herz schenkte, als diesem be-rühmten und offiziellen lieben Gott, der es als Pflicht verlang-te, daß man ihn liebte, so entzog ich mich dem Tatsachenkult der Schule, indem ich mir ein eigenes kleines Reich der Dich-tung, der Gedanken und Ideen schuf. Freilich ging es in diesem Reiche zunächst recht bunt und ungeordnet zu. Ich brachte ei-nen großen Teil meiner freien Zeit, während die andern Jun-gen auf der Hauptstraße, dem sogenannten Bummel, »pous-sierten«, im Laden des Buchhändlers zu und kaufte, was mir unter die Finger kam. Das heißt, ich ließ diese Bücher auf eine Rechnung schreiben, und jedes Jahr zur gleichen Zeit kamen die angstvollen Beratungen mit meiner Mutter, hinter dem Rü-cken meines Vaters, was aus meinem oder meiner Mutter Be-sitz an goldenen oder silbernen Wertgegenständen zu verkau-fen sei, um eine solche Rechnung zu bezahlen, auf der etwa eine illustrierte Prachtausgabe von Schillers Werken, Spielha-gens Romane und unzählige Reclambände wesentliche Posten waren. Ich las vieles durcheinander, und ich las ununterbro-chen. Vor allem während der Zeit, die den häuslichen Schulauf-gaben gewidmet sein sollte.

Mit den Jahren kam Ordnung in meine Lektüre. Als Schüler schon fand ich zwei der Lieblingsdichter, denen ich mein Le-ben lang treu blieb: Voltaire und Byron. Mein Interesse wandte sich immer mehr der Philosophie zu. Ich las Spinoza und Scho-penhauer. Eines Tages fiel mir ein gerade erschienenes Buch in die Hände, die »Götzendämmerung« von Nietzsche. Es erfüllte mich mit unbeschreiblicher Freude, und von diesem Tage an geriet ich für immer in den Bann dieses herrlichen Geistes, dessen Werke nun eine Quelle nicht endenden Genusses für mich wurden. Ich hatte einen Klassenkameraden und Freund, der meine Interessen teilte. Wir waren unzertrennlich und verbrachten täglich Stunden nach dem Schulunterricht in philosophischen Diskussionen.

Ich versuchte es, meine Gedanken zu formulieren und gab die erste Nummer einer Schülerzeitschrift heraus, die ich hektographierte und für zehn Pfennig an die wenigen Abnehmer unter meinen Mitschülern verkaufte. Aber die Lehrer bekamen Wind und der Direktor verbot mir die Fortsetzung. Dieser Mann, der bigott, leidenschaftlich und düster war, ließ mich eines Tages zu sich rufen. »Ich verbiete Ihnen, Voltaire zu lesen!« schrie er mir zu. »Ich habe erfahren, daß Sie in der Stadtbibliothek seine Werke entliehen und die Biographie von Strauß. Das ist keine Lektüre für Sie. Ich verbiete sie Ihnen.«

Die Stimmung im Hause litt stark unter diesen Vorkommnissen. Die Zeugnisse waren miserabel. Mein Vater war unglücklich über meine Faulheit und mein Unvermögen und daß er zu den »Schulmeistern« laufen mußte, um zu fragen, wie es mit mir stand. Er konnte sie im Grunde nicht leiden. Als ich längere Zeit krank war, kam eines Tages der Ordinarius zu mir und meinem Vater, um sich nach meinem Befinden zu erkundigen. Mein Vater, der für Höflichkeit sehr empfänglich war, freute sich sichtlich. Beim Abschied aber zog der Herr Oberlehrer eine verbotene Übersetzung heraus, die man vor meiner Erkrankung bei mir gefunden und mir abgenommen hatte und übergab sie, scheinbar nebenher, meinem Vater. Nun war ersichtlich, warum der Besuch erfolgte. Mein Vater äußerte über dieses unanständige Benehmen kein Wort, aber gab mir die Übersetzung, sobald der feine Mann das Haus verlassen hatte, zurück.

Seit wir in Lüneburg wohnten, gab es etwas in der Welt – außer den Büchern –, das mich durch sein bloßes Dasein beglückte, das mir aber in jedem Jahre nur einmal für wenige Wochen zugänglich war: das Meer. Es war vor allem ein Ort, den wir fast immer in den großen Ferien aufsuchten, die Insel Sylt. Es waren zu Anfang der achtziger Jahre immer nur wenige Kurgäste dort, und es gab außer den niedrigen, strohgedeckten Friesenhäusern, in denen man Wohnung nahm, kaum ein paar moderne Gebäude. Das Meer, die Sonne, die großen wilden Heideflächen, ein kleiner Kirchhof namenloser Schiffbrüchiger, das zusammen beeindruckte mich stark und erfüllte mich mit jugendlicher Schwermut und unbestimmtem Sehnen. An diesen Ort, der leider inzwischen alle Ursprünglichkeit verloren hat, denke ich noch heute oft und habe Verlangen, ihn zu sehen, da, wo er noch einsam und weniger berührt ist. Vieles, was ich liebe, hängt innig mit dem Meere zusammen, die Griechen, Byron, ein paar Lieder von Heine. Ich habe später eine Novelle »Vor den Pforten des Lebens« geschrieben, die voll vom Meer ist und zum Schauplatz Sylt hat. Die Berge habe ich nie sonderlich geliebt, und in meinem Romane »Die Freundschaften Fortunats« setze ich Meer und Gebirge in Gegensatz zueinander: »Gibt es nicht Menschen, die ihr ganzes Leben so unbeweglich zubringen, sich von der Sonne bestrahlen lassen und doch nicht warm werden, monotone, korrekte, glatte Menschen mit weißer Hemdbrust, ganz wie diese Berge? Und gibt es nicht andere, die dem Meere gleichen, unruhige, leidenschaftliche Naturen, dem Glanze des Himmels hingegeben und der Wirkung des Mondes untertan? Und ist das Meer nicht wie ein Held, bald zornig rasend und stürmend, bald mit Kinderlächeln und schön gelösten Gliedern sanft sich streckend? Und hat es nicht, so wie der Held den Schweißgeruch nach der Schlacht, den starken Duft des Lebendigen? Man sollte auch meinen, daß beide, Gebirge und Meer, besondere Arten von Menschen anziehen. Jenes den, der kalt auf sichtbare, greifbare Dinge losgeht, der die Schwierigkeiten kalkuliert, das Ziel erreicht, die berechnende bürgerlich-arrivistische Natur; dieses dagegen den Menschen der unerfüllten und unerfüllbaren Sehnsucht, den heldischen und irrenden Menschen.«

Auch in dem eleganteren Norderney verlebte ich einige Male meine Ferien. Der eine Aufenthalt ist mir dadurch in Erinnerung geblieben, daß wir einen meiner Onkel in Begleitung seiner Töchter dort trafen, der eine großzügige und unbesorgte Lebensart hatte und die Vorstellung von Hummer und Champagner greifbar, reichlich und für immer in mein spartanisches bürgerliches Dasein trug. Bei einem andern Besuche dieser Insel verliebte ich mich heftig in ein adliges Fräulein aus Sachsen, und da mein Vater den Badekommissar, Herrn von Vincke, kannte, genoß ich das Privileg, bei einem großen Balle der Saison in einem abgesonderten Zirkel der bevorzugten Gäste der von mir angebeteten Person unbehindert auf die Füße zu treten. Die weiteren Tanzprojekte wurden aber durch die Tatsache gestört, daß eine Möve, gerade einige Augenblicke, bevor ich den Tanzsaal betreten wollte, mir ihren reichlichen blauschwarzen Darminhalt über den Kopf leerte, was den Eindruck erweckte, man habe mir eine Flasche Tinte über den Kopf gegossen und wodurch mein Abendanzug für künftige Tanzgelegenheiten ungeeignet wurde.

In Norderney sah ich auch zum ersten Male den jungen Prinzen Wilhelm, der mit seiner Frau und seinem Baby einige Wochen dort verbrachte. Er trug ein bescheidenes Bärtchen und hatte auch sonst noch nicht die große Allüre des späteren Kaisers.

Die genannten Sensationen des Schlemmens, des Verliebtseins und der häufige Anblick eines preußischen Prinzen standen aber weit hinter denen zurück, die in Sylt Meer und Heide in mir auslösten. Es gab freilich auch dort etwas, das den Aufenthalt beeinträchtigte, das war das Verlangen meines Vaters, das Lehrbuch der Mathematik mitzunehmen, und er reservierte an jedem Tag einige Stunden für dessen Lektüre. Da lag es während dieser Zeit auch vor mir aufgeschlagen auf dem Tische, auf den Knien aber hatte ich den Childe Harold von Lord Byron. Neben den Forderungen der Mathematik bestanden auch sonst noch allerlei kleine Ferienaufgaben, die erledigt werden

mußten. So sollte einmal in den vier Wochen ein Gedicht aus-
wendiggelernt werden, dessen Wahl jedem Schüler freistand.
Nur die meine, die auf Heines »Grenadiere« fiel, war als unpas-
send für einen jungen deutschen Menschen beanstandet worden (wir befinden uns im Jahre 1890), und ich ersetzte es durch
Geibels »Tod des Tiberius«, dessen pathetische Verse ich laut
auf der Sylter Heide deklamierte und das ich, trotz seiner Län-
ge, noch heute tadellos aufsagen kann, falls dies einmal verlangt werden sollte.

Als ich die Obersekunda besuchte, stand eines Tages in
meinem Zeugnis: »Es ist zweifelhaft, ob er mit Erfolg die oberen Klassen besuchen kann.« Mit dieser Empfehlung meldete ich mich ein paar Wochen später am »Christianeum«, dem
Gymnasium der Stadt Altona, in welche mein Vater in gleicher
Amtseigenschaft versetzt worden war.

Unsere Wohnung lag hoch auf einer Terrasse, an der schönen Straße, die nach Blankenese führt, und hatte den Blick
über die Elbe, weit ins hannoversche Land hinein. Die Dampf-
fer, die in den Hamburger Hafen oder aus ihm herausfuhren,
zogen an uns vorüber. Ihr dumpfer Schrei weckte mich am Morgen wie eine Stimme der Freiheit und ich grüßte die Flaggen,
die noch vor kurzem über dem Meere geweht hatten. Wenn
man etwas entfernt zum Ufer stieg, kam man zu einem bescheidenen kleinen Villenorte, wo alte Kapitäne wohnten, die nicht
mehr fuhren. Dort nahm ich ein Boot und ruderte hinaus, dicht
an die Riesen heran, die langsam und majestätisch dahinfuh-
ren. Nach der andern Seite aber lag der Hamburger Hafen St.
Pauli und jenes von unsicheren und zweifelhaften Elementen
überflutete Grenzgebiet von Hamburg und Altona mit seinen
wüsten Gassen, in denen ich zum ersten Male einen Blick in die
Abgründe des Trieblebens tat.

Dieses war, alles in allem, nicht die bürgerliche Enge, die
mich in Lüneburg unglücklich gemacht hatte. Als ob des Was-
sers nicht genug sei, das als breiter Strom an dieser stolzen
Stadt vorbeifloß, wiederholte es sich in der Alster im Innern,

mit weißen Segeln vor den bunten Parks herrschaftlicher Gärten. Mehrmals in jeder Woche fuhr ich mit meiner Mutter nach Hamburg, wo wir immer in der gleichen Konditorei einkehrten und aus einem der Keller, in denen sich die Delikatessen häuften, von jenem berühmten Rauchfleisch etwas mit nach Hause brachten, das man nirgends in der Welt so ausgezeichnet bekommt. An den Sonntagen begleitete ich meine Mutter bisweilen in die Petrikirche »mit der schlanken Taille«, wie sie Heine nennt, und in die Michaeliskirche, die später einem Brande zum Opfer fallen sollte. Die Stimmen von zwei großen Geistlichen, des Hauptpastors Kreusler und des Seniors Behrmann, zu dem meine Mutter in persönlich-freundschaftlicher Beziehung stand, erfüllten ihre Räume. Die Frömmigkeit meiner Mutter, die ursprünglich eine pietistische Färbung hatte, verlor hier alles Enge, wurde menschlich und frei. Während ich selbst die vom vielen Wasser kommende Frische auch hier spürte, statt der Luft schlechtventilierter Dienstbotenzimmer, die sonst in protestantischen Kirchen eine Neigung zu Ohnmachtsanfällen in mir hervorrief. So genoß ich die Schönheit dieser alten Stadt nach allen Richtungen. An manchen Tagen machte ich den weiten Weg von Altona bis an die Alster zu Fuß mit einem Klassenkameraden, der, wie ich, eine Neigung für Philosophie hatte, unter Gesprächen über Spinozas Ethik, die wir in einer alten Weinstube fortsetzten.

Der Kult der »Tatsachen« war jetzt weniger aufdringlich, obgleich es natürlich solche gab, die immer wiederkehrten. So befand ich mich als Primaner des Christianeums eines Tages wieder in Friedrichsruh, und zwar als Mitglied des Altonaer wissenschaftlichen Primanervereins Klio, zu dessen Gründern Theodor Mommsen zählte. Die Sitzungen dieses Vereins, dem ich schöne Stunden und den Verkehr mit lieben Kameraden verdankte, zerfielen in zwei Teile, den wissenschaftlichen, der dem geschichtlichen Studium gewidmet war und in dem Vorträge gehalten wurden, und die sogenannte Amicitia, die darin bestand, daß man viele mit Ei belegte Sardellenbrote aß und aus einem aufgelegten Faß unter Gesängen so viel Bier trank, als man irgend konnte. Der Vortrag, den Theodor Mommsen gehalten hatte und der im Archiv des Vereins niedergelegt war, hieß »Genies, notwendige Übel«. Diesen Titel erwähnten wir natürlich Bismarck gegenüber nicht. Es wäre auch nicht möglich gewesen, denn die Begrüßung spielte sich genau so kurz ab wie die früheren Male.

Zum vierten Besuche in Friedrichsruh bot mir, um es gleich hier zu erwähnen, im Jahre 1895 die Huldigungsfahrt der deutschen Studentenschaft Gelegenheit. Der Zug war so groß, daß die letzten fast noch in Hamburg waren, als die ersten schon in Friedrichsruh vor dem Altan Aufstellung genommen hatten. Nachdem die Ansprachen vorüber waren, zerpflückte Bismarck kokett eine Rose, um deren herunterfallende Blätter sich die studentische Jugend wie um kostbare Reliquien balgte. Dann gab es Freibier.

Die Mitglieder des Göttinger Korps Hannovera, dem Bismarck als Student angehört hatte, hatten eine den Riesenmaßen des bismarckschen Schädels angepaßte rote Mütze anfertigen lassen. Wie vorauszusehen war, lehnte Bismarck es ab, sie aufzusetzen, und so mußten sie sie wieder nach Göttingen zurückbringen, mit der geringen Aussicht, daß später sich jemand finden könnte, dem sie passen würde.

Mein eindrucksvollster Besuch in Friedrichsruh sollte gleichzeitig mein letzter sein. Ein Zufall ließ mich der Schlußszene der äußeren Versöhnung zwischen Kaiser und Kanzler beiwohnen. Ganz wenige Menschen waren zugegen. Bismarck kam mit dem Kaiser aus dem Portal heraus und sie gingen langsam auf den weißen Zug hin, der gerade gegenüber stand und sprachen dort noch einige Zeit miteinander. Wobei es mir auffiel, daß Bismarck ununterbrochen die Hand am Helm hielt. Ich dachte mir, daß das sehr schwer für den alten Herrn sein mußte und daß der Kaiser sich das hätte verbitten sollen. Als dieser vor dem stramm aufgerichteten greisen Kanzler den Zug bestieg, hatte ich den Eindruck, daß er viel weniger eine »Tatsache« sei als dieser und daß man um ihn allenfalls herum könnte.

Ich bin nie in meinem Leben jemandem begegnet, der einen mächtigeren, fast über das Maß des Menschlichen hinausgehenden Eindruck auf mich gemacht hätte als Bismarck. Die Gestalt und das Auge waren beherrschend. Man verstand bei seinem Anblick, daß er die Kraft gehabt hatte, den politischen Einheitstraum eines Volkes zu erfüllen. Dieses schließt aber die Frage nicht aus, ob eine Erfüllung in dieser definitiven und starren Form einer Zentralregierung klug und wünschenswert war. Ob die deutsche Seele, die nur im Zustande der Sehnsucht ihr Höchstes gab, nicht ihre Kraft verlor und steril wurde, sobald sie nicht entwicklungsfähigen Zielen, sondern ein für alle Male festgelegten Tatsachen gegenüberstand. Was blieb dem politisch saturierten, innerlich entspannten Volke anderes übrig, als sich an Macht und Reichtum und das geliebte Soldatenspielen zu verlieren? Auf Bismarcks Werke beruht in letzter Linie die heute vollzogene Amerikanisierung der deutschen Seele und jener billige und flache »Idealismus« einer äußerlich aufgeregten Jugend, die sich »national« nennt, aber nie begriffen hat, welche herrlichen, längst verschütteten Schätze die deutsche Seele besaß.

Mit den beiden intriganten Männern, die am eifrigsten am Sturze Bismarcks arbeiteten, kam ich damals äußerlich in Berührung. Mit dem Hofprediger Stöcker machten mein Vater und ich einen langen Spaziergang, als er in Altona einen Freund besuchte, der uns einlud. Aber mir ist keine Erinnerung an die Gespräche geblieben, nur an eine unruhige, unsympathische Persönlichkeit. Das schöne, schlaue Gesicht des späteren »Weltmarschalls« Grafen Waldersee – mein Vater war des öfteren bei diesem zu Gast –, der damals in Altona das neunte Armeekorps kommandierte und mit Stöcker zum Sturze Bismarcks verbündet war, sah ich oft aus nächster Nähe, wenn er in unser Haus kam, um seinen dort wohnenden Generalstabschef, Baron von

Gayl, zu besuchen, mit dessen ehrwürdiger Mutter und leidender Gattin meine Mutter befreundet war. Diese begegnete dort zuweilen der Gräfin, mit der sie sich wegen ihrer kirchlichen und wohltätigen Neigungen verstand. – Ich sah den Grafen Waldersee zuletzt in Westerland-Sylt, in der Lesehalle am Strande, täglich vertieft in die Lektüre unzähliger Zeitungen. Eines Tages verschwand er, plötzlich berufen, in China das Kommando der internationalen Truppen zu übernehmen. Er nahm den Baron Gayl als Generalstabschef mit, der zuweilen allerlei reizende chinesische Bilderbogen meiner kleinen Schwester, die er ins Herz geschlossen hatte, schickte. Obgleich weder mein Vater noch ich für Soldaten Interesse hatten, wollte es der Zufall, daß wir damals in Altona mit solchen, die später geschichtlich bekannt wurden, in Berührung kamen. Ich selbst war häufig im Hause des späteren Armeeführers im Osten, von Prittwitz und Gaffron, mit dessen Sohne ich kameradschaftlich verkehrte, und meine Schwester trug das ihre zu diesen Beziehungen bei, indem sie dem Sohne des späteren Kriegsministers von Falkenhayn beim Spielen den Fuß zerschmetterte.

Mit der Schule ging es in der ersten Zeit etwas besser. Aber sie erschien mir trotzdem in einem so hohen Maße grauenvoll, daß die Choleraepidemie, die in Hamburg und Altona ausbrach und alle Menschen in Todesangst gebannt hielt, deswegen alle Schrecken für mich verlor, weil im Zusammenhang mit ihr die Schulen ihre Tore geschlossen hatten. Die üblichen Nachhilfestunden gab es nicht mehr oder vielmehr nur wenige. Mein Vater erzählte eines Tages, er habe im Gefängnis einen Lektor der französischen Sprache, der an der Universität Kiel doziert habe. Da ich im Französischen schwach sei – ich war es vielleicht, aber sicher nicht mehr als in allen andern Fächern –, wollte er, daß der Mann mir im Gefängnis Unterricht gäbe. Ich fragte meinen Vater, was er begangen habe. Er behauptete, sich dessen nicht recht zu erinnern, Ich habe es später erfahren und lernte damit auch die edeln Motive kennen, die meinen Vater zu diesen Unterrichtsstunden veranlaßten. Der betreffende Professor hatte sich des Vergehens gegen den Paragraphen 175 des Strafgesetzbuches schuldig gemacht. Indem mein Vater ihm den eignen Sohn als Schüler zuführte, wollte er ihm ein Zeichen seiner Achtung und seines Vertrauens geben und den Zusammengebrochenen aufrichten. Ich wurde in ein ödes Zimmer des Gefängnisses geführt, hörte im Gange, das Öffnen einer Tür, Schritte, vom Wärter hereingeführt erschien ein altes, graues Männchen in Sträflingskleidung mit erloschnem Blick und mit einem farblosen, durch Leid gefurchten Gesicht. Er hatte zunächst eine bescheidene, fast demütige Haltung, belebte sich aber während der von mir gewählten Lektüre von Voltaires »Dictionnaire philosophique«. Für meinen Vater bewahrte er ein Gefühl grenzenloser Verehrung und Dankbarkeit.

Mein Vater hatte eine schöne Art, die Strenge seines Berufs mit den Geboten der Menschlichkeit zu vereinen. Als ich mich dreißig Jahre später, als mein Vater schon lange nicht mehr lebte – der Krieg war vorbei und in Hamburg bestand ein sozialistisches Regime –, an den Senator K. wandte mit der Bitte, zugunsten eines wertvollen Gelehrten, der Professoren der Hamburger Universität gegen sich hatte, Stellung zu nehmen, antwortete er mir: »Alles, was Sie mir gesagt haben, leuchtet mir ein. Ganz abgesehen davon aber würde es mir schwerfallen, dem Sohne eines Mannes, den ich hoch Verehrte, eine Bitte abschlagen zu müssen.« Und als ich ihn fragend ansah, fuhr er fort: »Vor ungefähr dreißig Jahren war ich Chefredakteur einer sozialistischen Zeitung und hatte mich schwer gegen das Pressegesetz vergangen. Ihr Vater erwirkte gegen mich eine lange Gefängnisstrafe. Kaum aber war das Urteil gesprochen und ich abgeführt, erschien Ihr Vater bei mir im Gefängnis und sagte: ›Es war meine Pflicht, Sie anzuklagen und den bestehenden Gesetzen Geltung zu verschaffen; aber es steht jetzt in meiner Macht, Ihnen die Verbüßung der Strafe zu erleichtern. Sie sollen lesen und schreiben können gemäß Ihren Wünschen, und alle diesbezüglichen Bitten sollen erfüllt werden.‹ So ist es auch geschehen«, fuhr der Senator fort, »und ich habe die Strafe nicht als zu schrecklich empfunden. Viele Jahre später, in einer Gartenbauausstellung, legte jemand von hinten die Hand auf meine Schulter. Es war Ihr Vater, der mich wiedererkannt hatte. Wir sind dann länger als eine Stunde zusammen spazieren gegangen und haben freimütig die politischen und sozialen Probleme der Zeit diskutiert. – Ich habe gerade gestern vor Hamburger Staatsanwälten sprechen müssen, habe ihnen diese Geschichte erzählt und ihnen den alten Uhde als Vorbild empfohlen.«

Aber kehren wir zu den Sorgen der Schule zurück. Mein Ordinarius in der Unterprima war ein Mann des dichterischen Schwungs und der schönen Worte. Er vertrat in seinen eigenen Poesien die edle klassische Haltung gegenüber Detlev von Liliencron, den er erbarmungslos in der literarischen Beilage des »Hamburger Korrespondenten« wegen seiner »niedrigen Instinkte« und »saloppen Dichtung« angriff. Er hatte für eine große Kolumbusfeier ein Festspiel verfaßt, in dem seine erhobene Seele prachtvolle Reime fand. Es kam im Hamburger Stadttheater zur Aufführung, gerade einen Tag vor meinem Eintritt in seine Schulklasse. Während die andern Schüler als anonyme Masse auf dem Olymp dem Blick des Dichters entgingen, hatte ich in meiner Begeisterung für das »Schöne und Edle« mir einen Vorderplatz in einer Proszeniumsloge genommen, der zufällig dem Platze des Festspielautors gegenüberlag. Das »wahrhaft Dichterische« der Sprache versetzte mich in ekstatische Begeisterung, der ich immer von neuem durch ein auch andere hinreißendes Klatschen der Hände Ausdruck gab. Es konnte nicht ausbleiben, daß der am nächsten Morgen zum Ordinarius einer Schulklasse degradierte Genius in mir eine verwandte schöne Seele entdeckte, die er aus unverdienter Tiefe zu dem Range erhob, der ihr zukam. So erhielt ich zu meiner, meiner Mitschüler und meiner Eltern Überraschung im nächsten Quartal jenen zweiten Klassenplatz, den ich als Kind schon inne hatte, als meine Mutter an meinem Lernen teilnahm. Es war mein zweiter Fall von Untreue, dem ich diesen Erfolg verdankte. Der Schuldirektor, in dessen Hände ich nach einem Jahr kam, war leider völlig amusisch, eine kalte Natur, bei dem nichts zählte als die Kenntnisse. Kein Gedanke, kein Blick über das »Pensum« hinaus. Er ließ mich eines Tages zu sich rufen und gab mir den Rat, vom Abiturientenexamen zurückzutreten. Ich lehnte das ab und erklärte, daß ich es versuchen wolle. Zum Glück wurde er als Provinzialschulrat von Altona wegversetzt, und da man ihm nicht nachträglich einen Klex in seine Akten machen wollte, ließ man alle Kandidaten das Examen bestehen. Ich hatte mündlich und schriftlich fast in allem versagt. Noch vor der schriftlichen Mathematikarbeit irrte ich verzweifelt herum, um in Erfahrung zu bringen, was und wozu Logarithmen sind und wie und wann man sie anwendet. Leider konnte man mir das alles so schnell nicht mehr auseinandersetzen.

Aber ich hatte die beste Arbeit im Griechischen geschrieben. Es war eine Übersetzung aus Platon. Die Wahl der Stelle hatte sich als ein Mißgriff erwiesen, da die ganze Klasse nicht mit ihr fertig wurde. Mir allein war sie gut gelungen. Nicht etwa, weil ich mehr wußte, mehr gelernt hatte als die andern, sondern, weil in mir der Geist des Griechentums am meisten geweckt war durch die Unterrichtsmethode eines Mannes, der bei größter Achtung positiver Kenntnisse die menschliche Seite höher stellte als die grammatikalische, welche er nicht als Endzweck anerkannte. Dieser Professor, Friedrich Reuter, ein Süddeutscher aus der Gegend von Ansbach, hoch aufgeschossen und hager, herb im Wesen, sarkastisch und jeder Phrase abhold, wußte die Welt Homers und die Platons unserem heutigen Gefühle lebendig zu gestalten. Kein Satz blieb eine grammatikalische Konstruktion, kein Wort eine Vokabel. Seine Lehrweise war so menschlich, so anschaulich und mitreißend, daß mir noch heute Unterscheidungen sokratischer Methoden in griechischer Sprache geläufig sind. Obgleich sein Geist, der grundsätzlich vor Verallgemeinerungen zurückschreckte, nie zu endgültigen und großzügigen Formulierungen kam, wurde hier doch der Grund für mich gelegt zu den Erkenntnissen griechischen Wesens, die mich einige Jahre später beschäftigten und die ein dauernder, wesentlicher Bestandteil meines geistigen Gutes wurden. Im Mittelpunkte unserer Klassenlektüre stand lange die Figur des Sokrates, dessen Forderung, daß man Gott mehr gehorchen solle als den Menschen, aus der er selbst mutig die Konsequenz gezogen hatte, ich schon damals zu der meinen machte. In jenen Jahren, die ich bei Friedrich Reuter Unterricht hatte, begann bereits jene Augenkrankheit, die ihn bald des Sehens beraubte. Als ich viele Jahre später nach Ansbach kam, wo er bei seinem Bruder wohnte, blieb ich lange vor seinem Hause stehen, hatte aber nicht den Mut, den völlig Erblindeten wiederzusehen.

Die Schulzeit mit ihren Ängsten war nun für mich vorbei. Es war die trostloseste, demütigendste, hoffnungsloseste Periode meines Lebens. Ihre Schrecknisse tauchen noch heute, wo ich sechzig Jahre alt bin, in meinen Träumen auf. Die heutige Jugend wird diese Ängste kaum verstehen, denn Lehrer wie Schubs, Glatz und Büh gibt es wohl heute nicht, und Männer wie Friedrich Reuter sind keine Seltenheit mehr.

Studentenzeit

Mein Glück, aus der Schule heraus zu sein, war ungeheuer. Frei sein, Herr meiner Zeit und meiner Beschäftigungen sein, nicht mehr Angst haben und betrügen müssen, nicht mehr belauert, beargwohnt, gedemütigt werden, das war unglaublich schön. Jetzt war das Leben da mit seinen Geheimnissen, seinen unübersehbaren Möglichkeiten. Ihm gegenüber verlor das Buch plötzlich seine Anziehungskraft, war aus Papier, die Zeit war zu kostbar, um Seite für Seite umzuwenden und einige Gedanken zu ernten. Was waren Ideen und Probleme im Vergleich zur Tat?

Mein Vater überließ mir völlig die Wahl eines Berufes. Mein erster Gedanke war, Marineoffizier zu werden. Die Berührung mit dem Meere schien mir Berührung mit Größe, Unendlichkeit, Freiheit, Bewegung. Es fiel mir nicht ein, daß ich vom Regen in die Traufe kommen könnte, daß ein ewiges Gehorchen, ein Begraben des eigenen Willens von neuem die Losung sein würde. Vielleicht aber war es auch der preußische Instinkt, der trotz allem nach Disziplin, nach Beherrschtwerden und Herrschen verlangte, der im Unterbewußtsein sich geltend machte. Mein Vater rückte andere Berufe in den Vordergrund der Erwägung, rühmte die Chancen und die Befriedigungen eines medizinischen Spezialisten von Ruf, eines Gartenarchitekten großen

Stils. Er sah die Uniform nicht gern, liebte den Offiziersstand nicht sonderlich, wollte ihn mir aber, zumal in der gemilderten Form des Marineoffiziers, nicht verbieten. Aber aus diesen Absichten wurde nichts, denn es stellte sich heraus, daß das Heufieber, an dem ich in besonders schlimmer Weise litt, mit diesem Berufe unvereinbar war.

So geschah schließlich das, was in so vielen Fällen geschah, in denen ein innerer Beruf fehlte: ich entschied mich für die juristische Laufbahn. Die Wahl der Universität wurde durch den Wunsch bestimmt, aus allem Gewohnten herauszukommen, weit wegzugehen, an das Vergangene möglichst wenig erinnert zu werden. So entschloß ich mich, die Universität Lausanne zu beziehen.

An einem Spätoktobertage 1894 kam ich dort an. Daß die Reise nach Süden gegangen war, hatte etwas Tröstliches für mich. Wie so viele Nordländer, hatte ich mein Leben lang Verlangen nach milden Klimaten, sonnendurchglühten Landschaften. Ein Spaziergang am Tage meiner Ankunft führte mich bei fast noch sommerlicher Temperatur am Genfersee entlang. Hier zum ersten Male fühlte ich ganz den Hauch der Freiheit, die schönen Möglichkeiten des Lebens.

Der offizielle Zweck meines Dortseins wurde sehr unvollkommen erfüllt. Ich hatte Pandekten* des römischen Rechts belegt, war aber nur zwei oder drei Male in der betreffenden Vorlesung. Auch in der französischen Sprache waren die Fortschritte gering. In den Pensionen wimmelte es von deutschen Studenten, und es schien uns bequemer und natürlicher, uns in der Muttersprache zu unterhalten. Zum Verkehr mit gleichaltrigen Franzosen bot sich keine Gelegenheit.

Irgendeine Beziehung hatte mich in eine geschlossene Gesellschaft junger Deutscher gebracht, die nicht durch die Form einer Vereinigung gebunden waren, aber sich zwanglos regel-

---

*Pandekten: Sammlung altrömischen Privatrechts im Corpus Juris Civilis. (Anmerkung des Herausgebers)

mäßig trafen. Es waren meist Mitglieder des großen rheinischen und westfälischen Adels, aber auch ein paar Preußen, Mecklenburger, Kurländer waren darunter. Träger der Namen Hatzfeld, Merveldt, Landsberg-Velen, Metternich, Mallinckrodt, Manteuffel, Nolcken, Viereck sind mir in Erinnerung geblieben. Man traf sich abends an einem für uns belegten Tische; in größeren Abständen dinierten wir gemeinsam, wobei der Frack als Anzug vorgeschrieben war. Der Ton in diesem Kreise war verbindlich, alles Gewaltsame blieb fern, politische, religiöse, künstlerische Probleme wurden vielfach diskutiert, aber in einer leidenschaftslosen Weise, in der die Ironie die schärfste Form des Widerspruchs war. Dieser hochgeborenen Jugend fehlte es zum Teil nicht an Intelligenz, aber an Voraussetzungslosigkeit und an Stoßkraft. Ihre Ansichten waren weniger die von einzelnen Personen als von Familien, Gesellschaftsgruppen, Kasten; sie konnten weder zerstören noch aufbauend jemals wesentlich in Betracht kommen. Aber diese jungen Menschen stellten in ihrer Gesamtheit etwas Bleibendes dar, ein sympathisches Element, das in einem anständigen, nicht provozierenden Sinne deutsch und gleichzeitig übernational war.

Ich erinnere mich eines seltsamen Vorfalls innerhalb dieser Gesellschaft. Es war Silvesterabend, und die meisten waren nach Hause gefahren. Wir waren sechs oder sieben, die in Lausanne geblieben waren, und hatten uns zu einem Abendessen zusammengefunden, um den Beginn des neuen Jahres gemeinsam zu begehen. Mein Tischnachbar war ein Baron S.-Z., noch etwas jünger als ich, physisch und geistig von großem Charme, mit dem ich mich über literarische Dinge den ganzen Abend ausgezeichnet unterhielt. Vor allem bildete das damals gerade erschienene Buch von Bellamy »Im Jahre 2000« den Gegenstand unseres Gesprächs. Er war eben erst in Lausanne angekommen, und ich freute mich, daß unser Kreis einen so erfreulichen Zuwachs erhalten hatte. Als es zwölf Uhr schlug, erhoben wir uns alle und stießen mit unseren Gläsern an. Das meines reizvollen Nachbars zerbrach ohne offenbaren Anlaß an dem meinen, und er sagte, sichtlich bleich und erschüttert, zu mir mit leiser Stimme: »Denken Sie an diesen Abend, es wird mir etwas sehr Schreckliches passieren.« Ich lächelte über diese abergläubige Anwandlung eines scheinbar aufgeklärten Geistes, als den er sich in unseren Gesprächen erwiesen hatte, als jemand den Vorschlag machte, das Schicksal des neuen Jahres durch Bleigießen zu erfahren. Niemand konnte sich dem kindlichen Beginnen entziehen, und bald zeigte mir mein Nachbar etwas in seiner Hand mit den Worten: »Sie sehen, es ist eine Kugel geworden« Ich weiß nicht mehr, wie wir uns trennten, der viele Champagner war mir zu Kopfe gestiegen, und am nächsten Tage verließ ich erst am Nachmittag das Bett. Das erste, was ich erfuhr, war, daß mein Tischnachbar nicht nach Hause gegangen und nicht auffindbar wäre. Nach einigen Tagen kam die Nachricht, er habe sich zwischen Marseille und Neapel ins Meer gestürzt. Dann aber wollten Leute, bevor das Schiff in Neapel anlegte, einen Mann gesehen haben, der ins Wasser sprang und das Land durch Schwimmen erreichte. Als ich viele Jahre später in Paris vor dem Café du Dôme in einer deutschen Zeitung blätterte, erinnerte ich mich des betreffenden Abends beim Lesen der amtlichen Mitteilung, die den Baron S.-Z. für verschollen erklärte.

Mein erstes Semester ging ohne bemerkenswerte Ereignisse zu Ende. Es war ein schöner, klarer Winter. Ich verbrachte ihn zumeist in der freien Natur, sauste auf kleinem Schlitten von den Bergen in die Tiefe, machte Ausflüge in die Umgebung, Fahrten auf dem Genfersee. Immer wieder zog es mich nach dem Château de Chillon, das mit dem Namen des von mir geliebten Byron so eng verknüpft war.

Alles in allem war der Verkehr, den ich in Lausanne gefunden hatte, meiner Natur nicht angemessen. Ich verlangte nach Bekenntnis, Kampf, Bewegung, nach Beziehung zu Kameraden, die diese gleichen Bedürfnisse hatten. Ich war durchaus bereit, von einer großen geistigen Strömung der Jugend mitgerissen zu werden. Aber in dem saturierten kaiserlichen Deutschland gab es dergleichen nicht. Da gab es junge Menschen, die sich fleißig ihrem Studium widmeten, um es dereinst zu Stellung, Ansehen und Geld zu bringen. Da gab es andere, die über ihr Fach hinaus »geistige Interessen« hatten, die sie an Diskussionsabenden befriedigten. Wieder andere sangen oder turnten miteinander. Es gab vornehme Klubs, deren Mitgliedern es genügte, die Abende unter Standesgenossen zu verbringen. Und dann gab es die schlagenden, farbentragenden Verbindungen. Sie waren alle nach dem Vorbilde der Korps aufgebaut, in denen ihre Prinzipien am stärksten und reinsten zutage traten. Auch die Burschenschaften, die früher Träger einer großen Idee waren, unterschieden sich von den Korps nur noch durch die gesellschaftliche Zusammensetzung. Alle diese Gemeinschaften waren weder durch eine politische, noch soziale, noch wissenschaftliche oder künstlerische Idee interessant, aber durch einen Funken der menschlichen Seele. Sie hatten eine Verehrung, eine Liebe, eine Art leidenschaftliche Verschwörung. Der Gegenstand schien klein und, oberflächlich gesehen, lächerlich. Es waren zwei oder drei Farben, nicht immer geschmackvoll zusammengestellt. Denen hatten sie sich verschrieben, an die glaubten sie, für die ließen sie sich ihre hübschen jungen Gesichter zerschlagen. Gewiß, das erscheint ungeheuer komisch und ist es vielleicht auch. Und dennoch war etwas darin, was vom Witz nicht getroffen werden konnte, etwas Don-Quichottehaftes, Rührendes und Großartiges, etwas, das gar nicht kaufmännisch war.

Mein Vater war in Halle Korpsstudent gewesen, aber er hatte es nie unternommen, mir den Eintritt in ein Korps nahezulegen. Dennoch fühlte ich bald heraus, daß hier die einzigen Möglichkeiten lagen, innerhalb einer jugendlichen Gemeinschaft begeistert, tapfer und treu zu sein. Darin mich zu erproben, war mein heißes Begehren, und es war nicht meine Schuld, daß es für einen jungen Menschen auf einer deutschen Universität dafür keine weniger primitive Gelegenheit gab.

Ich wurde zunächst bei einem Korps in Göttingen aktiv. Aber ich hatte die Wahl nicht selbst getroffen, sondern folgte einem ehemaligen Schulkameraden, mit dem ich befreundet war. Das sollte sich rächen, denn es stellte sich heraus, daß die Zusammensetzung des Korps zufällig so war, daß ich mit keinem der Mitglieder in nähere sympathisierende Beziehungen kam. So blieb das Ganze ein körperlich ungeheuer anstrengendes Exerzitium, bestehend aus Trinken und Fechten, das mit einem genau zu beobachtenden Zeremoniell sich abspielte. Dazu waren in jener Zeit die studentischen Sitten in Göttingen noch ziemlich rauh. Man trank auf dem Frühschoppen so viel Bier, daß einem das Mittagessen nicht mehr schmeckte. Die Abende verbrachte man auf der Kneipe des Korpshauses, wo man bis zum Schluß des offiziellen Teiles unzählige Glas Bier trank und wo nachher die Hörner zirkulierten, die große Mengen enthielten, und die man beim Trinken nur einmal absetzen durfte. Oder man verbrachte die Abende in einer kleinen Kneipe, wo jedes Korps an seinem eigenen Tische saß und seine eigenen Lieder sang. Diese waren von hanebüchener Unanständigkeit und lockten viel Volk vor die Tür. Man verscheuchte es, indem man Eimer voll Bier aus den Fenstern goß.

Ich bat, als ein Zwischenfall mir die Rolle des Gekränkten zuteilte, um meinen Austritt und begab mich für das folgende Semester nach Heidelberg. Die Landschaft gewann mich sogleich. Das Schloß auf belaubtem Berg, der Fluß, die alte Brücke, die engen Gassen, die wundervolle Akustik des Tals, die von der Brücke jeden Hufschlag, jedes Lachen hinauftrug in die Höhen, die Stadt, in der die schwermütige und belastende Größe vergangener Zeiten sich mischte mit dem unbefangenen Frohsinn der Jugend, weckten mein romantisches Gefühl. Diese Liebe zur Landschaft erhielt bald eine Bereicherung und Vertiefung durch das enge freundschaftliche Zusammenleben mit Kameraden.

Ich wurde bei einem Korps aktiv, das sich in der Hauptsache aus Söhnen rheinisch-westfälischer Großindustrieller zusammensetzte, denen immer einige Hamburger Patriziersöhne und Mitglieder des holsteinischen und baltischen Adels beigemischt waren. Dieses Korps bestand damals seit ungefähr achtzig Jahren. Durch achtzig Jahre hindurch hatte es immer junge Menschen gegeben, die dieselben Farben trugen, sich zu ihnen bekannten, für sie fochten, die sich untereinander auf ihren Mut, ihre Ehrenhaftigkeit, ihre Treue prüften, den Charakter an den äußersten Polen der Härte und der Zartheit erprobten, sich eine Heimat aller anständigen Gefühle gründeten und alle aussonderten, die nicht zu ihnen paßten. Zeit und Mode, die vieles verändern, hatten keinen Einfluß auf sie gehabt.

Aufgeklärten Menschen, die nicht an Gott glauben, aber an alles Erlernbare, Praktische, Vernünftige, wird ein begeisterter Prediger, eine andächtige Gemeinde, Leute, die zum Abendmahl gehen, unzeitgemäß und lächerlich erscheinen. Dieselben werden auch der Meinung sein, daß Jünglinge, die vor gekreuzten Schlägern einer Tradition, die in einem dreifarbigen Bande symbolisch zum Ausdruck kommt, in Ergriffenheit ein Gelübde ablegen, sich kindisch benehmen und kostbare Zeit verlieren. Ihnen ist zu entgegnen, daß Begeisterung ein wertvolles Element menschlichen Lebens ist. Sie in Ereignissen großen Stils zu bekunden, ist Zwanzigjährigen im allgemeinen nicht gegeben. Sie hatten besonders damals nur die durch Alter geweihten Mittel schlichter Studentenart. In diesem kaiserlichen Deutschland war nicht eine einzige große Idee, weder in der Politik noch in Religion, Philosophie, Kunst lebendig, die imstande gewesen wäre, jugendliche Herzen höher schlagen zu lassen. Die Pflege des Mannesadels, der Tugenden, wie Tapferkeit, Selbstzucht, Gerechtigkeit, die aus der Begeisterung resultierten, stand auch nicht in den Programmen irgendeiner Universität. Die Neigung zu dem, was recht und billig ist, wird nicht durch juristische, zur Tapferkeit nicht durch historische, zur Disziplin nicht durch philosophische Vorlesungen entwickelt. Ruskin sagt irgendwo, es sei gleichgültig, ob man Dianaanbeter, Feueranbeter oder Wurzelanbeter sei, man müsse nur soviel Mensch sein, um zu wissen, was anbeten und verehren bedeutet. So ist es nicht wichtig, an welchem Gegenstand sich Begeisterung entzündet, sondern die Tatsache ist es, daß hier und dort ein paar Freudenfeuer brennen.

Das Korpsstudententum war in den neunziger Jahren des vorigen Jahrhundertes, von denen ich spreche, gewiß nicht mehr so einwandfrei, wie es früher gewesen. Wie das Kaiserreich die Religion zu einem »staatserhaltenden Faktor« erniedrigt hatte, Religiösität belohnte und bezahlte, wie es die Kunst demoralisierte, indem sie ihre patriotische Gesinnung auszeichnete, so hatte es sich auch des Korpsstudententums bemächtigt, indem es aus ihm eine Schule »politischer Zuverlässigkeit« zu machen suchte, welch letztere darin bestand, daß man unter Aufgabe seiner Persönlichkeit mit der Regierung auch da, wo es sich nicht um Ausübung des Amtes handelte, selbst wider besseres Wissen und Gewissen, durch dick und dünn ging. Der Preis war die Bevorzugung des Korpsstudenten in den hohen Staatsstellen. Vor die Schwelle des aktiven Korpslebens war die Hoffnung auf Vorteil gesetzt.

Unter diesen Umständen war es natürlich, daß sich dem Korps eine Reihe Mitglieder anschloß, die sich davon eine gute Laufbahn versprach. Sie machten das korpsstudentische Leben mit, vermieden jedoch tunlichst die Exzesse, blieben vorsichtig, höflich, korrekt, verschwendeten weder Kräfte noch Geld, erlebten nie eine Erhöhung des Gefühls und waren im Grunde froh, wenn die Zeit erfolgreich zu Ende war. Sie waren aber nicht in der Mehrzahl und fehlten damals völlig in der Gemeinschaft, der ich mich anschloß.

Die Aufgabe der Korps bestand seit alters her in der gegenseitigen Erziehung der aus ähnlichen Lebensverhältnissen stammenden jungen Leute zu schöner Gesinnung und schöner Haltung auf der Grundlage der Freundschaft und der Freude. Form und Inhalt waren im wesentlichen die gleichen bei allen Korps. Die Mensur* war überall der wichtigste Prüfstein, sie entschied, ob jemand vermochte, für eine Sache, zu der er sich bekannt hatte, die Hemmung der Furcht zu überwinden und sich brav zu schlagen. Die Kneipe hatte zu beweisen, daß die menschliche Würde unter keinen Umständen preisgegeben wurde. Dieses war zu leisten. Auf diesen beiden Gebieten gab es nichts, mit dem man bestechen konnte; wenn hier etwas fehlte, konnte kein geistiger noch körperlicher Vorzug Ersatz leisten. Hierin stimmten alle Korps überein. Sonst war viel weniger Schablone, als man im allgemeinen denkt. Jedes Korps hatte seinen besonderen Charakter, seinen Klang, seine Färbung, seine Atmosphäre, seine Stimmung, was alles zusammen seine Tradition ausmachte, die es von anderen unterschied und die sich für immer jedem seiner Mitglieder aufprägte. Bei älteren Menschen, die einmal Korpsstudenten waren, kann ich noch heute aus ihrer Art, sich zu geben, erkennen, wo sie aktiv waren, mindestens die Gruppe von Korps bezeichnen, die in Betracht kommt. Das Korps, in dem ich in Göttingen aktiv war, lebte in einem besonders strengen Formalismus, während mein Heidelberger durch alle Zeiten seine Lebensfreude sich durch kein Zeremoniell stören ließ. Korps, die durch ähnliche Tendenzen verbunden waren, schlossen sich zu Kartells oder befreundeten Verhältnissen zusammen, von denen dann wiederum verschiedene Gruppen einen Kreis bildeten. Es gab einen weißen, grünen, blauen, gelben Kreis, und jeder hatte bestimmte Tendenzen, durch die er sich von den andern unterschied. Die korpsstudentischen Angelegenheiten wurden durch drei Instanzen geordnet, von denen der Kösener Kongreß die höchste war. Es war hinreichend Gelegenheit, bei den unausbleiblichen Konflikten zwischen verschiedenen Korps politische, diplomatische, rednerische Begabung zu entwickeln, um den Standpunkt des eigenen Korps zur Geltung zu bringen.

---

* Mensur (lat.; »das Messen, das Maß«): der studentische Zweikampf mit Schläger oder Säbel. (Anmerkung des Herausgebers)

Eine Fähigkeit, die Voraussetzung war und die gepflegt wurde, war die, in Harmlosigkeit ein guter Kamerad zu sein. Durch das gemeinsame Tragen von Leid und Freud wurde sie gefördert. Wie schwer lastete es auf der Gemeinschaft, wenn ein Mitglied, das durch Vorzüge des Geistes und Körpers beliebt war, das verlangte Maß an innerer und äußerer Haltung nicht aufbrachte und ausschied. Die Freude vor allem, an der es nicht fehlte, festigte das Gefühl der Zusammengehörigkeit.

Da war die erste Mensur. Man ging früh morgens durch das verwitterte Tor über die alte Neckarbrücke. Wagen nach Wagen fuhr vorbei und farbige Mützen grüßten. Man schritt am Ufer des reißenden Neckars entlang, blickte zum Schloß, bog in den steilen Weg, der zur Hirschgasse führte, der alten, ländlichen Kneipe. Und plötzlich stand man inmitten eines großen Kreises, Zielpunkt aller Augen, und hatte den Schläger in der Hand, um für die geliebten Farben zu fechten, wie die Väter es getan. Man fuhr in Wagen durch das Neckartal, durch diese deutsche, schicksalschwere Landschaft. Und wenn der Abend kam, glitt man in Booten zurück, mit Bowle und Liedern und blickte träumend zu den dunkeln Höhen. Bis plötzlich bei einer Biegung die Stadt im abendlichen Schweigen vor uns lag. Dann stieg man aus und ging die kleine Straße, in der durch den Abendfrieden vom Fechtboden her der Klang von Speeren schallte, hinauf in die alte Stadt. Da war man zu Hause. Ringsumher waren die Häuser der Bürger, bei denen wir wohnten. Wir nahmen teil an allem, was sie betraf, Geburten, Krankheiten, Verlobungen, wir lebten in ihren Familien mit, waren gar nicht stolz oder männlich, sondern eher einfach und kindlich. Weiter gingen wir durch die stillen Straßen. Hier und dort glänzte ein Licht, wo eine Wirtin den Wein verschenkte. Wo es zum Schloß hinauf geht, lag das festliche Haus. Auf der weinumrankten Veranda standen die Burschen und schwenkten freudig die bunten Mützen. Drinnen brannten die Kronleuchter im getäfelten Saale. Es tönte Musik und ein altes Burschenlied rauschte durch die Räume. Zuweilen gab es Tage der großen Feste. So alle fünf

Jahre, wenn der Gründungstag sich jährte. Dann kamen sie auch aus den fernsten Gegenden angereist, die Ältesten auch, um vielleicht zum letzten Male zu singen »Frei ist der Bursch«. Da kam aus Estland, wo er vor der langen Eisenbahnfahrt schon einige Tage im Wagen reisen mußte, der alte Baron Girard de Soucanton, der so gern erzählte, daß ihm hundert Dörfer gehörten, kam ein Graf Kapnist, Zeremonienmeister des Zaren, nahe den achtzig, der sich nachts nicht mehr ins Hotel fand und den man am Morgen auf einer Bank der Anlagen entdeckte, kamen aus Kurland die Hähne, von denen das Korps mehr als ein Dutzend zu den seinen zählte. Einer der ältesten von ihnen hatte im Hotel das Zimmer neben dem meinigen, und am Schluß der Feste winkte ich ihm vom Balkon ein Lebewohl zu: »Bis zum nächstenmal.« Er schüttelte mit dem Kopfe, und ich habe ihn nicht wieder gesehen. Er versammelte eines Tages die Beamten und Angestellten seines Gutes; er sagte, daß ihm das Leben keine Freude mehr mache. Er bedankte sich bei ihnen für ihre Treue und Arbeit, nahm dann Abschied von jedem einzelnen und schoß sich mit den Worten »Und so stirbt der alte Baron Hahn!« die Kugel ins Herz.

Und dann kamen, so sehr verschieden von ihnen und doch durch den gleichen Schwur der Freiheit und der Treue verbunden und in der gleichen Tradition vereint, die deutschen Beamten, darunter viele Regierungspräsidenten und Landräte, aber keine Diplomaten (die ja fast alle Bonner Preußen waren), kamen Rechtsanwälte und Kaufleute aus Hamburg, die die alten Namen der Stadt trugen, kamen Rheinländer und Westfalen aus den guten bürgerlichen Familien. Doch, es gab auch einen Diplomaten, Roland Köster, der jetzt deutscher Botschafter in Paris war. Er wohnte früher ständig in Heidelberg selbst, wo er hoch über dem Philosophenweg ein kleines Blockhaus besaß. Er war enorm vital und fleißig, jede Minute seines Tages war besetzt, und er zeigte schon damals Vergnügen an diplomatischen Missionen. Wenn es sich darum handelte, die Mensurpartien von einem Korps zum andern zu überbringen, was nach einem feststehenden Zeremoniell erfolgte, so war er immer der erste, der sich hierfür anbot, und seine Stimme tönte gebieterisch durch das Korpshaus zur Erlangung von ein paar Handschuhen, die für diese offizielle Demarche unbedingt nötig waren.

Armer Roland Köster, wie kurz ist dein Leben gewesen! Es ist, als wäre es erst ein paar Tage her, daß du auf dem Hause des Korps dem Diener zuriefst: »Kreutzburg, stopfen Sie mir bitte eine Pfeife!« Du hörtest mich aufmerksam an, wenn ich dir von Paris und dem Fürsten Radolin, dem Botschafter, erzählte. Gestern beugte ich mich in der kleinen deutschen Kirche der Rue Blanche über die Hände deiner Mutter und deiner Schwester, mit feuchten Augen, und auf dem Ostbahnhof stellten sich die französischen Minister auf und französische Truppen, die an deinem Sarge vorbeimarschieren sollten. Und dann stellte man diesen in den Zug, der nach Heidelberg ging. Es war, als wärest du soeben erst von dort gekommen. Dein Leben war deswegen kürzer als das anderer Menschen, die ebensolange lebten, weil du dich unterwegs nirgends aufgehalten hast, wie ich, mit Blumenpflücken und schönen Ausblicken und hübschen Seitenpfaden (höchstens fischtest du einmal einen Salm bei Oslo), sondern du gingst ganz schnell und ganz direkt auf dein Ziel los, und alles, was du im Leben tatest, hatte einen Bezug auf dieses. Außer dem Letzten, dem Sterben. Und auch dieses wurde gleichsam als etwas Nebensächliches so schnell abgetan, als hättest du eigentlich keine Zeit dafür. – Weil ich dich gern hatte, habe ich es sehr bedauert, daß deine persönlichen Ambitionen auch dich, wie so viele, hinderten, aus deinen Überzeugungen, gemäß dem Gesetz der Treue, das wir einst beschworen hatten, die eindeutigen Konsequenzen zu ziehen, die sich ergaben.

Auch die Heidelberger Vandalen und Saxoborussen haben ein paar Botschafter gestellt. Zu jenen gehörte der alte von Holleben, der einst Botschafter in den Vereinigten Staaten war und der die höchste und ganz seltene Ehre als Student erlebt hatte, beim Verlassen der Universität von den Mitgliedern aller Korps zum Bahnhof offiziell in feierlichem Zuge geleitet zu werden. Aus demselben Korps ging der Freiherr Langwerth von Simmern hervor, der Botschafter in Madrid wurde. Man erzählte von ihm, wie er als Fuchs nur mit einem kleinen Täschchen gekommen sei, in dem Toilettengegenstände fehlten, die allgemein als unentbehrlich gelten. Ich führte mit ihm einen langen heftigen Krieg in Heidelberg und Kösen über prinzipielle Fragen der Mensur, aus dem ich schließlich als Sieger hervorging. Wenn ich gelegentlich eines späteren Aufenthalts mit meinen Korpsbrüdern und unzähligen Hunden im Laden eines dem Korps befreundeten alten Mädchens saß, eines jener rührenden anhänglichen Wesen, die zeitlos wirken, da sie durch den ununterbrochenen Verkehr mit beständig sich erneuernder Jugend nie altern, durchquerte täglich um die gleiche Stunde den Raum ein eleganter junger Mann mit dem Saxoborussenstürmer, einer ihrer Mieter, der mit großer Höflichkeit »Guten Morgen, Fräulein Anna!« rief. Was sie mit einem »Guten Morgen, Herr Hoesch!« erwiderte. Der junge Mann hatte es immer sehr eilig, denn er war noch Fuchs und mußte beim Frühschoppen pünktlich sein, wenn er nicht angepfiffen werden und »Rest trinken« wollte. Ich sah ihn dann später – seine Familie war inzwischen nobilitiert worden – als Attaché an der deutschen Botschaft in Paris wieder und, nach dem Kriege, als Botschafter in derselben Stadt. Meine öffentliche ablehnende Stellung zu einem Ausstellungsprojekt des Berliner Auswärtigen Amts, in dem der Expressionismus stark berücksichtigt war, machte später einem weiteren Kontakt ein Ende.

Es war eine große festliche Zeit damals in Heidelberg, man war Herr und König in dieser Stadt, man hatte alle Rechte, aber man hatte auch Pflichten, so viele, daß man immer beschäftigt war. Es fing frühmorgens mit dem Fechtboden an. Als zweiter Chargierter überwachte ich dort die Ausbildung der Füchse. Das Wichtigste, schien mir, bestand darin, daß sie dem Gegner ins Auge sahen, dieses selbst für Augenblicke nicht losließen, nie ihren eigenen Hieben oder denen des Gegners nachblickten. Nur so war sieghafte Sicherheit zu erlangen. Ich habe später im Leben die Richtigkeit dieser Methode bestätigt gesehen und gefunden, daß man viele Chancen für sich hat, wenn man einem Gegner und einer Gefahr direkt ins Auge blickt und gerade drauflos kämpft, ohne die eignen Reaktionen von denen der andern Seite abhängig zu machen. Nur dann gibt es keine Überraschungen und keine Unsicherheit. Ja, es gab den ganzen Tag etwas zu tun. Am Nachmittag gab es einen zweiten Fechtboden, und dann waren Vormittage, die ganz den Mensuren gewidmet waren. Und dann gab es die innere Politik des Korps, die Kontrolle des Einzelnen innerhalb der Gesamtheit, Verwaltung des Korpsvermögens, Korrespondenz und Abrechnungen, die Erziehung der Füchse, die Kritik ihrer Mensuren, ihre Aufnahme ins engere Korps. Und dann die äußere Politik, die Beziehungen zu den andern Korps, denen in Heidelberg, zum Kartellkorps und den befreundeten, die Beziehung zum Kösener Verband. Die Pflichten, wenn man präsidierendes Korps war, die vielen Konvente gab es, den der Füchse, der Korpsburschen, der Gesamtheit der Heidelberger Korps, und schließlich den Kösener Konvent, den ich einige Male als Heidelberger Vertreter mitmachte. Dort traf ich einige meiner Lausanner Kameraden wieder, als Bonner »Preußen« und Göttinger »Saxen«. Wir machten gemeinsame Sache und erreichten Rekorde im Trinken, von denen wir uns damals in Lausanne nichts hatten träumen lassen. Man schloß auch neue Freundschaften. Da war Bodo von Boetticher, der Sohn des bekannten preußischen Ministers, Bismarcks erbittertsten Feindes, damals Oberpräsident der Provinz Sachsen. Ich hatte ihn am Göttinger Saxentische kennengelernt und wir hatten Gefallen aneinander gefunden, so daß wir während der Kösener Tagung vereint blieben. Bis uns das Schicksal fast für immer getrennt hätte. Am Ende eines Tages, der an alkoholischen Spenden besonders reich gewesen, so daß unsere Sinne stark getrübt waren, beschlossen wir, eine Kahnfahrt auf der Saale zu machen. Was kommen mußte, kam, das Boot kenterte, und ich, des Schwimmens unkundig, dafür aber süßen Weines voll, geriet unter dasselbe, das nunmehr einem Wehr zutrieb. Wie es Boetticher gelang, mich hervorzuziehen und so lange über Wasser zu halten, bis Rettung vom Lande kam, blieb rätselhaft. Als ich zu mir kam, lag ich in einem Bett, in einem zweiten daneben lag mein Retter, und an der Tür stand eine Menge Korpsstudenten, die mich herzlich beglückwünschten. Unsere Freundschaft sollte dennoch nicht lange mehr dauern. Einige Jahre nach genanntem Ereignis wurde Boetticher als Einziger bei einer Zugsentgleisung getötet.

Es gab zuweilen noch andere Fahrten, etwa nach Tübingen zu dem Kartellkorps, den Schwaben, mit denen uns unlösliche Freundschaft verband. Sie hatten fast die gleichen Rekrutierungsbezirke wie wir, mit Ausnahme der baltischen Provinzen. Dafür hatten sie den König von Württemberg, seine Hofintendanten, Zeremonien- und Oberjägermeister und den württembergischen Adel. Der jetzige Außenminister von Neurath gehört diesem Korps an. Ich habe einmal in Kösen mit einem Tübinger Schwaben dieses Namens einige angenehme Stunden verbracht. Wir begegneten uns in dem gleichen Wunsche, der mit Konflikten und Alkohol geladenen Atmosphäre von Kösen für einige Zeit zu entfliehen, mieteten einen Wagen und fuhren nach Schulpforta, das wir lange besichtigten. Ob dieses der jetzige Minister war, kann ich nicht sagen.

Ich besinne mich auf ein großes Stiftungsfest, das ich in Tübingen mitmachte, zu dem ich nicht als offizieller Vertreter meines Korps, sondern privatim eingeladen war. Ich beabsichtigte, den Weg großenteils zu Fuß durch den Schwarzwald zurückzulegen, und um dieses nicht allein tun zu müssen, nahm ich einen Korpsbruder mit auf die Wanderung, obgleich er nicht eingeladen war. Für die letzte Strecke des Weges benutzten wir die Eisenbahn, und als wir am Bahnhof in Tübingen aus der 3. Wagenklasse im Kostüm von Handwerksburschen mit Rucksäcken ausstiegen, befanden wir uns einer Abordnung von Schwaben in tadellosem Dreß gegenüber, die uns mit sprachlosem Entsetzen empfing, überrascht wohl auch durch die Anwesenheit eines nichtgeladenen Gastes. Als sich zum Überfluß herausstellte, daß unser vorausgesandtes Gepäck nicht angekommen war, brach dann doch ein schallendes Gelächter los. Man führte uns aufs Korpshaus und kleidete uns ein, so gut es ging, so daß wir am Abend auf der Kneipe mit Würde unsere Ehrenplätze einnehmen konnten.

Eine besondere Angelegenheit führte mich nochmals nach Tübingen. Das Korps hatte auf einer Pfingsttour sich allzu unbürgerlich benommen und der Senat der Universität hatte auf seine Auflösung erkannt. Sie telegraphierten an uns nach Heidelberg, einer von uns möge kommen, um das Korps unter anderem Namen und mit andern Farben wieder aufzumachen. Das ließ sich nicht abschlagen und man bat mich, diese Aufgabe zu übernehmen. Wir machten allerlei Witze über die Form, wie ich es machen würde, wählten komische Farbenzusammenstellungen und einigten uns schließlich auf den Vers: »Und steht die Sache noch so mau, wir fechten doch für Grau-Braun-Grau.« Aber meine Reise war glücklicherweise unnötig. Als ich am nächsten Tag auf dem Frühschoppen der Schwaben eintraf, hatte »der alte Herr König« die Sache bereits arrangiert und das Korps blieb bestehen.

Es gab auch traurige Ereignisse, die unsere Zeit in Anspruch nahmen. Die Sorge, wenn ein sonst neues und beliebtes Mitglied der Gesellschaft es an der Disziplin fehlen ließ, die Voraussetzung einer dauernden Zusammengehörigkeit war, oder an der Mannestugend, die in jeder Mensur zutage treten sollte. Man gab ihm immer wieder neue Gelegenheiten, die Scharten auszuwetzen. Aber das wurde oft eine Qual für ihn und uns und endete meist mit einer jener melancholischen und schweigsamen letzten Begegnungen am Heidelberger Bahnhof, wenn der Betreffende, unglücklich, wie wir selbst es waren, die Stadt verließ.

Aber die heitern Dinge hatten doch die Oberhand. Wir organisierten sie selbst in unsern freien Stunden, nicht nur die vielen Spaziergänge über die bewaldeten Höhen, Fahrten auf dem

Neckar, Bowlen unten an den Brückenpfeilern, auch die Scherze, von denen die ganze Stadt sprach. Eines Tages hatte ich eine »Bauernhochzeit« fertiggestellt. Da gab es einen alten Zuchthäusler, der zufällig auf freiem Fuße war. Das mußte benützt werden. Ich zog ihm einen schwarzen Rock und helle Hosen an und setzte ihm einen Zylinderhut auf, der gegen den Strich gebürstet war. Er erhielt seinen Platz links im Fond des Vierspänners, der vor dem Korpshaus hielt. Neben ihn setzte ich »Frau Blume«, eine bucklige Zwergin, die zum Frühschoppen das Korps mit Rosen versorgte. Sie hatte einen Brautkranz aus Rüben und andern Gemüsearten, der ihr tief in der Stirn saß. Dazu trug sie ein buntes Tüllkleidchen und hatte nackte Arme. Während sie heiter lächelte, blickte das lange blasse, mit Schwären* besetzte Verbrechergesicht von »Spelzengries« voll grauenhaften Ernstes. Ich selbst saß im Frack, mit weißen Hosen und Reisemütze, dem Paar gegenüber. Als der Vorreiter, ein Korpsbruder, gleichfalls in Frack und weißen Hosen sein durchaus unedles Pferd bestiegen hatte, ging der Zug langsam durch alle Straßen der Stadt, unter größter Anteilnahme der Einheimischen wie der Fremden.

Der Vierspänner spielte eine große Rolle, gerade auch bei komischen Dingen. Die Polizei hatte eine Verordnung erlassen, nach der es verboten war, daß unter den Kompressen, die über den Schmissen** lagen, blutige Watte hervorsah. Wir hatten nun einen alten, dicken, schwerfälligen Dienstmann bei den Mensuren, der statt einer Nase eine Art Schwamm im Gesichte trug, und der kleine, von dauernder Trunkenheit getrübte Äugelchen hatte. Er hatte die Aufgabe, unsern Körper nach der Mensur und dem »Flicken« mit einem Schwämmchen zu reinigen. Diesem Mann nun banden wir mit möglichst wenigen dünnen Gazestreifen einen ungeheuren Berg der ganzen

---

* Schwäre: medizinisch veraltet für eiterndes Geschwür. (Anmerkung des Herausgebers)
** Der Schmiss: bei einer Mensur davongetragene Verletzung und die daraus entstandene Narbe. (Anmerkung des Herausgebers)

bei den Mensuren abgefallenen blutigen Watte, soviel, wie man kaum zwischen beiden Armen hält, kunstvoll auf dem Kopfe zusammen, setzten ihn in einen Wagen mit vier hurtigen Pferden und jagten ihn so durch die Stadt. Das war unsere Antwort an die Polizei. Sie hatte einen schweren Stand. Man war oft auf der Wache und unterhielt sich mit den Beamten, fragte nach Weib und Kind, sprach vom Wetter und den schlechten Zeiten. Sie waren mißtrauisch und wußten nicht, was kommen würde, nur daß etwas im Anzuge war, schien ihnen gewiß. Einmal war es »der Untergang der Welt«. In dem engen Raume fingen plötzlich Sonnen an zu kreisen, Raketen stiegen auf, Frösche sprangen laut knallend aus den Ecken, ein Kanonenschlag schien das Gebäude in die Luft zu sprengen. Als der Rauch sich verzogen, waren die netten Plauderer verschwunden und mit ihnen die Helme der Wachtmannschaft.

Eine große Rolle spielten die Beschwerdeschriften. Es war meine Spezialität, Polizisten abzufassen. So hatte ich einen ertappt, der seine Notdurft an der Ecke einer Gasse verrichtete. Wir wurden stets bestraft, wenn wir es taten. Meine Denkschrift über diesen Fall war umfangreich, zog unübersehbare furchtbare Konsequenzen, verkündete den Zusammenbruch des Staatswesens, dessen Beamte die Gesetze mit Füßen traten, verlangte Absetzung und »Bierverruf«* des Schuldigen. In großen Prozessionen pflegte ich solche Denkschriften bei dem Oberamtmann abzugeben.

Die Stellung dieses Mannes war sehr schwierig. Als mein Sündenregister allzu voll war, ließ er mich rufen. Ich ging nachlässig in seinem Amtszimmer umher, besah Stiche nach Bildern Carpaccios, die an den Wänden hingen, und fragte, nicht

---

* Verruf: Ehrloserklärung, gesellschaftliche Ächtung einer Person. In Studentenverbindungen gibt es verschiedene Stufen der Bestrafung, von dem harmlosen, mehr scherzhaften Bierverruf bis zur endgültigen Ehrloserklärung. Der Bierverruf, auch Bierverschiss genannt, ist normalerweise eine Strafe für undiszipliniertes Verhalten an der Kneiptafel. Je nach Verbindung fällt die Strafe anders aus. (Anmerkung des Herausgebers)

ohne Wohlwollen, welches Bild des Meisters ihm am besten gefiele. Er deutete lächelnd auf eine Anzahl Aktenstücke und meinte, daß er mich nicht zwecks kunstgeschichtlicher Erörterungen zu sich gebeten habe, sondern wegen meiner zahlreichen Vergehen gegen die Ordnung. »Es ist Ihnen gelungen, meine Beamten in Verwirrung zu bringen«, sagte er, »sie wissen nicht mehr, was Scherz und Ernst bei Ihnen ist. So kann es nicht weitergehen. Versprechen Sie mir, daß das alles aufhört, so will ich aus diesen Akten keine Konsequenzen ziehen.« Ich gab ihm die Hand und sagte beim Herausgehen: »Mein Versprechen fiel mir nicht schwer, da ich morgen Heidelberg verlasse und nicht mehr hier studieren werde.«

Damals, in den Jahren 1894 und 1895, als ich in Heidelberg war, hatte man zu allem Zeit, nur eben zum Studieren nicht. Man ging nicht in die Kollegs, und die nötigen Unterschriften der Professoren besorgten die Korpsdiener. Darin lag keine Unhöflichkeit. Das Verhältnis war von beiden Seiten ein gutes und man war bedacht, es durch Fortführen der alten Gebräuche auch künftig gut zu erhalten. Am Ende jedes Semesters fuhren die ersten und zweiten Chargierten aller Korps in Vierspännern, deren Pferde mit Schabracken in den Korpsfarben bedeckt waren, begleitet von Vorreitern, zunächst zu dem Prorektor des verflossenen Semesters, um sich für die genossene Weisheit zu bedanken, sodann zu dem des kommenden, um ein Gelübde des Fleißes abzulegen, das von keiner Partei ernst genommen wurde. Es war dieses damals die einzige Gelegenheit, bei der sich Professoren und Korpsstudenten begegneten, und sie wurde insofern festlich gestaltet, als jeder der beiden Prorektoren nach beendeten Ansprachen zu einem aus Hummern, Kaviar, Gänseleberpastete und Champagner bestehenden Frühstück einlud.

Ich habe mir später nie verziehen, daß ich auch die Vorlesungen des großen Philosophieprofessors Kuno Fischer nicht gehört habe. Er hatte denselben Haarkünstler wie wir, und jahraus, jahrein wiederholte sich dort dieselbe Szene, daß in dem

Augenblick, in dem der berühmte Mann den von Mitgliedern des Korps überfüllten Laden betrat, der Zunächstsitzende, der vielleicht eben eingeseift war, aufsprang und mit einer tiefen Verbeugung und den Worten zurücktrat: »Exzellenz, Ihre Zeit ist kostbarer als unsere.« Erfreut und geschmeichelt, erkannte der so Geehrte die Höflichkeit an.

Es wurde mir nicht leicht, von dieser Stadt zu gehen. Ich liebte die Landschaft und liebte meine Verbindung. Ich hatte in ihr die zweite Charge inne gehabt und das Korps versprach mir die erste, wenn ich ein weiteres Semester bliebe. Ich hätte es gern getan, aber mein Vater hatte genug. So nahm ich denn Abschied, keineswegs für immer, denn oft noch fuhr ich ins Neckartal, wenn mir das Leben grau und drückend erschien. Was mich dorthin gezogen und was mich festhielt, war die Pflege menschlicher Werte, nicht insoweit sie Lebensinhalt, Wissen und Können sind, sondern Mannestum und Charakter. Daß ich aus dem Soldatenstaat Preußen stammte, spielte mir dabei zuweilen einen Streich, indem ich die Anforderungen an Disziplin übertrieb und so in einem späteren Jahre gelegentlich eines langen Besuches in Heidelberg ein paar jungen Korpsbrüdern ein Semester ohne ausreichenden Grund verdarb. Ich habe unter dieser Erinnerung gelitten, seitdem ich durch das Leben und mildere Himmel zu anspruchsloseren und gefälligeren Sitten erzogen bin und eingesehen habe, daß der Reiz des Daseins nicht im starren Betätigen von Prinzipien liegt, sondern in einem menschlichen Verhalten, das Imponderabiles* gütig und klug in Betracht zieht.

Von allen Besuchen, die ich später in Heidelberg machte, ist mir vor allem einer in Erinnerung geblieben. Ein bekannter, ehrgeiziger Architekt hatte von der Badenser Regierung den Auftrag erhalten, das berühmte weltgeschichtliche Schloß zu renovieren, das heißt völlig aufzubauen. Man hatte eine je-

---

* Imponderabilien: Unwägbarkeiten, Gefühls- und Stimmungswerte. (Anmerkungen des Herausgebers)

ner Verunstaltungen zu erwarten, mit denen Wilhelm II. seine Zeit beglückte. Die Schloßruine war für alle, die in Heidelberg studiert hatten, eine Art heiliges Symbol, und das Projekt stieß auf heftigen Widerstand. Dennoch schien die Macht des Architekten größer als die der ausgesprochenen Proteste. Als ich von diesen Dingen Kenntnis hatte, fuhr ich mit dem nächsten Zuge nach Heidelberg, berief die Mitglieder aller Korps zusammen und fragte, was sie zu tun gedächten. Sie wußten es nicht. Da sagte ich, daß es meines Erachtens ein Mittel gäbe, die Regierung gefügig zu machen, das sei der Exodus, wie ihn unsere Väter unter Umständen anwandten, das heißt, der Auszug der Korps durch die Tore der Stadt in die nächste Universitätsstadt und ihr Verbleiben dort so lange, bis ihr Wunsch erfüllt sei. Mein Vorschlag fand wenig Anklang. Man fürchtete den Verlust eines Semesters. »Unsere Väter würden einen solchen Einwurf nie gemacht haben«, rief ich enttäuscht und fuhr dahin zurück, woher ich gekommen.

Ich hatte nun das Band eines sehr angesehenen deutschen Korps für immer erhalten. Die meisten machten sich wohl bei solcher Gelegenheit klar, daß damit ein großer gesellschaftlicher Vorsprung vor unzähligen andern jungen Leuten erreicht war, daß die exklusiven staatlichen Karrieren einem ohne Schwierigkeiten offen standen, die besten Regimenter bereit waren, einen anzunehmen und zum Reserveoffizier zu machen, daß dank korpsbrüderlicher Beziehungen zu hohen Stellen eine Bevorzugung im Avancement* gesichert erschien. Ich kann auf Ehre und Gewissen sagen, daß solche Überlegungen bei mir keine Rolle spielten. Ebensowenig aber machte ich mir in diesem Augenblick klar, daß, wenn jemand, der auf diese Vorteile Wert legte, es sich hätte einfallen lassen, die korpsstudentischen Tugenden des Mannesadels zu betätigen, er in Gefahr war, Schiffbruch zu leiden. Ich wußte damals noch

---

* Avancement: Beförderung, Aufrücken in eine höhere Position. (Anmerkung des Herausgebers)

nicht, daß in Deutschland, das den absolutistischen Tendenzen eines krankhaften Dilettanten in niedriger Weise schmeichelte, die Entfaltung der im Korps gepflegten Tugenden eines aufrechten Menschen unerwünscht sein mußte.

Normalerweise hätte nach der Heidelberger Studentenzeit mein Leben nach der inhaltlichen Seite ausgebaut werden müssen. Aber es sollte noch eine Reihe von Jahren dauern, bis dieses in befriedigender Weise geschah. Das Studium der Jurisprudenz, das ich aus Verlegenheit gewählt, zu betreiben, lockte mich wenig. Ich hatte für das nächste Semester als Universität Greifswald ausersehen, weil dort eine Schwester meiner Mutter wohnte, durch die ich mir etwas gesellschaftlichen Anschluß versprach. Diese, die nach dem Tode ihres Mannes das schöne Rittergut in Pommern verkauft hatte, durch dessen Buchenwälder und an dessen See entlang ich als Junge so viel geritten, war eine seltsame Frau geworden, und ich sah mich in meinen Erwartungen einigermaßen enttäuscht. Ich erkannte sehr bald in ihr meine eigenen Fehler in grotesker Übertreibung wieder. Meine Menschenscheu, gegen die ich mein Leben lang anzukämpfen hatte, war bei ihr in einem Maße gesteigert, daß ihr die Berührung mit Menschen geradezu unmöglich war. Selbst ich, ihr Neffe, den sie von früher her gut kannte, wurde unter den verschiedensten Vorwänden abgewiesen, bevor sie sich eines Tages entschließen konnte, meinen Besuch anzunehmen. Dann sprach sie einiges Konventionelle, ohne mich anzusehen, und verabschiedete mich nach wenigen Minuten. Da sie im Grunde eine gute Frau war und mich gern hatte, überwand sie allmählich ihre Furcht. Immerhin zog sie es zuweilen vor, sich mit einem Geschenk von einem längeren Besuche loszukaufen, indem sie, meine Geldsorgen ahnend, mir verlegen und abgewandten Gesichts, in irgendeiner seltsamen Packung verborgen, einige Goldstücke schenkte. Sie war wohl der einzige Mensch in Greifswald, der sich einen Wagen hielt, den sie nur benutzte, um zu dem ihr schräg gegenüber wohnenden Professor zu fahren, in dessen Behandlung sie seit Jahren sich befand und dem sie nach Greifswald nachgereist war, als er dort eine Professur erhielt. Sonst verließ sie niemals das Haus. Sie war damals eine auffallend schöne und sehr elegante Frau, empfing aber und besuchte niemanden. Eine andere Schwäche von mir, die ich bei ihr in enormer Vergrößerung wiederfand, war ihr Unvermögen, mit den Banalitäten des Lebens in feste Fühlung zu kommen. Sie hatte keine Ahnung von ihren Vermögensverhältnissen und eine unüberwindliche Abneigung, sich mit den Forderungen des Tages ernsthaft und sachlich auseinanderzusetzen. Sie machte dauernd Versuche, zu reisen. Zur Verzweiflung ihrer Gesellschafterin floh sie aber nach wenigen Tagen die Berührung des fremden Ortes und kehrte nach Hause zurück. So traf ich sie eines Tages zufällig in Norderney, an dem einen Tage, den sie dort zubrachte. Sie begrüßte mich aufs herzlichste, sagte dann zur Gesellschafterin:»Gehen Sie bitte auf die andere Seite der Straße, Frau Doktor, ich möchte mit meinem Neffen allein sein.« Die alte Dame, die an solche Absonderlichkeiten gewöhnt war, kam dem Wunsche nach. Als ich mich später von ihr verabschiedete, flüsterte sie mir zu:»Wir sind gestern angekommen, und Ihre Frau Tante will schon wieder zurückfahren.« So war es auch in Paris, wohin sie viele Jahre später einmal mit großer Begeisterung kam. Am ersten Tage betrachtete sie im Louvre einige Bilder von Greuze, die sie liebte. Am zweiten saß sie in einem dunklen Hotelzimmer, sagte, wie herrlich Paris sei. Leider müsse sie zurückfahren, da sie sich nicht wohl fühle, hoffe aber, bald wiederzukommen. Am dritten Tage war sie verschwunden.

Der Kutscher meiner also beschaffenen Tante hatte jetzt etwas mehr Beschäftigung, da ich mir den Wagen zuweilen lieh. Ich gab bei dreißig hervorragenden Bürgern der Stadt meine Karte ab. Bald hatte ich die Freude, einen Teil von ihnen, unter anderen den Bürgermeister, auf dem Hause des Korps, bei dem ich pflichtgemäß verkehrte, anläßlich des Stiftungsfestes meines Heidelberger Korps als Gäste begrüßen zu können. Der

Kommers* begann um neun Uhr abends mit Bier und endete morgens acht Uhr mit Portwein. Die meisten hatten bis zum Schluß tapfer ausgehalten, ich selbst aber war von dem elfstündigen Sitzen im Präsidierstuhle so gelähmt, daß ich mir nur von einem größeren Spaziergange Heilung versprach. So bewog ich einen älteren Kameraden, der gerade das Thema seiner Referendararbeit erhalten hatte und eine geistige Verfassung erstrebte, die ihm ermöglichte, den Text lesen und verstehen zu können, mit mir zu Fuß nach Stralsund zu gehen. Die Anzahl der Kilometer ist mir heute ebenso unbekannt, wie sie es uns damals war. Jedenfalls waren wir den ganzen Tag unterwegs und kamen, vollkommen erschöpft, am Abend am Bestimmungsorte an. Da wir fast kein Geld bei uns hatten, ein Landprediger, bei dem wir unterwegs etwas leihen wollten, unsere Bitte abgeschlagen hatte, konnten wir nicht zu Abend essen und fuhren vierter Klasse mit dem nächsten Zuge nach Greifswald zurück.

In dieser Stadt widmeten sich die älteren Semester fanatisch der Arbeit, die jüngeren und mittleren mit gleichem Eifer dem Trinken. Ich zählte zu den mittleren Semestern. Das Korps, bei dem ich verkehrte, hatte mir, wie das üblich war, ein Festessen gegeben, auf dem ungefähr zwanzig Menschen in zuckersüßem Sekt mehrere Stunden lang ununterbrochen auf meine Gesundheit tranken. Süßen, schäumenden Wein trank ich schon damals nicht gern, obgleich ich noch nicht die speziellen Unterscheidungen moussierender Sorten kannte, die ich später in Paris gelernt habe. Um mein Befinden aufzubessern, das erheblich gelitten hatte, wurde nach dem Essen eine Fahrt ans Meer gemacht, wo als Gegenmittel ein strengeres Getränk verabfolgt wurde, das Pommernkaffee hieß und eindeutig aus heißem Rum bestand, den man aus einer Kaffeekanne eingoß, wobei es im Belieben stand, ob man aus einem Sahnetöpfchen

---

* Kommers: Im Verbindungswesen die Bezeichnung für einen Trinkabend in festlichem Rahmen. (Anmerkung des Herausgebers)

etwas Wasser hinzufügen wollte. Ich glaube, daß ich darauf verzichtete, denn es war doch schon alles egal.

Trotz meiner korpsstudentischen Verpflichtungen kam ich in Greifswald hin und wieder zum Arbeiten, wenn auch nicht auf juristischem Gebiete. Das Leben war weniger festlich als in Heidelberg. Abends aß ich zumeist allein bei mir, fast immer Aal in Gelee mit Bratkartoffeln und Edamer Käse. Die Greifswalder Studenten waren nicht verwöhnt; auch nicht in der Liebe. Für diese sorgten zwei am Hafen wohnende alte Wesen, von denen das eine, das Minna Mau hieß, durch einen Schlaganfall einseitig gelähmt war. An den Samstagabenden mussten die Kunden auf der Straße lange anstehen. Glücklicherweise waren sie stets alle betrunken.

Da ich nicht den Eindruck hatte, daß ich ohne Schwierigkeit den Übergang vom mittleren zum höheren Semester und damit vom Trinken zum Arbeiten in dieser Stadt vollziehen könnte, beschloß ich, sie zu verlassen. Ein unangenehmes Ereignis bestärkte mich in diesem Vorsatz. Ich hatte gemäß den bestehenden Vorschriften eine schriftliche Arbeit vorzubereiten; der zuständige Professor hatte mir das Thema gegeben und mich zu einer ersten Besprechung auf acht Tage später eingeladen. Unglücklicherweise fiel auf diesen Tag ein großes Festessen, bei dem reichlich getrunken wurde. Obgleich ich stark unter dem Einfluß des Alkohols stand, ging ich dennoch zur angesetzten Stunde zu dem Professor, hatte aber, als ich ihm gegenüberstand, das Thema vergessen, und das Unglück wollte, daß ich nicht nur das innere, sondern auch das äußere Gleichgewicht verlor. Ich sah, daß meines Bleibens in Greifswald nicht länger sein konnte und ich eilte emsig durch die mir unbekannten Gänge der Universität, um die nötigen Unterschriften der Professoren zu bekommen. Bei einem hätte ich fast Schwierigkeiten gehabt. Es handelte sich um ein Privatissimum, das heißt eine Vorlesung vor einem numerisch begrenzten Kreise, aus dem jedes Mitglied dem Dozenten notwendigerweise bekannt war. Ich sah diesen vom Korridor aus gerade beim Abtestieren und stürzte auf das Katheder zu, indem ich mein Heft hinschob. Er sah mich lange erstaunt an und fragte schließlich: »Was haben Sie denn bei mir gehört?« Ich wußte es nicht und kam in tödliche Verlegenheit. Indem ich mit dem Finger in dem Hefte herumsuchte, stotterte ich: »Es muß hier irgendwo stehen.« Er lächelte und unterschrieb.

Ich verbrachte die beiden letzten Semester meines sogenannten Studiums, denen das Examen folgen sollte, in Berlin. Mein Wechsel war außerordentlich beschnitten worden und reichte zu einem sehr bescheidenen Leben. Ich richtete mich mit diesen geringen Mitteln auch ganz gut ein, kam nur in Verlegenheit, wenn ich mit Korpsbrüdern, an denen es in Berlin nicht fehlte, in netter Weise zusammenkam. Der erste Chargierte meiner Zeit, er hieß Rütger von Brüning, mit dem ich freundschaftlich stand und mit dessen Namen meine Heidelberger Erinnerungen unlöslich verknüpft sind, war inzwischen Leutnant und Regimentsadjutant bei den Zietenhusaren geworden und kam von Rathenow des öfteren herüber. Ich fuhr auch gelegentlich dorthin zu einem Liebesmahl und stellte fest, daß zwischen den Sitten unseres Korps und denen dieses Regiments viel Ähnlichkeit bestand. Es gab zwar dort nicht Hörner und die vielen silbernen Ehrenhumpen, aus denen man bei feierlichen Gelegenheiten trank, aber ein Geweih, das zwischen zwei Zacken ausgehöhlt war und so als Gefäß diente. Es war sehr schwer, es zu leeren, aber man wurde von einer Ordonnanz gestützt, wenn man in Gefahr kam, nach hinten überzufallen.

Auch von den Andern unseres Semesters waren manche in Berlin. Da ich die Hilfe meines Vaters nicht über das bewilligte Fixum hinaus in Anspruch nehmen wollte, kam es zu schmerzlichen Opfern, wenn eine nicht gut zu umgehende Angelegenheit höhere Geldansprüche stellte. So wanderte eines Tages die große schöne Nietzscheausgabe zum Antiquar. Ein anderes Mal nahm ich einen bedeutenden Teil meiner Garderobe unter den Arm, um ihn in einem Leihgeschäft in der Nähe meiner Wohnung zu verpfänden. Der Mann wollte nicht genug dafür geben;

ich packte alles zusammen und erinnerte mich, um die Ecke herum in der Querstraße ein gleiches Geschäft gesehen zu haben. Als ich dort eingetreten war, befand ich mich wieder bei demselben Manne – der Laden hatte zwei Eingänge –, glaubte an höhere Fügung und gab das Ganze für die gebotene Pfandsumme.

Von den Vorzügen der großen Stadt hatte ich wenig. Es fehlte mir an Zeit und Geld. Vor allem war ich entschlossen, das Examen pünktlich zu machen und mich nicht zu zersplittern. Mein Vater hatte sich während der Studentenzeit so nett und nachsichtig benommen, daß ich ihn nicht enttäuschen wollte. Ich belegte auf der Universität eine Fülle von Materien, ging einige Male in die Vorlesungen, sah aber ein, daß ich auf diese reguläre Art so bald mein Ziel nicht erreichen würde. So tat ich denn, was so viele Kandidaten meines Faches taten, ich ging zum Repetitor, zu dem, der den größten Zulauf hatte. Ein ehemaliger Landrichter, der in seiner Laufbahn Unglück gehabt, reich an Kenntnissen, begabt für Unterricht war, hatte im Norden von Berlin drei Zimmer gemietet, in denen er seinen Schülern, die dicht gedrängt saßen, das Jus einpaukte. Er stopfte nicht nur die ganze schwer verdauliche Masse des Wissens in die Gehirne, er kannte auch die Spezialitäten, Abweichungen, wissenschaftlichen Marotten der prüfenden Professoren. Da die Zusammensetzung der Kommission zuweilen zu erfahren war, setzte er seine Schüler in den Stand, eine Theorie zu verfechten, die der Professor allein in der Welt vertrat und die er, ach so gern, so dankbar aus fremdem Munde hörte.

Die Lehrmethode des Repetitors war für die meisten gut, für mich war sie völlig ungeeignet. Ich hatte ein schlechtes Gedächtnis und konnte Wissen nur dann aufstapeln, wenn ich die Gründe und Zusammenhänge des Tatsachenmaterials begriffen hatte. Daß etwas so war, prägte sich mir erst dann ein, wenn ich verstand, warum es so war. Ich konnte das Tempo, in dem hier gelernt wurde, nicht mitmachen und wurde mutlos. Aus dem ersten Zimmer, in dem der Herr Repetitor mit lauter Stimme dozierte, kam ich wie von selbst in das zweite Zimmer, in dem man die Stimme nicht mehr so genau verstand, und endete schließlich im dritten, wohin nur noch einige besonders laut gesprochene Worte drangen, und auch dieses nur dann, wenn man das Fenster schloß, was selten der Fall war. Dieses Zimmer zeichnete sich durch ein Sofa aus. Auf ihm saß täglich der Graf Arnim-Muskau, der schönste und gepflegteste junge Mann, den ich in meinem Leben gesehen habe. Er soll sich diese beiden Eigenschaften ungemindert bis zu seinem Tode, der vor einigen Jahren erfolgte, erhalten haben. Ich kannte ihn aus Heidelberg, wo er Saxoborusse gewesen, und ich saß nun immer neben ihm auf dem Sofa, wo wir die Nachrichten austauschten, die wir aus der geliebten Musenstadt erhalten hatten. Graf Arnim meldete sich bald darauf zum Examen, bestand es aber nicht. Seine unjuristische Ausdrucksweise erschreckte die Prüfer. Auf die Frage »Was ist Eigentum?« soll er nachlässig »Zum Beispiel Muskau« und auf eine andere, ob Besitz immer Eigentum sei, »Besser wär's schon« geantwortet haben.

Da ich hier nicht weiter kam, ging ich für die zweite Hälfte meines Berliner Semesters zu einem andern Repetitor, der eine große Glanzzeit hinter sich hatte, dessen Stern jetzt etwas verdunkelt war, der aber immer noch eine stattliche Anzahl Schüler vereinte. Hier war der Ton zwischen Lehrendem und Lernenden kameradschaftlich. Man hatte eine große »Berliner Weiße« vor sich, und der spröde Stoff der Rechtswissenschaft wurde, soweit es irgend möglich war, an Fällen klar gemacht, die um Unzuchtsvergehen herum konstruiert waren. Der Repetitor war der Meinung, daß die Mitarbeit der jugendlichen Phantasie dabei intensiver sei. Als das Semester zu Ende ging, sollte das Repetitor in einem Badeorte fortgesetzt werden. Da aber, wie ich hörte, gleichzeitig Kartenspiele mit hohem Einsatz stattfanden, lehnte ich ab.

Jetzt blieb mir noch ein Semester, bis ich mich zum Examen melden sollte. Ich beschloß, die Kollegs in Berlin zu belegen, aber mich im Elternhause einzuschließen und ununterbrochen zu arbeiten, bis ich das ungeheure Pensum bewältigt hätte. Mein Vater war inzwischen von Altona nach Posen als Oberstaatsanwalt, was heute Generalstaatsanwalt heißt, versetzt worden. Meine Eltern hatten die Villa meiner verstorbenen Großmutter in dem alten Park bezogen, und ich sah für mich eine ungestörte Arbeitsmöglichkeit. Ich packte meine Bücher zusammen und begann sogleich mit der Ausführung meines Plans. Mehr als sechs Monate hindurch blieb ich von der Welt völlig abgeschlossen, mit keinem Schritt betrat ich die Stadt. Ich erhob mich morgens vor fünf Uhr und arbeitete täglich zwölf Stunden nach einem gut durchdachten Plane. Alles, was rein Gedächtnissache war, hatte ich in die frühen Morgenstunden verlegt, gewisse leichtere Materien in die Abendstunden, wenn die Kräfte nachließen. Allmählich bekamen die Begriffe und Institutionen des römischen und des deutschen Rechts für mich Leben, ich verfolgte ihre Geschichte bis in die heutige Zeit, sah Zusammenhänge und Beziehungen. Damit erwachte mein Interesse, es wäre zuviel gesagt, meine Liebe zur Sache. Nachdem dieses zu Hause verlebte Semester zu Ende war, konnte ich es wagen, mich zum Examen zu melden. Zwischen dem Termin der mündlichen Prüfung und dem Abliefern der schriftlichen Arbeit blieb mir soviel Zeit, einige Lücken auf kleineren Gebieten auszufüllen.

Ich war überzeugt, daß ich das Examen bestehen würde, nicht, weil ich enorm viel wußte, sondern, weil ich alles Wesentliche verstanden hatte; es war ein klares und reinliches Bild, das ich mir selbst geschaffen hatte, und wenn mir diese oder jene Einzelheit entgangen war, so konnte das keine Rolle mehr spielen, das Resultat unmöglich beeinflussen.

Was ich menschlich aus diesem Kampfe mit einer schwierigen Materie davongetragen, war die Einsicht in die Abhängigkeit alles kulturellen Geschehens, hier der Bildung von Rechtsnormen, von dem jeweiligen Sinn der Zeit. Jede halbwegs anständige Epoche der Geschichte hat ihren Charakter dem religiösen, philosophischen, künstlerischen, politischen, rechtlichen Leben aufgeprägt. Diesen Charakter kennen, bedeutet das Verstehen jeder Äußerung dieses vielgestaltigen geistigen Lebens. Nachdem ich diese Erkenntnis durch eigene Arbeit auf einem Gebiete errungen, die Geschichte des Rechts als kulturelle Spiegelung verschiedenartiger Volks- und Zeitwillen erkannt hatte, drängte sich mir von selbst die Frage auf, ob bei Betrachtung damaliger Verhältnisse von einem Fortschritt der Kultur die Rede sein könne. Eine Weiterentwicklung der Zivilisation war nicht zu leugnen, das Leben war bequemer und interessanter im Tempo geworden, aber farbloser und beliebiger. Keine »Idee«, die ihren Glanz gleichmäßig auf die genannten Gebiete warf und sie dadurch neu orientiert hätte, lebte in den Herzen der Menschen, nichts war da, für das jemand gekämpft und gelitten hätte und für das er gestorben wäre. Eine unverschämte Zufriedenheit herrschte in diesem kaiserlichen Deutschland, eine kaum verhüllte Verachtung alles Geistigen und Imponderabilen. Geistige Taten, wenn sie nicht dem herrschenden System schmeichelten, gehörten zum Rayon des Kronenordens vierter Klasse, sie waren zufällig, ohne Atmosphäre und nicht miteinander verbunden.

In einem Aufsatz »Kulturfortschritt?«, den ich vierzehn Tage vor meinem mündlichen Examen in Hardens »Zukunft«* veröffentlichte, behandelte ich diese Fragen, wobei ich in scharfer Form den Lehrern vorwarf, daß sie, subalterne Geister, wie sie damals meistens waren, ausschließlich die Erscheinung der Dinge statt ihren Sinn behandelten. Was aber unbesonnener schien, war dieses: die gewiß berechtigte Kritik der zeitlichen

---

* Maximilian Harden war ein deutscher Publizist, Kritiker, Schauspieler und Journalist und gründete 1892 die Wochenzeitschrift »Die Zukunft«, die Essays zu Politik, Literatur und Kunst veröffentlichte. Er versprach, sein Blatt stehe jedem offen, »der an der Gesundung unserer Zustände auf allen Gebieten des öffentlichen Lebens mitarbeiten will und der eine eigene Überzeugung in literarischen Formen auszusprechen vermag«. Aufgrund eines Attentatsversuchs stellte Harden »Die Zukunft« ein; die letzte Ausgabe erschien am 30. September 1922. (Anmerkung des Herausgebers)

Verhältnisse auf das neu geschaffene Bürgerliche Gesetzbuch auszudehnen, in dem ich zuwenig vom spezifisch deutschen Geiste und gar keinen Reflex eines schöpferischen und zeitgemäßen Volkswillens erkannte, nichts als die fleißige Arbeit tüchtiger Gelehrter. Die Tatsache, daß es kein deutsches Recht gäbe, wenn es keinen römischen Charakter gegeben hätte, erschien mir beschämend.

Diese jugendliche Unbescheidenheit hätte mir schlecht bekommen können. Mein Vater, der den Aufsatz in einem Badeort las, schrieb mir, ziemlich unglücklich, daß ich mich der Gefahr ausgesetzt habe, mir ungenügende Kenntnis des Bürgerlichen Gesetzbuches durch einen der prüfenden Professoren, der an dem Aufsatz Anstoß nähme, nachweisen zu lassen. Nun stand zwar dieses noch nicht zur Prüfung, aber immerhin hätte der Aufsatz zum Anlaß einer unfreundlichen Prüfungsart für mich werden können.

Glücklicherweise war es nicht der Fall. Ich begab mich acht Tage vor dem Examen nach Berlin und ließ mich bei dem Repetitor auf Herz und Nieren prüfen. Am letzten Abend sagte er mir, ich würde das Examen bestimmt bestehen; wäre ich mit ihm für den Sommer in den Badeort gegangen, wäre mir sogar das Prädikat sicher gewesen. Dieser Meinung war ich nicht, denn ich war der Ansicht, daß die einzige Methode, die mir angemessen war, von mir selbst gefunden werden mußte. Die glückliche Prophezeiung begeisterte mich aber derart, daß ich die Nacht durchbummelte, und als ich mich am nächsten Morgen mit den drei andern Kandidaten beim Senatspräsidenten des Kammergerichts, der einen Tag später dem Examen vorsitzen sollte, meldete, war ich in einem bösen Zustande, den die halbe Flasche Champagner, die ich statt des morgendlichen Kaffees zu mir genommen, nicht gebessert hatte. Noch am Tage des Examens war ich etwas verstört, und der Nachdurst war so stark, daß ich während der Prüfung eine Karaffe Wasser nach der andern leerte, zum Vergnügen meiner Korpsbrüder, die im Zuhörerraum saßen. Am Anfang ging gleichwohl alles sehr gut. Ich zeigte eine wesentliche Überlegenheit den andern Kandidaten gegenüber dadurch, daß ich den Stoff nicht nur gedächtnismäßig, sondern in seinem Wesen und in seinen Zusammenhängen in mich aufgenommen hatte. Später erlahmte ich etwas in Materien, die ich eigentlich gut beherrschte. Um drei Uhr nachmittags war die Pein zu Ende: ich hatte das Examen bestanden.

Trotz höchster Zufriedenheit über diese Tatsache war ich in unglücklicher Lage, denn ich besaß keinen Pfennig Geld mehr, nicht einmal soviel, daß ich das erfreuliche Resultat hätte nach Hause telegraphieren können, wo man in Sorge wartete; ich mußte außerdem das Hotel und die Fahrkarte zur Rückreise bezahlen. Zum Überfluß hatte ich Gäste zu einem festlichen Abendessen in mein Hotel eingeladen. Ich hatte mich dabei auf das Versprechen eines gewissen Hans Bringolf verlassen, mir an dem gleichen Abend hundert Mark zurückzugeben, die ich ihm geliehen hatte. Er kam zwar als mein Gast, aber ohne das Geld mitzubringen, das für dieses Essen, meine Hotelrechnung und die Fahrkarte unentbehrlich war.

Ich habe später darüber lachen müssen, daß ich als Gast für ein Essen, das meine Laufbahn als praktischer Jurist einleiten sollte, gerade einen Menschen eingeladen hatte, der einen bedeutenden Teil seines späteren Lebens in deutschen und amerikanischen Gefängnissen zugebracht hat. Blaise Zendras hat die Selbstbiographie dieses Schweizer Diplomaten herausgegeben, der auf der Hochzeitsreise wegen Urkundenfälschung verhaftet wurde und dessen reicher Besitz, in dem unter anderem ein ausgestopftes Dromedar sich befand, das er von seinen Gläubigem mit in Zahlung hatte nehmen müssen, später in Wien versteigert wurde. Er war dann in Südamerika abwechselnd Soldat und Gefängnisbewohner, machte den großen Krieg auf seiten Frankreichs mit, wurde wegen seiner Bravour oft im Tagesbefehl zitiert und erhielt das Kreuz der Ehrenlegion.

Während wir uns nun bei meinem Essen die leckeren Gerichte gut schmecken ließen, überlegte ich, woher ich das Geld für die Hotelrechnung und Reise nehmen könnte. Da fiel mir plötzlich ein, daß ich in Berlin einen Onkel hatte, den Mann der Schwester meines Vaters. Ich hatte ihn zwar nie besucht und es war daher anzunehmen, daß er nicht besonders gut auf mich zu sprechen war. Ich empfand völlig das Unschöne meiner Handlung, aber mir blieb keine Wahl. Ich sandte den Hoteldiener mit einem rührenden Briefe in die ferne Stadtgegend, die er bewohnte. Er hatte sich bereits zur Ruhe begeben, aber er schickte gleichwohl den erbetenen Schein.

So konnte ich den Nachtzug nach Posen nehmen und mich gegen drei Uhr morgens dem besorgten Elternpaar als königlich preußischer Referendar vorstellen.

Das Erwachen

Es handelte sich jetzt um die Wahl eines kleinen Amtsgerichts innerhalb der Provinz Posen, dem ich zur Ausbildung zugewiesen werden könnte. Ich konnte etwa wählen unter den Orten, die der bekannte Hexameter angab: Schrimm, Schroda, Bomst, Meseritz, Krotoschin, Schönlanke, Filehne. Aber ich zog Samter vor, durch den Spruch bekannt: Rogasen, zum Rasen – Samter, noch verdammter. Es war nicht weit von Posen entfernt; eine Tante von mir hatte in der Nähe ein stattliches Rittergut und machte ein Haus; ich kannte den Landrat des Kreises.

An einem kalten, verregneten Herbsttage zog ich dorthin. Der Ort machte einen trostlosen Eindruck. Ich mietete die beiden besten Zimmer, die es gab, sie gingen auf einen öden Platz hinaus und lagen nahe dem aus roten Ziegeln erbauten Amtsgericht, bei dessen Anblick mir graute. Dahinter hatte der Verschönerungsverein ein kleines Terrain mit kümmerlichen Bäumchen und Sträuchern bepflanzt, hatte kleine schmucke Wege angelegt und drei Bänke hineingestellt, auf denen das Wort »Verschönerungsverein« zu lesen war. Sonst hätte man ja nicht gewußt, daß es schön war. Dann aber kamen Äcker und wieder Äcker, meilenweit nichts als Äcker, auf die ein kalter Regen fiel. Diese ganze Landschaft ging mir schwer auf die von den Examenanstrengungen geschwächten Nerven. Mein einziger Trost war meine Bibliothek, die ich hatte herüberschaffen lassen. Ich hoffte, reichlich Zeit zu haben, mich mit privaten Studien zu beschäftigen.

Dann wurde ich vereidigt. Der Landrat führte mich am ersten Abend durch die Lokale der Stadt, zwei oder drei reizlose Bierstuben. Plötzlich erhoben sich bei unserem Eintritt in eine solche vier Männer und gingen, mich böse betrachtend, hinaus. Ich sah den Landrat fragend an. »Das sind die Lehrer des Orts«, sagte er lächelnd, »sie gehen hinaus, weil sie Ihren Aufsaz in der ›Zukunft‹ lasen, in dem Sie so unfreundlich über ihren Stand geschrieben haben.«

Am nächsten Tage begann meine Arbeit. Es handelte sich um zwei betrunkene Bauern, die sich verprügelt hatten, und mir fiel es zu, den Tatbestand zu protokollieren. Ich hatte bis dahin geglaubt, ein anständiges Deutsch zu schreiben, aber der Herr Amtsrichter wußte es besser und korrigierte mir jeden Satz. Zur Mittagszeit verabschiedete ich mich mit der Frage, zu welcher Zeit ich am nächsten Tage erscheinen sollte. Mein Vorgesetzter sah mich mit einer Mischung von Staunen und Verlegenheit an und sagte, nachdem er sich gefaßt hatte: »O, Herr Kollege, ich würde Ihnen empfehlen, auch an den Nachmittagen zu kommen. Es treffen da oft Sachen ein, die für die jungen Herren interessant sind.« Er war sichtlich beunruhigt, denn er fürchtete vielleicht, daß mein Vater bei seiner nächsten Inspektionsreise durch die Gefängnisse der Provinz mit dem seinen nicht zufrieden sein könnte, und um seine Kühnheit wieder gutzumachen, half er mir beim Anziehen des Mantels.

Ich kam also am Nachmittag wieder, fand aber, daß mich die Eingänge ganz und gar nicht interessierten. Und ich fing an, über meine Lage nachzudenken. Wie kam es eigentlich, daß ich mich in diesem furchtbaren Ort befand, beschäftigt mit Dingen, die mir keinen Spaß machten, unfähig, an Bücher und Studien zu rühren, die ich liebte? Ich hatte genug Kraft, um unangenehme Situationen, die schließlich mal ein Ende nahmen, zu überwinden, aber ich fragte mich zum ersten Male, welches nun eigentlich das Ziel sei. Und da machte ich mir klar, daß der Gedanke, einmal einen hohen Posten als Beamter zu bekommen, mir nicht das geringste sagte. Ich stellte fest, daß ich völlig ohne Ehrgeiz war und daß, wenn man mir sogleich einen Ministerposten angeboten hätte, ich keine Freude darüber empfunden haben würde. Die Häßlichkeit der kleinen Stadt, die Häßlichkeit des Gerichtsgebäudes und die der Richter, denen meine Ausbildung anvertraut war, hatten in mir jenen Zustand unüberwindlichen Grauens und physischen Unwohlseins erweckt, den das Betreten von Gerichtsgebäuden, Zollverwaltungen, Krankenhäusern, Polizeipräfekturen und ihre Insassen mir mein Leben lang eingeflößt haben. Ich bin in dieser Hinsicht außerordentlich empfindlich. Die an sich schöne Stadt Marseille ist mir im Laufe meines späteren Lebens dadurch verleidet worden, daß bei meinem ersten Besuche der Kutscher, der mich herumfuhr, um mir die Sehenswürdigkeiten zu zeigen, als solche keine andern aufzuweisen wußte als das Gerichtsgebäude, das Gefängnis, das Krankenhaus, das Irrenhaus und den Kirchhof.

Zwei Tage später meldete ich mich krank und fuhr nach Posen zurück. Ich erklärte meinem Vater, daß mein augenblicklicher Nervenzustand mir eine Fortsetzung meiner Tätigkeit jetzt nicht möglich mache, daß aber vielleicht zu erwägen sei, ob nicht überhaupt ein Berufswechsel in Betracht komme. Gegen diesen Gedanken erhob mein Vater sofort energisch Einspruch, riet mir aber, wegen der Nerven den Hausarzt zu befragen. »Wie äußert sich Ihre Nervosität?« fragte mich dieser. »Ich habe, wenn ich rasiert werde, leicht Schwindel und Angstgefühle. Ich glaube, ich habe mich beim Examen etwas übernommen.« »So müssen Sie eine Zeit ausspannen«, meinte er. »Wohin hätten Sie denn Lust, zu gehen?« »Nach Florenz«, antwortete ich ihm. »Nun, so gehen Sie doch dahin«, meinte er schließlich.

Als ich nach Hause zurückkam, fragte mich mein Vater nach dem Resultat der Konsultation. »Der Arzt rät mir drin-

gend, nach Florenz zu gehen«, gab ich zur Antwort. Mein Vater
erstarrte. »Nach allen Kosten dieses Studiums jetzt noch eine
italienische Reise«, seufzte er. »Ich war darauf gefaßt, daß dich
der Doktor in den Harz oder ins Riesengebirge schicken würde.
Aber nach Florenz – – –«

Nach einigen Tagen war ich gleichwohl unterwegs. Es mußte mir doch wohl nicht gut gehen, denn es gelang mir nicht, in
einer Tour bis dahin zu gelangen. An der kleinen Grenzstation
Ala stieg ich, am Ende aller Kräfte, als Einziger spät abends aus.
Ein Taubstummer schleppte mein Gepäck über eine Höhe in
völliger Dunkelheit, bis wir in einer Kneipe landeten, in der italienische Arbeiter tranken. Man gab mir eine in Öl gebackene
Leber zu essen, die mir widerstand, und brachte mich in dem
einzigen freien Raume unter, der ein Durchgangszimmer war.
Ich konnte nicht schlafen, weil ich fror und weil dauernd Gäste an meinem Bette vorbeigingen. Am nächsten Tage setzte ich
die Reise fort.

Ich kam abends in Florenz an, fuhr im offenen Wagen
durch die milde Luft über die großen festlichen Quadersteine
der Straßen, in denen ein lebhaft gestikulierendes Volk sich bewegte und die schönen Stimmen der Zeitungsverkäufer tönten.
Mein Herz und Sinn standen allen großen und neuen Eindrücken offen. Vergessen war der rote Ziegelkasten des Amtsgerichts, waren die drei Bänke des Verschönerungsvereins, trotz
der Ernüchterung des ersten Abends. In der Pension, die ich bezogen, saß mir beim Abendessen eine Gräfin X. gegenüber, Palastdame der Kaiserin, die sehr laut und entschieden über die
protestantische Kirche sprach, neben mir saß eine Dame aus
Berlin, die sich beklagte, daß es draußen zu warm, in den Museen zu kalt sei, und die meinte, daß man am besten Florenz
für die kommenden Monate verließe. Ich überstand das alles,
aber blieb nicht lange in dem Hause.

Als ich das erstemal in einem Restaurant aß, passierte
mir das Peinliche, daß ich mich betrank. Ich sah an einem Tische mir gegenüber eine Anzahl italienische Offiziere, von de-

nen jeder einen großen Fiasco Chiantiwein in einem Nickel-
gestell vor sich stehen hatte. Es war mir unbekannt, daß am
Ende des Mahls das getrunkene Quantum nach dem Gewicht
festgestellt wurde, ich nahm vielmehr an, daß jeder sein großes Gefäß austrinken würde. Es erschien mir zwar etwas reichlich, aber schließlich glaubte ich, daß ein deutscher Korpsstudent ebensoviel trinken könne wie ein italienischer Offizier
und bestellte mir ebenfalls ein Fiasco. Ich weiß nicht mehr,
wie viele Liter von dem schweren Wein er enthielt, ich weiß
nur, daß dieses rote Meer kein Ende nehmen wollte, obgleich
ich angefangen hatte, mein Glas jedesmal in einem Zuge zu
leeren. Ich war schließlich gleichzeitig Sieger und Besieg-
ter, denn ich hatte den Fiasco bis auf den letzten Tropfen geleert, aber ich war so betrunken, daß ich unter Schwierigkeiten
nach Hause fand.

Ich nahm bald ein Zimmer am Lung' Arno Acciaioli. Morgens wurde ich durch den Ruf der Rosenhändler geweckt, warf
den ersten Blick auf den Fluß, auf die sanften Hügel, ein altes
Kloster, auf San Miniato und die hohen Zypressen, die zur Piaz-
zale Michelangelo führten, ging am Tage an alten Palazzi vorbei über jene gewaltigen Quadern, über die Dante und nach
ihm noch viele Menschen mit reichem Wollen und Können,
bis hin zu Michelangelo, gewandert sind. Und wenn ich vor den
in buntem Marmor heiter blickenden Fassaden alter Kirchen
und Klöster stand, in deren Kreuzgängen Madonnen und Engel
von der Lebensfreude ihrer Maler erzählten, empfand ich den
Hauch einer Zeit, welche durch die Fülle von Glück, die durch
sie flutete, ihren wesentlichen Charakterzug erhielt. Aus ihr
entstanden die Schöpfungen der Meister, und was diese wirkten, floß wieder fördernd und lebenspendend zur Entstehungs-
quelle, dem Glück und der Begeisterung, zurück.

Hier entstanden meine ersten schüchternen Versuche, mit
den Sinnen, nicht mit dem Verstand zu leben. Ich gab mich ihnen hin, wenn ich im Dome einer Priestermesse beiwohnte. In
den geschnitzten Stühlen saßen Greise mit klugen Gesichtern

und lebhaften dunkeln Augen, sie falteten die Hände und beteten laut. Der kreisförmige Raum war schwach erleuchtet durch eine trübe Lampe; unter ihr stand ein Pult mit einem riesenhaften Chorbuche, in welches einst ein Mönch farbige Miniaturen und saubere Buchstaben gemalt hatte. Knaben mit blassen, schmalen Gesichtern schlugen die Seiten um. Andere schwenkten die Weihrauchkessel, noch andere saßen vor den Alten und sangen. Meine Sinne waren beschäftigt, wenn ich in der Annunciata weilte, die reich an Gold und Purpur war und in der oft Musik ertönte. Da strahlten die Kronleuchter in tausendfältigem Glanze und Spiegel in goldenen Rahmen warfen das Licht zurück auf die hellen Marmorwände, von denen amorettenhafte Engel mit freundlichem Lächeln grüßten. An den Altären standen Priester im Meßgewande und an den Bänken kniete eine andächtige Menge.

Und waren es nicht wiederum meine erwachenden, noch ungeschickten Sinne, die etwas erlebten, wenn ich an den Nachmittagen nach Fiesole hinauf stieg, zwischen hellen Mauern mit dahinterliegenden Olivengärten? Heitere Villen träumten inmitten schattiger Parks. Eine Zypressenallee führte an der Villa Medici vorbei, dem Lieblingsaufenthalte Lorenzo Magnificos. Noch einige steile, mühevolle Schritte, und ich war auf dem Platze der Kathedrale. Von dort stieg ich zum Kloster der Franziskaner empor und fand oben ein überraschendes Panorama.

Gewaltig ragte die Domkuppel, Brunelleschis herrlicher Bau, gen Himmel. Märchenhaft schwebte sie über dem Häusermeere und leicht fügte sie sich in die Stimmung der wunderbaren Landschaft. In der Ebene dehnte sich die palästereiche Stadt. Ringsumher lagen die Gärten mit Oliven und Zypressen, dazwischen helle Mauern und in der Ferne dunkle Berge mit einsamen Wegen. Im Westen verbarg sich die Sonne hinter lichten Wolken; unter ihnen hervor schienen unzählige Hände Feuer über die Höhen zu gießen. Das einzige Geräusch, das nach oben drang, war das der elektrischen Bahn, die auf der breiten Hauptstraße hinanstieg und das sich auslöste, wenn in den Biegungen die Räder sich hart an den Schienen rieben. Dieses Geräusch hat sich für immer meinen Sinnen eingeprägt. Der Klang der Schulglocke und die verregneten Bänke des Verschönerungsvereins – der singende Ton der Elektrischen in Fiesole und ein kleines graues Haus mit einer Zypresse am Weg –, darin lagen Hölle und Himmel meiner Jugend.

Wie sehr erlebte ich die Einheit von Landschaft, Mensch und Kunst. Was ich sah und empfand, hob mich empor aus dem kleinen Kummer des Tages. Ich fühlte, wie meine Kräfte wuchsen, wie alles in mir gesund und lebensfähig wurde und nach Betätigung und Entfaltung drängte. Der Kontrast zwischen allem bisher Erlebten und der plötzlich sich bietenden gewaltigen Offenbarung des Menschlichen wirkte erschütternd und weckte den schönen, unbeholfen, aber tief arbeitenden Ernst des jungen Deutschen. Er verglich nicht die Blüten des Südens mit denen des Nordens, wollte gewiß nicht fremde Art an die Stelle der heimischen gesetzt wissen. Aber er fühlte mit Schaudern, welche Höhe die Menschheit inne gehabt und wieder verloren hatte, und in einsamen schweren Stunden errang er sich seine Gedanken über die Bedingungen einer nationalen Kultur.

Ich sah die Bilder, über denen die Morgenröte eines neuen Menschentums lag und die, wie die Landschaft, zugleich zärtlich und feierlich waren. Aber diese erste Berührung mit dem Bild war nicht harmlos, kam nicht aus den Sinnen. Wie viele Nebel hat der Nordländer zu teilen, bis er zu Sonne und Wärme kommt, wieviel Gedankliches ist zu töten, bevor das Menschliche lebendig wird. Diese Bilder, die ich täglich in den Uffizien, dem Palazzo Pitti, der Academia sah, die ich gewiß liebte und bewunderte, sie waren beschwert durch Geschichtliches und Überlegtes, sie waren irgendwie Gleichnis, wurden auf Umwegen erlebt. Was mich mit der großartigen Intensität im Werke der Cimabue und Giotto verband, war noch nicht der Instinkt, der mich später die gesteigerte Wirklichkeit Picassos bewundern lehrte, was mich zu Fra Angelico führte, war noch nicht das Gefühl für höchste Menschlichkeit, das mich später zu den Bildern Henri Rousseaus wandte. Jeder Bettler in Florenz stand harmloser und natürlicher zu den Werken der Kunst als ich. Aber wenn auch meine Beziehung zu dem einzelnen Bilde noch auf einer falschen Ebene erfolgte, so war doch das Gefühl in mir lebendig für das Ganze, für diesen Baum, der diese Blüten trug, für die Größe und Echtheit des Quattrocento, in dem ich lebte.

So reifte allmählich der Plan eines Buches in mir, das bezeichnend werden sollte für den Zustand meines Wesens in diesen Jahren. Was über Bilder in ihm stehen würde, konnte nicht viel Bedeutung haben, hier war ich Lernender, nicht Lehrer. Aber es wollte dem innerlich hohlen und selbstzufriedenen kaiserlichen Deutschland das Beispiel einer großen, produktiven Zeit entgegenhalten, die ihren Stempel, noch heute lesbar, allen Dingen des Lebens und der Kunst aufgedrückt hatte. Dieses Buch reifte in mir, während ich nach Fiesole hinauf stieg.

Ich lebte sehr abgeschlossen in Florenz, hatte wenig Verkehr. Mit Emil Schaeffer war ich öfter zusammen, dem feinen Kenner der Renaissance, der beschäftigt war, ein Buch zu schreiben: »Die Frau in der venezianischen Malerei«. Er besaß umfassende Kenntnisse und hatte eine leichte und graziöse Art, sich ihrer zu bedienen. Ich verdankte ihm manches auf dem Gebiete der Florentiner Malerei. Noch ein paar andere junge Kunsthistoriker waren da, Schüler von Henry Thode, der seine schaumgeschlagenen Torten immer mit einer kleinen Papiermachébüste von Richard Wagner krönte. Sie verkehrten bei der Gräfin Gravina, der Tochter der Cosima aus der Ehe mit Bülow, mit der sie abends griechische Tragödien lasen; sie forderten mich auf, daran teilzunehmen, aber ich hatte schon damals eine Scheu vor der Disziplin schöngeistiger Milieus und zog es vor, mit dem Sohn der Gräfin, dem späteren Gouverneur von Danzig, der damals ein kleiner Seekadett war, die Nacht zu bummeln.

Mein Aufenthalt in Florenz, der für einige Wochen geplant war, hatte bereits Monate gedauert, und es war fast ein halbes Jahr vergangen, bis ich wieder zu Hause war. Mein Vater war gütig genug, mir vor der Rückkehr nach Samter soviel Zeit zu gewähren, als ich für die Vollendung meines Buches benötigte, dessen Plan ich mitgebracht hatte. In zwei Monaten war es vollendet. Es hieß: »Am Grabe der Mediceer. Florentiner Briefe über deutsche Kultur.« Es war eine Hymne auf jenes innerlich reiche und schöpferische Florenz des Quattrocento, das ich erlebt, und ein flammender Protest gegen die Dürftigkeit des Reiches, die Gesinnung und die Methoden seiner innern Politik. Bismarck hatte den Deutschen die Einheit geschenkt. Die Dankbarkeit erschöpfte sich in Fackelzügen, Festkommersen, gut gemeinten Liedern. Man sah nicht, daß das große Werk deutscher Einheit erst halb vollendet war, daß es nötig war, was Bismarcks eiserne Hand zu einem Gebiete äußerlich zusammenfügte, durch eine reiche Kultur innerlich zu binden. Die Form bedurfte eines Inhalts, der Körper einer Seele. Etwas Großes, Gemeinsames mußte dem Riesenwerke Leben verleihen. Es mußte im Allerheiligsten der Nation ein Altar stehen, auf dem für große, geglaubte Werte die Flamme gen Himmel stieg. Er war nicht vorhanden. Und es fehlte das Gefühl der Zusammengehörigkeit, die auf anständigen Volkseigenschaften basiert, auf deutscher Gewissenhaftigkeit, deutscher Schlichtheit, deutschem Stolze. Was da war, war nicht das Resultat von Charakter, Überzeugung und Mut, sondern von Utilitarismus, Konzession und Schwäche. Ein byzantinischer Geist hatte freiwillig diejenigen Rechte aufgegeben, die das Leben lebenswert gestalten, und kniend die staatlich gestempelten Werte angenommen. Deutschland hatte es nicht vermocht, die natürlichen Schwierigkeiten, welche in seiner Konstruktion lagen, durch eine reiche Kultur zu überwinden, welche die Grenzen seiner Bestandteile als Ganzes überragte. Es war eine durch Bismarcks Hand gewaltsam zusammengeschweißte Masse, welche nicht durch eine große Kultur, sondern durch vergängliche Gesetze und jenen aufgeregten, niveaulosen und oberflächlichen Patriotismus zusammengehalten wurde, der sich durch häufiges Singen des Liedes »Deutschland, Deutschland über alles« bemerkbar machte.

Der Name Medici wurde mir zum Ruf an alle, welche der Selbsterniedrigung der Menschen überdrüssig waren, welche den Mut hatten, ihre Rechte geltend zu machen, nicht vom Staate ihre Meinung sich befehlen zu lassen, sondern als die Herren ihre Befehle dem Staate diktieren wollten. Der Name Medici wurde mir zum Ruf an alle, welche ein helles, freudiges, kampfvolles Geistesleben ersehnten, welche aus den in diesem gewonnenen Prinzipien sich die Organisation des Lebens nach ihrem Willen und mit dem Bilde ihres Charakters schaffen wollten. Nur dann, wenn wieder Ströme frischen und ehrlichen Lebens pulsierten, wenn neue und zeitgemäße Anschauungen auftauchten, die das Herz jedes einzelnen höher schlagen machten, wenn durch das geistige Ringen der Individuen das zutage gefördert wurde, was den Inbegriff deutschen Wollens ausmacht, konnte auf die Gebiete des politischen und künstlerischen Geschehens ein neues Leben mit neuen Werten sich ergießen.

In den Bestand des kaiserlichen Deutschland, so wie es damals war, hatte ich kein Vertrauen, und in diesem meinem Buche, das ich im Jahre 1898 schrieb, steht die Prophezeiung, die sich zwanzig Jahre später erfüllen sollte: »Die stramme Disziplin, der unbedingte Gehorsam, welche den Deutschen eigen sind, jene praktische Routine, schwebende Fragen vom Nützlichkeitsstandpunkt des Tages zu erledigen, und ein zuverlässiges Heer können die kritische Stunde des Zusammenbruches hinausschieben. Sollte man im Laufe der Zeit den Weg der Rettung nicht finden, dann wird man der Worte Homers gedenken müssen:

»Kommen wird einst der Tag, wo die heilige Ilios hinsinkt,
Priamus auch und das Volk des lanzenkundigen Königs.«

Mein Vater las das Buch, sobald es vollendet war, mit Interesse und mit Zustimmung. Er gehörte zu den Männern aus der Zeit Wilhelms I., die sich durch eine vornehme innere Haltung auszeichneten und dem lärmenden Getue des kaiserlichen Enkels und dem Servilismus der neuen Generation ablehnend gegenüberstanden. Er trug schon die Idee einer Vereinigung der europäischen Völker im Herzen und hatte immer gehofft, daß Bismarck mit diesem Werke sein großes Leben krönen würde. Obgleich mein Vater wohl sah, daß ich mir durch Veröffentlichung eines solchen Buches ein für alle Male eine staatliche Laufbahn zerstörte, versuchte er doch nicht, mich zurückzuhalten, sondern nur, an einzelne allzu jugendlich heftige Äußerungen eine mildernde Hand zu legen. Wir kämpften um jede solcher Stellen, aber ich war in den meisten Fällen bereit, den gleichen Sinn in weniger schroffer Form zum Ausdruck zu bringen. Immerhin blieb das Ganze eine kühne Absage an alles, was Macht und Ansehen in Deutschland hatte.

Ich hatte meinem Vater versprochen, nach Beendigung des Buches nach Samter zurückzukehren. Es geschah, aber da ich die Sinnlosigkeit meines Verbleibens dort erkannte, war ich wieder in Posen, bevor ich meine Tätigkeit angetreten hatte. Ich bat ihn, mir zu erlauben, umzusatteln und Kunstgeschichte zu studieren. Er lehnte es ab, stellte mir aber frei, nach meinem Gutdünken zu verfahren, sobald ich das Assessorexamen bestanden hätte. Der Gedanke, nochmals Jahre ohne Sinn zu verlieren, erschien mir nicht annehmbar, und ich war entschlossen, mir auch ohne väterliche Hilfe irgendwie ein Leben nach meinen Ideen zu machen. In solchen schwierigen Lagen trat meine Mutter auf, um zu vermitteln. Sie liebte mich sehr, wollte im Grunde meinen Wunsch erfüllt sehen und machte meinem Vater klar, daß man einem so leidenschaftlichen Wollen sich nicht einfach in den Weg stellen dürfe. Mir aber brachte sie für das ernsthafte Verantwortungsgefühl meines Vaters Verständnis bei und erinnerte mich an die Opfer, die er mir, einem gewiß nicht bequemen Sohne, willig gebracht hatte. So kam es zu einem Abkommen zwischen ihm und mir. Da er sich selbst ein definitives Urteil über mein Buch nicht zutraute, über die Möglichkeiten einer kunstwissenschaftlichen Laufbahn nicht Bescheid wußte, schlug er vor, daß ein dritter Mann, den wir beide für kompetent hielten, entscheiden sollte, ob ich in einigen Jahren mein Assessorexamen zu machen hätte oder gleich für die von mir gewünschte Laufbahn freizulassen sei. Wir legten das Urteil in die Hände des Geheimrats Witting, des Oberbürgermeisters von Posen, späteren Direktors der Nationalbank in Berlin, der ein Bruder Maximilian Hardens war. Er las das Manuskript meines Buches und entschied zu meinen Gunsten. Ich habe diesem klugen Manne, der einen weiten politischen Blick besaß und den tragischen Ablauf des deutschen Schicksals ahnend voraussah, immer ein großes Gefühl der Dankbarkeit bewahrt.

Seine Entscheidung fiel auf den Geburtstag meines Vaters. Er war niedergedrückt, denn sein Gewissen war noch nicht völlig beruhigt; auf seinen Wunsch gab ich ihm ein schriftliches Gelöbnis, ihn nie dafür verantwortlich zu machen, daß er meinem Wunsche willfahrt habe. Dann aber half er mir sehr treu und sehr väterlich, soweit es die nicht umfangreichen Mittel der Familie erlaubten, durch die nächsten Jahre. Zunächst aber fuhr er mit mir nach Samter, unter dem Vorwande einer amtlichen Revision, die er vornahm, erklärte dann den Herren des Amtsgerichtes den Fall seines Sohnes, half mir am Nachmittag meine Bücher in Kisten packen und lud uns alle abends zu einem Abschiedstrunke ein. Dann fuhr er mit mir nach Posen zurück.

Am 2. Mai 1899 hatte ich meine Entlassung aus dem Justizdienste in Händen, vier Tage später war ich auf der Universität in München immatrikuliert. Ich belegte eine kunstgeschichtliche Vorlesung, eine interessante philosophische bei Lips und eine über griechische Skulptur bei Furtwängler. Der Vortrag dieses bedeutenden Mannes, der früh sterben sollte, war so einfach, klar und schön wie der Gegenstand, über den er sprach.

Ich war täglich in der alten Pinakothek und studierte dort die Bilder. Ja, ich «studierte» sie. Was ich mir vor ihnen alles dachte und woraufhin ich sie ansah, habe ich glücklicherweise vergessen. Jedenfalls war ich weit davon entfernt, eine einfache sinnliche Beziehung zur künstlerischen Qualität zu haben. Literarisches und Philosophisches wirbelten mir noch im Kopfe herum, und ich suchte beunruhigt das, wie ich glaubte, Wichtige zu erfassen, das man Technik nennt, und dem ich in den Ateliers von Malern näherzukommen suchte. Wenn ich heute daran zurückdenke, verstehe ich völlig die Hilflosigkeit des nur »gelernten« Kunsthistorikers, sei er Universitätsprofessor oder Museumsbeamter, vor einem künstlerischen Objekt, das in seiner Rangordnung von der öffentlichen Meinung der Spezialwissenschaft nicht festgelegt ist. Mit den kleinen Mausefallen des Wissens und Nachdenkens ist das Hochwild der großen Qualität nicht einzufangen. Ich war sehr deutsch in der Formung meines Geistes. Im Mittelpunkte meines Lebens, trotzdem es jetzt der Kunst geweiht war, standen noch immer der Gedanke, das Buch. Durch sie erlebte ich indirekt das Bild. Viel später erst, in Paris, als ich nicht mehr mit dem Verstande, sondern mit den Sinnen erlebte, der Dienst an der Qualität, am Niveau mich durchaus beherrschte, kam das Bild in den Mittelpunkt meines Lebens.

Das Semester verging mir in fleißiger Arbeit und unter heftigem Niesen. Nie habe ich schlimmer unter Heuschnupfen gelitten als damals in München. Zu Hause fand ich die Korrekturabzüge meines Buches vor. Der Verleger Carl Reißner in Dresden brachte es heraus. Dann fuhr ich nach Rom, um dort das nächste Semester zu studieren.

Ich mietete zwei Zimmer an der Piazza di Spagna, neben der Treppe, auf der die Modelle gelagert waren. Ich habe selten so sehr gefroren wie in dieser Wohnung. Solange die Sonne schien, war es erträglich, aber war sie nicht da, mußte ein offenes Kohlenbecken die nötige Wärme geben. Morgens erwachte ich infolge der Gase mit einem eisernen Ringe um den Kopf.

Ich war unter die Dichter gegangen, saß nachmittags zu Hause und schrieb an einem Drama, das »Savonarola« hieß. Vormittags saß ich unter der Büste des Mönchs in den Gärten des Monte Pincio und lauschte Inspirationen. Manche Verse, in der Art des Hugo von Hofmannsthal, mochten nicht übel geraten sein, wie man später fand, aber als Ganzes war das Stück sicher mißlungen.

Jetzt aber war mein erstes Buch heraus, die »Florentiner Briefe«. Es fand begeisterte Freunde, und die Presse von ganz links bis merkwürdigerweise ganz rechts spendete mir Lob. Ein Exemplar des Buches fiel in Rom in die Hände eines Malers Krüger, der durch eine Novelle Hartlebens »Der römische Maler« bekannt war. Er wohnte in einem Atelierhaus vor der Piazza di Popolo, das der Volksmund die »Casa dei desperati« nannte, weil jeder Bewohner schon einmal vom Stricke abgeschnitten war. Mein Buch brachte sein abgestelltes Dasein von neuem in Bewegung. Er lief mit ihm überall in Rom herum, wo es Deutsche gab, lobte es in den Himmel, las Seiten daraus vor. Dieses gab ihm die Gelegenheit, hier Geld zu leihen, dort zu einem Essen eingeladen zu werden. Ich machte mit ihm eine Tagestour in die Campagna, wo wir uns von gelbem, schwerem Wein und Käse nährten. Dieser Mann mit dem markierten Stolz und der steilen Haltung war interessant, denn er hatte viele Menschen gesehen und wußte etwas vom Leben. Ich verdankte ihm eine Bekanntschaft, die mir wertvoll war, die des Bildhauers Georg Kolbe, der nicht weit von meiner Wohnung sein Atelier hatte. Ein schöner männlicher Ernst zeichnete ihn schon damals aus, als sein Schaffen begann. Wenn wir den Tag über gearbeitet hatten, nahmen wir in einer kleinen Kneipe zusammen das Abendessen, ohne viel miteinander zu sprechen. Wir mochten uns gern und verstanden uns gut, denn wir litten, was uns damals nicht klar war, an demselben Übel, von dem wir uns später befreiten, jener literarisch philosophischen Einstellung, die in der bildenden Kunst hinter den Dingen noch etwas Übersinnliches sucht.

Mit der Stadt konnte ich nicht allzuviel anfangen, sie bedrückte mich, wirkte lähmend. Das Vielerlei von Altertum, Renaissance, Barock ließ keine einheitliche Stimmung aufkommen. Meine künstlerische Genußfähigkeit war noch nicht genügend ausgebildet, um, über den Dingen stehend, aus dem mir Angemessenen Freude zu ziehen. Ich ging in Einzelheiten unter. Es kam hinzu, daß ich Sehnsucht hatte nach der Stadt des reinen Klangs, nach Florenz, das ich leidenschaftlich liebte und das nicht fern war.

Ich hatte meine beruflichen Studien in Rom vernachlässigt, indem ich versäumt hatte, Kollegs zu belegen. Sie waren außerordentlich teuer und mein Geld hatte nicht ausgereicht. Es war klar, daß dieses Semester mir nicht angerechnet würde. Da es auf alle Fälle verloren war, wollte ich weg aus Rom und zurück nach Florenz. Aber ich mußte etwas finden, um meinen Vater zu beruhigen. Ich wandte mich daher an die philosophische Fakultät der Universität Halle mit der Anfrage, ob ich auf Grund meines Buches auch ohne Nachweis der üblichen Semesterzahl zum Doktorexamen zugelassen würde. Ohne eine solche Rückversicherung wagte ich nicht, Rom zu verlassen. Weihnachten stand vor der Tür, Kolbe wollte nach Florenz, wo er von Freunden eingeladen war. Ich hatte den innigen Wunsch, mitzufahren. Meine Koffer standen gepackt, und ich wartete mit Ungeduld auf eine Nachricht aus Halle. Am Tage des Heiligen Abends traf sie ein. Sie war bejahend, und ich war unendlich froh. Wir fuhren die Nacht hindurch, und ich war um sechs Uhr morgens in Florenz.

Ich ging durch die leeren, mir wohlbekannten Straßen und über die schweigenden Plätze mit einem großen Gefühle des Glücks und der Dankbarkeit. Diese Stadt hatte mich zum Menschen gemacht, hatte mir ewige Werte gezeigt, für die es sich lohnte, sich hinzugeben, und sie hatte mir die Stimme verliehen, auch andere zu erwecken. Aus vielen Briefen, die ich erhielt, konnte ich sehen, daß es mir gelungen war, das Feuer, in dem ich selbst glühte, in den Herzen junger Menschen zu entzünden. In der Nacht, in der die Glocken von Florenz den Beginn eines neuen Jahrhunderts verkündeten, stand ich vor dem Dom, ganz erfüllt von der Hoffnung, daß die kommende Zeit eine neue Wiedergeburt des Menschen im Geist und in der Freiheit bringen möge. – Wir wissen heute, wie diese Hoffnung sich erfüllte.

Die Monate, die ich in Florenz blieb, arbeitete ich täglich in den Museen und machte Studien in dem deutschen kunsthistorischen Institut, das eine ausgezeichnete Bibliothek über die Florentiner Kunst enthielt. Gegen Ende meines Aufenthalts, als die Aufgaben, die ich mir gestellt hatte, abgeschlossen waren, entdeckte ich eines Tages ein Bücherregal, das etwas abseits in einer dunklen Ecke stand. Ich fand bald heraus, daß die Werke, die es enthielt, als nicht streng wissenschaftliche, eher etwas »schöngeistige«, bei der Leitung und den Mitgliedern des Instituts nicht hoch in Ansehen waren. Neben der mir wohlbekannten »Kultur der Renaissance in Italien« von Jacob Burckhardt stand hier seine weniger populäre »Griechische Kulturgeschichte«. Das Studium ihrer drei Bände beschäftigte mich hauptsächlich in den letzten Monaten meines Florentiner Aufenthaltes. Der gelehrte und liebenswürdige Leiter des Instituts, der damit beschäftigt war, ein Namensverzeichnis der Werke Venturis zu machen, indem er in ein Schema, das er mit dem Lineal gezogen, Namen und Seitenzahlen eintrug, hatte stets ein spöttisches, aber nachsichtiges Lächeln, wenn er mich stundenlang mit diesem Werke beschäftigt sah, das in seinen Augen wohl dilettantisch war. Mit einem Male stand jetzt das griechische Problem in der Mitte meines Lebens.

Die griechischen Statuen zeigen edle Einfalt und stille Größe, folglich waren auch den Griechen diese Gaben eigen. Das war das rasche Urteil einer Zeit, die auf den billigen und sandigen Boden des Moralisierens und Ästhetisierens ihre flüchtigen Bauten setzte, es war das falsche Urteil Winckelmanns und Goethes. Das wahre Gesicht der Griechen, das schmerzvoll und tragisch war, zu entdecken, blieb Nietzsche

vorbehalten, der selbst ein großes wundervolles Menschenbildnis aus einer verwundeten Seele schuf. Er lehnte es ab, in
den Griechen schöne Seelen und goldene Mitten zu wittern
und ihre hohe Einfalt zu bewundern. Diese Anschauung fand
in dem umfangreichen Material, das Burckhardt über die griechische Kultur zusammentrug, ihre Rechtfertigung. Aber sowenig Nietzsche über die prinzipielle Erkenntnis hinaus zu einer einheitlichen Darstellung des griechischen Seelenlebens
kam, ebensowenig schlossen sich die einzelnen Feststellungen
Burckhardts zu einem übersichtlichen Ganzen zusammen. Was
mich reizte, war, aus dem psychologischen Erlebnis Nietzsches
und dem Material Burckhardts – Rohdes »Psyche« kam helfend
in Betracht – ein Gesamtbild der griechischen Seele, wenigstens in Umrissen, zu zeigen, das auf allen Gebieten ihres geistigen Lebens seine Rechtfertigung fand. Damit mußte auch jener verbrauchte und irrige Begriff des »Altertums« erledigt sein,
der in unsinniger Weise Rom und Hellas als gleichgeartete Größen zusammenschloß.

Die Griechen hingen mit beispielloser Liebe am Leben,
aber sie litten an der kurzen Dauer und den Übeln, die es birgt.
Sie fühlten einen leidenschaftlichen Schmerz über den Untergang alles Großen, über das auf einem Geschlechte lasten-
de Verhängnis, das von Generation zu Generation unerbittlich
sich forterbt. Sie kannten die Furcht des Kindes, das man mit
schönen Spielsachen in einem dunklen Zimmer allein läßt. Daher in ihren frühen Zeiten der laute Schrei der Verzweiflung,
der bei Hesiod aus der Entstehungsgeschichte alles Schlimmen
auf Erden uns entgegentönt, daher der Strom von Tränen, der
durch die Gesänge Homers sich ergießt.

Dieser elementare Ausdruck des Schmerzes ging allmählich in eine stille Sehnsucht nach andern, den entgegengesetzten Bedingungen dieses Daseins über, und ihre Kunst trat in
jene Phase ein, wo die leidende Seele vom dunklen Untergrun-
de einer ihrem Gefühle nach minderwertigen Realität leuchtende Gegenbilder herausprojizierte. Diese Kunst war ein glän-

zendes Traumbild alles dessen, was sie im Leben vermißten, ein Katalog der Wünsche, deren Erfüllung die Natur ihnen versagt hatte.

Der Mythus war die erste Schöpfung dieser sehnsuchtsvollen Seele. Sie wußten, daß sie Fremdlinge in ihrem Lande gewesen, sie waren eingewandert und hatten eine bestimmte Kultur vorgefunden, die sie sich zunutze gemacht hatten. Dieses Irgendwoherkommen verletzte ihren Stolz, war ihnen unerträglich. So schufen sie ihre Legende, die ihnen Götter zu Vätern gab. Achill und Ajax sind Urenkel des Zeus, Platons Familie läßt sich auf Poseidon zurückführen, Aristoteles hat Asclepios zum Ahnen. Alles ist autochthon. Auf ihrem Boden entstand das Menschengeschlecht, der Weinbau stammte aus Theben, der Ölbaum war von Pallas auf der Akropolis gestiftet, die erste Feige am heiligen Wege nach Eleusis gewachsen.

Ein Traumbild nicht nur des Vergangenen, sondern des Lebens stieg aus den Tiefen ihres Schmerzes: der Olymp ihrer Götter. Nicht aus den Händen eines Priesterstandes empfingen sie diese. Nach ihrem Bilde schufen sie sie, gaben ihnen aber zum Unterschiede zu sich das, wonach sie vergebens die sehnenden Arme streckten, ewige Jugend und Unsterblichkeit.

Die Griechen waren von Natur aus schön. Aber dieses genügte ihnen nicht, denn sie beteten die Vollkommenheit an. Wir sehen, daß sie einen Jüngling, in dem diese einmal Wirklichkeit war, wie ein Götterbild verehrten. Im allgemeinen aber litten sie an den Zufälligkeiten und Willkürlichkeiten, mit denen die Natur die Harmonie des Menschenleibes zerstört. Sie überwanden sich selbst, sich, die nur Schönen, durch die Bilder der Vollkommenheit, als welche sie nach einem Gesetz der Harmonie ihre Statuen schufen. Diese waren nicht, wie Goethe glaubte, die Schöpfungen wohlbalancierter Seelen, sondern Enttäuschter und tief Getroffener, die mittels ihrer wie mittels ihrer Götter von der unerträglichen Wirklichkeit des Tages abrückten; genau so, wie ihr Mythus sie ihrer unerträglichen Vergangenheit entfremdet hatte.

Wie ihre Plastik in die sichtbare, trug ihre Philosophie in die unsichtbare Welt das Gleichmaß. Sie führte das wilde Durcheinander, die ungeordnete Fülle auf ein oder wenige Urelemente zurück, besann sich auf das einheitliche Prinzip, die Rhythmus schaffende Zahl, die dem Kanon ihrer Skulpturen entsprach. Bis Platon kam (der so griechisch war, wie Hölderlin deutsch, wie Manet französisch war) und, ein großer Mensch, ein großer Grieche und ein großer Künstler, die erlebteste und reinste Formulierung für die Zweiteilung im griechischen Erleben fand, indem er ein Reich der Ideen, der vollkommenen Urbilder schuf, von denen die realen Dinge ein matter, verwischter Abglanz waren.

Diese platonische Philosophie entsprach einem Mysterium, das schon lange als heiligstes im Herzen jedes Griechen Geltung hatte, dem eleusinischen. Hier ist die Zweiteilung der Reiche, die bei Platon geistige Spekulation ist, greifbare Wirklichkeit für den Geweihten. Dieser irrt zunächst in Finsternis umher, wobei Schrecknisse ihn bedrohen und mit Schauder erfüllen. In diesem Zustande symbolisiert sich das Leiden der Erde. Aber bald steigt er auf in lichte Auen, in denen Gesang, Tanz und der Anblick erhabener Dinge ihn erfreuen und er mit den großen Männern der Vergangenheit sich zusammen befindet. Hier ist die Ebene des Mythus, der Götter, der Statuen, der Ideen scheinbar Leben geworden. Sogar Sieg und Triumph, denn der Geweihte blickt von oben herab auf alle, die dort unten sich noch in Finsternis drängen und von Todesfurcht erstarren.

Aber im letzten Grunde reichte das alles nicht aus. Kunst und Mysterium führten zwar an Vollkommenheit, Unsterblichkeit, Göttlichkeit heran, genügten aber nicht zu ihrer Verwirklichung. Hier setzten die Dionysien ein. Die Teilnehmer waren, wie Rohde sagt, ihrem alltäglichen Dasein entrückt, hatten Teil an dem Leben des Gottes selbst; die Bedingungen des normalen Lebens schienen aufgehoben.

Was mich im Grunde zu diesem Versuch einer in sich geschlossenen Gesamtdeutung des griechischen Erlebens trieb, war wohl das bereits damals im Unterbewußtsein vorhandene Wissen um die Verwandtschaft griechischen und deutschen Wesens. Auch die deutsche Seele kannte jene beiden übereinander gelagerten Reiche. Auch sie sandte vom Boden einer unbefriedigenden Wirklichkeit Pfeile der Sehnsucht zu einer Welt der Vollkommenheit. Die aufsteigende vertikale Linie, die die Erde mit einem Gestirn verbindet, ist bezeichnend für Griechen wie für Deutsche und steht im Gegensatz zur horizontal gelagerten Linie, welche die des erdgebundenen Rom ist und Frankreichs und Italiens, die in seinem Geiste leben. Kunst, die hellenisch ist, sagt: so sollte das Leben sein. Kunst, die römisch ist, sagt: so ist glücklicherweise das Leben. Vielleicht war schon damals in mir die heimliche Erkenntnis, daß mit dem gleichen Rechte, mit dem Italien und Frankreich sich innerlich auf Rom beriefen, Deutschland den Anspruch hatte, der natürliche Erbe von Hellas zu sein. Einen Anspruch freilich, den es im kaiserlichen Deutschland nicht mehr erheben konnte, und den es heute durch seine innere Haltung für lange Zeiten verwirkt hat.

Der zweite Aufenthalt in Florenz hatte mir eine innere Bereicherung gebracht, die nicht geringer war als die, welche ich dem ersten verdankte. Er hatte mein Empfinden verstärkt für eine primitive und innige Malerei, hatte mich eine große Qualität des Gefühls finden und bejahen lassen und mich so darauf vorbereitet, später in Paris als erster für eine Malerei öffentlich einzutreten, die auf gleichen Voraussetzungen beruhte. Dieser Aufenthalt hatte mich ferner zu unterscheiden gelehrt zwischen zwei grundsätzlich verschiedenen Kunstarten, einer solchen, die, auf der irdischen Ebene glückvoll eingerichtet, diese bejaht, und einer andern, die, eher tragisch gefärbt, Bilder der Sehnsucht auf eine andere Ebene projiziert. Damit war mir gleichzeitig ein Ahnen gekommen, auf welchen Voraussetzungen und Grundlagen eine Wiederbelebung deutscher Kultur möglich sein könnte. Die leidenschaftliche Kritik, die mein erster Florentiner Aufenthalt gebracht hatte, begann durch eine produktive Einsicht ihre Ergänzung zu finden.

Das verlorene römische Semester bedauerte ich nicht, denn ich hatte in Florenz auch eine Menge kunstgeschichtlicher Kenntnisse erworben. Ich habe diese Stadt, der ich viel verdanke und die ich liebe, seitdem nie wiedergesehen, und ich möchte ihren Boden nicht eher betreten, bevor sie den höchsten irdischen Wert, den sie verloren, wieder erlangt hat: die menschliche Freiheit.

Ich fuhr über Venedig zurück. Ich kam in der Nacht an, als der Karneval zu Ende ging, der Aschermittwoch begann. Über die kleinen Brücken der innern Stadt, unter denen meine Gondel dahinglitt, zogen müde und schweigend die Menschen in ihren Fastnachtskleidern und trugen die abgelegten Masken in ihren Händen.

Der Zauber des großen Vergangenen hielt mich die erste Zeit gefangen, dann belastete mich das Schweigen der gestorbenen Stadt. Ich besuchte die Museen, stand dort, erschüttert, einige Tage vor dem Ungeheuerlichen, mich unaussprechlich Erregenden, dem ich noch nie begegnet war, und das es auch in Florenz nicht gab: den Farben. Dann sah ich Tiepolos Fresken, die im Palazzo Labia starben. Am letzten Tage fuhr ich zum Lido, segelte aufs Meer hinaus und kam mit vor Frost gelähmten Gliedern zurück. Es war Ende Februar.

Durch Emil Schaeffer in Florenz war ich mit Richard Muther, der damals Professor in Breslau war, in Verbindung gekommen. Er forderte mich zur Mitarbeit an der Wiener »Zeit« auf, deren kunstkritischen Teil er leitete. Außerdem legte er mir nahe, bei ihm das Doktorexamen zu machen. Ich siedelte deshalb zu Beginn des nächsten Semesters nach Breslau über. Muther hatte damals die bekannte Plagiataffäre hinter sich. Mich hat diese nie besonders interessiert, zumal ich Muther als geistreich genug kannte, um aus eigenen Kräften die Atmosphäre einer Zeit darzustellen, deren künstlerische Taten das Thema waren. Hierin lag vielmehr seine besondere Stärke. Wie er eine Zeit malte, war schön und suggestiv. Seine Glanzleistung war es, die Malerei des Velázquez und die des van Dyck vergleichenderweise aus der Verschiedenheit ihres Milieus und der zeitlichen Bedingungen heraus zu entwickeln. Aber er schrieb zu viel und zu oft dasselbe und seine Arbeit war nicht immer gewissenhaft. Wenn in einer seiner Monographien, die er etwa im Zuge zwischen Berlin und Madrid oder St. Petersburg, wo er einen Vortrag halten sollte, verfaßte, die offizielle und anerkannte Datierung eines Bildes die Dramatik seines Aufbaus störte und das Bild wirkungsvoller an anderer Stelle sich ausgenommen hätte, hatte er keine Hemmungen, es umzudatieren.

Ich hatte in Breslau die Bekanntschaft von Erich Klossowski gemacht, der später in Paris zum Maler wurde und der das schöne Buch über Daumier schrieb. Er war ebenfalls Mutherschüler und wir gingen zusammen in das Seminar über moderne Malerei, das wir belegt hatten. Als ich das erstemal dort war, bildete die französische Landschaftsmalerei der ersten Hälfte des 19. Jahrhunderts den Gegenstand der Unterhaltung. Am Schluß der Stunde verteilte Muther an die Anwesenden einige Themata zur Bearbeitung und zum Vortrag für das nächste Mal, und auch ich erhielt ein solches. Ich ging zu Muther und gestand ihm, daß ich noch nie ein wichtiges französisches Bild gesehen hätte und daß ich, was wohl sinnlos wäre, allenfalls aus seinen eigenen Schriften etwas zusammenstellen könnte. Er fragte mich, womit ich mich zur Zeit beschäftige, und ich sagte ihm, daß das rein prinzipielle Fragen seien, wie das tragische Gefühl in der bildenden Kunst, speziell bei den Griechen. Obgleich ein solches Thema völlig außer dem Rahmen seines Seminars und seiner Lehrkompetenz lag, meinte er, daß es viel interessanter sei, darüber etwas zu hören und bat mich, das nächste Mal allein einen Vortrag zu halten, er wollte alles übrige ausfallen lassen. So geschah es auch. Ich sprach ungefähr eine Stunde lang und es folgte eine ebenso lange angeregte Diskussion.

Die Großzügigkeit, die Muther auszeichnete, fand ich keineswegs bei seinen Kollegen, die meine Nebenfächer vertraten. Ich hatte ein Seminar über griechische Vasenkunde bei einem alten Geheimrat belegt, der mich beim Anblick meiner Karte fragte: »Sind Sie der Wilhelm Uhde, der die ›Florentiner Briefe‹ geschrieben hat?« Als ich bejahte, fuhr er fort: »Seien Sie mir willkommen. Ich frage Sie nun: Wollen Sie ordentliches oder außerordentliches Mitglied des Seminars werden? Von den ersteren verlange ich fleißige und regelmäßige Mitarbeit. Den zweiten steht eine solche auch wohl an, aber ich kann sie füglich nicht in dem gleichen Maße verlangen.« Ich hatte die Unbesonnenheit, mich für die erstere zu entscheiden und bereute es schon in der ersten Seminarstunde. Die Übungen, die an einem unsagbar minderwertigen Vasenmaterial veranstaltet wurden, waren derart pedantisch, die Übersetzung eines griechischen Schriftstellers war dermaßen philologisch, daß ich mich in die Unterrichtsstunden meines Lüneburger griechischen Lehrers »Schubs« zurückversetzt glaubte. Mit der Literaturgeschichte hatte ich nicht mehr Glück. Die Vorlesungen waren von so geringem Niveau, daß es mir mit Klossowski passierte, daß wir bei einem Passus, der durch seine ungewöhnliche Banalität herausfordernd wirkte, in Gelächter ausbrachen. Das machte einen schlechten Eindruck und erhöhte keineswegs die Examenchancen.

Aber eines Tages war dieses ohne Bedeutung, denn ich gab es auf, in Breslau zu promovieren. Ich hatte es ja nicht nötig, Wochen und Monate mit diesen kaputten Töpfen zu verlieren, konnte auch ohne das jederzeit das Doktorexamen machen. Ich war Richard Muthers wegen nach Breslau gekommen, aber auch aus seinen Kollegs zog ich zuletzt nicht den Nutzen, den ich mir versprochen hatte. Gewiß waren diese Vorlesungen schön, und wenn er von der Vornehmheit des Velázquez sprach, hatte er, so, als brächen diese Worte zum ersten Male aus seinem Herzen, Tränen in den Augen. Mir aber war es ein Text, der mir aus seinen Büchern und seinen zahlreichen Aufsätzen wörtlich bekannt war.

Ich hatte innerlich vieles erlebt, und es lockte mich mehr, das alles durchzudenken und auszubauen, als für mich unverwertbare Einzelkenntnisse zum Effekt einer Prüfung zu sammeln. So ging ich nach Posen zurück.

Schon als ich mich für das juristische Examen vorbereitete, hatte ich dort manches verändert gefunden. Die ausgedehnten Gärten vor den Toren der Stadt, die meiner Großmutter gehört hatten, und in denen die Pfirsichplantagen und die großen Nußbäume standen, waren verkauft, Villen fremder Leute und das jüdische Krankenhaus waren darauf. Ein Bach, die Bogdanka, den ich seines an Freiligrath erinnernden Klanges wegen geliebt hatte und der früher hindurchfloß, lag jetzt außerhalb. Nur das Familienhaus war geblieben, inmitten des großen verwilderten Parks. Ich bezog meine alten Zimmer und richtete mich zu langem Bleiben in ihnen ein.

Meine Geschwister und ich lebten wie auf dem Lande. Meine Schwester, die noch ein Kind war, fuhr auf einem offenen Gemüsewagen mit dem Gärtner zu Markte. Mein Bruder warf, wenn er aus der Schule kam, die Bücher in eine Ecke und griff nach der Flinte. Es gab viel wilde Kaninchen auf dem Grundstück, die er schoß und sofort braten ließ und allein verzehrte. Natürlich war das Schießen wegen der Nähe der Straße nicht erlaubt, aber in das Grundstück des Generalstaatsanwalts wagte die Polizei nicht einzudringen. Sie warnte zwar meinen Bruder unter der Hand, aber er wollte leider nicht hören. Bis eines Tages eine Kugel durch das Fenster eines gegenüberliegenden Hauses hindurch am Kopfe einer alten Dame vorbeiflog, die sich der friedlichen Beschäftigung des Strickens hingegeben hatte. Mein Bruder zog sich seinen Konfirmationsanzug an und machte einen Entschuldigungsbesuch. Mit dem Schießen war es aber für lange vorbei. Ich selbst ging gern in dem alten Park spazieren, den mein Bruder mit einem Rehbock und einer Füchsin und unzähligem andern Getier bevölkert hatte, und dachte dabei über meine Arbeiten nach.

Zunächst brachte ich das unglückliche Savonaroladrama zum Abschluß. Sodann beschäftigte mich eine kunstwissenschaftliche Arbeit über Botticellis »Primavera«. Die bisherigen

Deutungen, die in dem Bilde eine Art Illustration zu einer Stelle in den Dichtungen Polizians sehen wollten, befriedigten mich nicht und schienen mir des Meisters nicht würdig. Ich fand eine Lösung, die mir menschlicher und künstlerischer und durch die Komposition als natürlich gegeben erschien. Den Schwerpunkt dieser sah ich in der weiblichen Mittelfigur, deren Bedeutung durch die isolierte Stellung betont wird. Sie hat das Aussehen einer jungen Frau, die im Zustande vorgeschrittener Schwangerschaft ist. In der linken der beiden Gruppen, die sie umgeben, erscheint unter drei Mädchen eines, dessen Blick auf einen jungen Krieger geht und auf das der Pfeil eines schwebenden Amors gerichtet ist, als die erblühte Jungfrau, die liebt. Auf der andern Seite sehen wir das junge Mädchen, das mit scheuem und erstauntem Auge dem Dämon der Leidenschaft entflieht, während ihm der Frühling Blumen auf den Weg streut. Anstatt »Primavera«, eine Bezeichnung, die nicht von Botticelli stammt, sondern späteren Ursprungs ist, sollte man das Bild, so scheint es mir noch heute, »das Mysterium des Weibes« nennen, da seine Komposition dieses als junges Mädchen, erblühte Jungfrau und Mutter mit den diese Zustände begleitenden Erscheinungen und Symbolen in großartiger Weise zum Gegenstand hat. Vor allem aber arbeitete ich an dem Problem des griechischen Pessimismus und suchte für das Phänomen eines vertikalen Schöpfungsaktes weitere Beispiele in der Geschichte der Kunst. Ich sah unter anderem in Michelangelos melancholischer Grundeinstellung, verbunden mit seelischer Zerrissenheit und innern Konflikten, die Basis für die Schöpfung vorwiegend animalischer, innerlich equilibrierter Wesen, wie sie in den bewegten Jünglingsgestalten der Sixtinischen Kapelle, im David, den Sklaven und andern Werken vorliegen. Als letzter großer Fall, in dem jemand dem Reiche der Unzulänglichkeit ein solches der Vollkommenheit schöpferisch gegenüberstellte, erschien mir der des Friedrich Nietzsche. Das Leben war eine schwierige Sache geworden, denn die jahrhundertelange Suprematie des Geistes über den Körper, des Gewissens über die Instinkte hatten uns so zahlreiche Felsblöcke über den Weg gelegt, daß es eine harte Arbeit war, ihn bis zu Ende zu gehen. Nietzsche, der Kranke, das an ewigen Kopfschmerzen leidende Kind einer in entgegengesetzten Strömungen kreisenden Welt, der Angehörige eines zur Schwäche und zum Nachgeben geneigten nervenschwachen Geschlechts, zeichnete mit sicherer Hand das traumhafte Gegenbild. Er schuf den starken, der Stimme der Leidenschaft gehorchenden Menschen, dessen Lust am Dasein die ewige Wiederkehr fordert. Dieses Bildnis des Übermenschen und dieser Glaube an die ewige Wiederkehr des Gleichen waren aus demselben Seelenboden gewachsen, wie die unsterblichen, ewig jungen Griechengötter.

Es lockte mich, diesem Glauben an der Hand der eigenen Niederschriften Nietzsches in dem von seiner Schwester geleiteten Archiv nachzugehen. Man hatte mir die Erlaubnis gegeben, und ich benutzte eine Wanderung, die ich mit Freunden unternahm, zur ersten Fühlungnahme in Weimar. Die Aufnahme von seiten der Schwester war überaus freundlich; ich fand meine »Florentiner Briefe« neben den Werken von Burckhardt und Rohde, und man versprach mir jegliche Unterstützung bei meinen Studien. Dennoch empfand ich etwas Kühles und Künstliches in dieser Atmosphäre. Ich war mit übervollem Herzen gekommen, war ergriffen und erschüttert, stand noch unter dem Eindruck des kürzlich erfolgten Todes dieses Menschen, den ich über alles verehrte, und fühlte plötzlich nun dieses, daß ich zu reisemäßig, nicht konventionell genug angezogen war. Das verstärkte sich, als man mir eine Spazierfahrt durch die Stadt anbot, hinter der ich Propagandahaftes witterte. Das Gefühl wurde unerträglich, als man mir sagte, ich würde »sein« Zimmer jetzt nicht sehen können, da irgend etwas darin hergerichtet würde, als Worte fielen, wie: »Sie können sich nicht vorstellen, wie liebenswürdig der Hof war, als er gestorben war« oder, während ein Finger in einer Visitenkartenschale wühlte, »Graf Kessler pflegt zu sagen –, Sie kennen ihn doch – nicht, oh, dann müssen Sie ihn kennenlernen.« Meine Gefühle waren beleidigt, ich konnte nicht bleiben, war vollkommen unglücklich, atmete auf, als ich fort war.

Die Erkenntnisse, die in mir gereift waren, vereinte ich zunächst in einem umfangreichen Aufsatze »Schwermütige Kunst«, den ich in einer Hamburger Zeitschrift, »Der Lotse«, veröffentlichte, die Carl Mönckeberg zusammen mit dem Abgeordneten Heckscher herausgab. Mönckeberg war ein erstaunlicher Mensch, wenigstens für Hamburg, er war in einer schönen und leidenschaftlichen Weise jung, die mit der abgemessenen Haltung der Hamburger wenig zusammenging. Gerade als Sohn des Bürgermeisters erregte er durch seine Gedanken und Handlungen Verwunderung und Mißbilligung. Es konnte vorkommen, daß er bei einem Essen, zu dem angesehene Gäste geladen waren, seine Mutter auf den Arm nahm und in den Speisesaal trug. Das hielt man in Hamburg nicht für wohlanständig. Als er noch auf der Schule war, durfte er im Hause seines Vaters an einem Essen teilnehmen, zu dem Bismarck, der sich in kaiserlicher Ungnade befand, geladen war. Solche Diners verliefen damals still, fast etwas heimlich, denn die Hamburger liebten zwar Bismarck, wollten es andererseits mit dem Kaiser nicht verderben. Als auch beim Dessert der Toast auf den großen Mann nicht kam und keine Aussicht mehr bestand, daß er kommen würde, sprang der Primaner Carl Mönckeberg von seinem Platze, warf den greisen Würdenträgern der alten Hansestadt ihren Mangel an Mut vor und feierte mit glühenden Worten den hohen Gast.

Ich habe stets eine besondere Liebe für Hamburg und seine Bewohner gehabt. Das Leben in diesen Häusern der alten Familien, deren schöne Gärten an die Alster stießen, war einfach, menschlich und würdig und von vorbildlicher Haltung. Man durfte nicht mehr verlangen als die harmlose Beziehung von Mensch zu Mensch, sich über kleine Schwächen, etwa einen übertriebenen Familienstolz, nicht aufregen. Ich besinne mich, daß ich eines Tages bei wohlhabenden, aber »neuen«

Leuten zu Abend aß und am nächsten Tage zum Frühstück zufällig bei den Bewohnern des Nachbargrundstücks zu Mittag geladen war, die zu einer der ältesten Familien gehörten. Als ich der Herrin des Hauses von meinem Essen bei den Nachbarn erzählte, sagte sie mit einem unnachahmlichen Tone: »Ja, die wohnen da wohl. Aber die kennen wir gar nicht.« Ich empfand es auch nicht als tragisch, wenn ich auf eine Frage nach dem Eindruck eines neuen wichtigen Buches oder Bildes die Antwort erhielt: »Is' mal was anders – nich?« Immerhin hatte ich in Hamburg Menschen, mit denen ich alles besprechen konnte, was mich bewegte, vor allem Alfred Lichtwark, der Direktor der Kunsthalle war. Ich vergesse nicht den Tag, an dem er mich in ihr herumführte. Er war gerade damit beschäftigt, die Bilder des Meisters Francke, die er mit unsäglicher Mühe zusammengebracht hatte, zu hängen. Bei diesen Besuchen unter seiner Führung erlebte ich den ersten großen Eindruck der Bilder Philipp Otto Runges, die ich jedesmal mit erneuter Bewunderung sah. Wenn man mir später den Vorwurf machte, daß ich nicht genügendes Interesse für deutsche Malerei hätte, so trifft dieses nur für eine ganz bestimmte Art moderner Malerei zu. Für Runge, Blechen, Caspar David Friedrich und viele andere habe ich stets eine starke Zuneigung gehabt. Lichtwark fand für seine kunsterzieherischen Bestrebungen in Hamburg kein günstiges Feld, er war verbittert und enttäuscht und behauptete, in ganz Hamburg nur einen einzigen Menschen gefunden zu haben, der Gefühl für Farben habe, einen jungen Verkäufer in einem Seidenwarenhause, und er denke daran, ihn zu seinem Assistenten zu machen.

In demselben Jahre, 1901, schrieb ich in Posen eine Novelle, »Vor den Pforten des Lebens. Aus den Papieren eines Dreißigjährigen«, die in Leipzig erschien und, wie alle meine Bücher, vergriffen und nicht mehr auffindbar ist. Hier behandelte ich im Rahmen einer schwermütigen Geschichte, die am Meere spielte, nochmals die Probleme, die ich in der Hamburger Zeitschrift erörtert hatte. Im folgenden Jahre ließ ich unter dem Eindruck einer kaiserlichen Rede, welche die Kunst in den Dienst dynastischer Zwecke verwies, eine Broschüre erscheinen, die »Pericles« hieß und, zumal in Posen, unliebsames Aufsehen erregte.

Diese Stadt war nicht mehr dieselbe, die sie in den Tagen meiner Kindheit gewesen. Das Leben war politisch geworden und hatte den Charme verloren. Mit dem harmlosen Leben auf nahen Gütern, mit Rosenpflücken und hübschen Kusinen war es für immer vorbei. Die Rosen und die Kusinen waren verblüht, und statt junger Totenkopfleutnants traf ich bei meiner alten verwitweten Tante oft die mir schon von Altona her bekannte massive Gestalt des Generals von Prittwitz, desselben, der in kaiserlicher Ungnade in Ostpreußen während des Krieges von Hindenburg abgelöst wurde. Die Atmosphäre der Stadt war ständig getrübt und elektrisch geladen. Es standen in ihr fünf Regimenter und unzählige Zivilbehörden unfreundlich ablehnend gegen den jüdischen und auf Grund kaiserlicher Politik feindlich gegen den polnischen Teil der Bevölkerung. Die polnischen Geschäfte waren boykottiert, und kein echter deutscher Mann durfte bei einem Polen etwas kaufen. Meinem Vater wurde es sehr verübelt, daß er sich ein Paar Schuhe bei einem polnischen Schuhmacher hatte machen lassen, weil er glaubte, daß der besser und billiger sei als die deutschen, was nebenbei richtig war. Aber es war eines Tages nicht mehr von dem Vergehen meines Vaters die Rede, weil der Herr Regierungspräsident sich selbst etwas Ähnliches vorzuwerfen hatte. Er fuhr eines Tages mit dem Polizeipräsidenten zu einer Dame aufs Land, um ihr zu ihrem Geburtstage zu gratulieren, und die beiden hohen Herren hatten jeder ein kleines Präsent mitgenommen. Die Stimmung des Regierungspräsidenten war so verdüstert, daß der Polizeichef höflich nach dem Grunde fragte. »Ihnen kann ich es ja anvertrauen«, antwortete der andere. »Gestern war Sonntag und alle Geschäfte waren geschlossen. Nur die polnische Konditorei fand ich offen; ich ging hinein und kaufte diese Bonbonniere, die ich unserer Freundin verehren will. Sie verstehen, mein Lieber, wie mich das heute bedrückt; denn diese Handlung kann mich meine Stellung kosten. Ich tröste mich nur damit, daß ich mich vergewissert habe, daß niemand mich beobachtete.« Der Polizeipräsident sah seinen Vorgesetzten freundlich lächelnd an und sagte dann: »Darin täuschen Sie sich übrigens. Denn heute in aller Frühe ließ sich mein Wachtmeister melden und erstattete folgenden Bericht: Es wird den Herrn Präsidenten interessieren, daß gestern mittag der Herr Regierungspräsident in die polnische Konditorei gingen. Der Herr Regierungspräsident gingen ohne Paket hinein und kamen mit einem Paket in der Hand heraus.«

Mein Vater war ein freiheitlich empfindender Mann, bei dem der Standpunkt einer vornehmen Menschlichkeit alles andere überwog. Er liebte es, von Zeit zu Zeit die Staatsanwälte der Provinz zu einem Ungarweintrunk nach dem Abendessen um sich zu vereinen, wobei er mich gern anwesend sah. Auf dem Rückwege klagte er meist, daß einer, der soeben nach Posen versetzt war und die Verhältnisse nicht kannte, glaubte, ihm durch heftige Ausfälle gegen die Polen einen guten Eindruck machen zu können. Mein Vater hatte als Generalstaatsanwalt die Aufgabe, mit größter Schärfe gegen die Polen vorzugehen, folgte aber, soweit es irgend ging, seinen menschlichen und friedlichen Instinkten und suchte privatim zu beruhigen und zu versöhnen, wagte es sogar, zuweilen beim polnischen Erzbischof zu einer Plauderstunde zu erscheinen, der dann eine Flasche edeln Ungarweins entkorken ließ.

Man hatte sich daran gewöhnt, meinem Vater manches nachzusehen, aber es erregte doch peinliches Aufsehen, als eines Tages ein Artikel seines Sohnes in einer deutschen Zeitschrift erschien, der nicht nur die kaiserliche polnische Verfolgungspolitik heftig angriff, sondern auch den in Posen tätigen Beamten vorwarf, aus persönlicher Streberei und um an angenehmeren Orten in höhere Stellungen zu kommen, diese Politik ungehörig zu übertreiben. Dieser Aufsatz war auf Grund zahlreicher Beobachtungen und persönlicher Erlebnisse geschrieben worden.

Waren meine »Florentiner Briefe« schon ein Ärgernis gewesen, so war das Erscheinen meines Aufsatzes fast ein Skandal. »Wenn du so weiter machst, werden sie mich doch noch absetzen«, sagte mein Vater etwas betrübt, als er eines Tages von seinem Amte heimkehrte. Und er erzählte, daß der Oberstaatsanwalt des Landgerichts ihm gerade Vortrag gehalten habe, daß in einer Anklagesache gegen einen polnischen Redakteur auf sein Plädoyer hin der polnische Verteidiger als Antwort meinen Aufsatz verlesen habe, in dem die Meinung eines unabhängigen Mannes zu erblicken sei. Er habe darauf nicht repliziert, da er gegen den Sohn seines Vorgesetzten nicht habe plädieren wollen. Der Redakteur sei darauf freigesprochen worden. »Da taten Sie unrecht«, erwiderte ihm mein Vater. »Die Ansichten meines Sohnes gehen uns nichts an, Sie mußten die Anklage weiter vertreten und mußten antworten.«

In dem Maße, in dem meine Produktivität mangels jeder geistigen Anregung erlahmte, bedrückte mich die Atmosphäre der amusischen Stadt. Geistige Interessen fand man vor allem bei Polen und Juden, die zu den Kulturen anderer Länder Beziehungen hatten. Die preußische Regierung schuf allerlei prunkvolle Institute für Kunst und Wissenschaft, aber ein deutscher Geist ist in diesen anspruchsvollen Häusern, die mit lärmendem Patriotismus eingeweiht wurden, niemals heimisch geworden. Ich verkehrte in meiner Verzweiflung mit allen fröhlichen Junggesellen da, wo sie zusammenkamen, in Zivil- und Militärkasinos, an Stammtischen des Gerichts, der Regierung, der älteren höheren Beamten. Mein Vater nahm mich gern mit, ich wurde wie ein merkwürdiges, seltsames Tier betrachtet, und man war in Verlegenheit, wie man mich anreden und wie man mir zutrinken sollte. An einem Tische, an dem es nur Geheimräte, Oberpräsidialräte, Senatspräsidenten gab, konnte man sich nicht entschließen einen Menschen nur mit seinem

Namen anzureden. Man schämte sich für mich, daß ich es nicht zu einem Titel gebracht hatte und zog sich aus der Verlegenheit, indem man mich in Erinnerung an meine dreitägige Referendartätigkeit »Herr Kollege« nannte.

Mein Vater sah seine beiden Söhne besonders gern bei einem Weinfrühschoppen, zu dem er jeden Sonntag seine Behörde zu versammeln pflegte. Er tat dann zuweilen seinem Nachbar heimlich seine Freude kund über unsere Enthaltsamkeit, indem mein Bruder und ich zusammen nur eine halbe Flasche tranken. Er wußte nicht, daß unser eigentlicher großer Frühschoppen bereits vorher in dem Hinterzimmer einer Delikatessenhandlung stattgefunden hatte, in dem die wirklich bedeutenden Kenner guter Getränke sich zu versammeln pflegten. Es gab in Posen allerlei trunkfeste Leute, und es kam zuweilen zu komischen Ereignissen. Ich besinne mich vor allem auf einen Oberregierungsrat, der an einer der zahlreichen Behörden beschäftigt war und den sein Präsident zuweilen in Urlaub schickte, ohne daß dieser nachgesucht war. »Mein Vorgesetzter hat Flöhe im Kopf«, sagte mir der Oberregierungsrat eines Tages, als ich ihn auf der Straße traf, »ich soll wieder in Urlaub gehen und fühle mich doch ganz gesund. Wir wollen das aber feiern. Kommen Sie doch gleich nach dem Mittagessen ins Hotel de Rome. Ich habe noch jemanden eingeladen. Da können wir zu dritt Möselchen trinken.« Das taten wir dann auch, und zwar tranken wir die ganze Moselweinkarte von Anfang bis Ende, Flasche nach Flasche, durch. Wir aßen dann an Ort und Stelle zu Abend und tranken weiter, bis wir am Ende waren. Da nahm uns der Oberregierungsrat mit in seine Wohnung, wo er uns noch einen besonders guten Tropfen vorsetzte. Die Flasche war gerade entkorkt, als der alte Herr plötzlich, wahrhaft entsetzt, den Schrei ausstieß »Unter den Tisch!« und im gleichen Augenblicke auf allen vieren unter der Decke verschwand. Wir folgten dem Beispiele, als die Tür aufging, die Gattin des Gastgebers im Nachtgewand mit einem Teller in der Hand erschien und, indem sie die Tischdecke hochhob, freundlich, aber etwas verächtlich sagte: »Ich wollte den Herren nur etwas zu essen bringen. Das bekommt dann besser.«

Es war nicht immer leicht, das nötige Geld für solche Feste zu haben. Aber die junge Generation in Posen hatte Methoden gefunden, es sich zu verschaffen. So war ich selbst einem Sterbekassenverein beigetreten, der gegen einen geringen jährlichen Betrag verpflichtet war, im Falle meines Todes mein Begräbnis auszurichten. Gleichzeitig hatte ich auf Grund dieser Versicherung bei demselben Verein ein größeres verzinsliches Darlehen aufgenommen. War man mit Zahlungen im Rückstande, so erschien der Diener des Vereins im Hause, um den fälligen Betrag einzutreiben. Bei solcher Gelegenheit traf er zufällig mit meinem Vater zusammen, der ihn nach seinem Begehr fragte. Mein Vater suchte mich dann auf. »Hier ist ein Mann«, sagte er, »der Geld für dein Begräbnis haben will. Ich verstehe das nicht ganz.« Ich setzte es ihm auseinander. Mein Vater war entrüstet über die Höhe der Zinsen und brachte die Sache zur Ablösung.

Ich war mir vollkommen klar über die Gefahr, die ein fortgesetzter Aufenthalt in einem solchen Milieu für mich barg. Ich hatte nicht einen Menschen, der meine Interessen teilte. Das Leben, das ich führte, machte mir keine Freude. Wohl saßen an den Nachmittagen in den altertümlichen Mansardenstuben, die ich im Dachgeschoß unseres Hauses bewohnte, allerlei Leutnants und Referendare bei mir herum, die »geistig interessiert« waren. Aber das alles reichte höchstens bis Sudermann und Hauptmann, war so bescheiden, so provinzhaft eng und hatte gar keine Geltung. Was die Menschen hier im Grunde aufregte, war etwa die Frage, ob der ältere hohe Beamte wirklich das junge Mädchen aus kleinen Verhältnissen heiraten würde, oder ob der Druck, den die vereinigten »Spitzen« auf ihn ausübten, und die Oppositionen ihrer Ehefrauen den Skandal würden abwehren können. Oder es erfüllte eine Diskussion wochenlang die Luft darüber, ob der Oberlandesgerichtspräsident recht daran tat, das ihm angebotene Adelsprädikat anzunehmen, obgleich einer seiner Söhne, der wegen Schulden hatte auswandern müssen, ausdrücklich von dieser Verleihung ausgeschlossen war.

Mein Vater hatte wohl Gefühl für meine Lage, aber er konnte mir nicht helfen. Er wußte ganz gut, daß die ihrer Rangordnung stets bewußten Menschen mich abstießen, mit denen er zuweilen den dickflüssigen Rotwein trank, den der Wirt mit dem schwarzvioletten Gesicht, ein Bürger »gehobenen« Standes, der eine goldene Brille trug, verschenkte. Er führte mich bei einem jüdischen Weinhändler ein, bei dem jeden Abend um die gleiche Stunde ein Oberregierungsrat aus vornehmem Hause erschien, und ich nahm einige Male an den Weinproben teil, die diese Kenner anstellten, ebenso an ihren Gesprächen über Gegenstände der Kunst und Wissenschaft. Sie waren beide in der Welt herumgekommen und ihre Unterhaltung fand auf dem Niveau statt, auf dem in Berlin und Paris die geistige Elite solche Fragen behandelte. Das tägliche Kolloquium dieser beiden, ihrer gesellschaftlichen Stellung nach verschiedenen Männer war mein einziges Erlebnis, das nicht »Posen«, nicht »Preußen«, nicht »Provinz« war. Aber ich hatte das Gefühl, selbst nicht genug gesehen und erlebt zu haben, um als ebenbürtiger Dritter mich zu beteiligen. Ich fürchtete zu stören und kam eines Tages nicht wieder.

Am Ende unseres weitläufigen Gartengrundstückes führten die Bahnstränge hinaus ins Weite, in die Freiheit, in das Ungewisse, das auf alle Fälle schöner sein mußte als das Gewisse, in dem ich vegetierte. Ich sah sehnsuchtsvoll den Zügen nach und blieb lange stehen vor dem weißen Dampf, der in den Bäumen des Gartens hängen blieb. Ich war vollkommen unglücklich, aber ich hatte die Kraft, meine Lage zu objektivieren und aus ihr die Anregung für einen Roman »Gerd Burger« zu schöpfen, in dem der jahrelange Kampf eines wertvollen jungen Menschen mit einem verkommenen Milieu, sein allmähliches Erlahmen, seine endliche Niederlage geschildert wurden. Dadurch, daß ich mein Elend künstlerisch gestaltete, nahm ich ihm die Möglichkeit einer vergiftenden Wirkung, die es auf meine Psyche hätte haben können.

Wenn ich an die letzte Zeit zurückdenke, die ich in Posen verbrachte, steht ein Bild wie ein böser Traum vor meinem Auge. Ich weiß es heute nicht mehr, was mich trieb, das Erleben dieser Stadt, in der Rassenhaß, politische Unterdrückung, Strebertum, Beamtendünkel, Unkenntnis und Verachtung alles Geistigen sich vereinten, freiwillig durch einen Eindruck zu überbieten, der mich noch stärker niederdrückte. Vielleicht war es der ungeschickte Versuch, durch irgendeine Erschütterung die Trivialität dieses täglichen Lebens zu überwinden, als ich zu meinem Vater den Wunsch äußerte, der bevorstehenden Hinrichtung eines jungen Mörders beiwohnen zu dürfen. Ich hatte diese Bitte längst vergessen, als mein Vater mir eines Abends mitteilte, daß ich mich am nächsten Morgen um sechs Uhr im Gefängnishofe einfinden solle. Ich wäre gern zurückgetreten, aber ich schämte mich, es zu sagen. Es war noch dunkel, als ich vor dem militärisch bewachten Gefängnis ankam, um dessen Ecken ein kühler Herbstwind pfiff. Einzeln und in Gruppen kamen die zwölf ehrenwerten Bürger, die als Zeugen geladen waren. Sie kamen, um zu sehen, wie einem jungen Menschen der Kopf abgeschlagen wurde, und sie hatten, da sie ältere Leute waren, Schirme mitgebracht, um ihre eigenen Köpfe gegen den Regen zu schützen, der vielleicht eintreten konnte. Als sie angekommen waren und so dastanden, bildeten sie einen armseligen Haufen. Sie waren wie ein Rattenkönig, waren miteinander verstrickt, dazu verdammt, nicht auseinander zu können. Nur weil sie zwölf waren, hatten sie Geltung. Vor dieser Gruppe, die die beleidigte Menschlichkeit darstellte, verloren alle Theorien, die die Todesstrafe begründeten und die ich für das Examen gelernt hatte, plötzlich und automatisch ihre Berechtigung. Ich vermied es, mich zu ihnen zu stellen, gemeinsame Sache mit ihnen zu machen. Ebenso aber vermied ich die Berührung mit dem hohen Gerichtshof, der aus vier Personen bestand, braven Beamten, die sich abends an ihrem Stammtisch trafen, und jetzt, in schwarzen Talaren, als irdische Gerechtigkeit verkleidet waren. Sie standen hinter einem schmalen Tisch, auf dem sich ein kleines Kruzifix befand. Im Namen dessen, der an ihm hing, sollte ein Neunzehnjähriger, der ein altes Weib ihres Geldes wegen erschlug, sein eigenes Leben verlieren. »Auge um Auge, Zahn um Zahn.« Zwei junge klare Augen für zwei verwaschene, die wenig sahen, zwei Reihen gesunder weißer Zähne für drei alte Zähne, die gelb und hohl waren, ein Lebensanfang für ein Lebensende.

Die Gruppe der Bürger mit ihren baumwollenen Schirmen, die Gruppe der Richter mit ihrem kleinen, angestrichenen Kruzifix, dem Massenartikel eines Bazars, ließen eine große Erschütterung nicht aufkommen, flößten Verachtung und Ekel ein. Ich hielt mich fern, fühlte mich tragisch vereinsamt, fand in dem kleinen, von hohen Mauern umgebenen Hofe einen Platz nur neben dem furchtbaren Brett, dessen gelöste Riemen das Opfer erwarteten. Ein paar schwarz angezogene Männer schleppten ein riesenhaftes Etui herbei, legten etwas Blinkendes unter eine weiße Serviette. Dann kam ein Mann, der einen hohen Seidenhut trug, der zu klein war, und an gewaltigen Händen weiße Handschuhe, von denen er sich nicht ohne Koketterie trennte, so wie ein Festredner, der das Pult, betritt. Dann trat plötzlich eine Pause ein, in der nichts geschah, in der nur dieses Entsetzliche alles sich gleichsam als Wirklichkeit fixierte. Und dann fing in der Ferne eine kleine Glocke an zu läuten, die wie ein leises Wimmern klang, und dann sah man am Ende eines langen Ganges eine Gruppe mühsam heranschwanken. Plötzlich stand sie mitten unter uns. Ein paar Worte wurden gesprochen, die Unterschrift des Königs vorgewiesen, schwarz auf weiß, der keine Gnade üben wollte, der mit diesem Gerichtshof und mit diesen zwölf Bürgern ganz einer Meinung war, und dann wurde ein zuckender, tränenüberströmter, vernichteter Körper, der niemandem mehr gehörte, der herrenlos war, mit übertriebener Wichtigkeit überwältigt. Und dann erfolgte der dumpfe Schlag, mit der die Welt der Menschen hätte aufhören müssen. Aber es trat nichts Besonderes mehr ein, die Gruppen der irdischen Gerechtigkeit und der beleidigten Menschlichkeit lösten sich auf. Die zwölf Bürger gingen gesondert hinaus, wie sie gekommen; sie hatten ihre Einzelgeltung wiedererlangt. Es fing an zu regnen und sie spannten die Schirme auf.

Während hier eine Forderung aus dem Ideal der Gerechtigkeit heraus erfüllt worden war, bereitete man in chemischen Laboratorien, Munitionsfabriken, Stahlwerken der ganzen Welt die Vernichtungswaffen vor, die in einem gegebenen Moment dazu dienen würden, die Ideale der Heldenhaftigkeit, des Ruhms und der vaterländischen Größe zu erfüllen. Auf allen Gebieten war die Kultur in starkem Fortschritte begriffen. Das Lebewesen Mensch, dem es gelungen war, sich aus tierischer Haltung halb von der Erde zu lösen und aufrecht zu gehen, konnte mit der Bilanz seiner Existenz zufrieden sein. Der geradeaus gerichtete, am zunächst Sichtbaren haftende Blick des Männchens war der in den Himmel und ins Unendliche gehende Blick des »freien Mannes« geworden, der in einem gegebenen Moment Immanuel Kant hieß. Das zum Boden drängende Euter des Weibchens wurde der vorneweg getragene Busen der Dame, der mit bunten Glasscherben geschmückt war und auf die Dichtkunst anregend wirkte, wenn die Besitzende etwa Beatrice oder Friederike hieß. Drahtlose Telegraphie und Luftschiff waren erfunden. Es war alles aufs beste bestellt.

Als jener dumpfe Schlag drei Schritte vor mir gefallen war, empfand ich nichts von dieser moralischen Sättigung der Bürger, die nach Hause gingen, um in Ruhe ihre Zeitung zu lesen. Ich fragte mich nach dem objektiven Wert dieses Lebewesens, das das tierische Gleichgewicht der Kräfte zugunsten einer Hypertrophie der gehirnlichen Funktionen verloren hatte. Vielleicht war, vom Unendlichen aus gesehen und nicht an seinen eigenen Maßstäben gemessen, der Mensch nichts als ein gefährlicher, stäbchenförmiger Bazillus, eine Spirochäte, die den ursprünglich gesunden Leib der Erde mit dem Aussatz ihrer Behausungen bedeckte. Dieser Krankheitsschorf schien mir besonders stark, wo das spezifisch menschliche Gift, die zur Intelligenz gesteigerte Vernunft am aggressivsten sich zeigt. Fabrikschornsteine und Wolkenkratzer deuten die gefährlichsten Herde dieser Hauterkrankung unseres Gestirns an. Wo Negerhütten stehen, ist das Gift des Menschenbazillus am schwächsten. In diesem Sinne ist, aus unendlichen Höhen gesehen, die sogenannte Zivilisation vielleicht nichts anderes als die Folge des virulenten Erregers, der homo sapiens heißt.

Der grauenhafte Anblick dieser Hinrichtung hatte zur Folge, daß die absolute Qualität des Menschlichen mir künftig nicht mehr glaubhaft und beweisbar schien. Gegenüber sogenannten ewigen Werten und heiligen Gütern war ich skeptisch geworden; menschliche Würde, Freiheit, Geistigkeit, Idealismus schienen mir nicht ohne weiteres allgemein gegeben, sondern von jedem einzelnen neu und mühevoll zu erringen zu sein. Aber je tiefer die Demütigung war, desto stärker wurde das persönliche Bedürfnis, durch Glauben, Lieben und Hoffen die moralische Existenz weiter zu tragen. Der tiefste Pol der Enttäuschung forderte einen höchsten Pol der produktiven Zuversicht heraus.

In Posen war ein großes Gefühl für subjektive Werte gewiß nicht zu finden. Die beiden Bilder, die ich noch erleben sollte, waren nicht erschütternd, aber von grotesker Häßlichkeit. Daß ich an dem einen mitwirkte, habe ich mir nie verziehen, verzeihe ich mir heute nicht. Die Stadt hatte beschlossen, den, ich weiß nicht wievielten, Geburts- oder Todestag Goethes durch einen Kommers festlich zu begehen. Man suchte jemanden, der ihn leiten könnte, und bat mich, dieses zu tun. Ich machte mir damals das Absurde und Unmögliche dieser Form, einem großen Geiste zu huldigen, nicht klar, nahm den Antrag an und führte ihn zur allgemeinen Zufriedenheit aus, nicht zu der meinen, denn ich fühlte im Unterbewußtsein etwas wie Untreue. Die Spitzen, die am langen Quertische um mich herum saßen, kümmerten sich überhaupt nicht um Goethe, sondern beflüsterten untereinander ihre politischen Intrigen. An den vielen

Längstischen saßen Beamte, Offiziere und Bürger und tranken Bier. Ein paar Geistige redeten sich zur Freude. Die Lehrerkollegien der beiden Gymnasien hatten sich meinetwegen ostentativ ferngehalten und nur einen gemeinsamen Beobachter geschickt. Von Goethe hatte aber wohl kaum einer der Anwesenden eine Vorstellung, die über das in der Schule Gelernte hinausging. Ich hatte den Kommers mit dem Schläger geleitet, mit dem ich in Heidelberg meine Mensuren geschlagen hatte. Die Farben hatte ich schwarz umwickelt. Ich war betrübt und enttäuscht, mit mir und der Welt unzufrieden. Waren das wirklich die einzigen Möglichkeiten einer korpsstudentischen Betätigung für einen jungen Deutschen? Denn was blieb sonst? Die Zugehörigkeit zu einem guten Korps hatte bewirkt, daß ich an den Türen gewisser Klubs und Kasinos nicht lange anzuklopfen brauchte. Ich aß einige Male im Jahre mit ein paar Gutsbesitzern, dem Schloßhauptmann von Meseritz, mit Mitgliedern der Regierung und des Oberpräsidiums, die alle dasselbe Band mit mir trugen. Wir waren dann lustig und harmlos. Aber war das alles?

Sollte es allmählich immer mehr dahin kommen, daß im öffentlichen deutschen Leben mit der im Korps gepflegten Anständigkeit nichts anzufangen war und sie vielleicht nur dann anwendbar blieb, wenn man sich möglichst einsam ein kleines privates Leben schuf?

Meine letzte Erinnerung an Posen ist der Besuch des Mannes, dem dieses alles zu danken war: Wilhelms des Zweiten. Der neu ernannte Schloßhauptmann von Posen, Graf Hutten-Czapski (der Hutten leuchtete wenig ein, der Czapski wurde nicht sehr betont), Rittmeister der Kasseler Husaren und Kammerherr der Kaiserin, kam als Verkündungsengel nach Posen geflogen und verbreitete überall die süße Mär. Er erzählte meiner Mutter, die es in ihrem langen Leben nie glauben lernte, daß ein Mensch nicht genau das sagt, was er meint, daß er für ein Leben auf unserem Besitze alle seine Güter und Werte hergeben würde. Wie reizend es wäre, daß mein Vater und er diesen schönen Orden bekommen hätten usw. Dann flog er ins nächste Haus und sagte Entsprechendes. Endlich kam der Tag des Einzugs. Er glich einem Aufzuge von Barnum und Bailey. Der Kaiser, mit theatralisch verfinstertem Gesicht, saß auf einem zirkushaften Riesenschimmel, von dem er am Generalkommando mittels einer kleinen Treppe abstieg. Viele Fenster waren verhängt, denn Posen war durch die Tätigkeit der Ansiedlungskommission, die die polnischen Güter aufkaufte und dadurch den Zuzug wohlhabender Polen in die Stadt begünstigte, immer mehr eine polnische Stadt geworden. Mein Vater, der Ziviluniformen haßte, die er als Livreen bezeichnete, und sich immer etwas unbeliebt gemacht hatte, indem er bei offiziellen Anlässen im Frack erschien, hatte sich ärgerlich eine alte verstaubte Uniform gekauft, bei der aber die Abzeichen nicht stimmten und zu der der neue, blitzblanke Halsorden schlecht paßte, der ihm gerade verliehen war.

Die kaiserliche Laune wechselte täglich. Am zweiten Tage war sie frühlinghaft. Der Kronprinz, als er die väterliche Hand küßte, bekam einen schelmischen Klaps auf die Wange. Der Charakter der »Provinz« brachte Komisches zutage. Ein greiser Staatsbeamter, den die Kaiserin fragte, ob er sich in Posen wohl fühle, antwortete mit schmelzender Stimme: »Nachdem ich in Ihre Augen gesehen habe, gnädige Frau, gefällt es mir überall.«

Hinter dem allem lief eine Intrige. Der Kaiser, der sich bekanntlich in Extremen bewegte, war in dem Augenblick liberal gesinnt, wollte den Oberbürgermeister Witting, der jüdischen Ursprungs war, einen hellen und klaren Kopf hatte, durchaus zu etwas machen, wenn nicht zum Minister, so mindestens zum Oberpräsidenten in Posen. Das war aber im gegebenen Moment ein Herr von Bitter – alter Bonner Korpsstudent –, dem es nicht verlockend schien, vom Bruder Maximilian Hardens ersetzt zu werden. Alle Einflüsse von beiden Seiten fingen an zu spielen. Als Witting eines Tages frühmorgens von der Kaiserin im Negligé empfangen wurde, und am gleichen Abend der Kaiser seinem Freunde von Kleist, der Häßliches über Witting redete, mit dem Ausruf »Auch du ein Verleumder!« öffentlich den Rücken gekehrt hatte, schienen die Chancen für Witting gut zu stehen. Aber des kaiserlichen Herrn Wege waren unerforschlich. Es kam schließlich so, daß Bitter blieb und Witting nichts wurde. Die hohe Beamtenschaft war beruhigt, denn es hätte natürlich zufällig auch genau umgekehrt kommen können.

Das waren meine letzten Eindrücke in dieser Stadt. Als bald darauf das Merkwürdige eintrat, daß ich etwas Geld besaß, verließ ich Posen und fuhr über Holland und Belgien wo ich die Museen besuchte, nach Paris.

Erster Pariser Aufenthalt

Am Bahnhof holte mich in Paris Erich Klossowski ab, mein Freund aus dem Mutherkolleg. Er war einige Monate vorher eingetroffen und arbeitete an einem kleinen Buche über die Maler von Montmartre. Ich zog in das bescheidene Hotel am Luxembourg-Garten, in dem er wohnte. Es war Abend, wir gingen in das Quartier Montparnasse, das ein beliebiges Viertel der äußeren Stadt war, und mein einziger starker Eindruck war der niedrige Preis, den ich für ein Dutzend Austern bezahlte.

Am nächsten Morgen in aller Frühe begann ich meine Wanderungen durch die Stadt. Es lag nahe für mich, einen Vergleich mit Florenz anzustellen, dem Orte, der mir immer im Sinne lag. Dort hatte ich einen menschlichen Frühling gesehen, der vergangen war. Die Phantasie konnte eine Zeit rekonstruieren, von der alte Palazzi, Kirchen und Klöster, Bilder und Statuen Zeugnis ablegten. Aber dieses Quattrocento wurde niemals Leben, das man umarmen konnte. Die Wirklichkeit war anders: amerikanische und englische Damen, die morgens vor Michelangelos Grabdenkmälern in Ekstase gerieten, am Nachmittag in den grauenvollen Marmorläden der Stadt über die Skulptur eines jungen Mädchens entzückt waren, das sich einen Schmetterling von der nackten Schulter nimmt.

In Paris war die Schönheit gegenwärtig. Hier schlossen Vergangenheit und Gegenwart, Erinnerung und Leben sich einheitlich zusammen. Erinnerungen aus allen Zeiten und allen Ländern. Ich besinne mich auf die Stunde, als ich zum ersten Male das Louvre betrat. Die Sonne sandte am Morgen ihr warmes Licht dem alten Palaste. Es umkoste die Fassade, die hohen Gitter, drang in die Säle und weckte die Bilder an den Wänden und die Statuen in den Gängen und Hallen. Die Nike bewegte rauschend ihr Flügelpaar, um die weichen Lippen der göttlichen Frau von Milo zitterte noch ein Traum von Hellas, die Gefangenen Michelangelos dehnten sich stöhnend in ihren Fesseln. Oben bogen sich die Primitiven dem Leibe des jungen Tages entgegen, erwachten die Landschaften Tizians und die festlichen Menschen Veroneses. Still und ernst standen Tintorettos wache Männer im Tag; mit zitterndem Lächeln schwebten Lionardos Frauen zwischen Traum und Wirklichkeit. Goyas Menschen waren da, Grecos König blickte schmerzlich resigniert in den Morgen, die blassen Herren van Dycks liebten als Neurastheniker nicht sehr die frühe Stunde. Rubens Helden sprangen nackt und rotwangig vom Pfühl. In den kleinen Kabinen begann das ewig gleiche Holland den ewig gleichen Tag, und auf sein bürgerliches Schaffen blinzelte das erblindende Greisenauge Rembrandts, um dessen Mund das Frühlicht einen Zug entdeckte, den kein Sterblicher deutet. In das große starke Heidentum Poussins leuchtete der Tag wie in ein Kristall voll Burgunder. Des Sonnenkönigs Hofstaat hielt sein Lever* und blickte feierlich steif aus dem Rahmen. Die Menschen Watteaus und Fragonards begannen den Tag mit Tanz und Musik, während Bouchers zärtliche Mädchen gern noch den Leib auf dem Liebeslager streckten. Wie mit einer köstlichen und starken Musik füllten sich die Räume des Louvre und es schien, als drängen die Melodien hinaus in die Straßen.

---

*Lever (frz.; »aufstehen«): Morgenempfang (Audienz am Morgen) beim Hofadel. (Anmerkung des Herausgebers)

So erlebte ich es zuerst zu Beginn des Jahres 1904, und diese Zeilen standen ein paar Monate später in einem kleinen Buche »Paris«, das ich im ersten Taumel der Freude verfaßte. Ich war mit Richard Muther, der zufällig dort war, durch die Gärten der Tuilerien gegangen und er hatte mir von den intimen Reizen einer Mulattin gesprochen, die er im Promenoir der Folies Bergère kennengelernt hatte, als er plötzlich stehen blieb, auf die Herrlichkeit vor uns deutete und ausrief: »Das hier sollten Sie beschreiben.« Ich überlegte es mir einige Tage und versprach ihm dann das gewünschte Bändchen für die Sammlung »Die Kunst«, die er herausgab. Ich beschrieb in ihm die Pracht der Gärten, in denen Kastanienblüten über vergoldeten Gitterspitzen stehen und in denen zwischen bunten Blumenbeeten die weißen Fontänen in den rosa-grau-hellblauen Himmel steigen. Und die köstliche Straße pries ich, die von dem weiten schicksalschweren Platze in rhythmischem Schwunge sich bis zum Triumphbogen hebt. Von den Menschen sprach ich, die nachmittags an dieser Straße saßen; die Männer waren etwas diskreter und zeremonieller angezogen als heute, sie saßen auf den Metallstühlen am Rande dieser königlichen Avenue, auf der die Wagen im schönen Trab edler Pferde vorüberflogen. Eine Stunde später, immer dem Triebe des Betrachtens und Genießens folgend, saßen sie mit ihren hohen Seidenhüten auf den Terrassen der Boulevards und tranken langsam den opalisierenden Trunk, der ihrer gesteigerten Sensibilität die Straße in ein köstliches Gemälde, die Gesichter in edle Porträts verwandelte. Dieses Paris, in dem es wenige Banken und keine Cinémas, keine Cocktails und wenige Fremde gab, war eine köstliche Stadt, in der sich große Erinnerungen mit einer stillen und beglückenden Gegenwart verbanden. Ich möchte ein Wort meines Freundes Jean Cocteau gebrauchen, das er für ein besonders schönes Bild im Werke eines Malers hat: dieses damalige Paris war im Vergleich zur übrigen Welt »das Herz des Rades, die Mitte der Mitte, der Platz, an dem die Schnelligkeit an Ort und Stelle schläft«. In Florenz war die »große Qualität« eine historische Angelegenheit, in Paris eine solche des täglichen Lebens.

Paris war damals eine Stadt, in der man die höchsten menschlichen und künstlerischen Ansprüche stellen und auch befriedigen konnte. Der große Sinn, die schönste Deutung aller Dinge ragten in die Gegenwart hinein. Das Louvre war nicht allein Vergangenheit. Seine »Olympia« war noch Fleisch von unserem Fleische. Sie war uns das große und heilige Symbol einer künstlerischen und malerischen Tradition, die uns unsterblich schien und die es vielleicht auch ist. Wir wußten, daß es sich hier nicht um ein Stück guter Malerei handelte, sondern daß hier einer der beiden Pole erreicht war, in denen es einer Rasse gelang, in ihrem Sinne vollkommen groß und schön zu sein. »Ehe diese kostbaren Töne in schönster Malerei Wirklichkeit wurden«, schrieb ich später, »mußte ein ganzes Volk unter einem bestimmten Himmel in bestimmten Formen durch Jahrhunderte aufwachsen, mußten diese Töne erlebt werden von einem Menschen, der das Sublimste seiner Rasse verkörpert, von einem Herzen, das wie ein edles Pferd, zu Kühnstem bereit, doch in der hohen Schule der Tradition geht, mußte eine Hand, in der die Kultur alter Bürgerfamilien lebt, gleichzeitig da sein, um das Erlebnis fest und zärtlich zugleich zu gestalten.«

Solche Werke wie die Olympia von Manet kann man nicht vergleichen mit den Produkten aus sogenannter »Seele« und »Technik« einer sich rühmenden deutschen Malerei. Um deutschem Wesen gerecht zu werden, wird man gut tun, den Vergleich auf anderem Gebiete zu suchen. Der entsprechende deutsche Gegenpol würde vielleicht der »Empedokles« Hölderlins sein (wohl gibt es auch Menschen, die an Goethes »Faust« denken). Im Werke Manets und im Werke Hölderlins haben zwei Rassen, die entgegengesetzte innere Tendenzen haben, sich künstlerisch am vollkommensten interpretiert. Die vergeistigte Materie Manets, die Wirklichkeit gewordene Geistigkeit Hölderlins sind zwei der großartigsten künstlerischen Manifestationen spezifisch französischer und spezifisch deutscher Art, sind zwei Pole, die entgegengesetzt gelagert sind, aber das gleiche Niveau haben. Mein kleines Buch »Paris« schloß mit den Worten, daß die Vereinigung dieser beiden Möglichkeiten, die sich gegenseitig ergänzen, die Vollkommenheit der menschlichen Seele ergeben würden.

In meiner Formation ausgesprochen deutsch, mit einer Neigung zu Ideen eher als zur Materie, leicht loslösbar vom Irdischen, erlebte ich in Paris zum ersten Male den wahren lebendigen Kontakt mit einer sinnlich greifbaren Schönheit des Geistes. Und ich ahnte etwas von dieser Vollkommenheit, die der Zusammenschluß beider Möglichkeiten gewährt, und war durchaus beglückt. – Die Abfassung meines kleinen Buches verpflichtete mich, die Stadt Paris genau zu kennen. Ich setzte mich morgens auf die Imperiale eines Omnibus, und im Trab der Schimmel fuhr ich aufs Geratewohl in irgendein Stadtviertel. Alles war damals übersichtlich und klar, nicht in den Geruch und Lärm sich stauender Automobile gehüllt wie heute: die Gärten, die Kirchen, die Straßen, der Fluß. Schmale schwarze Gitter an grauen Häusern, davor wie hingehaucht das Grün der Bäume. Und Menschen, die zu dem allem paßten, Menschen, die als Einzelwesen promenierten, nicht wie wild gewordene unübersichtliche Haufen sich wälzten. Aber an den Sonntagen floß ein ruhiger Strom friedlicher Bürger über die Großen Boulevards.

Ich durchsuche alte Mappen, angefüllt mit Blättern und Versen. Da ist ein Pierrot, der an einer Laterne hängt, von Léandre, sind ein paar Wäscherinnen von Steinlen, etwas Zärtliches von Willette. Sie vermitteln mir den Duft des damaligen Montmartre, diese eindeutige Stimmung aus Liebe, Kindlichkeit und Poesie. Hier sind ein paar Verse, die mir damals in den Ohren klangen. Es kommt gar nicht in Betracht, ob sie gut oder schlecht sind. Gewiß ist, daß sie die Kraft haben, mir das damalige Quartier Latin und den Luxembourg-Garten vorzuzaubern, in dem die Studenten mit ihren kleinen Mädchen saßen:

Ah, maître Lebègue,
Mon très cher collègue,
Paris est un bel endroit,
Nous y faisions notre droit,
Nous étions célibataires
Et nous n'étions pas, hélas,
Et nous n'étions pas notaires.*

Und hier finde ich noch ein paar Verse, die rufen in mir die
Abende wach, an denen wir auf einem kleinen Boote nach Meu-
don fuhren, um in einer der »Guinguettes«, die mit ihren Lau-
ben dem Wasser zu lagen, geröstete Seinefische zu essen und
gelben Wein zu trinken:

Sur le petit bâteau mouche
Les bourgeois sont entassés
Avec leurs enfants qu'on mouche,
Qu'on ne mouche pas assez.**

Nachts hingen die Laternen der Avenuen wie lange goldene Ket-
ten in der dunkelblauen Luft. Bei Maxim's stampften ungedul-
dig die Pferde vor den eleganten Wagen der großen Halbwelt.
Im Viertel der Hallen, im Ange Gabriel, in dem Caveau des Inno-
cents saßen die jungen Mörder, Kinder, trunken von Liebe und
Eifersucht, während draußen Türen schlugen, in der Finsternis
Schreie wie von Sterbenden tönten, Pfiffe und Pferdewiehern.
Dann kam ein neuer Tag. Auf dem Quai aux Fleurs breitete man
Blumen aus und in der Morgue bahrte man die Toten auf.

---

* »Oh, Meister Lebègue, / Mein liebster Kollege, / Paris ist ein schöner Ort,
/ Wir machten dort unser Rechtsstudium, / Wir waren Junggesellen, / Und
wir waren nicht, ach, / Und wir waren keine Notare.« (Übersetzung des Herausgebers)
** »Auf dem kleinen Flussboot / Sind die Bürger zusammengepfercht / Mit
ihren verschnupften Kindern, / Deren Nasen nicht richtig geputzt werden.« (Übersetzung des Herausgebers)

Das damalige Paris war einfach und klar, nicht vollgestopft mit verwirrenden Dingen. Man wußte, wohin man zu gehen hatte, wenn man schöne Bilder sehen wollte. Durand-Ruel, Vollard, Bernheim Jeune waren in der Rue Laffitte, Paul Rosenberg und Hessel in der Avenue de l'Opéra, Druet im Faubourg St-Honoré. Dann gab es noch drei oder vier kleine Galerien. Das war alles. Die impressionistischen Maler waren herrschend; nach schweren materiellen Krisen, nach Jahren voll Schimpf und Hohn hatte Durand-Ruel sie durchgesetzt. In seinem Laden und in seiner Wohnung sahen wir ihren Triumph. Die Stadt war voll von ihrem Ruhme und ihre Bilder voll von der Schönheit der Stadt. Ich hatte mein kleines Buch »Paris« mit den Großen Boulevards von Pissarro, der Trinité von Renoir, der Kirche Saint Germain l'Auxerrois von Monet und ähnlichen Reproduktionen geschmückt.

Es befanden sich in der Wohnung Durand-Ruels ein paar Bilder eines Malers, der Paul Cézanne hieß. Er hielt nicht viel von diesem Maler, der nach seiner Meinung nur Skizzen und unfertige Bilder gemacht habe. Von einem andern Maler, der Gauguin hieß, hatte er früher eine Ausstellung veranstaltet, und wie ich hörte, hätte er sie für achtzig Franken pro Bild erwerben können. Aber er schätzte auch diesen Künstler nicht und Cézanne und Gauguin waren in der Rue Laffitte, ein paar Schritte näher den Boulevards, in dem Laden Vollards zu sehen. Die Straße weiter hinauf hatte Bernheim Jeune eine kleine Galerie, in der befanden sich entzückende Bilder von Bonnard, Vuillard, auch solche von Signac und Cross. Es war damals leicht, einen Überblick zu haben über das, was auf dem Gebiete der Malerei in Paris vor sich ging. Innerhalb zwei Stunden konnte man sämtlichen Galerien moderner Malerei einen Besuch abgestattet haben, über die Maler selbst konnte man sich in drei Tagen informieren. In dem Salon d'Automne und in den Indépendants stellten die Besten der Zeit aus, und die Maler zweiten und dritten Ranges merkte man sich leicht in den paar Sälen dieser Ausstellungen.

Unter den ersten Menschen, die ich in Paris kennen lernte, befand sich der Sammler Otto Ackermann, dessen sprühendes Temperament mich entzückte. Er bewohnte mit seiner Frau, der Malerin Slavona, deren vornehme Bilder mit zum Besten gehörten, was deutsche Künstler in Paris geschaffen haben, und der kleinen Tochter Lilli ein Atelier in Montmartre. Aus Dankbarkeit für die Stunden, die ich hier verlebte, widmete ich ihnen mein kleines Buch »Paris«. Ich machte bei ihnen die Bekanntschaft von Käthe Kollwitz. Sie und die russische Anarchistin Alexandra Kalmikoff beglückte ich dadurch, daß ich sie in jene niedrigen, mit wüsten Inschriften versehenen Keller der Hallen führte, in denen damals noch eine wahrhaft gefährliche Unterwelt von Verbrechern zu Hause war, mit denen wir drei uns indessen aufs beste verstanden, und von denen Käthe Kollwitz viel künstlerische Anregung schöpfte.

Mein regelmäßiger Verkehr bestand in jenen ersten Monaten hauptsächlich aus einigen deutschen und skandinavischen Malern und Schriftstellern des Montparnasse. Das Café du Dôme war ein Tabakbüro mit einem Billardraum und zwei dunkeln kleinen Nebenräumen, so wie es unzählige in Paris gibt. Hier nahmen die umwohnenden Bürger ihren Apéritif; dazu kamen wir Fremden: ein Amerikaner, zwei oder drei Engländer, ebenso viele Deutsche, ein paar Schweden. Sonst gab es nur noch das Café de Versailles, das wie ein großes stilles Café der Provinz war; dort verkehrten außer Bürgern einige skandinavische Künstler. Mit diesen habe ich dort nette Abende verlebt. Da war unter anderen der begabte norwegische Maler Carsten, ein hoch aufgeschossener junger Mann, der immer einen etwas zu knapp geschnittenen schwarzen Kammgarnanzug trug, der ihm das Aussehen eines Konfirmanden gab. Aus der Ferne erschien er sauber, fast feierlich, kam man aber näher, so fielen die vielen Schmutzflecke auf, mit denen dieser Anzug bedeckt war, und man bemerkte, daß der Besitzer kein Hemd trug, sondern ein schmales Stück Leinwand über der nackten Brust. Als ich ihn das letztemal sah, saß er vor seinem vierten Glas Absinth und erzählte strahlend: »Meinen Vater ist tot und ich habe ihn geerbt.« Aber er sollte ihn leider nicht lange überleben. Da war sodann der schwedische Bildhauer Waller, der einen Kopf wie Wallenstein hatte und den ganzen Abend finster und schweigend dasaß, bis er zum Schluß, wie durch ein Wunder, in blutige Händel verwickelt wurde. Er starb eines Nachts bei solcher Gelegenheit. Der Sohn des schwedischen Dichters Geyerstam erzählte mir in diesem Café Nächte hindurch von seinem Leben, das er mit den Eskimos in Lappland führte, und hätte es beinahe erreicht, daß ich ihn dorthin begleitete. Oft setzte sich der alte Graf W. an unsern Tisch, ein liebenswürdiger Plauderer, der viele Menschen und Dinge gesehen hatte. Er war Hofmarschall des jetzigen Königs von Schweden gewesen, als dieser Kronprinz war, und hatte ihn und seine Gattin nach Monte Carlo begleitet. Dort hatte er eines Tages alles Geld der hohen Herrschaften, das er verwaltete, verspielt, so daß diese in eine peinliche Lage kamen. Er mußte Schweden verlassen und fand in Paris eine neue Heimat. Es ging ihm nicht gut, und wenn eines der reizvollen Bücher, die er jetzt schrieb, erschienen war, ließ die Königin sogleich einige hundert Exemplare kaufen, um ihm zu helfen. – Es gab in dieser Gegend ein oder zwei Restaurants, die unseren Mitteln entsprachen, denn die waren gering, und die Hauptplatte war oft eine halbe Portion Kalbsbraten, für die wir fünfunddreißig Centimes bezahlten.

Durch Erich Klossowski lernte ich Meier-Graefe kennen. Dieser arbeitete damals an seiner »Entwicklungsgeschichte« und hatte im übrigen eine Werkstätte und einen Laden für angewandte Kunst, nahe der Rue de la Paix. Ich sah in seiner Wohnung zum ersten Male ein Bild von Seurat, »Le chahut«, das später über Bernheim und Druet für vierzehntausend Francs an den deutschen Maler und Sammler Richard Goetz überging.

Im Hause Meier-Graefes traf ich allerlei interessante Leute, so eines Tages den Baron von Bodenhausen, der ein grundlegendes Werk über Gérard David geschrieben hatte, das ihm

das Angebot einer Professur einbrachte, die er indessen ablehnte, da er von so geringem Gehalte nicht glaubte leben zu
können. Er wurde dann später so eine Art Empfangschef bei
Krupp. Er gehörte zu einer Gruppe großgewachsener und eleganter junger Leute aus Norddeutschland, die für die damalige Avantgarde der französischen Malerei, zumal für die Impressionisten, für Bonnard, Vuillard und Maurice Denis, begeistert
waren. Sie sammelten ihre Bilder, schrieben über sie, gaben lu-
xuriöse Kunstzeitschriften heraus. Auch Heymel und Graf Harry Kessler standen zu dieser Gruppe in Beziehung, die ihren
geistigen Mittelpunkt in Meier-Graefe hatte. Die Vorzüge dieses Schriftstellers kamen damals hervorragend zur Geltung.
Er befand sich in seiner besten, in seiner großen Epoche. Der
»Augenmensch«, der er war, wurde notwendigerweise der glän-
zende Interpret und Propagandist einer Kunst, die den Schein,
das Aussehen der Dinge verherrlichte. Sein Geist deckte sich
völlig mit dem Geiste jener Zeit des Impressionismus. Er war
»modern« in dem Sinne, daß ihn Vergangenes nur so weit interessierte, als es auf Heutiges Bezug hatte; Rembrandt war ihm
Hekuba, die Vertiefung in dessen Malerei fand er »unappetit-
lich«. Er war mit außerordentlicher Begabung und nicht ohne
Größe aktuell und von erster Kompetenz für alles, was mit Auge
und Hand gemacht wurde. Für das, was darüber hinausging,
hatte er kein Verständnis. Als die Kunst vom Schein zu dem
Wesen der Dinge zurückkehrte, das Herz des Menschen an die
Stelle des Auges trat, war seine Zeit vorbei. Mit Henri Rousseau
konnte er nichts anfangen; was er später über Picasso, Klee,
Helmut Kolle schrieb, war nicht zutreffend, manchmal witzig,
nicht beträchtlich. Für Bilder, die nicht ersehen, sondern erlebt
werden wollten, fehlte ihm das Verständnis. Er steht und fällt
mit seiner Epoche, aber diese ist ohne ihn nicht denkbar. Was
er schrieb, war klug und witzig, aber zu laut, ohne Charme und
ohne Tiefe; er war zweidimensional, das heißt ohne Perspekti-
ven, weder ins Vergangene noch ins Zukünftige; impressionis-

tisch, beeindruckt vom Schein, fern dem Wesen der Dinge. Sein Ruhm ist, daß er das billige Gemüt erschlug, sein Mangel, daß er das menschliche Herz nicht entdeckte.

Um diese Zeit mietete ich zum ersten Male eine eigene Wohnung, in einem alten Hause nahe dem Panthéon, zwei kleine Zimmer, in die ich ein schmales eisernes Bett, einen Tisch und zwei Korbstühle stellte. Bald merkte ich, daß ich nicht allein wohnte. Ich kaufte mir eine elektrische Taschenlampe, die ich mit ins Bett nahm und anzündete, wenn der Kampf begann. Herdenweise stoben die Wanzen auseinander und nur ein kleiner Teil fiel meiner Mordgier zum Opfer. Ich war gezwungen, die Wohnung aufzugeben und verkaufte Bett, Stühle, Tisch, Taschenlampe und Wanzenherden für zwanzig Francs an eine deutsche Künstlerin. Trotz aller Sparsamkeit war es mir nicht gelungen, da die väterlichen Zuschüsse aufgehört hatten, mich länger als einige Monate in Paris zu halten. Ich hatte kein Geld, aber einen literarischen Auftrag, dessen Ausführung mir den Besuch deutscher Bibliotheken notwendig machte. Es handelte sich um ein Buch über Friedrich den Großen, das ich für die Sammlung »Die Kultur« schreiben sollte. Schon während der Schulzeit hatte ich über diese Epoche allerlei Studien gemacht. Aber sie betrafen mehr den Philosophen von Sanssouci, Voltaire und die Tafelrunde. Jetzt kam ein anderes Moment hinzu, das mich veranlaßte, den Auftrag anzunehmen. Es reizte mich, das ideale Klischeebild, das der preußische Berufsveteran von diesem König hatte, umzustoßen, diesen unbeschadet seiner Größe als das treue Kind seiner Zeit zu zeigen, die abgewirtschaftet hatte. Es schien mir verlockend, das trostlose Leben eines großen und königlichen Menschen zu malen, der ohne Liebe und Religiosität, durch Gewalt, Verrat, Schmeichelei das Ziel erreichte, das seinem unermeßlichen Ehrgeiz vorschwebte: die äußere Macht. Gerade weil ich witterte, daß von manchem auch jetzt noch in diesem Menschen und dieser Zeit Vorbildliches gesehen wurde, wollte ich zeigen, wie so ein Menschendasein aussah, das mit keinem Ideal, keinem Glauben geschmückt war und das sein Träger mehr als einmal bereit war, freiwillig von sich abzuschütteln. Während dreiviertel Jahren beugte ich mich über das Schicksal des »alten Fritz«, der trotz Genie und Glück das irrende und vereinsamte Kind einer gestorbenen Zeit war, der letzte unglückliche Despot, der mit dem Stock über unfreie Menschen herrschte, die er verachtete.

Es war gewiß nicht angenehm, wieder in Posen leben zu müssen. Aber die Zeit ging schließlich vorüber. Ich war entschlossen, nach Abschluß meiner Arbeit die Stadt von neuem zu verlassen, ich lieh mir ein paar hundert Mark und fuhr nach Paris zurück. Ich dachte daran, meine gesellschaftlichen Beziehungen auszunützen. Acht Tage nach meiner Ankunft frühstückte ich beim deutschen Botschafter Fürst Radolin. Man war sehr freundlich zu mir, mein Bändchen »Paris« lag auf einem Tische, man lud mich öfter ein und der Fürst forderte mich auf, den nahenden Sommer auf seinem deutschen Landgute zu verbringen. Da dieses gerade in der Provinz Posen lag, der ich mit Mühe entflohen war, lehnte ich dankend ab.

Fürst Radolin hatte die angeborene Würde und natürliche Einfachheit des großen Herrn, obgleich er ursprünglich als ein Herr von Radolinsky zum kleinen Adel gehört hatte. »Guten Tag, Rado«, hatte ihn eines Tages ein Freund begrüßt, den er lange nicht gesehen hatte. »Warum nennst du mich denn Rado?« fragte der Fürst. »Du hast doch den Namenschwund«, sagte der andere. Der Fürst stand persönlich über dem Glanze seiner Stellung, fühlte nicht das Bedürfnis, ihn dauernd zu beweisen, war innerlich nicht von ihm abhängig, kannte nicht die snobistischen Krämpfe des Eiteln und leicht Gekränkten. Es gab manchmal keine sehr »angeregte« Unterhaltung bei Tische. »Finden Sie es nicht zum Sterben langweilig bei uns?« fragte mich eines Tages meine Nachbarin, die Gräfin O., eine Schwester der Fürstin. Sie lachte, ohne meine Antwort abzuwarten, ergriff eine Zigarrentasche und steckte sich eine große schwarze

Zigarre in den Mund. Als sie mir eine gleiche anbot, mußte ich ablehnen, da sie mir zu stark war.

Fürst Radolin war für normale Verhältnisse wohl ein ausgezeichneter Botschafter. Er hatte zudem einen Vorsprung, indem er »mon cher ministre« sagt; während der Minister ihn mit »Altesse« anredete. Manchem freilich, der ihn während der Marokkoangelegenheit zu beobachten Gelegenheit hatte, war es zweifelhaft, ob seine Begabung der schwierigen Lage gewachsen war. Und als Bülow ihn, ungeachtet des kaiserlichen Versprechens, ihn zu belassen, eines Tages wegschickte, glaubte er, daß es aus Eifersucht sei, weil seine Gattin Palastdame der Kaiserin geworden war, während diese Auszeichnung der Fürstin Bülow nicht zuteil wurde.

Eine interessante Figur an der Botschaft war damals der erste Sekretär, Herr von Miquel, ein Sohn des großen preußischen Finanzministers. Seine dunklen Augen ließen während der Empfänge den Chef niemals los, sobald dieser mit wichtigen Personen Fühlung nahm, und er war jederzeit bereit, einzugreifen, wenn die Situation es verlangte. Er gehörte zu jenen seltenen Menschen, die alles wissen. Als er eines Tages auf dem Balkon meiner gegenüber der Ile St-Louis gelegenen Wohnung stand, nannte er mir alle Leute mit Namen, die in den schönen alten Häusern der Insel wohnten und erzählte aus der Geschichte ihrer Familien. Sein Instinkt war nicht geringer als sein Wissen. Gelegentlich eines Frühstücks bei sich äußerte er beim Dessert ganz nebenbei die Meinung, daß in der großen Auseinandersetzung der Völker, die kommen müsse, die beiden reaktionären, Rußland und Deutschland, zusammenbrechen würden. Herr von Miquel war bei seinen Kollegen nicht sehr beliebt, vor allem wegen der hohen Intelligenz, die ihn aussonderte. Diese Überlegenheit verdankte er wohl der besonderen Blutmischung, die eine deutsch-jüdisch-spanische war. Es ist anzunehmen, daß er seinem Land große Dienste in schwierigen Lagen geleistet hätte, wenn er nicht früh gestorben wäre. Solche einzelnen Persönlichkeiten, die fremdes Blut in sich haben, können der Nation, zu der sie gehören, oft nützlicher sein, als ein paar Dutzend hundertprozentig Reinrassige.

»Wenn im Großen Generalstab einige Juden gesessen hätten, würden wir den Krieg vielleicht nicht verloren haben«, sagte einmal bei einem Berliner Abendessen der bekannte Bilderhändler Alfred Flechtheim. Man lachte über den frechen Witz, der irgend etwas Richtiges ausdrückte, und der alte vornehme Hofmarschall eines preußischen Prinzen verlor für eine ganze Stunde die Sprache und saß so da, als ob ihn der Schlag getroffen hätte. Später, als wir längst in bequemen Stühlen beim Kaffee saßen, erhob der alte Herr plötzlich den Finger, den er jetzt in die ferne Ecke streckte, in der Flechtheim saß, und mit einer Stimme, die hilflos und vollkommen unglücklich war, rief er: »Gegen Sie habe ich etwas, Herr Flechtheimer, ja, ich habe etwas gegen Sie, Herr Flechtheimer.«

Die deutsche Rasse ist nicht mit Intelligenz, das heißt der Fähigkeit, eine Situation in ihrer Pointe kritisch zu erfassen (das hat nichts mit Klugheit zu tun), gesegnet und sollte sie beziehen, woher sie immer kann. Ein französischer Junge von fünfzehn Jahren ist im allgemeinen unendlich viel intelligenter als ein Deutscher von fünfundzwanzig.

Im Zusammenhange mit dieser Frage möchte ich die Erinnerung an einen inzwischen ebenfalls verstorbenen deutschen Diplomaten erwecken, der sich mir durchaus als das Gegenstück zu dem genannten Herrn von Miquel darstellt, Gerhard von Mutius, der zu einer gewissen Zeit vor dem Kriege erster Sekretär der Deutschen Botschaft war. Ich verkehrte damals bei dieser nicht (der »Baron Schoen« war Botschafter), wurde aber von Herrn von Mutius in sehr reizender Weise in einen kleinen Kreis junger Diplomaten einbezogen, die, wie er selbst, für Literatur und Kunst das lebhafteste Interesse hatten. Einige Abendessen im Ritz und vor allem die Frühstücke in Mutius geschmackvoller Wohnung, deren Bibliothek alle Bücher, die uns interessieren konnten, in schön gebundenen Exemplaren enthielt, die stundenlangen Diskussionen über geistige

Probleme – das alles ist mir unvergeßlich geblieben. Mutius war trotz seines römischen Namens der Typus des Deutschen – im Gegensatz eben zu Miquel. Die Bücher, die er schrieb (»Die drei Reiche« und vieles andere), die Vorträge, die er später als Gesandter in Kopenhagen über Goethe und andere Themata hielt, waren meist klug, wissenschaftlich durchdacht, gut geschrieben, aber ohne eigentliche Intelligenz und daher immer etwas langweilig. Menschen wie Mutius gab es viele in Deutschland – wenn vielleicht nicht gerade im Auswärtigen Amt –, Leute wie Miquel waren ganz selten und von großem Nutzen für ihr Land.

Nach einigen Monaten meines Pariser Aufenthalts saß ich an einem herrlichen Frühlingsnachmittage betrübt unter den Kastanien der Champs Elysées und stellte fest, daß die achtzig Francs, die ich noch besaß, weder zum Bleiben noch zum Fortreisen ausreichend waren. Sie erschienen mir daher wohl als ein überflüssiges Vermögen, denn als ich eine halbe Stunde später auf dem Boulevard Montparnasse bei einem Antiquitätenhändler vorbeikam, der überhaupt zum ersten Male seinen Laden öffnete, kaufte ich dort für die Hälfte meines Geldes einige Dinge, die mir gefielen, darunter für zwei Francs ein entzückendes kleines Bildchen in der Art des Díaz. Ich war so glücklich über diesen Besitz, als hätte ich damit die Frage meiner Existenz gelöst. Was übrigens der Fall war. Ein Sammler war von dem kleinen Bilde so begeistert, daß er es mir für mehrere hundert Francs abkaufte.

Ich hatte damit den Weg gefunden, mich in Paris zu halten, und zwar den angenehmsten, den es für mich gab, meine erwachende Leidenschaft für den Besitz von Bildern und schönen Dingen zu befriedigen und durch gelegentlichen Verkauf Existenzmittel zu gewinnen. Paris bot in jenen Jahren für die Erwerbung schöner und seltener Dinge die unwahrscheinlichsten Möglichkeiten. Bei den kleinen Händlern in den alten Straßen fand man unter schlechten und falschen Kunstwerken manches Echte von guter Qualität zu niedrigen Preisen.

Auf der »Foire aux Jambons«*, die alljährlich gegen Ostern abgehalten wird, Sonntags vor den Toren der Stadt, überall gab es damals schöne Dinge, die wohlfeil waren. Die größten Möglichkeiten aber bot das »Hôtel Drouot«, das Auktionshaus von Paris. Hier gab es Gelegenheitskäufe, von denen man sich heute keine Vorstellung machen kann. Ich besinne mich an einen Tag, an dem eine Sammlung von Bildern Daumiers versteigert wurde. Die »République« brachte etwas mehr als zweitausend Francs, einen Don Quichotte erstand ich für wenige hundert Francs. Ich verkaufte ihn später für zweitausend Mark an den Dichter Sternheim, der ihn der Tschudi-Stiftung in der Pinakothek in München schenkte, wo er noch heute hängt. Die Sammlung Chéramy sah ich zu lächerlichen Preisen verschleudern, die schönsten Corots brachten fast nichts, ein frühes Porträt von Ingres wurde für vierhundert Francs verkauft.

Da es mir an Mitteln und entsprechenden Beziehungen fehlte, konnte ich diese außerordentlichen Gelegenheiten, die schon in den letzten Jahren vor dem Kriege nicht mehr vorhanden waren, nur in bescheidenem Maße ausnützen und nur wenig materiellen Vorteil aus ihnen ziehen. Dagegen war der geistige Nutzen außerordentlich. Das Gefühl für Qualität befestigte sich allmählich durch diesen täglichen Verkehr mit Bildern, die man leidenschaftlich begehrte, dann besaß, täglich in Händen hielt, hierhin und dorthin stellte, dieser und jener Beleuchtung aussetzte, die man gegen jede Kritik und jeden Zweifel anderer verteidigte, die man sich lange nicht entschließen konnte zu verkaufen, bis die Not einen dazu zwang oder man ein anderes Bild gefunden hatte, das man mehr zu lieben glaubte.

Die Beschäftigung mit älteren Bildern war eine Vorbereitung, ein Training für eine solche mit junger Kunst. Beide hatten ihre besonderen Schwierigkeiten. Die letztere erforderte den Mut, unter Umständen gegen eine Welt von Sammlern,

---

* frz.; wörtlich: »Schinkenmarkt«; ein Trödel- und Antiquitätenmarkt. (Anmerkung des Herausgebers)

Händlern, Kunstkritikern zu sagen: dieses hier ist große Kunst. Bei älteren Bildern sind die Etiketten vorhanden, die Urteile fertig, ungefähr alle Welt ist sich einig. Die Gefahr liegt aber darin, daß man aus begeisterter Entdeckerfreude in jeder romantischen Komposition einen Delacroix, in jedem »Prix de Rome« mit Pferden oder Kürassieren einen Géricault, in jedem mit gefestigter Materie gemalten Waldtal einen Courbet sehen möchte. Ich will nicht behaupten, daß ich dieser Gefahr, zumal am Anfang, entgangen bin. Aber die unvermeidlichen Irrtümer wurden immer seltener, die Begeisterung für den kunsthistorischen Begriff Delacroix, Géricault, Courbet usw. wurde im Einzelfalle immer stärker durch ein anspruchsvolles Niveaugefühl kontrolliert. Ein fast intuitives Erfassen der Rangordnung eines Bildes hinderte zuletzt doch, in irgendeinem schön gemalten Stilleben des 18. Jahrhunderts, das man auf dem »Flohmarkte« entdeckt, die Hand Chardins zu sehen.

Mein alter Lehrer Richard Muther, der zuweilen nach Paris kam, ging mir hier nicht mit gutem Beispiel voran. Er war, wie so viele Kunstschreiber, nicht von der Schönheit eines Bildes gerührt, aber er hatte Tränen in den Augen, wenn er vom Greisenalter Rembrandts sprach, wenn er unerhörte Schlagworte prägte für die Atmosphäre, in der ein künstlerisches Oeuvre aufwuchs. Vor dem Begriffe »Delacroix« war er ein kühner Schöpfer, vor dem einzelnen Werke ein hilfloses Kind. Wir gingen eines Tages zusammen auf den »Schinkenmarkt« und wühlten in dem alten Plunder. Plötzlich zog Muther aus einem Haufen eine vergilbte männliche Aktzeichnung hervor, betrachtete sie lange mit dem Ausdruck staunender Begeisterung und reichte sie mir mit der Frage: »Halten Sie das nicht auch für durchaus wahrscheinlich?« Ich sah, daß sie etwas kindlich mit Michelangelo Buonaroti gezeichnet war und gab sie ihm lachend zurück. Er schien beschämt, aber wie ich erfuhr, hat er sie später doch heimlich gekauft. Ein anderes Mal traf ich ihn sehr erregt auf den Großen Boulevards; er erzählte mir, daß er soeben einen herrlichen Watteau gefunden und für ein Geringes erstanden habe. Er schleppte mich in sein Hotel und zeigte mir eine Fälschung so niederen Grades, daß ich ihn bestürzt bat, diese in seinem eigenen Interesse möglichst wenigen Menschen zu zeigen.

Ich hatte oft Gelegenheit, Kunsthistoriker und Museumsbeamte in Privatsammlungen zu führen, und ich konnte bald mit Befriedigung feststellen, daß mein persönliches leidenschaftliches Verbundensein mit dem einzelnen Objekt zu einem künstlerischen Verstehen geführt hatte, das dem ihren, aus Kenntnissen und Theorien stammenden überlegen war. Es kam hinzu, daß ich vor einem Bilde harmloser Liebhaber blieb, während es für sie eine Gelegenheit war, ihre Eitelkeit durch eine originelle Gehirnakrobatik zu befriedigen. Kunstwerke waren für sie nur zu oft Anlässe, durch Tintenströme ihre Theorien zu beweisen, ihren eigenen Geist leuchten zu lassen. So erinnere ich mich eines Münchner Universitätsprofessors, eines Schöngeistes, der, im wehenden Havelock, gefolgt von Schülern und Schülerinnen, ebenfalls in lodenen Gewändern, durch Paris stürmte, entzückt über seinen eigenen Geist, berauscht von seiner eigenen Bedeutung. Er flog mit seinem Schweif von Gläubigen, ein Komet aus Kamelhaaren, durch die Privatsammlung von Durand-Ruel und blieb plötzlich wie der Stern der Verkündung vor einem frühen unsterblichen Meisterwerke Renoirs, der kleinen Tänzerin, stehen, diesem Traum aus Grau und Rosa, vor dem jedes Wort erstirbt. Aber kaum war der erste Blick auf dieses Wunderwerk gefallen, als die Stimme des Propheten laut durch den Raum tönte: »Und wo ist hier der Schatten im Bilde?« Ich war verzweifelt, hielt es nicht aus, stürzte unter Verwünschungen fort, während er, seinen Redestrom unterbrechend, mir verzeihend nachrief: »Kommen Sie in meine Kollegs und Sie werden begreifen, um was es sich handelt.«

Über das, was man am Tage erlebt hatte, wurde abends im Café du Dôme diskutiert. Rudolf Levy und ich waren nicht mehr die einzigen deutschen Gäste. Lange waren wir auf uns allein angewiesen gewesen und hatten manche Nacht zusammen in

Montmartre, den Hallen, der Rue de la Gaité gebummelt. Jetzt war Hans Purrmann dazugekommen, der aus einer großen und schönen Begeisterung heraus einen Haufen von Photos nach Manets Bildern schon nach Paris mitgebracht hatte. Der lustige, so früh verstorbene Weisgerber war da, der nicht viel von französischer Malerei hielt und vom ersten Tage an in seinem Atelier weiter münchnerte. Der rote Kopf Rudolf Großmanns war unter uns aufgetaucht, der mit unvollkommener Technik die ersten ungeschickten, aber geistreichen und ungeheuer begabten Radierversuche machte. Richard Goetz, in dem sich der Maler und der Sammler stritten, von denen bald der eine, bald der andere die Oberhand gewann, gehörte zu uns. Er hatte einen sicheren Blick für die große künstlerische Qualität und seine Sammlung, in der Delacroix, Géricault, Courbet neben Seurat, Pissarro, Derain und andern vorhanden waren, wuchs unter unseren Augen heran. Jeder erzählte, was er an Bildern gesehen hatte, und die Namen Manet, Renoir, Cézanne klangen noch sehr frisch von unseren begeisterten Lippen. Während auf den Namen Manet alle ohne Unterschied schwuren, hatte von den beiden andern Malern jeder seine Gemeinde. Jeder auch einen entsprechenden Wallfahrtsort. Die Jünger Renoirs pilgerten in die Sammlung Gagnat, wo ihr Meister am besten vertreten war, die Jünger Cézannes in die Sammlung Pellerin. Dieser besaß nebenbei auch einige wenige Bilder Renoirs, so wie man bei Gagnat auch vereinzelte Bilder Cézannes sah. Man behauptete, daß diese Minoritäten auf beiden Seiten absichtlich nicht vorteilhaft zusammengestellt wären, damit die Überlegenheit des bevorzugten Künstlers um so siegreicher sichtbar werde. Ein großes inneres Erleben hielt uns zusammen, wir feierten die schönen Feste der Jugend. Unsere Tage waren inhaltsschwer, unsere Nächte alles andere als bürgerlich. Zumal wenn wir sie oben in Montmartre zubrachten, das noch etwas der Schauplatz von Toulouse-Lautrec war. Die Place Pigalle, die Place Blanche und die anliegenden Straßen hatten noch ungefähr die gleichen Etablissements, die es zu seiner Zeit gab. Da war die Bar Royal, in der jede Sonntagnacht unser Freund Otto von Wätjen, der Maler aus Düsseldorf, der später Marie Laurencin heiratete, einen Tisch belegt hatte, an dem wir Heimatsrecht hatten und auf den der überlebensgroße blonde Weinkellner mit seiner mächtigen Hand gleich nach Mitternacht die erste Doppelflasche Champagner stellte, während die Jazzmusik begann. Ein paar Schritte weiter war der »Rat mort«, schräg gegenüber der »Hanneton«, in dem unter Leitung der beiden sympathischen Hausdamen allerlei Frauen sich trafen, von denen einige im Frack, andere gestiefelt und gespornt erschienen. Die Bar Maurice war nicht weit, deren Besitzer, ein schöner Algerier, russische Großfürsten, Marquisen, Neger, berühmte Schauspieler, Boxer, Apachen und eine Schar singender und tanzender Epheben um sich vereinte. Während über dem allem unser russischer Freund Nicola im hohen Seidenhut thronte und die letzten Tausendfrankenscheine seines Vermögens und ganze Arme von Parmaveilchen verstreute. Er trug die spätere Armut mit Würde, aber es konnte doch vorkommen, daß er in den Kneipen der Arbeiter, wenn er nicht mehr Geld hatte, diese zu bewirten, das Glas zerdrückte oder zerbiß und das Blut ihm an Händen und Lippen herabfloß. Nachdem Maurice in seiner eigenen Bar über den Haufen geschossen und die Bar geschlossen war, siedelte diese ganze seltsame Welt an die Place Blanche über zu Palmyr, die das Aussehen einer Bulldogge und eine tiefe, immer heisere Stimme hatte. Lautrec hatte sie gut gekannt und ihr Aussehen für alle Zeiten durch seinen Stift verewigt.

Aber auch die Vergnügungsstätten mehr im Innern der Stadt sahen uns zuweilen, vor allem Maxim's. Als ich eines Nachts von der Madeleine durch die Rue Royale diesem festlichen Orte zustrebte, begegnete ich an der Ecke des Faubourg St-Honoré, wo sie damals ihren Standort hatte, »Bijou«, dieser unwahrscheinlichen, heute fast legendären Erscheinung, deren mit einer riesenhaften Pleureuse geschmückter Hut mit der Perücke eine Einheit bildete und die um Hals, Arme und Finger eine so ungeheure Menge von klirrendem und funkelndem falschen Schmuck trug, daß man mit ihm gut einen Laden hätte eröffnen können. Man konnte sich ihr nur im Freien nähern, denn sie strömte den Wildgeruch einer Affenherde aus, und die Etage des kleinen Hotels, in der ihr Zimmer lag, war aus diesem Grunde für andere schwer bewohnbar. Nachdem ich sie begrüßt hatte, setzte ich meinen Weg fort, blieb aber plötzlich gebannt stehen, denn an der andern Ecke der Straße, ihr gegenüber, sah ich das Bildnis eines fremdartigen, etwa siebzehnjährigen Menschen von vollendeter Schönheit des schmalen Wuchses und des braunen, edel geformten Gesichts. Es war ein junger Abessinier, der mir sagte, daß er vollkommen ohne Mittel sei. Ich hatte den tollen Einfall, den Schönen zu Maxim's mitzunehmen, voll Neugierde, welche Reaktion der Anblick einer so seltenen physischen Vollkommenheit in diesem Tempel der Freude auslösen würde. Der Empfang, den man ihm bereitete, enttäuschte mich nicht. Kaum stand er inmitten des Saales, als eine Woge der Begeisterung ihn hochhob und ihn unter den Rufen des Entzückens wie etwas Kostbares von Tisch zu Tisch trug. Arme reckten sich hoch, Hände klatschten, Zurufe lockten, volle Gläser mit Champagner drängten sich von allen Seiten seinem Munde entgegen. Dieser Triumphzug der Schönheit war mir ein großes Erlebnis. Als der Gegenstand der allgemeinen Huldigung meinen Blicken entschwunden war, konnte ich mir sagen, daß in dieser Nacht jedenfalls ihm ein weiches Bett bereit stand und sein Leben für die nächsten Tage gesichert war. Als ich ihn dann einige Zeit später wieder sah, war der Rausch vorbei und seine Lage nicht besser. Ich nahm ihn ins Viertel des Montparnasse mit, wo ich ihn mit Malern und vor allem mit Bildhauern bekannt machte, in deren Mitte er durch Jahre hindurch als gesuchtes und verwöhntes Modell lebte.

Es waren im Grunde wenige in unserm Kreise, die für das nächtliche Leben auf dem rechten Ufer der Seine Interesse zeigten. Die meisten verbrachten mindestens die Hälfte ihres Daseins im Café du Dôme, in ewigem Kunstgeschwätz. Ganze

Nächte hindurch stritten sie über den Vorrang gewisser Meister. Es kam nicht viel dabei heraus. Besonders zwei Maler, die Rosam und Kirstein hießen, konnten viele Stunden lang, ohne eine Atempause zu machen und ohne sich anzuhören, gleichzeitig gegeneinander ansprechen. Was »der alte Morelli« in diesem Gedichte verewigte:

ROSAM WALT ROSAM.

Wie heißt Hirsch Rosenbaums Enkelein?
    Rosam, Walt Rosam!
Was tut er wohl den ganzen Tag,
Wenn er nicht zeichnen und malen mag?
    Tut reden und sagen.
Oh, daß ich doch tot und begraben wär!
Sein Reden und Sagen hört ich nicht mehr!
    Schweig stille, mein Herze!

Und über eine kleine Weil –
    Rosam, Walt Rosam!
In Feiertagsrock und Sonntagsgilet,
Da sitzt der Knabe im Dôme-Café.
    Die Zunge tanzt Walzer.
Von Sibelis und Géricault,
Von Dingen, van Dongen und Picasso!
    Schweig stille, mein Herze!

Doch eines Abends am Panthéon
    Traf Kirstein Watt Rosam.
Sie schritten die Straße hinunter zu Fuß,
Es rauschte die Seine und der Redefluß.
    Sie sprachen zu zweien.
Es schwebt ob ihrem Geschwefel
Der Geist eines Meier-Gräfel.
    Schweig stille, mein Herze!

Und als der Morgen zu dämmern begann,
 Rosam, Walt Rosam!
Da lag der Knab zu Tode wund.
In Fetzen hing der ganze Mund.
 Wie lachte da Kirstein!
»Und lachst du auch, da dir der Sieg beschert!
Ich hab dir ja doch nicht zugehört!«
 Stand stille sein Herze.

Unter diesen Dôme-Leuten waren seltsame Typen. Da war jemand, der Artaval hieß. Unter diesem Namen hatte er als Mönch in einem Kloster des Orients gelebt, er betrieb in Paris die Bildhauerei und endete als Astrologe. Er hatte große, schwermütige, schief zueinander stehende Augen unter gewaltigen Lidern, eine enorme Nase, durch die er, wenn er lachte, schnaubend die Luft zog, die er dann durch wulstige Lippen wieder ausstieß, wodurch oft Töne entstanden, die an das Wiehern von Pferden erinnerten. Seine riesigen Hände, die wie aus Holz geschnitzt waren, waren ihm überall im Wege, und er war ratlos, wo er mit ihnen bleiben sollte. Er war im Grunde einsam, schwermütig, ein Philosoph, und es paßte gar nicht zu ihm, wenn »der alte Morelli« in seinen Dôme-Gedichten von ihm sang:

Artaval est devenu matelot, matelot.
Il a quitté son beau château, château,
Il se promène dans un bâteau, sur l'eau,
Artaval, l'idiot.*

Da war ein anderer, der Wil Howard hieß, ein technisch ungeheuer geschickter Zeichner aus Leipzig, der, als Mitarbeiter

---

* »Artaval wurde Matrose, Matrose. / Er hat sein schönes Schloss, Schloss verlassen / Er spaziert in einem Boot auf dem Wasser / Artaval, der Idiot.« (Übersetzung des Herausgebers)

des »Témoin«*, immer neue Methoden des Spritzens und Wischens erfand. Er war blond, von gewaltigem Leibesumfang und sprach einen reinen sächsischen Dialekt. Er machte dadurch von sich reden, daß er statt eines Nachtgeschirrs sich einer besonders konstruierten Flasche bediente und einen großen Siegelring mit dem englischen Königs-Wappen trug, denn er leitete aus Gründen, die er uns nächtelang auseinandersetzte, nämlich als später Nachkomme von Katharina Howard, der enthaupteten fünften Gemahlin Heinrichs VIII., Rechte auf den Thron Großbritanniens ab. Wenn wir gelegentlich alle zusammen aßen, setzten wir ihn an die Spitze des Tisches, banden ihm ein großes rotes Ordensband um die Brust und nannten ihn »Präsident«.

In jedem Jahre vergrößerte sich unser Kreis. Es kamen auch ein paar Hamburger Maler hinzu, unter ihnen der kluge und sympathische Ahlers-Hestermann. Und dann erschien eines Tages Julius Pascin. Er war an Levy und mich empfohlen und wir holten ihn beide von der Bahn ab. Er war ganz schmal, fast noch ein Kind, von bräunlichem Teint, eine gepflegte schwarze Locke glitt über die Stirn; was sofort auffiel, war die Schönheit der Hände. Sein Hang zum Einladen zeigte sich schon damals. Nach einer Stunde bereits hatte er für jedermann irgendwelche Ausgaben für Wagenfahrten, Getränke, Tabak gemacht. Er zeichnete damals, malte noch nicht. Ich habe immer viel Sinn für den Charme seiner Zeichnungen gehabt, hatte aber seinen Bildern gegenüber nie eine starke Reaktion, da ich sie als oberflächlich getuscht empfand und ihr Mangel an Materie mich störte. Auch schien mir eine ernste künstlerische Entwicklung zu fehlen. Die retrospektive Ausstellung nach seinem Tode brachte dann aber so zauberhaft tönende Werke ans

---

* Die satirische Zeitschrift »Le Témoin« (frz.; »der Zeuge«) existierte zwischen 1906 und 1910. Sie wurde in Paris von Paul Iribe (1883–1935) gegründet, der mit seinen Entwürfen für Möbel, Schmuck, Stoffe, Bühnendekoration und Theaterstücke ein Wegbereiter des Art déco war. (Anmerkung des Herausgebers)

Licht, daß trotz der stofflichen Dünne die Wirkung des starken Kunstwerks weit über jeden nur erotischen Reiz hinaus fühlbar wurde. Man kann über einen Künstler wohl nur dann eine gültige Meinung haben, wenn man seine besten Werke kennt, und alle Urteile, die nicht von diesen ausgehen, dürften beschränkte Geltung haben.

Während einige Jahre zuvor der Kreis deutscher Künstler ein sehr begrenzter war, gab es deren jetzt eine solche Menge, daß es nicht gut möglich war, alle zu kennen. Da das Bedürfnis nach einer engeren Fühlungnahme sich bemerkbar machte, wurde auf einer Versammlung beschlossen, alle in Paris wohnhaften deutschen und österreichischen Schriftsteller und bildenden Künstler zu einer Vereinigung zusammenzuschließen. Man wählte zum Präsidenten einen alten würdigen Herrn mit weißem Bart, der mit seiner Ordensrosette ungemein dekorativ wirkte und der sich als österreichischer Architekt zu erkennen gab. Obgleich mir derartige Vereinigungen wenig zusagten, glaubte ich doch meine Wahl in das Komitee nicht ablehnen zu dürfen, das sich mit seinem Präsidenten an einem der folgenden Tage dem Fürsten Radolin vorstellen sollte. Wir hatten verabredet, uns zu diesem Zweck in einem der Deutschen Botschaft benachbarten Café zu treffen. Als ich an dem festgesetzten Morgen mich dorthin begeben wollte und mir meine gewohnte Zeitung gekauft hatte, blieb ich beim flüchtigen Blick auf die erste Seite erstarrt stehen. Auf ihr befand sich nämlich, über mehrere Kolonnen ausgebreitet, das Porträt des Präsidenten unserer jungen Vereinigung. Die Überschrift des zugehörigen Artikels verkündete in riesenhaften Lettern, daß es endlich geglückt sei, diesen gefährlichen Spion zu fangen. Der Text selbst brachte pikante Einzelheiten über die Existenz des Betreffenden, der, mit Schulden überhäuft, aus jedem Hotel ausgewiesen würde und der von dem Arbeitsgewinn lebe, den zwei Damen ihm zur Verfügung stellten, die des Nachts zwischen Madeleine und Oper spazieren gingen.

Als ich in das Café kam, fand ich die andern Komiteemitglieder schon mit der Lektüre des Artikels beschäftigt. Wir kamen darin überein, daß es wohl zwecklos wäre, auf die Ankunft unseres Präsidenten zu warten, und wir telephonierten an die Botschaft, daß unvorhergesehene Hindernisse es unmöglich machten, zur angesetzten Audienz zu erscheinen. Nach diesem Debut ließ man den Plan der Gründung fallen. Wie es sich übrigens später herausstellte, waren die Mitteilungen in der Zeitung, die auf der Bösartigkeit eines gekränkten Hotelwirts beruhten, falsch. Der alte Herr war weder Spion noch Zuhälter, aber die Sensationslust der Zeitung hatte ihn in Paris dennoch um seinen guten Namen gebracht.

Zwischen der Welt der Künste und der profanen auf der andern Seite der Seine stellte ich ein wenig die Verbindung her, indem ich beispielsweise Korpsbrüder, die mich in Paris besuchten, im Café du Dôme heimisch machte, andererseits meine Freunde von dort zu geselligen und lustigen Unternehmungen auf dem rechten Ufer veranlaßte. Wir machten oft Ausflüge in die nächtlichen Bars von Montmartre, aßen gegen Morgen eine Zwiebelsuppe in den Hallen und kehrten durch den bei aufgehender Sonne keusch erblühenden Luxembourg-Garten in unser Viertel zurück.

Auch von den Mitgliedern meines Korps in Heidelberg kam hin und wieder der eine oder andere nach Paris. Eines Tages sah ich auf den Großen Boulevards in einem mit vielen Koffern beladenen Wagen einen baumlangen Inder mit ungeheurem Turban, so daß alle Menschen sich nach ihm umdrehten. Es war der Diener eines Heidelberger Freundes, welcher soeben von einer Mission als militärischer Attaché in Indien nach Europa zurückkehrte. Er hatte sich damals dorthin versetzen lassen, um endlich eine Frau loszuwerden, mit der er zusammenlebte und die alles tat, was ihn verdrießen konnte. Ich hatte sie einmal mit ihm in Paris zusammen getroffen. Ursprünglich war sie ein kleines Mädchen aus dem Schwarzwald, aber damals wollte sie beweisen, daß sie eine Dame war. Ich holte sie beide im Hotel ab und wir fuhren in die Champs Elysées, um dort zu essen. Kaum stand der erste Gang auf dem Tisch, erklärte sie, zu eng geschnürt zu sein, und mein Freund mußte sie ins Hotel zurückbegleiten. um den Fehler zu verbessern. Am nächsten Tage, als wir bei Larue frühstückten, verlangte sie sehr energisch ein Gericht, das sie auf eine bestimmte Schwarzwälder Art zubereitet haben wollte, und als man ihr diesen Wunsch nicht erfüllen konnte, störte sie uns das Essen durch ihre schlechte Laune. Ich bewunderte meinen Freund, der immer heiter und gelassen blieb und dessen grandioser Optimismus allen Lagen gewachsen war.

Die schönsten Stunden waren für mich die Mittagsstunden des Frühlings, an denen ich bei strahlendem Sonnenschein durch die Avenue de l'Opéra oder über die Großen Boulevards bummelte, ein paar Parmaveilchen im Knopfloch und ein großes Glücksgefühl darüber im Herzen, in dieser Stadt leben zu dürfen. In solchen Augenblicken vergaß ich Sorgen und Mühen, die Welt stand mir offen, und ich konnte, immer in der Sonne promenierend, eine Stunde darüber nachdenken, in welchem Restaurant ich frühstücken würde. Hatte ich wenig Geld, fand ich irgendwo einen kleinen Weinhändler, ein »Rendezvous des cochers«*, war ich zufällig begütert, zog ich das in seiner diskreten Eleganz entzückende, in seiner alten Art heute nicht mehr bestehende Restaurant »Henry« vor, wo der Gérant, Monsieur Marius, die Elite der Gesellschaft bewirtete. Eines Tages passierte mir hier freilich etwas Peinliches. Ich hatte zum Déjeuner drei junge Maler, die an mich empfohlen waren, eingeladen, saß an dem für mich reservierten Tische, stellte das Menu zusammen und blickte dann, immer wartend, auf die in der Sonne leuchtenden Promenadentoiletten der Damen, die hellen Sommeranzüge der Herren, als plötzlich meine drei Gäste erschienen. Ihr Einzug war begleitet von einem Lächeln,

---

* frz.; veralteter Ausdruck für eine Spelunke, Kaschemme (Anm. des Hrsg.)

das gleichzeitig an allen Tischen bemerkbar wurde. Sie hatten als Anzug zum Frühstück den Smoking gewählt. Das Essen schmeckte mir an diesem Tage weniger gut.

Auf der andern Seite der Seine waren noch zwei Restaurants, die sich meiner besonderen Gunst erfreuten. Das eine war Lapérouse, wo ich mit meinen Heidelberger Freunden zu essen pflegte, wenn sie mich in Paris besuchten, das andere die »Tour d'Argent«. Dieses Restaurant, das damals von einfachstem Aussehen war, wurde vor allem von den Weinbaronen aus Bordeaux und den paar Amerikanern, die zu essen verstanden, besucht. Der alte Père Frédéric, der Ibsen so ähnlich sah, übte hier an Rouennaiser Enten (die nicht geschlachtet, sondern erstickt werden) coram publico seine zauberische Kochkunst, unterstützt von den Kellnern, denen er, wie auf einem untergehenden Schiffe, kurze, schnelle Befehle über die notwendigen Handreichungen zurief. Dieses alles war fern von Snobismus, und der Père Frédéric war einem solchen geradezu feindlich gesinnt, wie aus folgender amüsanter Anekdote hervorgeht: In der »Tour d'Argent« verkehrte viel, sobald er in Paris war, ein Bekannter von mir, der es liebte, kleine Déjeuners zu geben und seinen Gästen durch seine kulinarischen Feinheiten zu imponieren. So warf er eines Tages vor den Eingeladenen, die mit so raffinierten Dingen nicht vertraut waren, die Frage auf, welchen Geschmack sie einer Grillade durch Verwendung einer bestimmten Holzsorte geben wollten, und wandte sich an den Père Frédéric, ob von diesem Holze noch etwas vorhanden sei. Père Frédéric schien lange zu überlegen und sagte schließlich: »Nein, Herr X., davon ist nichts mehr da. Aber wir haben noch – eine alte Stradivariusgeige; vielleicht könnte man es mit der einmal versuchen.«

Später entdeckte ich für mich und meine Freunde das am Marché St-Honoré gelegene Restaurant von Griffon. Der Wirt, der Bismarck ähnlich sah, war viel zu umfangreich für das kleine Zimmer, in dem außerdem noch hinter einem Papierschirm der winzige Herd stand, auf dem der große Mann die sauberste

Küche von Paris machte. Ich blieb ihm treu, als er in der Rue d'Antin ein elegantes Restaurant eröffnete, in das ich damals die vielen deutschen Sammler, Kunsthändler und Museumsdirektoren führte, die es heute noch besuchen – soweit sie noch existieren.

Oft zog es mich in die Champs Elysées, wo das Restaurant des Ambassadeurs wie eine Zauberinsel im blauen Dunste des Maiabends schwamm. Die gedeckten Tische standen bis in die weit geöffneten Fenstertüren und waren bis auf den Weg der öffentlichen Gärten hinabgestiegen, wo sie eine Terrasse bildeten. Dort gab es einen achtundneunziger Pol Roger und einen vierundneunziger Moët Chandon, goldene, schwere und ruhige Weine, die leise und vornehm in den hohen Gläsern perlten. Ein feiner heller Klang von Porzellan, ein kaum hörbares Klingen von Kristall, das Lachen schöner und eleganter Frauen, das gedämpfte Rollen der vernickelten Wagen und ein unbestimmtes Geräusch leisen Plauderns, das von allen Tischen stieg und nur in seiner Summe in Betracht kam, füllte den Raum. Und die goldenen Lichter füllten ihn, das festliche Rot des Teppichs und der Sessel, das Weiß der Tischtücher und Porzellane. Und es füllte ihn die weiche Abendluft, die von allen Sträuchern und Beeten den Atem der Blüten hereintrug, und der Schritt von Menschen und das ferne Geräusch der geliebten Stadt.

Ein kleines Bild, das ich aus Freude, ohne jede Gewinnabsicht, für zwei Francs erstanden hatte, war die Grundlage gewesen für mein bisheriges Pariser Leben. Im Jahre 1905 machte ich eine wichtigere Erwerbung, die größere Konsequenzen mit sich brachte. An der Ecke des Boulevard Rochechouart und der Rue des Martyrs hatte ein alter, dem Genusse roten Weines ergebener Mann einen Laden, in dem er Betten und Bettzeug verkaufte. Vor der Tür des Ladens aber hatte er, der ein Bilderfreund war, die Malereien unbekannter junger Maler zu wohlfeilen Preisen aufgestellt. Dort fand ich eine Leinwand, auf der ein weiblicher Akt mit gelbem Haar abgebildet war. Ich zahlte die zehn Francs, die man für dieses Bild verlangte, das mir sonderlich gefiel. Die Signatur des Namens, der mit einem P begann, war mir durchaus unbekannt. Meine Freunde im Café du Dôme fanden, daß es eine schlechte Cézanne-Nachahmung sei, und daß der betreffende Maler keine besonderen Gaben besäße. Ein paar Tage darauf lernte ich ihn kennen, in jener kleinen Kneipe des Lapin Agile, die damals, von öden, schlecht beleuchteten Grundstücken umgeben, aus der Höhe des Montmartre einsam in die Ebene blickte. Wir saßen alle am großen Mitteltisch und tranken Wein, ein paar Maler, Dichter, Literaten. Ein junger Mann deklamierte Verlaine. Da erzählte ich meinem Nachbarn von dem Ankauf des Bildes. Es fand sich, daß er selbst der Maler war, und er sagte mir, daß er Picasso hieße. Wir gingen nach Mitternacht alle hinunter. Da, zwischen den engen Mauern, tönte plötzlich ein Schuß. Picasso hatte ihn abgefeuert, aus Freude, einen Liebhaber seiner Kunst gefunden zu haben. Dieses war die einzige äußerlich bewegte Begegnung, die ich mit ihm hatte. Alle andern Male, wenn wir uns sahen, war es ein gemeinsames, langes Schweigen vor seinen Werken. So in den ersten Jahren, wenn ich morgens auf der Place Ravignan in dem alten, barackenhaften Hause erschien, wo er mit der schönen Fernande und einem großen gelben Hunde lebte. Er sprang dann schnell aus dem Bette, schlüpfte in eine blaue Arbeiterhose und stellte ein paar seiner Leinwände hin.

Diese waren das blaue Reich, in dem er lebte. Ein Hauch von Schwermut und Trauer lag über den Gestalten dieser Knaben, Harlekins, jungen Dichter und Mütter. Sie schienen die eigentlichen und melancholischen Bewohner dieses gespenstischen Hauses, über dem ein tragisches Schicksal lag. Ein Freund Picassos war dort früher durch ein Glasdach gestürzt und tödlich verunglückt. Ein junger deutscher Maler, der später dort wohnte, hatte sich im Haschischrausche am Fenster erhängt, nachdem er die kleine Monatsrente, die er von zu Hause erhielt, unter die Freudenmädchen der Umgebung verteilt hatte.

In der Rue Laffitte fing jetzt Sagot an, sich mit den Bildern Picassos zu beschäftigen. Bei ihm, und ein paar Schritte weiter bei Vollard, der schon früh eine Ausstellung gemacht hatte, sah man die schönsten Werke dieser blauen Periode. Als einer der ersten hatten ein amerikanischer Sammler, Herr Leo Stein, und seine Schwester Gertrude solche Bilder gekauft. Wir vom Dôme verbrachten die Samstagabende häufig in Steins Atelier, um die Sammlung zu betrachten. Er hatte schöne Stücke von Cézanne und Renoir und neben Picasso einen andern jungen Maler, Henri Matisse, der häufig anwesend war, in einem großen Renaissancestuhle saß und in japanischen Drucken blätterte. Er trug einen roten Bart und eine goldene Brille und erinnerte mich äußerlich an meinen Mathematiklehrer Glatz. Ich glaube aber nicht, daß dieses der Grund war, weshalb ich seiner Kunst immer etwas fern blieb. Ich war nicht unempfindlich gegen die kluge und geschmackvolle Gestaltung seiner Bildfläche, aber diese Verteilung des Aussehens eines Objekts auf der Leinwand befriedigte mich nicht; ich vermißte das innere Verbundensein mit dem Gegenstande, den ich erleben wollte.

Herr Stein war weniger ein Liebhaber von Bildern als ein Philosoph. Er war unermüdlich damit beschäftigt, »Ebenen« auf seinen Bildern zu konstruieren, und es war interessant, ihm zuzuhören. Er war der erste, der jene Bilder Picassos kaufte, die dieser unter dem Einflusse der Kunst wilder Völkerschaften schuf. Ich bekam zu Anfang des Jahres 1907 ein verzweifeltes Billett von Picasso, ich möchte ihn sofort besuchen; er quäle sich mit neuen Dingen, Vollard und Fénéon seien bei ihm gewesen, seien aber, ohne etwas verstanden zu haben, wieder fortgegangen. Ich fand bei ihm jene Riesenleinwand mit Frauen und Früchten, die ich jetzt bei Doucet wieder sah, einige Wochen vor dem Tode des berühmten Sammlers, und einige kleinere Bilder, alle unter dem Einflusse der Negerplastiken. Ich bin damals so wie die beiden andern von ihm fortgegangen, hatte Wochen nötig, um das Gefühl nachzuerleben, das Picasso in diese Bahn getrieben. Aber als ich die neue Sprache begriffen hatte, habe ich ihn auf dem Wege, da er um Großes rang, um den Sinn und die Gestaltung eines neuen menschlich-künstlerischen Fühlens und Wollens, da er von einer Welt verlacht und verhöhnt wurde, derselben, die ihn heute vergöttert, treu begleitet. Herr Leo Stein hatte ihn sehr bald nach den ersten Ankäufen aus jener Periode fallen lassen, da der Künstler nicht mehr den Anschauungen entsprach, die sich der Sammler von ihm gemacht hatte.

Das Täfelchen aus der Zeit der Barbizonschule*, das ich einst für zwei Francs erstand, hatte mir das äußere Leben in der Stadt, die ich am meisten liebte, gegeben; das kleine Bild von Picasso, das ich für zehn Francs auf der Straße gekauft hatte, sollte von jetzt an mein inneres Leben bestimmen. Ich fühlte, daß neue Dinge kamen, neue Anschauungen sich bildeten, daß es zu Ende war mit der Herrschaft des Scheins, daß das Gefühl sich wieder mit dem Objekt verband. Die gesteigerte Wirklichkeit dieses wollte man erleben, in der Plastizität seiner von allem Zufälligen gereinigten Vollendung. Die Leidenschaft, die in diesen neuen Dingen lebte, forderte die Leidenschaft heraus: man mußte sie bejahen oder verneinen. Ich fühlte es, daß hier der Sinn der Zeit, der jungen Generation nach Ausdruck rang, und ich war entschlossen, alles andere über Bord zu werfen und diesem Neuen, soweit es in meiner Linie lag, mich hinzugeben. Hier öffnete sich plötzlich die Möglichkeit des Kampfes nicht für eine beliebige Qualität, für die Qualität als solche, für das Niveau schlechthin, sondern für eine Qualität, die auf das innigste mit dem eigenen Wesen verbunden war und als die persönlichste Angelegenheit empfunden wurde.

---

* Barbizon ist ein Dorf am Wald von Fontainebleau, in der Region Ile de France. 1830 wurde dort eine Künstlerkolonie gegründet. Dank der Erfindung der Eisenbahn war es Pariser Künstlern einfach möglich, mit ihrer Staffelei nach Barbizon zu fahren und in freier Natur zu malen. Wichtige Vertreter der Schule sind u. a. Jean-Baptiste Camille Corot, Narcisso Virgilio Díaz de la Peña, Jean-François Millet, Charles-François Daubigny, Karl Bodmer. (Anmerkung des Herausgebers)

Die Bewegung begann etwas stürmisch und unübersichtlich. Die »Fauves«, die »wilden Tiere«, lenkten in den Indépendants und im Salon d'Automne die Aufmerksamkeit auf sich. In einer dunkeln Bude in Montmartre, die von der kleinen Mademoiselle Weil[l] und ihrer Schwester gehalten wurde, konnte man Bilder von ihnen kaufen, für fünfzig bis zweihundert Francs. Als ich dort eines der schönen Le Havre-Bilder Dufys für hundert Francs erstand, sagte ein Bekannter, der mich begleitete: »Armer Uhde, Sie müssen nun Ihr ganzes Leben lang dieses schreckliche Bild behalten, denn nie wird es jemanden geben, der es Ihnen auch nur zum Einkaufspreise wieder abnähme.« Außer mir gab es damals wohl nicht mehr als drei Menschen in Paris, die Bilder Dufys kauften.

Aber auch an den meisten andern, die heute einen großen Namen haben, damals bestritten oder belacht waren, bin ich nicht achtlos vorbeigegangen. Das Revolutionäre des jungen Derain, durch das zuweilen schon das Meisterliche brach, hatte mich immer von neuem gefesselt, von Friesz besaß ich vorübergehend einige schöne Stücke. Auch meinen Vlaminck hatte ich wie fast jedermann, der sich mit moderner Malerei beschäftigte. Der einzige, von dem ich trotz aller Achtung, die ich ihm zollte, nie ein Bild besaß, war Henri Matisse, in dem ich nicht den Anfang einer neuen, sondern das Ende einer alten Epoche sah.

Tastend nur konnte ich auf dem sich mir öffnenden Wege der modernen Kunst allmählich zu denen vordringen, die berufen sein sollten, den Stil einer neuen Zeit zu formen. Auf diesem Gebiete fehlten bisher alle offiziellen Wegweiser. Nichts als das eigene Gefühl konnte die Richtung geben. Kein Wunder, daß man sich zuweilen auf Seitenpfaden verlor, im Wege sich irrte, länger als nötig halt machte an Stationen, die weniger interessant waren. Bis eines Tages mit fast puritanischer Strenge alles ausgeschieden war, was nicht den höchsten Ansprüchen genügte und nicht der neuen Gesinnung entsprach. Jetzt stand das Bild, als Wert und Symbol leidenschaftlich anerkannt, ganz in der Mitte meines Lebens.

Neben Picasso wurde mein zweites großes Kunsterlebnis, das nie eine Abschwächung erfuhr, Georges Braque. Es war Liebe auf den ersten Blick, als ich die rotglühenden Landschaften des Südens sah, die er im Salon d'Automne ausgestellt hatte. Ich erwarb sie alle, wurde so sein erster Käufer in Paris, und verfolgte liebevoll seine Entwicklung, im Laufe derer er immer großartiger und bewußter das Erbe Chardins und Corots antrat. Von Anfang an war ich mir bewußt, daß hier die höchste Qualität im Sinne einer unsterblichen Tradition mit dem vollendeten Ausdruck des Zeitgefühls sich verband.

Wenn ich auf diese Epoche meines Lebens zurückblicke, muß ich gestehen, daß ich auf dem Wege, den ich eingeschlagen hatte, viel Freude und Genugtuung fand, aber auch viel Mühe, Enttäuschung und Kränkung. Es ist unnötig, zu sagen, daß meine Freunde im Café du Dôme sich ablehnend gegen mich stellten, im Falle Picasso wie dann im Falle Braque und später, als ich für Henri Rousseau eintrat. Ich hatte im Grunde nur einen einzigen Menschen, der mir folgte, das war mein Freund Edwin Suermondt, mit dem mich aus Heidelberg her herzliche Freundschaft verband. Er lebte sich schnell in die Welt, die ich ihm öffnete, ein und wurde ein kluger und leidenschaftlicher Sammler. Bald schmückten ausgezeichnete Werke die Wände der alten Burg Drove, von seiner begeisterungsfähigen und verstehenden Mutter, die dort wohnte, mit Freude begrüßt. Ihrer beider Verdienst um die Kunst, die heute groß und siegreich dasteht, zu jener Zeit nur Spott und Hohn erfuhr, ist bedeutend. – Ein wesentliches Ereignis war, als im Jahre 1907 der kluge und sympathische deutsche Kunsthändler Henry Kahnweiler eine kleine Galerie eröffnete, die er nach einigen Experimenten ausschließlich Picasso, Braque, Derain zur Verfügung stellte. Von diesem Zeitpunkte an führten wir gemeinsam den schweren, schönen Kampf um das große Kommende, von dem wir erfüllt waren.

Mein äußeres Leben hatte inzwischen allerlei Veränderungen erfahren. Die Unruhe, die in ihm herrschte, kam in einem gewissen Zeitpunkte dadurch zum Ausdruck, daß ich mich eines Tages im Besitz von nicht weniger als fünf Wohnungen befand. Ich hatte ein Zimmer in der Nähe des Café du Dôme, ein anderes nicht weit davon, in dem ich meine Bilder aufstapelte, ein Atelier weiter draußen im Stadtviertel Plaisance, ein kleines Zimmer im Innern der Stadt, und um das alles abzulösen, hatte ich eine unmöblierte Wohnung am Quai aux Fleurs gemietet, ein paar schön gelegene Zimmer, von denen man einen herrlichen Blick auf die Seine hatte.

Wie gut kannte ich und wie sehr liebte ich dieses ganze Viertel der Stadt. Zu ihm gehörte die an das Cluny gelehnte Ruine des Baues, in dem einst Julian Apostata, der Romantiker auf dem Throne der Cäsaren, der Anbeter der Sonne, zum Kaiser ausgerufen wurde. Diese Wohnung lag auf der Ile de la Cité, der ehrwürdigen Wiege von Paris, nahe bei Notre-Dame, dem unvergänglichen Symbol der Stadt; nahe auch der Sainte Chapelle, dem goldenen Kleinod, das durch die gläsernen Wände in seine zärtlichen Kapellen Fluten von Licht saugte. Auf der einen Seite stieß an diese Wohnung der Blumenmarkt, auf der andern die Morgue. Ich wanderte in der Frühe zuweilen durch die üppige Pracht der Farben und Düfte, zuweilen aber zog es mich in das kleine Haus mit den geschlossenen Jalousien. Die hier hinter dem großen Glasfenster lagen, waren furchtbar anzuschauen. Ich besinne mich genau: da war eine junge Frau mit gedunsenem Kopfe, der ein flüchtiges Schmollen zeigte, als habe man ihr eine angenehme kleine Sache verdorben. Neben ihr lag ein würdiger Patriarch mit langem Barte, der stolz aussah und hochmütig lächelte. In seiner Schläfe sah man ein winziges Loch. Die ganze Skala menschlicher Empfindungen konnte man der Reihe nach von den Gesichtern dieser Toten lesen. Nur der Letzte, dessen zerstückte Glieder man wie die einer alten Statue nebeneinandergelegt hatte, verriet nichts mehr. Denn man hatte ihm das Lächeln oder die Angst oder den Stolz mit einem Messer aus dem Gesichte geschnitten.

Vieles, was großartig, erhaben, lieblich, denkwürdig, zärtlich, ewig oder vergänglich, furchtbar und grausam war, fand sich in dieser Gegend zusammen und wirkte mit zu der großen Symphonie, die »Paris« hieß, und die Seine, die an meinen Fenstern vorbeifloß, schloß alle diese Gegensätze zur Einheit zusammen.

Ich schleppte meine Habe aus den vier andern Wohngelegenheiten in die neue und stellte ein paar billige Korbmöbel und den kleinen Diener Constant hinein. Der hielt die Wohnung in Ordnung und schleppte im übrigen die Bilder heran, die ich gekauft hatte. Eines Tages teilte er mir mit, daß seine Mutter, die im Ausland gelebt hatte, nach Paris zurückkehre und mich besuchen werde. Am nächsten Tage kam eine große, schöne Frau mit blondem Haar und goldenem Pincenez und führte an der Hand zwei kleine Knaben, die Brüder Constants. Nachdem sie sich überschwenglich für meine Güte gegen ihren Sohn bedankt hatte, bat sie um die Erlaubnis, einige Briefe auf meinem Büro schreiben zu dürfen. Sie schien eine große Korrespondenz zu haben, denn sie blieb einige Stunden. Inzwischen hatte der eine der beiden Söhne an der Wand des Nebenzimmers sein kleines Geschäft verrichtet, was ich und Constant leise mißbilligten.

Für die »großen« Geschäfte zu sorgen, hatte in jener Zeit »Aspasia« unternommen, eine Schildkröte, die mit langsamen Schritten die Wohnung durchquerte und sie dabei etwas verunreinigte. Sie suchte sich nützlich zu machen für den Verkauf von Bildern, indem sie an Landschaften, die auf der Erde standen, ganz nahe heranging und versuchte, das auf ihnen gemalte Gras zu fressen. »Sie sehen, wie naturgetreu das gemalt ist«, sagte eines Tages Rudolf Levy, der zufällig bei mir war, zu Herrn Ludwig Schames, dem Kunsthändler aus Frankfurt am Main, dem er sich als mein Sekretär vorgestellt hatte. Aber Herr Schames kaufte nichts und sagte schließlich zu mir, indem er auf seine gichtischen Beine zeigte: »Ich würde Ihnen dankbar sein, Herr Uhde, wenn Sie mich durch Ihren Herrn Sekretär die Treppen würden herunterbegleiten lassen.« Aspasia nahm sich diesen Mißerfolg sehr zu Herzen, denn sie stürzte sich an einem der folgenden Tage von meinem Balkon aus auf die Straße.

Constant war bei Malern und Händlern wohlbekannt und gern gesehen und spielte seine kleine Rolle im Kunstleben. Eines Tages entdeckte ich, daß er zum Malen nicht unbegabt war. Mir war der Gedanke gekommen, ob ich selbst nicht fähig wäre, ein Bild zustande zu bringen, hatte mir Leinwand, Farben und alles Zubehör gekauft, ein Stilleben auf dem Tische geordnet und hatte mich an die Arbeit gemacht. Der Versuch scheiterte kläglich. Es wurde nicht etwa ein schlechtes Bild, es wurde überhaupt nichts, es stellte sich heraus, daß ich für jede Gestaltung unfähig war. Ich überließ das Material Constant, damit er in seiner freien Zeit sich damit beschäftige. Als ich am Abend nach Hause kam, hatte er ein reizendes Stilleben gemacht. Da ich ihm erlaubte, fortzufahren, schuf er in den folgenden Jahren eine Reihe bemerkenswerter kleiner Bilder. Ich machte mir bei dieser Gelegenheit von neuem klar, wieviel leichter die französische Rasse auf Grund ihrer Sinnlichkeit und voraussetzungslosen Kindlichkeit es hat, gute Bilder zu malen, als die deutsche, die komplizierter, bewußter, gehirnlich angestrengter ist.

Je härter der Kampf um die neue Kunst wurde, um so mehr stellte sich bei mir die Sehnsucht nach einer ausruhenden Häuslichkeit ein. Die Abende in den drei spärlich eingerichteten Zimmern erschienen mir trostlos; sie auswärts zu verbringen, lockte mich nichts mehr. Es fehlte ein freundliches und sorgendes Element, ein Wesen, das an meiner Arbeit innerlich teilnahm, das aber so selbständig war, daß es mich nicht durch eine zu starke Bindung störte. Ich hatte eine junge Russin* kennengelernt, die mir ein guter Kamerad geworden, die klug und

---

* Bei der jungen Russin handelt es sich um Sonia Terk (1885–1979), die nach der kurzen Ehe mit Uhde 1910 den Maler Robert Delauney heiratete. (Anmerkung des Herausgebers)

weitherzig war, etwas von Bildern verstand und selbst fürs Malen begabt war. Da auch sie den Wunsch nach einem geordneten und gepflegten Hausstand mit dem Inhalt einer ernsthaften Geistigkeit hatte, kamen wir überein, der bestehenden Kameradschaft nach außen die Form einer Ehe zu geben.

Die Mutter meiner künftigen Frau ahnte nichts von dieser Verschwörung zweier innerlich unabhängiger junger Menschen gegen das bürgerliche Herkommen, und um sie in ihrem Glauben an eine normale eheliche Verbindung zu erhalten, lud ich sie und ihre Tochter zu einem richtigen sentimentalen Verlobungsfrühstück in meiner Wohnung ein. Da meine Küche außer Betrieb war, kaufte ich mit Constant in einer Delikatessenhandlung allerlei leckere kalte Sachen, wie Hummermayonnaise, Gänseleberpastete und dergleichen. Meine künftige Frau und ich waren heiter und guter Stimmung, meine Schwiegermutter gerührt. Sie steckte uns Ringe an die Finger und verlangte, daß wir uns umarmten und küßten. In der Tür stand Constant in seiner Dienerjacke mit weißen Handschuhen, der von allem nichts begriff und mit großen erstaunten Augen die Szene betrachtete.

Nachdem wir in London geheiratet hatten, nahmen wir am Quai de la Tournelle eine Wohnung, nahe meiner bisherigen, und engagierten Constant und seine Mutter, welche uns eine gute Küche machte. Wir lebten ruhig, ein jedes seiner Arbeit hingegeben, und sahen viele Menschen bei uns. Es war freilich eine etwas bunte Welt, die sich aus Mitgliedern verschiedener Nationen und Berufe und vielerlei Art zusammensetzte. An einigen Empfangstagen wollte die zufällige Konstellation durchaus nichts Harmonisches ergeben trotz geschicktesten Lavierens in der Unterhaltung. So besinne ich mich besonders auf einen Sonntag, an dem einige Familien der russischen Bourgeoisie bei uns waren, die anfingen, von Kindererziehung zu reden. Plötzlich mischte sich ein alter Studienkamerad von mir in die Unterhaltung, der auf der Universität schon berühmt war durch die verwirrende Trockenheit und täuschende Ernsthaftigkeit seiner Späße. Er entwickelte den Gedanken, daß jede Milde und Freundlichkeit gegenüber Kindern unangebracht sei. »Kinder müssen immer so in Angst sein, daß sie mit eingeknickten Knien gehen«, meinte er, indem er dieses selbst demonstrierte, und er empfahl, sie häufig zu erschrecken, indem man unerwartet mit einem Rufe hinter einer Tür hervorträte. Als ich die Wirkung solcher ernsthaft vorgebrachter Worte auf meine Gäste sah, suchte ich abzulenken und fragte nach seiner Tante. Diese hieß Anna vom Rath, war in der Berliner Gesellschaft berühmt. Huret sagt in seinem Buche über Berlin, daß sie Tag und Nacht daran arbeitete, Grafen und Prinzen in ihren Salon zu ziehen. In gewissen Zeitabständen erschien ihr Bild auf der Titelseite der »Woche« und anderer Zeitschriften unter dem Titel: »Die berühmte Philanthropin Frau vom Rat[h].« Wir nannten sie immer das Philanthropin, mit Betonung der letzten Silbe. Mein Bekannter, obgleich er unsere Witze mitmachte, hatte doch viel Achtung für sie. »Du kannst behaupten, was du willst«, sagte er mir eines Tages, »zwei Dinge wirst du Anna vom Rath nicht abstreiten können: sie ist nie in einer Elektrischen gefahren, und sie hat sich nie selbst ein Schnupftuch aus dem Schranke genommen. Übrigens weißt du, daß sie adelig ist, obgleich sie nicht ›von‹, sondern ›vom‹ heißt. Der König hat sie noch einmal besonders geadelt.« Diese Tante nun war jetzt in Paris, um sich den Darm massieren zu lassen. Ihren Neffen, der eine Art Kammerdiener mit Familienanschluß bei ihr war, ließ sie in einem billigeren Hotel wohnen, nahm ihn aber in die Oper mit, damit er ihr den Mantel abnahm. Nach dem Ergehen dieser Tante also fragte ich meinen Bekannten. »Meine Tante«, antwortete er unter dem Schweigen der durch die Erziehungsmethoden neugierig gewordenen russischen Bürger und Bürgerinnen gedankenvoll, »die ist in Longchamp, zum Rennen, die vergnügungssüchtige Person. Stelle dir vor, in dieser Hitze. Wie leicht kann sie in ihrem Alter der Schlag treffen.« Jetzt faltete er plötzlich die Hände, und mit einem Augenaufschlag gen Himmel sagte er sehr ernsthaft und feierlich: »Ja, man sollte wirklich beten,

lieber Gott, töte doch meine Tante durch einen Sonnenstich.«
– Es genügte. In fünf Minuten waren alle Gäste verschwunden.

Nach Verlauf eines Jahres hatte unsere Ehe ein Ende. Ein
Freund von mir konnte annehmen, daß er meine Frau in voll-
kommenerer Weise glücklich machen würde als ich, und mir
lag es fern, ihrer schönen Zukunft entgegenzustehen.

Seiner Mutter, die eine geistreiche und begabte Frau war,
verdankte ich die Bekanntschaft Henri Rousseaus. Sie hatte mich zu ihm geführt und ich sah bei dieser Gelegenheit auf
der Staffelei das herrliche Urwaldbild, die »Charmeuse de serpents«, das später Doucet gehörte und das dieser dem Louvre
vermacht hat. Im Laufe meiner späteren Besuche bei dem alten Douanier konnte ich die Vollendung dieses Bildes verfolgen. Aus der Art, wie er, besorgt um den Gesamtklang und das
Gleichgewicht dieser großen Komposition, mich um Rat fragte, ob hier ein Ton dunkler oder heller zu nehmen, hier etwas
wegzulassen, dort etwas hinzuzufügen sei, erkannte ich schon
damals, daß die Legende von seiner künstlerischen »Naivität«
durch nichts gerechtfertigt war. Ich verlebte in dem kleinen
Zimmer dieses seltsamen Mannes, der ein Kind und ein großer
Künstler war, glückliche Stunden.

Meine Heirat hatte mich veranlaßt, darüber nachzudenken, wie ich durch eine Tätigkeit, die weniger als bisher vom
Zufall abhing, die regelmäßigen Einnahmen erzielen könnte, die für unsere Lebenshaltung nötig wurden. Ein Versuch in
dieser Richtung ergab sich dadurch, daß ein Möbelhändler des
Faubourg St-Antoine mir mitteilte, daß er im Quartier Montparnasse einen kleinen, an der Straße gelegenen Raum besäße, der sich leicht in eine Bildergalerie verwandeln ließe. Er erklärte sich bereit, alle Kosten zu tragen und mich zur Hälfte am
Gewinn zu beteiligen, wenn ich mich mit der Angelegenheit
beschäftigen wollte. Ich war einverstanden und beschloß, zunächst eine Ausstellung von Henri Rousseau zu machen.

Sein Name war in Paris hinlänglich bekannt. Er stellte in
den Indépendants und zuweilen im Salon d'Automne aus, wo

seine Bilder die Lachlust der Betrachter herausforderten, die sich zu Dutzenden vor ihnen drängten. Außer einer kleinen Gruppe von Künstlern, zu denen Picasso, Guillaume Apollinaire und Delaunay gehörten, hielt man ihn allgemein für einen Spaßvogel, der nicht ernst zu nehmen sei. Er konnte seine Bilder nicht verkaufen, obgleich er nur vierzig und fünfzig Francs für sie verlangte. Als es herauskam, daß ich sie ihm abnahm, veröffentlichte der »Figaro« eine kleine, boshafte Novelle, die sich über den närrischen Ausländer lustig machte, der sich mit diesem abwegigen Unfug französischer Kunstproduktion abgab.

Die Ausstellung seines Werkes, die ich in der kleinen Galerie machte, war seine erste Einzelausstellung, obgleich er mehr als sechzig Jahre alt war. Er selbst brachte in einem Handwagen die Bilder angekarrt und wir hingen sie gemeinsam an den Wänden auf. Auf ernsthafte Besucher war natürlich nicht zu rechnen, aber ich hoffte darauf, daß wenigstens »zum Ulk« einige Spaßvögel kommen würden, denen ich versuchen würde, meinen unumstößlichen Glauben an diese Kunst, die ich groß und schön fand, mitzuteilen. Leider aber hatte ich auf den Einladungskarten die genaue Adresse der kleinen unbekannten Galerie anzugeben vergessen, so daß niemand sich einfand. Ich selbst erstand dann aus der Ausstellung für mich das schöne »Malakoff« für die vierzig Francs, die Rousseau verlangte.

Meine zweite Ausstellung machte ich von Marie Laurencin. Auch diese war damals keineswegs berühmt, sondern ein nur im engsten Freundeskreise bekanntes junges Mädchen, das noch nie in ihrem Leben ein Bild verkauft hatte. Jetzt kamen einige Menschen, aber sie kauften nichts, und Marie, die dringend Geld brauchte, flehte mich an, ihr etwas abzukaufen. Mir ging es selbst nicht gut, aber ich übernahm dennoch eine große Komposition, die wohl die schönste war, die sie je gemacht und die ich sehr liebte. Ich war fest entschlossen, mit diesem Bilde ihren Ruhm zu machen und es nur zu einem für eine unbekannte Künstlerin ungewöhnlich hohen Preise wieder herzugeben, der entscheidend sein würde für die materielle Bewertung ihrer künftigen Produktion. Die meisten Sammler wandten sich lachend ab, wenn ich den Preis von viertausend Francs (es waren damals Goldfrancs), den ich angesetzt hatte, nannte; bis eines Tages Rolf de Maré kam, der zunächst glaubte, daß ich bezüglich des Preises scherzte, dann aber, von der Schönheit des Bildes ergriffen, ihn dennoch zahlte. In acht Tagen war die Sache in Paris bekannt und vierzehn Tage später hatte Marie ihren Vertrag mit Paul Rosenberg.

Mit der kleinen Galerie waren keine Geschäfte zu machen und ich kam selten hin. In meiner Abwesenheit saß Constant vor der Türe, um mir zu telephonieren, wenn jemand mich sprechen wollte. Am Vormittag beschäftigte er sich damit, sein Fahrrad in seine Bestandteile zu zerlegen und wieder zusammenzusetzen, am Nachmittag las er Geschichten von Sherlock Holmes. Eines Tages besuchte mich Graf Harry Kessler in meiner Wohnung und besichtigte meine Sammlung. Er äußerte den Wunsch, auch die kleine Galerie zu sehen, von der er gehört hatte. Der Weg war weit, und als wir ankamen, hatte ich den Schlüssel vergessen. Mein Freund, der Möbelhändler vom Faubourg St-Antoine, war von dem allen enttäuscht, ohne es sich merken zu lassen. Es war kaum ein Jahr vergangen, da war ich wieder ohne Frau und ohne Laden.

Ich mietete jetzt vom französischen Staate in einem Kloster am Boulevard des Invalides, dessen Räume durch die Trennung von Staat und Kirche verfügbar geworden waren, einen weiten Saal mit zwei Nebengelassen und hing in ihm meine Bilder auf. Es war nicht ganz einfach, meine Existenz fortzuführen, denn ich sammelte nicht, um zu verkaufen, sondern ich verkaufte, um weiter sammeln zu können. Die Schwierigkeit lag oft darin, daß ich Bilder, für die ich einen Abnehmer hatte, behalten wollte. Für Rousseau gab es damals aber überhaupt keinen Käufer. Eines Tages kam ein Pariser Händler, um meine Bilder anzusehen. Er meinte, die Bilder von Rousseau seien gar nicht so schlecht, und fragte, ob ich sie verkaufe. Ich zeigte ihm ungefähr ein Dutzend, von dem ich mich trennen würde, und nannte ihm als Preis hundert Francs für ein Bild. Er bat mich, sie ihm zuzusenden, damit er sich eines aussuchen könnte, was ich natürlich nicht tat.

Eines Tages erschien Marcel von Nemes, dieser große ungarische Kenner und Sammler, der wie ein Pferdehändler aussah, aber eine erstaunliche Sensibilität gegenüber Bildern hatte. Er verliebte sich in ein großes kubistisches Frauenportrait Picassos, das ich einige Tage zuvor gekauft hatte, und ließ mir durch einen der beiden Agenten, die ihn begleiteten, das Vierfache dessen bieten, was ich selbst bezahlt hatte. Er war sehr ungnädig, als ich mich von dem Bilde unter keinen Bedingungen trennen wollte. Ich habe diesen leidenschaftlichen Sammler, der gleichzeitig ein großartiger Abenteurer war und Schlösser in Bayern, Paläste in Venedig, Wohnungen in Paris so kaufte, wie andere Leute einen Hut oder einen Schirm, im Laufe meines Lebens noch oft wiedergesehen und habe für seine kühne Art stets Bewunderung gehabt.

Weniger großzügig war Herr Osthaus. Das schöne Folkwang-Museum, das er schuf, war für ihn allerdings ein hartnäckig verfolgtes Ziel. Aber seiner Person fehlte es an Temperament, Sinnlichkeit, Charme, Größe. Er war zäh, voll Energie, Opferwilligkeit und nüchterner Klarheit. Sein Wille war in jedem Augenblick auf sein Werk gerichtet, und für dessen Vollendung sparte er sogar mit den Trinkgeldern in den Restaurants. Ihm fehlte durchaus die harmlose und spontane Beziehung zum Kunstwerke, das für ihn immer eine Epoche und sonst was »repräsentierte«. Seine Begabung lag vor allem darin, daß er die Urteile der großen Kenner, die in der Luft lagen, herausfühlte, manchmal nicht früh genug, denn gewisse Bilder kaufte er spät und teuer. Er besuchte mich in meinem Kloster, fragte nach dem Preise eines sehr schönen Braque, und ging, als ich ihm dreihundert Francs nannte, mit den Worten hinaus: »Dafür kann ich auch Bilder bei Vollard kaufen.« Innerlich so abhängige Naturen, die mehr auf die Größe der Kunsthändler als der Künstler achten und für solche erst Interesse haben, wenn sie hinter majestätischen Schaufenstern sichtbar werden, findet man häufig. Sie riskieren, manches zu versäumen, wie im genannten Falle, denn der berühmte Kunsthändler Vollard hat sich nie mit den Bildern des größten heute lebenden französischen Malers Braque beschäftigt.

Die Schwierigkeit meiner Tätigkeit bestand darin, das Tempo des Kaufens mit dem des Verkaufens in Einklang zu bringen. Bilder, wie ich sie besaß, verkauften sich nicht leicht, und wenn einmal eine Gelegenheit sich bot, so handelte es sich oft gerade um ein Bild, von dem ich mich keinesfalls trennen wollte. Dagegen tauchten ununterbrochen Bilder auf, die zu besitzen es mich lockte. Manchmal kam ich billig zu einer schönen Sache. So hatte ich eines Tages das Glück eine kleine Portraitskizze der Barbizonschule für vierzig Francs zu kaufen. Picasso verliebte sich in diese reizvolle Arbeit und wir kamen überein, daß ich sie ihm gäbe, wenn er dafür mein Portrait machen würde. Er hatte damals bereits das von Kahnweiler gemalt, und als meines beendet war, nahm er das von Vollard in Angriff. Ich fand mein Bild, das in künstlerischer Übertreibung der Proportionen meinen Kopf kubisch zerlegte, sehr schön, aber ich war hingerissen von dem Bildnis Vollards, das für mich etwas von der Großartigkeit eines Rembrandt hatte. Ich schlief schlecht vor Kummer, daß dieses Bild mir nicht gehörte und voraussichtlich nie gehören würde. Ich machte mir klar, daß Vollard es mir bestimmt nicht verkaufen würde, wenn ich ihn danach fragte. Er war Frauen gegenüber liebenswürdig und harmlos, aber gegenüber Männern, die sich wie er mit Bildern beschäftigten, argwöhnisch und ablehnend. Ich kam schließlich auf den Gedanken, einen Maler zu ihm zu schicken, der das Bild für sich aus Begeisterung kaufen sollte. So händigte ich denn meinem Freunde Rudolf Levy einen stattlichen Betrag aus und wartete in einem nahe dem Laden Vollards gelegenen Café klopfenden Herzens das Resultat ab. Mein Bote kam sehr schnell und ohne Bild zurück. Vollard hatte entrüstet gesagt:

»Glauben Sie wirklich, daß ich ein Portrait, das Picasso von mir gemacht hat, je verkaufen werde?« Ungefähr vierzehn Tage später hatte ich den Besuch des großen russischen Sammlers Morosoff. Beim Weggehen sagte er nebenbei: »Manchmal kann man doch noch billig zu fabelhaften Sachen kommen. Ich habe gestern Vollards Portrait von Picasso für einen lächerlich niedrigen Preis gekauft.« Die Summe, die er nannte, war ungefähr die Hälfte dessen, was ich auszugeben bereit gewesen war. Die Handlungen Vollards waren immer spontan und unberechenbar. Ein Freund fragte ihn eines Tages, warum er eigentlich Bilderhändler geworden sei, ob aus Leidenschaft für die Kunst oder aus Interesse für Geld. Vollard antwortete ihm, indem er erzählte, als junger Student in Paris sei er eines Tages an einem Bilderladen vorbeigekommen, an dem draußen auf hoher Leiter ein Mann gestanden habe, der mit einem Tuche das Schaufenster reinigte. Ein Herr sei herangetreten, habe durch das Glas ins Innere geblickt und, indem er mit den Fingern auf ein Bild wies, den Mann auf der Leiter gefragt, was es koste. »Fünfzigtausend Francs«, habe der geantwortet, ohne sich umzusehen und seine Arbeit zu unterbrechen. »Da habe ich mir gesagt, ein solcher Mann wie der möchte ich werden«, beendete Vollard die Geschichte.

Während des einen Jahres, das ich in dem Kloster zubrachte, trat ein für mich schmerzliches Ereignis ein: der Tod des Malers und ehemaligen Zollbeamten Henri Rousseau. Er hatte mir zwei Tage vorher einen Zettel geschickt, ihn im Hospital zu besuchen, und ich fand ihn in hoffnungslosem Zustande. Er war vorher einige Male in das Kloster gekommen, mich zu besuchen, abends, wenn er nicht mehr malen konnte. Dann waren die hohen Fenster meines Saales weit geöffnet und vom Park her kam die Abendluft über die alte Terrasse herein. Ich sah ihn dann kaum, hörte nur seine schöne Stimme, die etwas Feierliches hatte. Einmal sprach er vom Kriege, den er verabscheute. Er wurde heftig: »Wenn ein König Krieg führen will, soll eine Mutter zu ihm gehen und es ihm verbieten.« Eines Ta-

ges kam er zu mir, um mich zu bitten, ihm ein Zeugnis auszustellen, daß er nicht unintelligent sei, daß ich Bilder von ihm
besäße und mit ihnen zufrieden wäre. Der mehr als Sechzig-
jährige sammelte solche Atteste, um sie dem Vater eines Mädchens vorzulegen, das er liebte, und dem er beweisen wollte,
daß er ein vernünftiger Mensch wäre wie viele andere.

Öfter war ich bei ihm in dem kleinen Zimmer, an dessen
Wand die Geige hing, das lebensgroße Portrait seiner ersten
Frau und die große »Hochzeit«. Hier empfing er abends seine
Schüler, denen er Musikstunde oder Malstunde gab, von denen der älteste über siebenzig Jahre alt war und entsetzliche
Bilder malte; hier gab er seine Soiréen, an deren Schluß es vorkommen konnte, daß er mit Tränen im Auge vor dem Portrait
seiner verstorbenen Frau die Flöte blies. Der schönste Tag bei
ihm, auf den ich mich besinne, war ein vierzehnter Juli, an dem
das französische Nationalfest ist. An diesem Tage hatte, wie immer, ganz Paris geflaggt. Aber man sah natürlich nur die französische Fahne. Ich besuchte Rousseau in seinem Atelier, wo
außer mir noch französische Bürger waren, alte Rentner aus
demselben Stadtviertel. Sie waren feierlich gestimmt und trugen schwarze Röcke. Auf dem Tische standen Flaschen mit gelbem Bordeauxwein. Bevor wir tranken, nahm mich der alte
Rousseau bei der Hand und zeigte mir die deutsche Fahne, die
er am Fenster neben der französischen angebracht hatte. Dann
erhob er sein Glas und forderte uns alle auf, mit ihm auf den
Frieden anzustoßen.

Wie gering damals die Bilder Rousseaus geschätzt wurden,
geht daraus hervor, daß ich auf einer kleinen Versteigerung, die
nach seinem Tode in seiner Wohnung zur Aufbringung der Be-
erdigungskosten veranstaltet wurde, das lebensgroße Portrait
seiner Frau für zweihundert Francs erwerben konnte. Schon
drei Jahre später bot mir Paul Rosenberg achttausend Francs
für das Portrait, was ich ablehnte, da ich es lieber in der Sammlung meines Freundes Suermondt sah. Heute gehört es dem
Baron Gourgaud. »Die Hochzeit« kam später in den Besitz des

kürzlich verstorbenen Händlers und Sammlers Paul Guillaume, der fast hundertfünfzigtausend Mark für das Bild bezahlte.

Paul Guillaume war einer der großzügigsten und erfolgreichsten Kunsthändler, die mir je begegnet sind. Das kam wohl daher, daß er nicht einseitiger Bildermensch war, sondern daß seine Liebe zu Bildern durch eine vielgestaltige Menschlichkeit gespeist wurde. Als ich ihn vor dem Kriege kennen lernte, empfing er mich in einer engen Mansarde eines Hauses der Rue des Martyrs, wo gerade Platz für das Bett und einige Negerskulpturen war, mit denen er sich damals händlerisch als Erster zu beschäftigen begann. Als ich ihn das letztemal sah, war es in einer fürstlichen Wohnung der Avenue Foch, deren Tür mir ein Hausmeister in Frack und goldener Kette öffnete.

Rousseau war im Jahre 1910 gestorben. Im darauffolgenden Jahre veröffentlichte ich in französischer Sprache ein Buch, das meine Erinnerungen an ihn und eine begeisterte Würdigung seines Werkes enthielt. Das Buch war in kurzer Zeit vergriffen, aber die Aufnahme war verschiedenartig. Gewiß hatte es eine Anzahl Menschen überzeugt, aber es blieben noch viele ablehnend.

Ich hatte inzwischen meine Wohnung gewechselt, da der Staat anderweitig über das Kloster verfügen wollte, und war wieder an den Quai gezogen, gegenüber der Ile St-Louis. Dort hatte meine Sammlung, die die Zimmer füllte, nunmehr ihre definitive Gestalt gefunden. Alles Zufällige war ausgeschieden, alles, was nicht nach langer und strenger Prüfung den Anspruch auf höchste Qualität machen konnte und mit meinem Gefühl aufs innigste verbunden war. Da war zunächst mehr als ein Dutzend wesentlicher Bilder Picassos aus der kubistischen Zeit, unter ihnen mein Portrait. Ungefähr zwanzig Bilder von Braque, eine Anzahl der schönsten Bilder von Rousseau, ein Bild von Marie. Das alles gehörte zusammen, war verbunden durch eine gemeinsame Gesinnung, ein neues Zeitgefühl, ging den Dingen auf den Grund, erfasste das Wesentliche, stellte es dar nicht in ihrer Erscheinung, sondern in der plastisch gestalteten Urform. Hier war nicht wie im Impressionismus, das Aussehen der Dinge erblinzelt und in Malereien ausgebreitet, sondern ihr Wesen war erlebt und in Bildern geformt. Hier tastete nicht ein Blick eine Oberfläche ab, sondern ein Herz schlug liebevoll einer von allem Banalen und Zufälligen gereinigten höheren Wirklichkeit entgegen.

Meinem Sammeln lag eine Gesinnung zugrunde, die Gesamtheit dieser Bilder war ein Bekenntnis, eine Deutung meiner seelischen Formation, war notwendig, persönlich und einmalig und dennoch im Zusammenhang mit einem großen allgemeingültigen Zeitgefühl. Hierfür wurde jetzt der Kampf von mir erneut aufgenommen. Ich hatte schon Jahre vorher in Deutschland und in der Schweiz Ausstellungen gemacht. Unter anderen eine bei Schulte in Berlin, wo ich eine Auswahl von Werken der Jungen zeigte, gleichzeitig mit ihnen den alten Odilon Redon, der mir einen gerührten Dankesbrief schrieb, daß er es erlebte, in Deutschland gezeigt zu werden. Er sollte wenig Freude davon haben. Die Ausstellung wurde belacht und die Kaiserin machte nach dem ersten Blicke kehrt und ging entrüstet hinaus.

Jetzt stellte ich nur noch Bilder von Picasso, Braque und Henri Rousseau aus; in der Berliner Sezession, im Sonderbund in Köln. Es hatten sich allmählich begeisterte Anhänger gefunden. Alfred Flechtheim hatte seinen Beruf als Getreidehändler aufgegeben, sich in Düsseldorf als Kunsthändler niedergelassen und vertrat mit jugendlicher Begeisterung die neue Sache. Hagelstange, der begabte und mutige Direktor des Kölner Museums, setzte sich für sie ein. Paul von Mendelssohn kam mit Bruno Paul und erstand das erste Bild von Rousseau, das nach Berlin kam.

Das Eckzimmer meiner Wohnung, das nach der Seine zu lag, wurde der Ort, wo Liebhaber dieser jungen Kunst sich trafen. Hier, umgeben von den edeln Bildern Braques, mit einem

Blick auf die Ile St-Louis, saßen wir oft an dem runden schwarzen Marmortische, in bequemen Stühlen, und diskutierten beim Frühstück, das zuweilen fünf Stunden dauerte, die Probleme der Kunst, die uns am Herzen lagen, bis die Dunkelheit uns einhüllte und das Obst auf dem Tisch und der gelbe Anjouwein in den Gläsern allein noch erkennbar blieben. An zwei Tagen der Woche aber irrten in diesen Räumen, die dann beliebigen Besuchern offen standen, viele geschwätzige Menschen umher, die mich mit spöttischen Fragen bestürmten und deren Gelächter, sobald sie im Treppenhause waren, das Haus erfüllte. War der letzte fort, sank ich auf ein Ruhebett, müde und unglücklich, unfähig, irgend etwas zu beginnen.

Es konnten dann Stunden der Schwäche kommen, in denen ich glaubte, am Ende aller moralischen und materiellen Kräfte zu sein, in denen ich nicht mehr den Weg vor mir sah und ich darüber nachdachte, ob es nicht besser sei, die Existenz nebenher durch eine weniger undankbare Tätigkeit zu sichern. Aber der einzige Versuch, den ich nach dieser Richtung hin eines Tages unternahm, scheiterte so kläglich, daß ich die Überzeugung gewann, das Schicksal wolle, daß ich mich durch nichts aus meiner Bahn ablenken ließe. Ich kannte damals seit längerer Zeit einen jungen Mann – wir hatten uns im Lapin Agile kennengelernt –, der sich von G. nannte und nicht ohne Begabung zeichnete. Wie ich heute weiß, hatte er auf das Adelsprädikat kein Recht, aber ich zweifelte damals um so weniger an seiner vollkommenen Ehrenhaftigkeit, als ich seine Mutter, die einer alten irischen Familie entstammte, gelegentlich eines Aufenthalts in Paris kennen und hochschätzen lernte und er eines Tages ein Mädchen aus einer gräflichen Familie des württembergischen Hofadels heiratete. Ich besuchte das junge Paar zuweilen und hatte den Eindruck, daß die materiellen Bedingungen ihrer Existenz immer ungünstiger wurden. Als ich nach längerem Fortbleiben eines Tages wieder erschien, hatte sich offenbar vieles verändert und mein

Bekannter sagte mir, daß es ihm jetzt sehr gut gehe nachdem er sich entschlossen habe, mit einem französischen Freunde ein Bankgeschäft zu eröffnen. Er riet mir dringend für sie tätig zu werden, indem ich die Geschäfte, über die sie gerade verfügten, andern Bankiers offerierte. Er tat so als machte er dieses Angebot aus reiner Freundschaft zu mir, um mich aus allen meinen Schwierigkeiten zu ziehen, und er wußte meine Einwendungen, die sich hauptsächlich auf meinen Mangel an Fachkenntnissen bezogen, zu widerlegen. Er berief sich im übrigen auf zwei gemeinsame Bekannte. Die beiden gaben mir eine vorzügliche Auskunft, sie hatten größere Summen in den Geschäften der Bank engagiert und waren mit den Resultaten äußerst zufrieden, hatten schon eine Menge Geld verdient. Ich war gerade im Zustande schwerster Depression durch den geringen Erfolg meiner Bilderangelegenheiten, sagte im Prinzip zu und ließ mich in der Bank, deren Räume mit riesenhaften Photographien nach überseeischen Plantagen geschmückt waren, dem französischen Kompagnon meines Bekannten vorstellen. Man gab mir eine größere Anzahl von Adressen von Bankiers und die nötigen Instruktionen über die Anteile der Plantagenausbeutung und die Aktien einer projektierten spanischen Eisenbahn. Ich machte mich auf den Weg, im hohen Hut natürlich, sehr überzeugt von meiner ernsthaften Rolle. Man empfing mich überall mit größter Höflichkeit, hörte mich an, notierte die Adresse der Bank und sagte, man würde eventuell von sich hören lassen. Auf der Bank erklärte man mir regelmäßig, daß keine Aufträge eingegangen seien, also keine Provisionen für mich fällig wären. Eigentlich erstaunte mich dieses nicht mehr, denn meine Begeisterung in der Anpreisung der betreffenden Werte war wohl nicht so groß, daß sie Menschen zu Transaktionen hinreißen konnte. Ich machte mir aber gleichfalls klar, daß auch im Falle eines Erfolges ich von einem solchen möglicherweise nichts erfuhr, und daß ich keine Kontrolle besaß. So flaute meine Tätigkeit allmählich ab, bis sie erlosch. Sehr bald darauf stand eines Tages mein Bekannter vor der Tür. Er erzählte mir, daß er aus Gründen eines Besuches nicht zu Hause wohnen könne, und bat mich, ihn für kurze Zeit zu beherbergen. Ich faßte Mißtrauen, denn er sah unruhig und gehetzt aus, und ich sagte ihm, daß ich seinen Wunsch nicht erfüllen könne. Einige Tage später traf ich meine Gewährsmänner, die mir erzählten, daß sie alles Geld verloren hätten, das sie in die Bank gesteckt hatten, denn es habe sich herausgestellt, daß weder die Plantagen noch das spanische Eisenbahnprojekt existierten.

Ich fühlte, daß ich mich von meiner großen Aufgabe nicht ablenken lassen durfte und den Kampf mutig fortsetzten mußte. Teilte ich die Mühen desselben, soweit es sich um Picasso und Braque handelte, mit Kahnweiler, so hatte ich den Kampf um Rousseau allein zu führen. Vollard hatte zwar ein paar Bilder von ihm gekauft, aber er zeigte sie nicht. Für den Ruhm Henri Rousseaus blieb alles zu leisten. Ich beschäftigte mich zunächst damit, das hinterlassene Werk zu vervollständigen, Bilder aus vergessenen Winkeln aufzustöbern, alle die auch, die er den vielen Frauen, die er geliebt, als Werbegeschenk hinterlassen hatte. Eines der schönsten, eine Frau in rotem Kleid, die in einem frühlinghaften Walde spazieren geht, fand ich bei einer Wäscherin in einem Außenquartier. Es hatte jahrzehntelang als Kaminschirm gedient und war mit einer dicken Schicht Ruß übergezogen. Leute, die früher in Paris gewohnt und ihn gekannt hatten, fand ich in der Normandie, wo sie einen Bauernhof hatten. Im Wohnraume hingen als einziger Schmuck vier frühe Bilder Rousseaus. Der Mann war auf seinem Acker und die Frau wollte sie mir nicht verkaufen. Ich schrieb nochmals von Paris und bekam eine Zusage, falls ich wieder hinauskommen wolle, um vom alten Rousseau zu sprechen und »um einen zusammen zu heben«. Ich lag von der erst langen Fahrt durch das winterlichfeuchte Land an schwere Rheuma im Bett und erreichte es schließlich, daß man mir die Bilder schickte.

Dann wandte ich mich an Bernheim Jeune, die gegenüber der Madeleine ihre Galerie hatten. Obgleich sie kein geschäftliches Interesse an Rousseau hatten, waren sie doch bereit, die große retrospektive Ausstellung zu machen, die ich plante. Sie wurde am 28. Oktober 1912 eröffnet, meinem achtunddreißigsten Geburtstage. Der erste, der erschien, war der Händler, der damals bat, ihm ein Dutzend Bilder ins Haus zu schicken, damit er sich eins aussuchte für hundert Francs. »Sie erinnern sich wohl, Herr Uhde sagte er, indem er auf eine Landschaft deutete, »daß ich vor zwei Jahren hier dieses Bild erwarb. Ich darf es wohl übernehmen und bezahlen; Sie verlangten hundert Francs.« Ich berichtigte seine Behauptung, sagte, daß mir das Bild nicht mehr gehörte, daß der neue Eigentümer zweieinhalbtausend Francs verlangte. »Ich würde es an Ihrer Stelle trotzdem kaufen«, sagte ich ihm, »denn in zwei weiteren Jahren wird es mehr als das Doppelte kosten.« Er ging verärgert beiseite. Die Ausstellung war ein großer Erfolg. Die Künstler vor allem waren es, die Rousseaus Bedeutung begriffen hatten. Von jetzt an kamen die Bilder in die großen Sammlungen und wurden hoch bezahlt. Zwei Jahre später, im Jahre 1914, erschienen Bilder von Rousseau zum ersten Male in einer öffentlichen Versteigerung. Sie befanden sich in guter Gesellschaft, denn in der Sammlung, die verkauft wurde, waren sonst ausschließlich Bilder von Manet, Cézanne, Renoir, Gauguin, van Gogh. Als die Urwaldlandschaft von Rousseau für 8850 Francs, mehr als siebentausend Mark, der Galerie Bernheim Jeune zugeschlagen wurde, bemächtigte sich der Anwesenden eine große Bewegung; man erhob sich und es kam zu einer sympathischen Demonstration, der nur ein kleiner Teil des Publikums widersprach.

Es fehlte mir damals nicht an geistiger Bewegung in Paris. Der Kampf um die künstlerischen Werte, die ich zum Teil als Erster, zum Teil unter den Ersten gefunden hatte, hielt mich täglich in Atem. Aber ich fühlte oft Sehnsucht nach einer ruhigen Stunde, nach Besinnung und Entspannung. Es kam hinzu, daß das Projekt eines Romanes mich beschäftigte und mich nach einem Platze umsehen ließ, an dem ich in Verborgenheit leben könnte.

Ich kannte die weitere Umgebung von Paris recht gut, hatte die Sommer in verschiedenen schön gelegenen Orten verbracht. Des öfteren in Meulan-Hardricourt, zwischen Paris und Mantes, da, wo die Seine sehr breit ist, hatte dort wochenlang auf dem Wasser gelegen und gerudert. Ich hatte da in einer Kneipe gewohnt, in der der Laternenanzünder und der Telegraphenjunge – sie hatten beide fast nichts zu tun – den ganzen Tag Billard spielten. Ich erinnere mich, daß während eines Aufenthalts dort die Nachricht kam, daß die Mona Lisa gestohlen sei. Von diesem Tage an veränderte sich das Wesen meines Wirts, eines schweigsamen einfachen Mannes, der nie für Dinge Interesse zeigte, die außerhalb seines Gastbetriebs lagen. Er magerte ab, sah elend aus, verlor den Schlaf. »Das kommt, weil das Bild gestohlen ist«, sagte die Frau. Ob er es überhaupt gekannt habe, fragte ich. Nein, aber er kenne es aus Abbildungen. Ich habe damals begriffen, wie ungeheuer weit der Wirkungsradius dieses Bildes ist, auf dem wir heute, bei allem Respekt vor historischen Urteilen, doch nicht mehr als das Vorhandensein besonders starker, erotisch gefärbter Gefühlswerte konstatieren können. Und ich dachte schon damals darüber nach, wie klein der Wirkungsradius der wirklich großen Kunstwerke, etwa der Bethsabée Rembrandts, ist, in denen eine unübersehbare Fülle großer künstlerischer Werte lebt.

Jetzt fiel meine Wahl auf Senlis, das mittelalterliche Städtchen mit seinen engen Gassen, seiner Kathedrale und den vielen gotischen Kirchen, von denen die eine das Theater war, eine andere als Markthalle diente, mit seinen Klöstern und von hohen Mauern umfriedeten Adelssitzen. Obgleich es nur vierzig Kilometer von Paris entfernt liegt, kam selbst an den Sonntagen niemand in diesen Ort. Er hatte nicht viel mehr als 4000 Einwohner. Die Familien wanderten nicht aus und es zogen keine neuen hinzu. Es waren seltsame enge Gassen da mit kleinen grauen Häusern, auf deren Fensterbänket rote Blumen standen. Über die Mauern ragten die weißen Blüten der Kastanien und fielen die violetten Trauben der Glyzinen. Von allen Kirchen war nur noch die Kathedrale in Benutzung. Sie hatte über der Pforte das Wappen Franz I. mit dem Salamander, und in den äußeren Galerien wuchs Farren und blaue Glockenblumen. Vom Turme aus war die Stadt wie ein Garten anzusehen mit uralten Bäumen und leuchtenden Blumenbeeten. Wenn man aber unten war, sah man nur graue Häuser und graue Mauern. Die Stadt war tot, mehr tot als das tote Brügge, und der Klang der Glocken war das einzige Geräusch, das man hörte. Die Menschen verließen die Häuser selten, ihr letztes großes Erlebnis war der Anblick der deutschen Ulanen, die 1870 auf dem Wege nach Paris hindurchzogen.

Wenn man an der Kathedrale vorbeiging und dann an der Ruine eines Schlosses, das Heinrich IV. bewohnt hatte, und sich dem Ende des Städtchens näherte, dort, wo der Tambour wohnte, kam man zu einem ganz kleinen Platze, auf dem das Gras zwischen den Steinen wuchs. Dort mietete ich drei Zimmer, für die ich fünfzehn Francs im Monat bezahlte, und stellte alte, anspruchslose Möbel hinein. Hier brachte ich jetzt von Zeit zu Zeit einige Wochen in Besinnung und Arbeit zu und vor allem die Sommer.

Ich lernte das Radfahren und machte täglich Ausflüge in die umliegenden Wälder. Auf schmalen Pfaden fuhr ich bergauf und bergab. Der eine dieser Wälder war wild und dunkel und es war auch im Sommer kühl in ihm; ein anderer war hell und weiträumig und mit riesenhaften Eichen bestanden. An seinem Rande lag die alte Abbaye, in der Tasso sein Befreites Jerusalem dichtete, und das Grab Jean-Jacques Rousseaus war in der Nähe. Der dritte Wald war der von Chantilly, der wie ein Garten war, und in dem die traurigen Teiche lagen, um die herum ich fuhr.

Zwei schwedische Freunde von mir teilten meine Einsamkeit. Wir nannten uns eine Familie. Ich war »Vater«, der schwedische Dichter »Muttern«, sein malender Landsmann das »Kind«. Muttern war in ihrem Lande ziemlich berühmt, aber eine tolle Person. Sie war periodisch dem Alkohol stark ergeben, und man mußte sehr aufpassen, daß nichts Auffallendes passierte. Eines Abends nahmen wir einen Wagen, ich kutschierte und wir landeten in Chantilly im Hôtel des »Grand Condé«, wo wir zu Abend aßen. Muttern hatte aber unterwegs so viele Apéritifs getrunken, daß sie schon bei den Vorspeisen besinnungslos vom Stuhle fiel. Nach solchen Perioden kamen Tage tiefer Depression. Wir versteckten Messer und Waffen und blickten morgens, wenn wir an Mutterns Hause vorbeigingen, scheu nach dem Fensterkreuz, ob sie nicht etwa dort hing. Mutterns Geldverhältnisse waren sehr ungeregelt. Sie bekam für ihre Aufsätze viel Geld, und wenn ein solches Honorar eintraf, ereignete sich immer das gleiche. Ehe wir es verhindern konnten, war Muttern bereits nach Paris entwischt, hatte sich im Café du Dôme reichlich mit Absinth gestärkt und landete nun in einem Bordell, wo sie irgendein Mädchen, das ihr besonders geeignet erschien, »rettete«, das heißt mit einem größeren Betrag von der Patronin loskaufte. Die beiden Weiber teilten sich natürlich den Raub. Am nächsten Tage nahm die Pensionärin ihre berufliche Tätigkeit wieder auf, während Muttern wie ein geschlagener Hund zu uns zurückkehrte.

Unser Leben war friedlich, wir arbeiteten an den Vormittagen und machten an den Nachmittagen Ausflüge. Aber ich konnte, was ich auch tat, wohin ich auch ging, nicht mehr, dem »Bilde« entrinnen, das Schicksal und Inhalt meines Lebens geworden war. Eines Tages fand ich bei Bürgern auf einem Stuhl ein Stilleben, das mir seltsam den Atem benahm. Das waren Früchte, in schwerer schöner Materie gebildet, nicht so hingestrichen: das sollen Äpfel sein, sondern sie waren in Schönheit geschaffen und Wirklichkeit geworden. Der junge Cézanne hätte sie gemalt haben können. Ich fragte nach dem Künstler und erhielt zur Antwort: »Séraphine.« Als ich damit nichts anfangen konnte, erklärte man mir, daß es meine Aufwartefrau sei, eine

Alte, die seit einigen Tagen meine Zimmer machte und der ich noch keine Aufmerksamkeit geschenkt hatte. Ich kaufte das Bild und alle die andern, die Séraphine im Laufe der Jahre gemalt hatte und die sie, beglückt durch mein Interesse, herbeitrug. Einige davon zeigte ich meinen Freunden in Paris, indem ich sagte, eine Nonne hätte sie gemacht. Sie waren ebenso erstaunt und beglückt wie ich, und einer rief: »Es hat doch keinen Sinn, weiter zu malen, wenn eine ungebildete Frau solche gewaltigen Sachen fertig bringt.«

Eines Tages erhielt ich ein Telegramm, das mich nach Hause rief. Mein Vater war in Wiesbaden, wo er und meine Mutter seit einigen Jahren nach seiner Pensionierung sich niedergelassen hatten, gestorben. Als ich damals zum zweiten Male von Posen nach Paris gefahren war, so eilig, daß ich nicht einmal die Zeit fand, mich recht von ihm zu verabschieden, hatte er mir einige Jahre gegrollt. Dann aber war er gekommen, um seinen siebzigsten Geburtstag mit mir in Paris zu verleben und gleichzeitig den Feierlichkeiten zu entgehen, die man für ihn geplant hatte. Ich hatte ihm ein schönes Essen bei Foyot gegeben mit allen Gerichten, die er liebte; ein Maître d'Hôtel, der ebenso alt war wie er selbst und der den Grund dieser Einladung kannte, umgab ihn mit rührender Sorgfalt. Paris war der letzte große Eindruck seines Lebens. Er war eine jener ritterlichen Naturen aus der Zeit Wilhelms I., pflichtgetreu, von freier und vornehmer Haltung. Er hatte eine absolute Verachtung alles dessen, was »man« sagt, der Konvention, der allgemeinen Meinung. In allen wichtigen Fragen war die Stimme des Herzens für ihn ausschlaggebend gewesen. Seinen Traum vom geeinten Europa sah er nicht verwirklicht, aber der Tod rief ihn ein Jahr vorher ab, ehe die Katastrophe begann, die die Welt in ganz anderer Weise umgestalten sollte.

Ich war bis dahin jedes Jahr nur einmal nach Wiesbaden gekommen, zur Weihnachtszeit, hatte sonst von Deutschland lange nichts mehr gesehen. Jetzt führte mich eine Gelegenheit nach Berlin. Ich hatte eines Tages Paul Cassirer auf den

Großen Boulevards getroffen und ihm erzählt, daß ich in Berlin einen Vortrag über die neue Malerei halten wollte. Er äußerte den Wunsch, daß dieses in seiner Galerie geschehen möge, und wir verabredeten das Datum. Als ich zwei Tage vor dem Termin in Berlin eintraf, stellte ich fest, daß der Vortrag nirgends angezeigt und auch an den Litfaßsäulen nichts zu lesen war. Auf meine entsprechenden Vorstellungen gestand mir Cassirer, daß er im letzten Augenblick Bedenken bekommen habe. Er habe sein Leben lang den Impressionismus vertreten und es könne seltsam erscheinen, wenn er jetzt in seinen Räumen für eine Kunst Propaganda machen ließe, die der von ihm vertretenen diametral entgegengesetzt wäre. Ich sagte ihm, das hätte er sich doch etwas früher überlegen müssen, aber es wäre mir schließlich egal und ich würde den Vortrag in einer andern Galerie halten. Das war aber Cassirer auch nicht recht, er wollte ihn nun doch bei sich haben, und in einigen Stunden war die Presse verständigt und die Plakate bestellt. Der Saal war gefüllt und während des Vortrags saß Cassirer, der nervös war, dicht hinter mir. Ich sagte aber nichts Böses gegen den Impressionismus und leitete meinen Vortrag mit einem Kompliment für Cassirer ein, der und dessen Sache stark genug seien, sich den Gegner ins Haus zu laden. Cassirer sagte mir, als ich meinen Vortrag beendet hatte: »Sie haben mir mein Geschäft für zwei Jahre ruiniert.« Dieses war natürlich ein Scherz, denn das Bestehen dieses klugen und großzügigen Händlers, der dem Impressionismus in Deutschland zum Siege verholfen hatte, hing nicht von ein paar gesprochenen Worten ab. Zudem fand ich mit meiner Verherrlichung von Picasso, Braque und Henri Rousseau wenig Anklang. Einige Herren verließen während des Vortrags ostentativ den Saal, und von den Zeitungsbesprechungen des nächsten Tages stellte die freundlichste nichts weiter fest, als daß ich einen besonders gut geschnittenen Rock angehabt hätte.

Ich verbrachte dann die ersten Monate des Jahres 1914 an der Riviera. Als ich nach Paris zurückkehrte, stellte ich fest, daß seltsame Gerüchte über mich im Gange waren. Ich sei im Süden gewesen, weil ich einen Prozeß wegen Spionage in Toulon gehabt hätte, hieß es. Es war tatsächlich ein Herr Uhde, der in der Nähe von Toulon eine große Besitzung hatte, in einen solchen Prozeß verwickelt, weil er eine Station drahtloser Telegraphie auf seinem Hause hatte anbringen lassen. Die »Action française«* hatte ihn der Spionage bezichtigt; er hatte sie wegen Verleumdung verklagt und war abgewiesen worden. Es war leicht festzustellen, daß ich mit diesem Herrn, den ich persönlich nicht kannte und von dem ich nichts wußte, nicht identisch war. Die »Action française« brachte auch in loyaler Weise eine diesbezügliche Erklärung von mir.

Es lag bereits etwas in der Luft, was derartige Vorkommnisse begünstigte. Ich hatte mich in Senlis gut mit der Bevölkerung verstanden. Man hielt mich für nicht ganz richtig im Kopfe, weil ich die Bilder eines ungebildeten alten Dienstmädchens kaufte, aber sonst für ungefährlich. Jetzt änderte sich manches. Der junge Sohn meines Wirts kam eines Tages weinend nach Hause. Es hatte sich in der letzten Zeit eine Art Jugendwehr gebildet, die militärische Spiele trieb. Sie hatte den Jungen mit den Worten abgewiesen: »Dich wollen wir nicht haben, weil du mit den preußischen Spionen verkehrst.« Meine eigene Korrespondenz blieb offenbar intakt, aber schwedische Freunde, die uns in Senlis besuchten, stellten fest, daß ihre Briefe wohl polizeilich kontrolliert waren. Der Ort wurde mir verleidet, ich fuhr seltener hin.

Als ich das letztemal dort war, um ein paar Sachen zu holen, fühlte ich mich sehr schlecht und mußte mich in Paris mit hohem Fieber legen. Am nächsten Tage stand ich wieder auf, ich zwang mich, meine Tätigkeit wie immer auszuüben, aber während des Essens wurde mir oft so elend, daß ich nach Hause fuhr,

---

* Die »Action française« war eine extremistische politische Gruppierung in Frankreich, die versuchte, die nationalistischen und royalistischen Kräfte zu vereinen. (Anmerkung des Herausgebers)

um wieder zu Bett zu gehen. Ich ließ einen deutschen Arzt kommen, der mich lange untersuchte. »Sie haben Grippe«, sagte er. »Jetzt, mitten im Juni?« fragte ich ungläubig. »Das ist die Schattenseite Ihrer Sensibilität«, sagte er, »Sie reagieren wohl feiner als andere Menschen auf Bilder, aber Sie sind auch leichter umgeworfen. Ein Zugwind in einem Autobus genügt, um Sie krank zu machen.« Ich fühlte mich wirklich abscheulich schlecht, konnte nichts essen, hatte plötzlich 40 Grad Fieber, das ab und zu wieder verschwand. Gelang es mir, auf zu sein, ging ich in eine Bar und aß eine Riesenportion Kaviar, um etwas Nahrhaftes im Leibe zu haben, aber mir wurde auch danach furchtbar schlecht. Das zog sich so wochenlang hin. Ich hatte mir einen Baedeker von Süditalien kommen lassen, den ich studierte, denn ich wollte, sobald das Fieber ausblieb, sofort in heiße Gegenden fahren. Zwei junge Deutsche, die mir freundschaftlich ergeben waren, kamen, soviel sie irgend konnten, leisteten mir in meiner Not Gesellschaft und erledigten die dringendsten Angelegenheiten. Ich hatte so heftige Kopfschmerzen, dass ich verzweifelt war, und die Nachrichten über die politischen Verhältnisse, die die Zeitungen brachten, wirkten nicht erheiternd. Ich raffte mich trotzdem auf, um den gewaltigen Demonstrationszug gegen den Krieg zu sehen, der über die Boulevards zog mit dem Schrei: »Wir wollen keinen Krieg, nieder mit dem Krieg!« Als die Ermordung von Jaurès bekannt wurde, befand ich mich an der Großen Oper und begriff in diesem Moment erst ganz die Bedeutung der Ereignisse, die sich vorbereiteten.

Ein paar Tage später, am einunddreißigsten Juli*, kam ein Freund von mir und sagte, ich müsse unbedingt aufstehen, die Botschaft rate dringend zur sofortigen Abreise, er würde mich auf der Fahrt begleiten. Ich hatte mehr als neununddreißig Grad Fieber, erhob mich gleichwohl und packte mit Hilfe von

---

* Jean Jaurès wurde am 31. Juli 1914 ermordet. Uhde muss also erst »ein paar Tage später«, in den ersten Tagen des Augusts, den Rat der Botschaft durch den Freund erfahren haben. (Anmerkung des Herausgebers)

Constants Mutter meine Sachen, einen Koffer zum Aufgeben, zwei große lederne Handkoffer. Dann ging ich noch einmal durch diese Räume und warf einen letzten Blick auf die Bilder, von denen jedes seine Geschichte hatte und mit meinem Leben verwachsen war und die ich so in ihrer Gesamtheit nie wieder sehen sollte.

Die beiden jungen Deutschen schlossen sich uns an. Zwei Stunden vor Abgang des letzten Zuges nach Brüssel waren wir auf dem Nordbahnhof, auf dem ein wogendes Meer von Menschen war. Ich brauchte mehr als eine Stunde, um meinen Koffer einschreiben zu lassen. Der Zug war überfüllt, kein Sitzplatz mehr zu haben. Angesichts meines elenden Zustandes machte man mir gleichwohl einen frei. Meine drei Reisegefährten mußten bis Brüssel stehen.

So verließ ich die Stadt, die ich liebte. In Florenz hatte ich das Glück fremder Menschen erlebt, die seit fünfhundert Jahren in ihren Gräbern liegen, in Paris aber mein eigenes Glück. Ich hatte im Vordergrund einer Bewegung für den künstlerisch wertvollsten Ausdruck einer neuen Gesinnung gekämpft, und die Ereignisse, die mich jetzt herausrissen, traten in dem Augenblick ein, da dieser Kampf im wesentlichen entschieden war. Der Sieg war errungen.

Kriegsjahre und Nachkriegszeit

Wir kamen am ersten Tage bis Brüssel. Ich wurde ein immer unbequemerer Ballast für meine Freunde. Sie waren rührend um mich bemüht, schleppten mich ins Hotel zurück, als ich auf der Straße zusammenbrach. Das Fieber raste und machte mir alles unwirklich. Im Hotel sah ich plötzlich Pascin, der nach Amerika flüchtete. Am nächsten Tage ging die Reise weiter. Mein Freund hatte vom deutschen Gesandten ein großes Paket mit Schokoladekonfekt gebracht, ich aß davon und mir wurde ungeheuer schlecht. Wir kamen an der deutschen Grenze an, mußten eine halbe Stunde zu Fuß über Land bis zur Station laufen, wobei ich ein paar schwere lederne Taschen schleppte. Ich bildete mir ein, daß ich mich in meinem Geburtsorte Friedeberg militärisch melden müsse, was nicht zutraf, da ich ungedienter Landsturm war. Da ich fühlte, daß ich nicht lebend hinkäme, beschloß ich, nach Wiesbaden zu fahren zu Mutter und Schwester.

In Köln war der Platz vor dem Dom von einer ungeheuren, freudig erregten Menschenmenge gefüllt. Ich stand am nächsten Morgen früh auf, nahm meine Handtaschen, stürzte zum Bahnhof und erwischte den letzten Zug nach Wiesbaden, der Zivilpersonen zugänglich war. Als ich angekommen war, fuhr ich in ein Hotel, dann zu meinen Angehörigen. Sie waren entsetzt über mein Aussehen, räumten mir ein Zimmer ein, ließen mein Gepäck kommen, brachten mich zu Bett. Ich hatte vierzig Grad Fieber, war aber nicht zu halten und spazierte in der Wohnung umher. Der Hausarzt erkannte sowenig wie der Pariser Doktor, was mir fehlte, glaubte, es sei die Aufregung der Reise, und wußte nichts zu sagen, als er hörte, der Zustand dauere bereits seit mehr als einem Monat. Es ging mir immer schlechter, ich delirierte, konnte keine Nahrung zu mir nehmen, da holte man einen berühmten Arzt. Der tat, was längst hätte geschehen müssen: machte eine Blutuntersuchung und stellte Typhus fest.

Als eines Tages das Fieber fiel, stellte sich eine große Herzschwäche ein, die mein Leben gefährdete. Trotz Kampfer- und Koffeinspritzen fühlte ich eines Nachts, daß es wohl zu Ende ging. Ich fragte die Krankenschwester, ob ich die Nacht überleben würde, hoffte im stillen auf Ermutigung. Sie aber kniete am Bette nieder, hob die Augen gen Himmel und sagte mit feierlicher Stimme: »Unser Leben liegt in Gottes Hand.« Meine Reaktion auf diese unangebrachte Antwort war trotz meiner Schwäche so heftig, daß sie mir über diese schlimmste Stunde hinaus weiter half.

Die Rekonvaleszenz war lang und schwer. Ein Bein war fast gelähmt und ich konnte die ersten Wochen nur am Arm meiner Wärterin gehen, nachher humpelte ich mühsam an zwei Stöcken. Meine Schwester hatte eine harte Zeit hinter sich da meine Mutter gleichfalls schwer leidend und bettlägerig war.

Außer meiner Mutter und meiner Schwester traf ich an Verwandten noch zwei Schwestern meiner Mutter in Wiesbaden an. Die eine war die, welche ich von Greifswald her kannte. Der Professor, dem sie immer nachreiste, war gestorben. Da hatte sie ihren Wagen verkauft, mit dem sie zu dem ihr schräg gegenüberliegenden Hause gefahren war, in dem er wohnte, und war nach Wiesbaden übergesiedelt, wo sie eine Achtzimmerwohnung für sich und ihren Papagei gemietet hatte. Sie war dorthin gekommen, weil sie für meine Mutter eine zärtliche Zuneigung hatte. Aber ihre Hemmungen waren so stark geworden, daß sie in den ungefähr fünf Jahren des »Zusammenlebens« meine Mutter ein einziges Mal besuchte. Und das war ein so großes Unternehmen für sie, daß sie hinterher tagelang infolge der Aufregung leidend war. Außer ihrer Gesellschafterin »Frau Doktor«, mit der sie Schach spielte, sah sie niemanden. Sie war noch immer sehr elegant und mit vornehmem Geschmack gekleidet. Von ihren Geldverhältnissen hatte sie keine Ahnung; ihre Angst vor allem Realen ging so weit, daß sie in die von ihrer Vermögensverwaltung gelieferte Rechnungsablegung keinen Blick warf. Sie versicherte meiner Schwester wiederholt, daß diese in ihrem späteren Leben nie werde zu arbeiten brauchen, da sie ihr ihr ganzes Vermögen hinterlassen wollte. Als sie einige Jahre später starb, war das Vermögen fast verbraucht, eine Bestimmung zugunsten meiner Schwester nicht vorhanden, aber außer dem Papagei war eine Garderobe da, die ausreichend war, zahlreiche weibliche Verwandte bis an ihr Lebensende reichlich mit Kleidern, Mänteln, Schirmen usw. zu versehen.

Ebenso wie diese Schwester meiner Mutter hatte auch die andere, die in Wiesbaden wohnte, ein schönes Rittergut besessen. Aber es war ihr wie »Hans im Glück« gegangen. Aus diesem Gut war ein Bauernhof geworden, aus dem ein Droschkenmietgeschäft, das sich schließlich in eine Milchhandlung verwandelte. Mit dieser war der Rest des Geldes dahingegangen. Aber erst jetzt erwachte der wahre Unternehmungsgeist meiner Tante. Sie bekam es fertig, ohne einen Pfennig eine groß angelegte Erholungsstätte ins Leben zu rufen, bei der alles auf Kredit entnommen war, der Grund und Boden, die Gebäude, die Einrichtung, so daß eine enorme Zinssumme jährlich herausgewirtschaftet werden mußte. Da meiner Tante ihr Leben lang jede Gewinnabsicht fern lag und sie nur ihrem unersättlichen Tätigkeitstrieb folgte, verabreichte sie für wenig Geld eine verschwenderische Küche, die mehr kostete als einbrachte. Ihre

Pensionäre waren begeistert und freuten sich, als sie wegfuhren, schon auf den Aufenthalt im nächsten Jahre. Aus dem wurde aber nichts, da das Unternehmen schon nach der ersten Saison zusammenbrach. Seitdem lebte meine Tante in Wiesbaden von einer kleinen Rente, die ihr ihr Sohn ausgesetzt hatte. Ihr Tatendrang erschöpfte sich jetzt in Wohnungswechseln. Unaufhörlich ging sie trotz eines schweren Herzleidens treppauf und treppab, und an jedem Tage, der einem Umzug folgte, begann sie von neuem eine Wohnung zu suchen.

Sobald es mir gesundheitlich wieder erträglicher ging, mietete ich mir zwei Zimmer und arbeitete an dem Roman, den ich schon in Senlis begonnen hatte, der den Titel führen sollte »Die Freundschaften Fortunats« und der als Motto den Rilkeschen Vers hatte: »So klangen Knaben an wie Violinen.« Er handelte von dem Erblühen einer jungen Seele unter dem Einfluß der Freundschaft, ihren Erhebungen, hoffnungsvollen und großartigen Zuständen und, als dieser Einfluß aufhörte von ihrem langsamen Herabsinken und Untergehen in der Banalität eines bürgerlichen Lebens. Es war das Schicksal deutscher Jugend, vielleicht der Jugend überhaupt. Persönliche Erinnerungen wurden in die Handlung verwoben, die in Paris spielte.

Ich lernte zu jener Zeit in Wiesbaden einen ostpreußischen Fahnenjunker kennen, der, wie ich, von schwerer Krankheit sich erholte. Er schloß sich mir mit freundschaftlichen Gefühlen an und ließ mich teilnehmen an dem stolzen und kühnen Zukunftstraum eines siebzehnjährigen Herzens, den ein paar Monate später schon der Krieg ein frühes End bereitete. Vielleicht hätte er zu jenen gehört, die die schöne Erhebung der Jugend in das Mannesalter tragen, schöpferisch und treu ihr Leben auf gleicher Höhe weiterführen. Auf alle Fälle war der Krieg nicht die einzige Möglichkeit gewesen, dieser edeln Seele Schwung zu verleihen, sie aus den Niederungen trostloser Bürgerlichkeit zu heben.

Aber seine Altersgenossen, die andern, die vielen, denen das Leben nicht von innen, sondern von außen kam, für sie war der Krieg die einzige Möglichkeit großen Geschehens. Das ehrgeizige, fette, zufriedene Bürgerleben wurde für sie dadurch aufgeschoben. Das Land, das seiner Jugend keinen würdigen Gegenstand der Liebe, des Glaubens und der Hoffnung gab, hatte kein anderes Mittel der Erhebung für sie als den Krieg. Als Kinder, mit dem Traum der Kinder in Herzen, dem Verlangen nach Ruhm, zogen sie aus, damals als sie Tacitus und Demosthenes übersetzten, Aufsätze über römischen Mannesadel schrieben, über die Schlacht bei Thermopylae und das süße Sterben fürs Vaterland. Sie wußten die Zahlen der großen Schlachten und konnten alle vaterländischen Lieder singen. Und als der Ruf erging, standen sie von ihren Vokabelbüchern auf und folgten den wehenden Fahnen, so wie man zum Ballspiele geht. Denn was wußten sie? Das Leben war ihnen eine Ode von Horaz, Sterben ein Zeitwort, das sie deklinierten, und wenn sie vom Ruhm sprachen, fielen ihnen ein paar Geschichten ein, die man ihnen von Alexander und Napoleon erzählt hatte. In die schwermütige Süße homerischen Heldentums glaubten sie zu ziehen. Aber man führte sie in die Hölle, mit der die Menschen alle Teufel überboten und alle Götter widerlegten. Ihre Knie zitterten, wenn die eisernen Türme sich ihnen entgegenwälzten, die Granaten platzten, Maschinengewehre knatterten und um sie herum die Freunde in blutige Fetzen zerflogen.

Ich selbst war jetzt vierzig Jahre alt und stand diesem Krieg ohne Enthusiasmus gegenüber, denn ich fühlte, er wurde bei uns nicht um einen Inhalt geführt, sondern um eine Form, auf der die Etikette »Deutschland« stand. Das war kein Dom der Andächtigen, sondern ein großer gemeinsamer Exerzierplatz, eine gemeinsame Fabrik, eine gemeinsame Börse. Wir hatten es nicht vermocht, dieses Gebilde zu beseelen, ihm Inhalt zu geben, es zu binden durch die innere Kraft deutscher zeitgemäßer Gesinnung, den Reichtum beglückenden Denkens und Wollens. Kein Hohepriester hatte einem gläubigen Volke das Allerheiligste gezeigt, den Traum der Seele, sondern die Regiekunst machtfroher Phantasten hatte dem an die

Materie gebannten Volke äußeren Gewinn, eitle Vergrößerung der Form gewiesen.

Wenn ich in der letzten Zeit in Paris gefühlt hatte, daß etwas Neues in mein Leben treten müsse, weil die Ziele erfüllt waren, so konnte dieser Krieg, der nicht um ewige deutsche Güter, sondern ausschließlich um Macht ging, nicht der neue Inhalt sein. Für dieses kaiserliche Deutschland war meines Erachtens das nötige Minimum von gutem Gewissen, Glauben und Begeisterung (dessen Maximum einst die dreihundert Spartiaten besaßen), mit dem man Kriege gewinnt, nicht aufzuweisen. Dieser Tages-Impressionismus äußeren Erlebens, der nicht zu dem Wesentlichen, Substantiellen deutscher Werte gedrungen war, hatte nicht sittliche Kraft genug, den Sieg für sich zu fordern. »Nur Ideen geben dem Handeln Nachdruck und sittliche Bedeutung«, sagt Schelling. Was ich fünfzehn Jahre zuvor in meinen »Florentiner Briefen« geschrieben hatte, galt noch, und ich wußte, daß meine Prophezeiung sich jetzt erfüllen würde: »Kommen wird einst der Tag, da die heilige Ilios hinsinkt, Priamos auch und das Volk des lanzenkundigen Königs.«

In dieser Stimmung drängte ich mich weder in den Schützengraben, wo ich mit meinen Störungen im Bein wenig genützt hätte, noch zu bevorzugten und bequemen freiwilligen Tätigkeiten, sondern wartete in Ruhe die Stunde ab, da man mich zum Soldaten machen würde. Sie kam im zweiten Kriegsjahre. Eines Tages stand ich auf einem Kasernenhofe in Wiesbaden und machte die üblichen Anfangsübungen. Der Oberstleutnant kam herangeritten. »Was sind Sie?« brüllte er mich an. »Schriftsteller, Herr Oberstleutnant.« »Na, dann Kopf hoch«, schrie er, »gerade die Schriftsteller müssen in diesen Zeiten allen andern mit gutem Beispiele vorangehen.« Damit ritt er weiter.

Der Dienst war wie überall. Es gab Marschieren mit plötzlichem Hinwerfen, was zufällig immer erfolgte, wenn Pfützen auftauchten, mit Schwenken in Gliedern oder wie es heißt, wo ich meist Verwirrung anrichtete, Schießen und Gewehrreinigen, welches ich nie begriff. Das alles war nicht spaßig, aber man tat es willig, wußte man doch, welche Schrecknisse die andern draußen erlebten. Trotzdem hätte ich gern mit ihnen getauscht, und als einige Mann sich freiwillig für einen bestimmten Teil der Front melden sollten, trat ich mit vor, aber der Hauptmann meinte, ich sei noch nicht genügend ausgebildet. Einige Wochen später erfuhren wir, daß von den Fortgegangenen kein einziger mehr am Leben war.

Schlimm war der Feldwebel. Er misshandelte seine Mannschaft, und sie haßte ihn, mit einem Haß, wie ich ihn nie sonst zwischen Menschen gesehen habe. Es waren nur ältere Leute in der Kompagnie, ungefähr Vierzigjährige wie ich, Bauern, kleine Kaufleute, Handwerker. Bei jedem von uns witterte der Feldwebel mit Sicherheit die Stelle, wo er am leichtesten zu verwunden war. Den Schwachen bürdete er die schwersten Arbeiten auf; dem Landwirt verweigerte er den Urlaub, als er seine Kartoffeln ernten wollte, die nun verfaulten; mir erlaubte er nicht, meine kranke Mutter zu besuchen, als sie in einem besonders schlimmen Augenblick mich sprechen wollte. Ich habe von erwachsenen Männern nie so viele Tränen fließen sehen, habe nie so viele Verwünschungen gehört wie damals.

Der mir befreundete Landrat von Homburg von der Höhe veranlaßte beim zuständigen Generalkommando, daß ich aus diesem unnützen und sinnlosen Zustande, der kein Ende nehmen wollte, herauskam. Ich wurde an die Postüberwachungsstelle in Frankfurt am Main versetzt. Hier herrschte ein menschlicher Ton. Die Feldwebel und Unteroffiziere waren größtenteils gebildete Kaufleute, die lange Zeit im Ausland gelebt hatten. Nur der Major war kommissig, aber harmlos und trotz seinem Brüllen kein böser Mensch. Hier saßen wir, ein paar hundert Mann, an langen Tischen und lasen unzählige Briefe. Soweit wir hinderten, daß ungeeignete Nachrichten das Land verließen, erwiesen wir uns nützlich, hatten aber geringe Resultate, wenn es sich darum handelte, Spione zu fangen. Die militärischen Absichten Ludendorffs wurden weiter verraten, und wenn ich einen Brief anhielt, in dem jemand einige Hundert schwere und einige Hundert leichte Zigarren mit bestimmten Namen im Auslande bestellte und ich zu erwägen gab, ob es sich hier nicht um Armeekorps, schwere und leichte Artillerie und Ortsnamen handelte, so wollte ich damit nur dem Major ein Vergnügen machen, der darüber lange Telegramme losließ.

Der Major hatte sehr festgelegte Kunstanschauungen, die, wie es sich herausstellte, mit den meinen nicht immer übereinstimmten. Als ich angab, den mir zustehenden Jahresurlaub in München verbringen zu wollen, fragte er mich, was ich dort machen wolle. Ich sagte ihm, daß ich mir Bilder ansehen würde. »Aha, diese modernen Bilder«, schrie er aufgebracht, »mit den magern eckigen Weibern und kantigen Popos darauf. Wir, zu meiner Zeit, liebten die rundlichen. Nein, das ist keine Erholung, dafür gebe ich Ihnen keinen Urlaub.« Als ich ein neues Gesuch machte und als weiteres Ziel Reichenhall hinzufügte, gab er schließlich die Genehmigung.

In einem dieser Jahre verbrachte ich meinen Urlaub in Wildbad. Ich unternahm in den vierzehn Tagen, die ich zur Verfügung hatte, weite Spaziergänge im Schwarzwald. Dort gab es damals noch richtiges Essen, und ein Sandwich war wirklich ein Sandwich, nicht eine Fleischkarte zwischen zwei Brotkarten. Im Hotel saß bei den Mahlzeiten mir gegenüber eine Dame mit ihrem jungen Sohne, der hatte einen guten, schmalen Kopf, ein großes kindliches Auge und etwas Beglücktes um den Mund. Die Hände, die erstaunlich zart und lang waren, adelten seine Erscheinung, schienen aber deren Beständigkeit in Frage zu stellen. Es war Helmut Kolle, mit dem mich später eine schöne Freundschaft verband. Sie fand ein Ende durch seinen frühen Tod, welcher einen Schatten auf den Rest meines Lebens legte. Helmut Kolle wohnte seit kurzem in Frankfurt am Main, nachdem er seine erste Jugend in Bern verbracht hatte. Als mein Urlaub beendet war, sah ich ihn oft in den Straßen Frankfurts, aber ich lernte ihn erst gegen Ende des Krieges in Wiesbaden kennen, wo ich regelmäßig den Sonntag verbrachte. Er war dorthin gezogen, weil seine durch Krankheiten geschwächte Konstitution nicht die durch die Fliegerangriffe über Frankfurt verursachten Aufregungen ertrug.

Der Waffenstillstand war geschlossen und das Heer kehrte zurück. Man begrüßte die Offiziere, indem man ihnen auf dem Bahnhofe die Achselstücke abriß. Sie konnten sich in der Stadt nicht mehr in Uniform zeigen. Eines Tages stand unser Major im Toreingang unseres Gebäudes, mit einem Jägerhütchen auf dem Kopf, und gab jedem zum Abschied die Hand. Er hatte allen Glanz und alles Imponierende verloren. Die bunten Federn zum Radschlagen waren ihm ausgerissen; die Stimme, die jeden Tag so herrisch gebrüllt hatte, war bescheiden und dünn geworden. Vor uns stand ein unglücklich und krank aussehendes Männchen, das ohne Stellung und Geltung war und dem man die Sorge um seine Zukunft aus dem gelben kleinen Gesichte las.

Wie er so bemitleidenswert im Torweg stand, war er das Symbol eines Landes, das nicht durch seinen innern Gehalt, sondern durch sein lautes Wesen sich durchgesetzt hatte; eines Landes, das nicht an die weittragende Kraft einer großen Idee, sondern einer dicken Kanone geglaubt und vor der Wahl zwischen Geist und Gewalt auf die falsche Karte seines Schicksals gesetzt hatte.

Jetzt schien mir mit vielen die Stunde gekommen, an der Stelle des zusammengebrochenen ein neues Deutschland erstehen zu lassen, das nicht durch den Prunk seiner Uniformen und die Vollkommenheit seiner Waffen die Welt erschreckte, sondern durch den Reichtum und Glanz seines Geistes unter den Völkern Europas den Platz behauptete, der ihm gebührte. Macht war verloren, Freiheit war gewonnen. Religion, Kunst und Wissenschaft waren jetzt nicht mehr dynastische Propagandamittel, sondern hatten ihren Selbstzweck und ihren Stolz wiedererlangt. Die deutsche Würde war neu zu verstehen, es war zu zeigen, daß nach dem zusammengebrochenen äußern Deutschland ein inneres Reich da war, das unberührt und unzerstörbar war.

Und wenn es nicht da war, wenn ich es nie erfühlt und geahnt hatte, so schlief es vielleicht und war zu erwecken? Gehörten wir nicht einem edeln und schönen Volke an, das mit den Taten seines Herzens und seines Geistes die Welt bereichert hatte? Es konnte, es durfte nicht sein, daß dieses Volk, das gotische Kathedralen und barocke Kirchen gebaut hatte, mit dem U-Boot, dem Zeppelin und der Dicken Berta sich seelisch verausgabt hatte, und daß nach dem Verlust der äußern Güter keine innern Ersatz boten.

Den heimkehrenden Helden rief ich das Willkommen entgegen und suchte ihre Hoffnung zu beleben. »Das Land bringt euch alles wieder, was ihr vorher besaßet, und nichts ist zerstört und zerbrochen: da sind die Berge und die Burgen und die Brücken an dem Flusse, die großen Dome und die kleinen weißen Kirchen in den Weinbergen, die Wälder, die die Dichter besangen, die kleinen Städte, die in den Tälern friedsam liegen. Und die Mauern stehen, auf denen am Abend die jungen Leute sitzen, und die Brunnen, an denen des Morgens die Eimer klirren, sind unverschüttet. Bald fällt in den großen ruhigen Hocken der Schnee sanft zur Erde und unter dem brennenden Baume tönt leise das alte Lied. Das alles gibt euch die Heimat wieder, und sie gibt euch auch dieses: den Sang in stillen Gassen, den Wein, der auf gescheuerten Tischen glänzt, den Frieden und die Schwermut dunkelnder Zimmer, das treue Ja und den Glauben und den Traum und alles, was deutsch ist.

Gewiß, wir verloren viel: die Gräber der Helden, die verwaisten Häuser reden eine furchtbare Sprache. Unser Schmerz ist gewaltig. Aber wie die hohen Grade von Hitze und Kälte das gleiche Gefühl erwecken, so sind ein großer Schmerz und eine große Freude das gleiche: eine Erschütterung der Seele, eine Quelle starken Erlebens, fruchtbarer Erkenntnis.«

Ich war entschlossen, für ein neu zu erbauendes Deutschland mitzukämpfen, alle Kräfte dort einzusetzen, wo um eine große deutsche Gesinnung gerungen wurde. Zunächst aber mußte man sich klar darüber sein, wo die ewigen Werte der

Volksgemeinschaft lagen, mußte das neue Reich innerlich erlebt werden. Gegen Ende 1918 zog ich mit Helmut Kolle nach Weimar. Die Atmosphäre dieser Stadt, in der das Geistige so selbstverständlich und großartig triumphierte, in der die Idee lange Zeit die beherrschende Rolle gespielt hatte, die ihr zukam, schien mir anfangs wie keine andere geeignet, in Ruhe dem deutschen Problem nachzugehen.

Das Reisen zu dieser Zeit war kein Vergnügen. Die Züge waren in einem Zustande vollkommener Verwahrlosung. Das Material war verbraucht, alles, was es im Innern an Stoff und Leder gegeben hatte, war abgeschnitten oder abgerissen. Man hatte keine Gardinen zum Schutz gegen die Sonne. Man konnte die Fenster weder öffnen noch schließen. Die Bahnstrecke war durch die Züge zurückkehrender Soldaten in gefährlicher Weise überfüllt und man mußte oft Stunden auf freiem Felde halten. Auf keiner Station gab es etwas zu essen. Um diese Reise zu machen, die unter normalen Umständen einige Stunden gedauert hätte, hatten wir einen Tag und fast noch eine Nacht nötig. Wir kamen völlig erschöpft durch Müdigkeit, Hunger und Durst in Weimar an und logierten uns in einem Hotel ein, das in dem gleichen schmutzigen und verbrauchten Zustande war wie das Kompartiment, in dem wir gereist waren. Diese Fahrt gab uns ein starkes Gefühl von dem deutschen Elend.

Am nächsten Tage mieteten wir im ehemaligen Hause der Frau von Stein eine Wohnung, lebten in dem großen Saale, dessen Fenster auf der einen Seite zu dem beschneiten Park hinausgingen, auf dessen Wegen Goethe gewandelt war, auf der andern Seite zur Bibliothek, von der aus der Große den Blick auf das Haus der Freundin hatte. Der Raum war nicht leicht zu heizen. In einem kleinen Handwagen fuhren wir selbst aus einer vor dem Tore gelegenen Holzhandlung täglich das nötige Material heran. Helmut Kolle, der bisher gemalt hatte, unterlag dem literarischen Geiste der Stadt und schrieb eine Anzahl Novellen, während ich selbst mich den Erinnerungen an ein deutsches großes Geistesleben hingab, die hier überall noch greifbar in der Luft waren.

Ein Name war vorherrschend, schien noch heute bestimmend über der Stadt zu liegen, der Landschaft die besondere Haltung zu geben, der Name Goethe. Während überall in Deutschland Kämpfe tobten, das Neue unter blutigen Opfern sich allmählich durchsetzte, schwebte der allem Revolutionären, jeder gewalttätigen Entwicklung abgeneigte Geist Goethes mildernd über Weimar. Selbst der Park, in dem wir jeden Nachmittag Spaziergänge machten, wobei uns der Weg an dem Gartenhäuschen des Dichters vorbeiführte, schien unter seiner gleichmäßigen Schneedecke etwas Ausgeruhtes und Maßvolles zu haben.

Deutschland war seit langem bewußt das Land Goethes geworden. Alle führenden Geister beriefen sich auf ihn, alle Staatsmänner, Künstler und Gelehrten hatten den Ehrgeiz, ihm gemäß zu handeln. Auch das besiegte Deutschland war noch das Land Goethes, war daher unvergänglich, hatte die unverschüttete Quelle, die dieser Name bezeichnete, um neue Kräfte zu schöpfen. Er war unser geblieben: man hatte nur in seinen Werken und im Eckermann nachzulesen, wie man sich zu verhalten hatte. Solches zu glauben, lag nahe.

Vielleicht, so dachte ich, konnte man auch aus seinen Handlungen Rat für die Gegenwart holen. Ich kam, wie so oft am Tage, an seinem Hause vorbei, das einfach, würdevoll und Ehrfurcht heischend dalag, ganz so, als wäre in ihm noch immer der Geist lebendig, der in ihm gewirkt hatte. Hier war Goethe auch während der Schlacht von Jena gewesen. Was tat er, wie fühlte er damals? so fragte ich eines Tages. Er war die ganze Zeit mit seiner Optik beschäftigt, meldet ein Brief. Aber nach der Schlacht trieb er Knochenkunde, wozu er die Präparate von den Schlachtfeldern sammelte. Er war nicht unmutig, wird berichtet, »vielmehr heiter«. So stand er also über den Dingen, der große »Schauende«. Auch sonst war es ja nicht seine

Art, mitzuleiden. Er legte sich ins Bett, als die Lebensgefährtin sterbend den Trost seines Anblicks begehrte, und notierte die Tatsache des Todes im Tagebuch neben dem Feuerwerk zu Ehren einer einziehenden Prinzessin; er entzog sich der nach ihm sehnenden Mutter durch einen Umweg der Reise; er fragte den aus Italien heimkehrenden Begleiter des unterwegs gestorbenen Sohnes nicht nach den Einzelheiten des Todes.

Konnte der Mann, der, ein Erkennender, so über Gipfel schritt und die Abgründe des Gefühls vermied, dem die Glieder in unglücklicher Schlacht gefallener deutscher Brüder willkommene Präparate für wissenschaftliche Spezialstudien waren, Wege weisend in Betracht kommen, wo sein Volk nach verlorenem Kriege, neue Wege suchend, am Abgrund stand? Mir wurde, als ich abends vor dem Kamin der Frau von Stein darüber nachdachte, eines klar: daß man in Deutschlands schwerster Stunde sich Rat vor allem nicht bei Deutschlands größtem Sohne holen durfte. Seine Stunde konnte erst kommen, wenn Deutschland den Anschluß an spezifisch deutsche Werte wiedergefunden hatte. Erst wenn Deutschland sich selbst gefunden hatte, konnte Goethe dazu dienen, es mit der Welt zu verbinden. Das Wort Goethe enthält nicht das Programm eines einzelnen Volkes, sondern der Menschheit. Es ist nicht die Grundlage eines innern deutschen Aufbaus, aber einer der großartigsten Faktoren zur Gestaltung der europäischen Gemeinschaft.

Alles das sah man in Deutschland nicht. Man versuchte dort, aus Goethe eher ein völkisches als ein universelles Erlebnis zu machen, hatte aber im Grunde nur einen vagen Respekt, der ein Format betraf, welches der nationalen Eitelkeit schmeichelte.

Dieses Format hatten die Deutschen vergöttert, so wie sie die große Form ihres neuen Reiches vergöttert hatten, »von der Maas bis an die Memel, von der Etsch bis an den Belt«. Aus dem Inhalt aber, den das unendliche Geistesfelder umspannende Wort »Goethe« enthält, hatten sie die billige und leichte Rechtfertigung ihrer Bequemlichkeiten gemacht. Jeder Professor, jeder Apotheker, jeder Bürger, jeder Journalist, jedes Gretchen konnte sich auf das »universale« Genie berufen. Ein paar Tropfen goethischen Öls genügten, den Stumpfsinn des Spießers als besonnenes Maßhalten, den banalsten Ausspruch des Stammtischgastes als zeitlose Weisheit erscheinen zu lassen. Alle Deutschen waren ohne Schwierigkeit »Goethemenschen« geworden.

Der nationale »Goethemensch« aber, der die deutsche Seele an eine bequeme Geisteshaltung, den deutschen Geist an das Reich verraten hatte, der gerade hatte den Krieg verloren. Und wenn er jetzt auf den großen Führer blickte, sah er einen Mann, der »vielmehr heiter« Präparate von den Schlachtfeldern las und feindlich allen großen und revolutionären Erneuerungen einen Spruch entgegenhielt, wie »erlaubt ist, was sich ziemt« oder einen ähnlichen aus dem unerschöpflichen Schatze seiner geistigen Allgemeinheit. Was aber die Stunde jetzt verlangte, war nicht ein Licht, das aufklärend über die Erde leuchtet, sondern ein Feuer, das steil wie gotische Dome in den Himmel steigt. Nicht das Wissen, sondern das Wollen um Dinge, nicht die Erkenntnis, sondern das Bekenntnis konnte die Rettung bringen. Kurz gesagt, gerade das, was goethischem Geiste entgegengesetzt gelagert, was nicht vieldeutig universell, sondern eindeutig deutsch ist, konnte aufbauender Wert sein. Und die Stunde verlangte nicht einen Interpreten, sondern einen Revolutionär.

Die »goethische Weltanschauung«, an die Bequemlichkeit und Stolz sich gewöhnt hatten, hatte eine Psyche zur Voraussetzung, die die Eindrücke der Außenwelt abwartet, und, von Leidenschaften unberührt, ordnend und Beziehungen schaffend, das Weltbild deutet. Dieser Geist Goethes war mehr forschend und organisatorisch als schöpferisch, mehr bewußt als spontan, ohne den Reiz des Träumerischen, ein Geist der

Objektivität, nicht der Liebe und des Sichbekennens. Er spiegelte sich wohlgefällig in seiner eigenen Sachlichkeit und, indem er kühne Spekulationen und damit Irrtümer vermied, in seiner Unfehlbarkeit.

Goethes Geist, der durchaus von den Tatsachen regiert wurde, sich bewußt über das Irdische nicht erhob, war derselbe Geist des Impressionismus, der seine Anregungen von dem nahm, was auf der Straße lag und was die Gelegenheit ihm zutrug. Jeder Tag brachte ihm ein neues »Schlachtfeld von Jena«. Auch Goethe lebte von der Gelegenheit. Auf der Gelegenheit beruhte sein Leben, seine Erkenntnis, seine Dichtung. Seine äußere Haltung und Würde konnten die Tatsache verbergen, daß er zwar voll Ratio und schöpferischer Logik, aber ohne primäre Notwendigkeiten und ohne natürliche Linie war.

Goethe war kein typischer Vertreter deutschen Geistes und er konnte darum kein entscheidendes Erlebnis mehr für die sein, die ein neues Deutschland mit deutschem Geiste erwecken wollten. Er hatte in seinem reiferen Alter die Gotik abgelehnt, in der die edelste deutsche Kraft ihren erhabensten Ausdruck gefunden hatte. Er hatte die Griechen mißverstanden, in denen die deutsche Seele ihre erste Inkarnation erlebt hatte. Der »Eros«, der in ihnen schöpferisch war, ist die »Sehnsucht« der Deutschen. Die Vertikale, die von der Erde in eine bessere Welt ragt, ist das, was Griechen und Deutsche verbindet.

Die hin und wieder auftauchende erotische Beunruhigung und neurasthenische Bedrücktheit Goethes können nicht darüber täuschen, daß nicht die griechisch-deutsche Vertikale der Sehnsucht, sondern die romanische Horizontale der Saturiertheit die Linie seines Geistes war. Er war mit allen Instinkten wohlgefällig auf der Erde eingerichtet, ein großer Erkennender, ein beleuchteter Zustand, ein Wissen um alles. Aber kein Bekennender, kein leidenschaftlich Anderswollender und kein erwärmendes Feuer.

Der Mann, der nicht liebte (außer seine Friederiken usw.), der nicht träumte, nicht bekannte (außer seine Erkenntnisse), nicht kämpfte (abgesehen vom »satirischen Kurzgewehr« seiner Xenien), der Mann, der nicht irrte (außer in so entscheidenden Fragen wie Griechen und Gotik), sondern der betrachtete, erkannte und genoß, konnte da nicht in Betracht gezogen werden, wo Deutschland verzweifelt seine eigene verlorene Seele suchte.

Ich hatte auch allerlei Persönliches gegen Goethe auf dem Herzen. Denn ich, dem Florenz eine unerschöpfliche Quelle des Erlebens war, ein menschlicher Frühling, mit den schönen Knospen seiner jungen Malerei, verzieh es Goethe schwer, daß er, wie für die Griechen und für die Gotik, auch für dieses Phänomen hohen Ranges kein Verständnis besaß. Daß er, der in seiner Italienischen Reise über so vieles Zweit- und Drittklassige klugredete, Florenz nach drei Stunden verließ und angesichts der sich bietenden Offenbarungen nur dieses zu sagen wußte: »Es ist hier alles zugleich tüchtig und reinlich.« Dennoch habe ich, als ich damals in Weimar war, nie das Gefühl für das Majestätische in Goethes Natur verloren, nie geglaubt, daß man ihn kritisch bestreiten, seine ewige Geltung abschwächen könne. Der breite Strom seines Wesens erschien mir so stark, daß selbst der kühnste Schwimmer nicht gegen seine Kraft ankommen könnte. Schillers harte Urteile, aus jener Zeit, da er noch nicht geistige Geschäfte mit Goethe machte, wo er ihn mit Kotzebue in einem Atem nennt, da er sagt, »ein solches Wesen sollten die Menschen nicht um sich herum aufkommen lassen«, und frei bekennt, »dieser Charakter gefällt mir nicht«, Jean Pauls Wort vom »eingeäscherten« Herzen Goethes, ein anderes zeitgenössisches Wort vom »Übermut der haltlosen Allgemeinheit« – das alles schien mir objektive Geltung nicht zu haben. Aber es waren Stimmen von der andern Seite der Barrikade, wo der germanisch-hellenische Idealismus sich gegen den romanischen Rationalismus selbstbewußt aufrichtete. Es war etwas von der Stimmung, die, ohne Beziehung auf Goethe zu haben, in einem Verse Hölderlins so formuliert ist: »Ich kann vor mir den Mann nicht sehen, der Heiliges wie ein Gewerbe treibt.«

Ich las in jenen Weimarer Tagen viel im Platon und fand im Phaidros eine Stelle, die mir mit vollkommener Klarheit das zum Ausdruck zu bringen schien, was ich empfand: »Um wieviel vollkommener und ehrwürdiger die Kunst des Sehers als die des Vogelschauers ist, im Namen und in der Sache, um so edler ist auch nach dem Zeugnis der Alten der Wahnsinn als die Besonnenheit, denn die Besonnenheit ist stets nur im Menschen, der Wahnsinn aber kommt von den Göttern.« – Goethe, der größte Augenmensch aller Völker und Zeiten, war ihr größter Vogelschauer. Aber dieses »Gewerbe« konnte uns in unserer Not nicht helfen, wir hatten den Seher nötig, dessen Rausch uns von allem »Gewordenen befreite, über alle Entwicklungszeiten hinwegtrug und unser liebendes Gefühl neu und direkt mit der Natur verband.

Wer mir auf alle meine Einwürfe erwiderte, Goethe sei »doch« einer der größten Dichter aller Zeiten gewesen, mir den Osterspaziergang und Verse aus dem Westöstlichen Diwan vorlas, dem habe ich hierin nicht widersprochen, aber gesagt, daß diese Tatsache mit den genannten Einwürfen nicht das geringste zu tun habe. Aber dem, der auf die weiten Horizonte des goethischen Geisteslebens hinwies, habe ich geantwortet, daß, wer in der Ebene läuft, größere Strecken zurücklegt als der, welcher auf Bergen gen Himmel steigt. Der jung gestorbene Norberth von Hellingrath, den ich in Paris kennen lernte, einer der edelsten Geister, denen ich in meinem Leben begegnete, hat in einem Vergleich zwischen Goethe und Hölderlin von letzterem gesagt: »Dafür sehen wir ihn mit unvergleichbarer Wucht, dem Wasserstrahl der Springquelle ähnlich, in Höhen emporgetragen, in die selbst Götterkraft niemals die breite Woge des Sees heben könnte. Wir sehen ihn an Innigkeit und Wucht, an grenzenloser innerer Erfüllung seines umgrenzten Erbes und Amtes so herrlich den Reichtum der Armut entfalten, daß wir von ihm aus vielleicht die Armut des Reichsten bei Goethe beklagen.«

Hölderlin war der Seher, der sang:

> So wagt's! Was ihr geerbt, was ihr erworben,
> Was euch der Väter Mund erzählt, gelehrt,
> Gesetz und Brauch, der alten Götter Namen,
> Vergeßt es kühn, und hebt wie Neugeborne
> Die Augen auf zur göttlichen Natur!

Großartiger und zeitgemäßer als die Spruchweisheit Goethes tönt hier eines Führers Stimme:

> Dies ist die Zeit der Könige nicht mehr.
> (...) Schämet euch,
> Daß ihr noch einen König wollt; ihr seid
> Zu alt; zu eurer Väter Zeiten wär's
> Ein anderes gewesen. Euch ist nicht
> Zu helfen, wenn ihr selber euch nicht helft.

Hölderlin war der große Wecker zu Liebe und Bekenntnis, der Verkünder einer neuen Menschlichkeit, eines neuen Deutschseins, ein Missionar des Geistes. Das Spiegelbild, das er den Deutschen vorhielt, paßt noch ganz für die Stunde. »Ich kann kein Volk mir denken, das zerrissener wäre wie die Deutschen. Handwerker siehst du, aber keine Menschen, Priester, aber keine Menschen, Herren und Knechte, Jungen und gesetzte Leute, aber keine Menschen – ist das nicht wie ein Schlachtfeld, wo Hände und Arme und alle Glieder zerstückelt untereinanderliegen, in denen das vergossene Lebensblut im Sande zerrinnt?« Er empfand sie als »dumpf und harmonienlos, wie die Scherben eines weggeworfenen Gefäßes«. Er wandte sich leidenschaftlich gegen alles, auf das die Deutschen auch jetzt noch stolz waren: den bloßen Verstand und die bloße Vernunft, aus denen nie etwas Verständiges und Vernünftiges entstanden sei; den Aberglauben an das Gesetzliche und den mangelnden Glauben an die Natur; die Überschätzung des Staates, den der Mensch sich zur Hölle gemacht hatte, weil er seinen Himmel hatte aus ihm machen wollen, und der nichts anderes sein soll als »die Mauer um den Garten menschlicher Früchte und Blumen«. Er tadelte ihre »kleine unvernünftige Manneszucht«, mit der sie, herzlose Barbaren, die jugendliche Schönheit töten. Dem Fleiß (Goethes »strebendem Bemühen«) stellte er die »Allmacht der ungeteilten Begeisterung« gegenüber, dem Nachdenken, das den Menschen zum Bettler macht, die Göttlichkeit seiner Träume. Und er stellt mit frommen Händen das menschliche Herz in die Mitte des Lebens: »Eine Sonne ist der Mensch, allsehend, allverklärend, wenn er liebt, und liebt er nicht, so ist er eine dunkle Wohnung, wo ein rauchend Lämpchen brennt.« Er ging auch dem Schmerze nicht aus dem Wege wie Goethe, der sich durch ihn in seinen Erkenntnissen gestört fühlte, sondern fand ihn wert, am Herzen der Menschen zu liegen, »denn er nur führt von einer Wonne zur andern und es ist kein anderer Gefährte, denn er«.

Ich fühlte damals in Weimar sehr, was Hölderlin mit der Wonne des Schmerzes meinte. Der Zusammenbruch Deutschlands war gewiß eine Tatsache, die tiefe Trauer weckte. Aber aus dieser wuchs die schöne Hoffnung auf ein neues, besseres Reich, auf die ehrenvollere Zukunft eines enttäuschten, aber unüberwindlichen Volks. Dieser Schmerz war ein Stimulans aller schöpferischen Kräfte, das sie zu einer geistigen Revolution ohnegleichen drängte. Der berühmte »Geist Weimars« fing an, mich zu bedrücken. Wenn ich im Saale der Frau von Stein grübelnd am Kamine saß und mein Blick auf der einen Seite auf die Bibliothek ging, in der die Ideen aller Zeiten in unzählige Bände gefesselt und von einem brutalen Leben abgesperrt waren, so erfaßte mich wohl zornige Ungeduld. Die gleiche empfand ich, wenn ich auf der Straße diese in nichts berührten »goldenen Mitten« sah, die bewußten Goethemenschen. Selbst der Oberste der Räteregierung, mit dem Kolle und ich zuweilen im »Schwan« zu Mittag aßen, hatte das Gegenteil eines Revolutionärs. So passierte es mir eines Tages, daß ich in solcher Stimmung etwas tat, was nicht der menschlichen Würde und nicht meinem Alter entsprach, etwas Gassenjungenhaftes, wahrhaft Ungoethisches, dessen ich mich zu schämen hatte. Als ich eines Morgens das Haus der Frau von Stein verließ, in meinem alten englischen Sportanzuge mit hohen Leinengamaschen, blieb ein Bürger in einem sächsischen Lodenmantel und schwarzem Professorenhut stehen und starrte mir lange fassungslos nach. Meine Reaktion war so schnell, daß ich sie nicht hemmen konnte: ich sah dem Betreffenden ins Auge, machte eine lange Nase und streckte ihm die Zunge heraus. Er drehte sich darauf zweimal um sich selbst und stürzte entsetzt von dannen.

Ich dachte in jenen Tagen auch viel an eine seltsame Figur, die in dieses so wohlbalancierte weimarische Reich des kühlen Objektivismus, des Moralisierens und Ästhetisierens mit der Wucht seiner durchglühten Seele einbrach: Jean Paul. Pikiert und beunruhigt, hatte Goethe, dem Vollkommenheit anderer peinlich war, bald nach der Begegnung einen mediokren Vers gegen ihn gedichtet, den Schiller hastig in die Druckerei der Horen trug. Die leidenschaftliche Subjektivität Jean Pauls, die auf seinem mit allem Lebendigen innig verbundenen Herzen beruhte, erschien dem erhabenen Paar gefährlich und unbequem. Mit dem Herzen und mit dem Blute war Jean Paul auch Deutschland verbunden. Nach jener Niederlage bei Jena suchte Jean Paul, im Tiefsten erschüttert, sich mit der Lage innerlich auseinanderzusetzen. Diese entsprach so ganz der nach dem Weltkrieg geschaffenen, daß mir in dieser großen und wahrhaft menschlichen Figur ein Führer erstanden schien. Er wußte, daß dieses Deutschland, an dessen Fortbestehen damals so viele zweifelten, unzerstörbar sei. Aber unter der Bedingung, daß es nicht nur einen »Reichskörper«, sondern auch eine »Reichsseele« habe, daß das Außenleben notwendige Folge eines Innenlebens sei, einer religiösen Gesamtstimmung, einer Herrschaft des Geistes und der Ideen. Er wandte sich gegen die Schulen, die mit ihren Tatsachenkult (wie sehr fiel mir meine eigene Kindheit ein) der Jugend eine unvollkommene Bildung gäben und nichts dazu täten, daß aus Sklaven Menschen, aus Egoisten Freunde des Vaterlandes würden. Besiegt, zu Recht besiegt, war ihm das ungeistige Preußen, das ungeeignet erschien, die deutsche Führung zu haben. Es war ihm aus eigener Erfahrung her dieses Landes heimlicher Haß gegen den Geist bekannt, sein Verachtung alles nicht Sichtbaren und Greifbaren. Geärgert durch den Ruhm Jean Pauls, hatte Friedrich Wilhelm gemeint »Mag ein paar ganz gute Romane geschrieben haben.« Aber wie sollte man, schien es ihm, erst von einem Staatsmann oder Helden sprechen, wenn man schon von einem Dichter solches Aufheben machte, und er gab das Stipendium, über das er verfügte, einem niveaulosen Publikumsliteraten. Preußen, die Heimat der Unkultur, an Deutschland im Grunde nur durch seine Führerstellung interessiert, war das Hemmnis deutscher Größe, Jean Paul, der deutscheste der deutschen Geister, er kannte diese Wahrheit.

Nicht nur seine leidenschaftliche Seele war deutsch, auch sein Werk war es im höchsten und schönsten Sinne. Es gibt nichts, was mehr deutsch wäre als dieses Werk. Nicht weniger breit gelagert ist es als das Werk eines Goethe, alles Menschliche umfassend, aber von seiner gewaltigen Basis aus hoch auf in den Himmel steigend wie ein gotischer Dom, mit seiner Spitze an alles rührend, was ewig und göttlich ist; nicht durch die Kraft der Erkenntnis, einen Amor intellectualis, wie ihn Goethe besaß, so hoch getrieben, sondern durch die liebende Glut des menschlichen Herzens. Im Innern des erhabenen Raumes stand ein Altar, an dem man sich niederwerfen und bekennen konnte. Das Licht der Welt drang nicht durch die klare Sachlichkeit heller Fenster hinein, sondern durch die farbige Rose des Münsters, durch das tiefe Rot des Bluts, das dunkle Blau des Märchens, das lodernde Gelb der Freude und das stumpfe Grün der Verwesung. Die schöne Stimme, die den Raum erfüllte, sprach in diesem Lichte von allen einfachen Dingen, von Jugend und Alter, von Glauben, Irren und Sterben, von Glück und Schmerz, nicht wie von Tatsachen, die man weiß, sondern wie von einem Mysterium, das man erlebt. Und wie die Stimme nach oben drang, hatte man das Gefühl, daß sie es war, die Stein auf Stein, Säule auf Säule getürmt, so den ragenden Bau geschaffen, mit seiner schlanken Linie und mit den Schnurrpfeifereien und bizarren Einfällen eines mittelalterlichen Steinmetzen. Es war, als habe ein großer Inhalt sich seine gemäße erhabene Form gebildet.

Das war es, was mir wichtig schien: daß alles Wesentliche bei Hölderlin und Jean Paul aus ihnen selbst heraus kam. Hölderlin und Jean Paul, so erkannte ich in jenen Weimarer Tagen, waren die Herolde der deutschen Seele und allein fähig, das deutsche Menschenbildnis im Sinne einer Verinnerlichung neu zu formen. Der so erstandene deutsche Mensch allein hatte dann das Recht, mit Stolz den Namen Goethe auszusprechen und unter dieses Namens Zeichen die Welt brüderlich zu umarmen.

Die Form des Reiches sollte jetzt neu geschaffen werden. Man hatte keine Zeit, zu warten, bis sie sich aus einer neuen Gesinnung heraus entwickeln würde. Man kam sich wunderbar geistig und fortgeschritten vor, daß man die Nationalversammlung in das Weimar Goethes berief. Im Grunde war ja alles äußerst einfach. Das geistige deutsche Leben war durch Goethe festgelegt, das staatliche durch Bismarck. Welch Glück, daß das Gebäude des Reichs auf diesen beiden zuverlässigen Stützen ruhte. Welches andere Volk der Erde hatte solche nationalen Heroen hervorgebracht, auf die man sich in schweren Zeiten verlassen konnte? Es waren nur einige Etiketten umzukleben. Aus dem Kaiserreich war eine Republik geworden und die Macht war von den Rechtsparteien zu den Linksparteien übergegangen. Es gab keine Generale und keine Feldwebel mehr, und die Vertreter des Geistes hatten etwas mitzureden. Die äußere Verfassung die aus dieser innern Verfassung sich ergab, hatte Minister Preuß gemacht. Ich habe ihn gekannt, war in seiner Wohnung in Berlin, unter seinem Zelt am Westerlander Strand. Er war ein stiller, bescheidener Mann, der etwas wußte und konnte, und er hatte eine korrekte und brauchbare Arbeit geliefert.

Wir konnten nicht mehr lange in Weimar bleiben. Der Saal der Frau von Stein wurde uns unter den Füßen wegvermietet an einen amerikanischen Journalisten. Die Wohnungspreise in der Stadt stiegen von Tag zu Tag. Wohin sollten wir gehen? Vor dem neuen kaiserlichen Deutschland hatten die einzelnen Länder noch ihre heimatliche Note, ihre eigen Nuance des Deutschtums. Dome und Klöster waren noch mit Mensch und Landschaft verbunden. Nach des Reiches Gründung war alles mehr oder weniger uniform geworden. Gotik und Barock standen im Baedeker, und nur die Exerzierplätze waren lebendig. Da war es im Grunde gleichgültig wohin man ging. Im Herzen jeder einzelnen Stadt stand ein Bismarckdenkmal, lag eine Goethestraße. Darin beruhte das geistige Leben. Wo es besonders geistig war, hatte Goethe das Denkmal, gab Bismarck den Namen der Straße. Man hätte sie auch beide auf ein und dasselbe Denkmal stellen können, denn sie hatten, ohne es zu wollen, am gleichen Werke gearbeitet: an dem Untergang der deutschen Sehnsucht, jener schöpferischen Unruhe, die mit dem golden Sternenheer der Ideen verbunden ist. Beide hatten sie nicht viel aus Deutschland gemacht und es in seinem Wesentlichen nicht begriffen. Sie hatten im Gegensatz zu seinen alten schönen Werten gestanden. Sie hatten es in diesen besiegt. Der eine, zu weit für ein einzelnes Land, durch das kühle Römertum seines großartigen geistigen Imperialismus, der andere, zu eng für ein großes Reich, durch den machthungrigen, staatsanbetenden, engen Preußengeist, der die zentralisierte Reichsgewalt beherrschte. Der Römer und der Preuße hatten die deutsche Seele von ihrer schönen Unruhe »erlöst«, ihrer Berufung und Größe entfremdet, hatten sie satt, bürgerlich und selbstzufrieden gemacht. Goethe, Hegel, Fichte und Treitschke standen mit aller Anmaßung in Luft und Licht des deutschen Lebens, Hölderlin und Jean Paul in den Studierzimmern schüchterner Bibliophilen.

Je näher die Nationalversammlung rückte, um so mehr drängte unsere Abreise. Wir beschlossen, zunächst nach Bamberg zu gehen. Der Dom, das Barock, dieses deutsche Barock, das Glut und lnbrunst war, nicht Stil, wie das französische und römische, Kloster Banz, Vierzehnheiligen, das alles gab uns eine größere Vorstellung von dem alten, verschütteten Deutschland, als das über seinem Geiste eingeschlafene Weimar. Wir waren erschüttert und beglückt und wären gern geblieben. Es war wohl gut, daß wir keine Zimmer fanden, denn die Stadt war trostlos, ohne Beziehung zum Vergangenen. Auch das Hotel konnte uns nicht länger behalten. Es erwartete die Offiziere des aus dem Felde heimkehrenden Regiments der Kaiserulanen. Wieder waren wir ohne Bleibe, die Koffer waren gepackt, aber wir wußten nicht, wohin wir fahren wollten. Da geriet ich beim Herumbummeln in der Stadt in das Haus eines Antiquitätenhändlers. Als ich alles von unten bis oben besichtigt hatte, öffnete er ein Schubfach, wobei eine Photo herausfiel, die eine alte stattliche Burg auf einer Anhöhe darstellte. »Verkaufen Sie die auch?« fragte ich den Händler. »Nein«, sagte er, »aber da kann man wohnen. Die Burg heißt Lauenstein. Sie war ziemlich verfallen. Kleine Leute wohnten darin mit ihrem Vieh. Da hat sie ein Doktor Meßmer gekauft und sachkundig restauriert. Aber die Sache wuchs ihm über den Kopf, und seit er kein Geld mehr hat, vermietet er die Räume und richtete eine Wirtschaft ein. Wenn Sie von Bamberg bis nach Probstzellen zur thüringischen Grenze fahren, können Sie die Burg bequem erreichen, es ist eine ganz kleine Reise.«

Am gleichen Abend schon kamen Helmut Kolle und ich in Burg Lauenstein an. Es war im Januar 1919. Die Sterne standen am klaren Himmel und es lag tiefer Schnee. Wir stiegen zwischen den paar Häusern des untern Dorfs steilen Weg hinan, landeten oben in einem Gehölz, wo dunkel und kein Weg mehr zu unterscheiden war. Plötzlich sahen wir dicht über uns Licht, es waren Räume der Burg die erleuchtet waren. Bald war der Eingang gefunden. Doktor Ehrhard Meßmer, ein würdiger älterer Herr, hieß uns freundlich willkommen und wies uns Zimmer an. Als wir am nächsten Morgen erwachten und von bewaldeter Höhe aus den Fenstern blickten, befanden wir uns über dem schönen Tale der Loquitz, da, wo Thüringer- und Frankenwald zusammen stoßen, an der uralten Heerstraße, die über den Rennsteg hin den Norden und Süden Deutschlands verbindet. Vom Besitzer in fünfundzwanzigjähriger liebevoller Arbeit pietätvoll restauriert und wohnlich eingerichtet, schien uns die Burg eine gastliche Stätte für Ruhe und innere Sammlung zu sein. Wir hatten das Gefühl, das gefunden zu haben, was wir suchten. Es stellte sich schon in den ersten Tagen eine persönliche Beziehung zwischen mir und dem Besitzer der Burg heraus: der längst verstorbene Vater des Dr. Meßmer hatte als junger Mann von meinem Urgroßvater die Uhdesche Holzhandlung am Alten Markt in Halle gekauft, die nun Dr. Meßmers älterem Bruder gehörte. Wir feierten diese Feststellung mit einigen Flaschen Frankenwein, der Spezialität des Lauensteiner Weinkellers.

Wir bewohnten der Reihe nach den größern Teil der alten Burgräume mit den dicken, graugetünchten Mauern und den schweren Möbeln aus der Zeit der Gotik und der Renaissance, bis mir Dr. Meßmer einen großen Tafelsaal, der hundert Quadratmeter umfaßte, bewohnbar machen ließ. In ihm war der Sage nach die Gräfin Orlamünde – dieser Familie hatte vor Jahrhunderten die Burg gehört –, die »weiße Frau«, geboren. Indem ich einige anliegende Räume hinzumietete, hatte ich genügend Platz für mich, Kolle und die beiden Sekretäre, die meine bald umfangreicher werdende Tätigkeit nötig machte. Ein riesenhafter Kachelofen wurde gebaut, der den Saal heizte. Ich kaufte ganze Wagenladungen von Baumstämmen, die im Burggraben zersägt und von uns selbst weiter zerkleinert wurden. Da Wände und Decke des Saals mit Holz getäfelt waren, hielt sich die Wärme ausgezeichnet. Dieser Raum war für Vorlesungen, Tagungen, Diskussionen vortrefflich geeignet. Aus seinen Fenstern sah man auf der einen Seite auf die dunkeln, mit Tannen bestandenen Höhen, die die Burg umgaben, auf der andern in den alten Burghof und über ihn hinaus in das obere Dorf und die es umgebenden Äcker.

Wir waren hier zwar fern von dem täglichen politischen Geschehen des neu sich aufbauenden Deutschlands, aber wir waren in eine intensive deutsche Atmosphäre eingebettet und fanden uns innig verknüpft mit deutscher Vergangenheit. Der Ort war überaus günstig, sich zu sammeln und zu vertiefen, in sich selbst etwas von jenem deutschen Mittelalter zu erleben, das weniger in der Eisernen Jungfrau als im Sinn der Klöster und den Gebeten von Gott inspirierter Nonnen zu suchen ist.

An den Sonntagen wurde die Burg gegen Erhebung eines Eintrittsgeldes gezeigt. Bevor ich nach Lauenstein kam, machte diese Führungen der dort als Bibliothekar angestellte Dichter Ringelnatz, der seiner Phantasie freien Lauf ließ und Karl den Großen, den er mit allen möglichen andern historischen Größen in verwandtschaftliche und anekdotische Beziehungen brachte, in der Geschichte der Burg eine besondere Rolle spielen ließ. Eines Sonntags begegnete ich in einem der Korridore seiner Nachfolgerin mit einem Schwarm ehrfurchtsvoller Bauern und Kleinbürger und ich rief ihr im Vorbeigehen zu, indem ich auf einen alten Totenkopf deutete: »Legen Sie doch der Prinzessin Amalie gelegentlich ihren Schädel ins Grab, sie beunruhigt uns jede Nacht, indem sie ihn sucht.« Worauf ich unter staunendem Entsetzen des Publikums die Antwort bekam: »Aber Sie wissen doch, Herr Uhde, daß die Prinzessin zwei Schädel hat und sie kann sich wirklich mit dem einen begnügen.«

Es waren immer Gäste auf Burg Lauenstein, im allgemeinen solche, die ein gutes geistiges Niveau hielten. Die Abende brachten oft anregende Diskussionen. Die Tage verbrachten wir in der ersten Zeit mit Erkunden der Gegend; die umliegenden Ortschaften waren alle durch schöne abwechslungsreiche

Waldwege mit Lauenstein verbunden. Zuweilen fuhren wir nach Wickersdorf, wo Wyneken die Jugend zu neuer und sittlicher Selbständigkeit und Verantwortung erzog. Die Höhenluft von Burg Lauenstein erweckte ein in jener Zeit seltenes und kostbares Gefühl in uns, die Freude. Es schien mir, daß es auf sie besonders ankam, daß man alles tun mußte, sie lebendig zu erhalten. So kam mir ganz von selbst der Gedanke einer Art Zeitschrift, die diesem Zwecke dienen und »Die Freude« heißen sollte. Es war nicht meine Absicht, sie politischen oder sonstigen Bestrebungen dienstbar zu machen. Sie sollte ihrem Namen Ehre machen, das war alles. Helmut Kolle übernahm die Pflichten der Redaktion. Wir wollten vor allem die Jugend für uns haben, ihr helfen, denn auf sie kam es an.

Bevor ich hier etwas unternehmen konnte, mußte ich wissen, wie es bei ihr aussah, welche Veränderungen, Gefühle, Erwartungen, Bereitwilligkeiten sich einstellten, welches Maß an Verantwortung und gutem Willen vorhanden war. Es war natürlich, daß ich mich zunächst dahin wandte, wo meine Beziehungen am engsten waren, nach Heidelberg und zu den Korps. Ich kam eines Abends in der alten Stadt an, ging sofort in den »Seppl«, diese kleine Kneipe, wo sie in Hemdsärmeln saßen und tranken. Ich kam mit einem Herzen, das voll Vertrauen und Hoffnung war. Die Begrüßung war herzlich. Ich kannte die älteren Inaktiven, die gleich nach Ende des Krieges gekommen waren, das Korps neu zu organisieren. Am Ende des Tisches saßen die Füchse; sie waren zum Teil im Krieg Offiziere gewesen, hatten gelitten, litten an den Folgen ihrer Verwundungen, ihrer Nervenzusammenbrüche. Jetzt mußten sie »Rest trinken« und plötzlich wurden sie nach Hause geschickt. »Warum läßt du die Füchse weggehen?« fragte ich den ersten Chargierten. »Einige von ihnen fechten morgen, da sollen sie sich ausschlafen«, gab er zur Antwort.

Es hatte sich offenbar nichts verändert. Man trank wieder Bierjungen, man focht wieder. Ich hörte dieselben Mensurgespräche und Kommentscherze wie früher, dieselben Berichte über Bierhocks, P. P.-Partien und zersprungene Klingen. Der Krieg war soeben vorüber. Deutschland war in ihm nahezu verblutet. Blut war das Kostbarste geworden, was es gab, deutsches Blut, das mußte vor allem ersetzt werden, und es war nicht leicht in einem ausgehungerten Land, in dem es an Lebensmitteln fehlte. Und gleich nach dem Kriege, sofort, ehe das durch eine furchtbare Niederlage betäubte Volk zur Besinnung kam, stellten sich ungefähr siebenzig Korps und ich weiß nicht wie viele Burschenschaften, Landsmannschaften und schlagende Verbindungen gegeneinander auf und schlugen sich die Köpfe blutig. Weil es immer so gewesen war, weil die Tradition es so verlangte. Sie hatten kein Gefühl dafür, daß nach dem Kriege diese kleinen Blutopfer jede Beweiskraft verloren hatten. Ich sah mir am nächsten Morgen einige Mensuren an, sah diese Köpfe, die ganz mit Blut zugedeckt waren, sah die Mitglieder der Korps ihren Paukanten gegenüber zur Kritik aufgestellt, genau wie es früher gewesen war. Ich sagte dem ersten Chargierten bald, daß ich genug davon hätte, und verließ den Raum.

Ich lief in einer seltsamen Verfassung durch die Stadt. War ich der einzige Wahnsinnige und Entartete unter lauter Vernünftigen und Gesunden? War es vielleicht das Richtige, das Normale, als junger Mensch auf den verlorenen Krieg überhaupt nicht zu reagieren? Aber sie waren doch fast sämtlich Anhänger der Monarchie. Wenn sie wenigstens einen Versuch gemacht hätten, ihr Ideal zu retten, für dessen Verwirklichung ihr Blut zur Verfügung gestellt, wenn sie nach hundert Jahren traditioneller Königstreue jetzt konspiriert hätten, wie sehr würde ich sie geachtet und bewundert haben, ich, der Republikaner. Aber auf die Republik schimpfen, weitertrinken, Mützen durchbohren und fechten und glauben, daß man eine Tradition wahrt, das schien mir unsagbar dürftig zu sein. Sie merkten gar nicht, daß die Tradition in etwas ganz anderem bestand, in einer Haltung, einer Gesinnung, daß das, was sie fortsetzten, nicht das Bleibende, sondern eine vergängliche Form war. Diese war unmöglich geworden, eine neue mußte gefunden werden, aber der Inhalt mußte weiter bestehen. Das Erschütternde war, daß schon diese Jugend nur eine Form wichtig und wesentlich finden konnte, daß ihr Gefühl nicht fähig war, einen Inhalt zu erfassen und sich mit ihm zu verbinden. Genau wie für ihre Väter das Reich kein Inhalt, sondern nur eine Form gewesen war. Deshalb hatten sie den Krieg verloren.

Ich gab meine Absicht, länger in Heidelberg zu bleiben, auf, lud aber das Korps am gleichen Tage zum Abendessen im »Europäischen Hof« ein, und bei einem alten Rheinwein sagte ich ihnen, wie mir ums Herz war. Als ich Heidelberg verlassen hatte, dachte ich darüber nach, wie die Korps in anderer Form als bisher ihre Aufgabe erfüllen könnten. Diese schien mir seit alters her in der gegenseitigen Erziehung der aus ähnlichen Lebensverhältnissen stammenden jungen Leute zu schöner Gesinnung und schöner Haltung auf der Grundlage der Freundschaft und der Freude zu bestehen. Dieses Ziel mußte bleiben, aber die Methoden, der Komment und die Mensur, mußten zum Opfer fallen. Der Komment, mit andern Worten der Drill – nicht zu verwechseln mit der Disziplin – hatte sich als unzureichend erwiesen. Aber auch das Spiel des brutalen Kampfes konnte in einem neuen Deutschland, das eine Verinnerlichung der Kräfte anstrebte, als Erziehungsmittel nicht mehr in Betracht kommen. Wie es die Korps einst zierte, dieses Symbol und Instrument ihrer Gesinnung vor jedem Eingriff zu bewahren, so mußte es ihr Ruhm werden, wenn sie aus der Erkenntnis der sittlichen Forderungen einer neuen Zeit heraus sich freiwillig entschlossen, die Mensur in den reichen Schatz ihrer Erinnerungen und ihrer Historie aufzunehmen. Keineswegs lag in meinen Gedanken, daß die Mitglieder der Korps eiligst in den Staub der Straße hinabsteigen, an dem täglichen Arbeitspensum des Staates mitwirken, ohne Zeitverlust praktisch sozial tätig sein sollten; es durfte an dem Charakter der Korps, als der Schule des Mannesadels, nicht gerührt, aber es mußten neue Methoden der Erziehung, ein neuer Gradmesser der persönlichen Qualität gefunden werden.

Mir schien, daß die Aufgaben des Korpsstudenten sich künftig aus körperlichen wie geistigen Leistungen zusammenzusetzen hätten. Eine sportliche Betätigung wäre einerseits in Betracht gekommen. Sport, nicht in dem von den Engländern geschaffenen, jetzt überall geistlos und kaufmännisch entwickelten Sinn, sondern in einem heroischen und vaterländischen Sinn, wie ihn die Hellenen kannten. Sport in Verbindung mit deutschem Gefühl, deutscher Landschaft, allem romantisch Kühnen und Wagemutigen, nicht belohnt durch Zeitungsruhm, Meisterschaftstitel, Reichtum, goldene Trophäen aus der Hand von Königinnen und Milliardärinnen, sondern durch die schweigende Billigung und Achtung einer brüderlichen Gemeinschaft. Sport, nicht beurteilt von einem Punkte markierenden Schiedsrichter, sondern von eben jener Gemeinschaft, nach dem Gesichtspunkt nicht der Muskelkraft, sondern der edeln Form als Ausdruck einer gleichen Gesinnung. In athletischen Spielen, schwierigen Märschen könnten die Korps einer Universitätsstadt sich miteinander messen; auch die einzelnen Mitglieder, so, wie sie bei der Mensur es taten. Ein ständiges Training, das dem täglichen Fechtboden entspräche, hätte die körperliche Bereitschaft zu sichern.

Auf geistigem Gebiete könnten, den persönlichen Neigungen des einzelnen entsprechend, öffentliche Diskussionen unter den Mitgliedern verschiedener Korps über wissenschaftliche und künstlerische Themata stattfinden, wobei religiöse, politische und soziale, deren Erörterung innerhalb der aktiven Korps bis dahin verboten war, einbezogen werden sollten. Es lag kein Grund mehr vor, um diese Dinge herumzugehen, zumal eine Verletzung des persönlichen Empfindens nicht stattfinden würde. Denn, wie bei den Mensuren nicht das erreichte Resultat, sondern die Form und die ihr zugrunde liegende Gesinnung für die Beurteilung des »Paukanten« in Betracht kam, so würde auch bei diesen geistigen Zweikämpfen nicht die vom Verfechter gewählte These, sondern die mehr oder weniger vornehme Art, in der sie vertreten wird, der korpsstudentischen

Wertung zugrunde gelegt werden. In dieser Weise würde der Ton durch eine Haltung diktiert werden, die alles Persönliche, Gehässige, Unfaire ausschlösse und die zu wahren die Ehre des einzelnen Korps erfordern würde. Mir schwebte jene edle Haltung griechischer Jugend vor, wie sie aus den platonischen Dialogen hervorgeht.

Jedem Mitgliede eines Korps würde es, seiner Veranlagung entsprechend, freistehen, sich mehr den körperlichen oder geistigen Turnieren zu widmen, ohne daß es sich jedoch einer der beiden Arten völlig entziehen könnte. Auch bliebe ihm die Wahl unter den verschiedenen Arten der sportlichen Betätigung wie unter den für den geistigen Freikampf zugelassenen Materien anheimgestellt. Wie dürftig erschienen mir Komment und Mensur gegenüber einer solchen Ausbildung, die den ganzen Menschen umfassen würde.

Während die Korps sich bisher durch ihre Rekrutierungsbezirke, die gesellschaftlichen Kreise und die Höhe des Minimalwechsels voneinander unterschieden, würden sich auf der Grundlage so veränderter Erziehungsmittel innerliche und verfeinerte Merkmale allmählich geltend machen. Die einen Korps würden mehr zu geistiger Betätigung neigen; die verschiedenen sportlichen wie intellektuellen Kampfesmöglichkeiten würden gleichfalls als Unterschiede sich geltend machen. Diese besondere Färbung der einzelnen Korps würde im Laufe der Zeit den Charakter einer Tradition erhalten, die auf wertvollerer und reicherer Grundlage sich aufbauen würde als die bisherige. Für den jungen Mann, der aktiv werden will, würde dann nicht mehr der Geldbeutel des Vaters dafür entscheidend sein, welchem Korps er sich anschließt, sondern er würde auf Grund seiner körperlichen und geistigen Anlagen leicht das Korps herausfinden, in dem er sich wohlfühlen würde. Nach solchen Gesichtspunkten würden auch Gruppierungen der einzelnen Korps, Kartell- und Freundschaftsverhältnisse vor sich gehen und die bisher von oberflächlichen Dingen abhängige Korpspolitik, die weiße, grüne, schwarze, blaue Kreise unterscheidet, würde sich nach wesentlicheren Merkmalen orientieren als bisher.

Der junge Mensch, der durch solche Schule erfolgreich ging, würde durch die sportlichen Übungen sein Herz mit der deutschen Landschaft, ihren Bergen und kleinen Städten, ihren Flüssen und Ebenen für immer verbunden haben. Er würde aber auch durch die geistigen Turniere Einblicke in die geistigen Güter der Nation getan haben. Auf politischem und sozialem Gebiet würde er das Maß an Einsicht erreichen, das der junge Proletarier schon heute besitzt. Er würde, seiner Neigung folgend, sich spezialisieren, aber doch Gelegenheit haben, durch Anhören der Dispute seiner Kameraden Einblick in die Gebiete zu bekommen, die ihm fremder sind. Doch ganz abgesehen von dieser allgemeinen Orientierung, die mehr anregend als gründlich wäre, würde er lernen, sich zu seiner Meinung zu bekennen, sie mit Mut und Energie zu vertreten, unter Beobachtung von ritterlichen Formen, bei denen die korpsstudentische Ehre engagiert ist und die derselben strengen Kritik unterliegen würden, wie einst die Mensur. So, dachte ich damals, könnten die Korps im alten Geist, aber in neuer Form, zu einer jugendlichen Kalokagathie, einem vaterländisch betonten Mannesadel gelangen.

Diese Vorschläge faßte ich in einer kleinen Schrift, »Die Zukunft der deutschen Korps«, die ich als privaten Druck herstellen ließ, zusammen und sandte sie an sämtliche deutsche Korps. Sie weckten nicht das geringste Echo, hier und da aber riefen sie heftige Ablehnung hervor. Mein eigenes Korps nahm offiziell keine Stellung, aber bald erfuhr ich, daß einzelne Alte Herren alldeutscher Einstellung, ein General, ein kurländischer Baron, einige Agrarier, einen Ehrenrat gegen mich beantragt hatten, da sie nicht mehr dasselbe Band mit mir tragen wollten. Sie beriefen sich auf meine Aufsätze in der »Frankfurter Zeitung« (dem »Judenblatt«) und meine Äußerungen beim Essen im »Europäischen Hof«. Die hervorragenden älteren Männer, die den Ehrenrat bildeten, traten nicht zusammen, sondern lehnten das Ansinnen ohne weiteres ab. Damit aber gaben sich meine Gegner nicht zufrieden, sondern provozierten einen Schriftwechsel in gedruckter Form innerhalb des Korps. Obgleich ich das Gefühl hatte, nicht schlecht in dieser Fehde abzuschneiden, hatte ich diese binnen kurzem satt. Das Korps hatte sich in der ganzen Angelegenheit korrekt benommen, aber ich hatte den Eindruck, daß ich mit meinen Reformplänen nichts würde ausrichten können. Ein Gefühl der Reinlichkeit trieb mich, eine Bindung zu lösen, die für mich nicht mehr lebenswichtig war und die mich bei dem Verfechten meiner Ideen gestört hätte. Das Trennende war stärker als das Verbindende geworden. So bat ich um die Erlaubnis, das Band zurückgeben zu dürfen. Ich tat es, nicht weil meine Gegner es verlangten, sondern obgleich dieses der Fall war. Als ich nach sechs Monaten nichts gehört hatte – man hatte wohl geglaubt, die Zeit würde meine Meinung ändern –, fuhr ich nach Heidelberg und wiederholte meinen Antrag. Die Mitglieder des Ehrenrates der Alten Herren kamen nun ebenfalls angereist. Der Vorsitzende holte mich im Hotel ab und redete mir zu, von meiner Bitte Abstand zu nehmen. Ich setzte in der Versammlung meinen Standpunkt auseinander. Man war nicht geneigt, meinen Austritt ins Auge zu fassen, und erst, als ich auf ausdrückliches und mehrfaches Befragen erklärte, daß ich mich wohler und glücklicher fühlen würde, wenn ich nicht mehr gebunden wäre, gab man mich frei. Die Trennung geschah in gegenseitiger Achtung, und ein Gefühl der Trauer war auf beiden Seiten lebendig.

Ich blieb noch ein paar Tage allein in Heidelberg und gab mich dem Gefühl meines Schmerzes hin. Ich dachte an vergangene Tage voll Begeisterung und Freude, da ich zum ersten Male von grauer Brücke zum efeuumrankten Schlosse blickte. Jene Frühlingsmorgen tauchten auf, an denen ich durch das alte Tor in die Pracht der Obstblüte fuhr. Und es war mir weh, wenn ich am Abend in den alten Gassen beim wehenden Lichte der Laternen die geliebten Farben erkannte, ein langer Händedruck mich mit ihrem Träger verband und wir gleich darauf an einem der gescheuerten Tische einer Wirtsstube schweigend uns gegenüber saßen und über das Trennende hinweg die Treue von Mensch zu Mensch erlebten.

Da oben in Lauenstein kam ich fast täglich in Berührung mit Mitgliedern von jugendlichen Bünden, die zukunftsreicher schienen. Da war der Wandervogel, der das Unbürgerliche als Entwicklungs- und Betätigungsebene der Jugend gefunden, der die herabziehende bürgerliche Nützlichkeits- und Zweckidee aus dem jugendlichen Gesichtsfelde fortgerückt hatte. Da war der »Jugendring«, der für die Reinheit der Jugend kämpfte, ihr Rauschmittel und Schund aus den Händen nahm, ihr den freien und klaren Blick zurückgab. Die »Neue Schar« half die Jugend zu entmaterialisieren, sie anspruchslos und froh zu machen, aus den Banden des Mechanischen zu befreien. Ihre Kräfte mit dem Segen des Handwerks neu zu verknüpfen, sie als wesentlichen Faktor einer deutschen Volksgemeinde einzuordnen. So stellte sie deutsche Bilder von Richter und Schwind lebendig vor uns auf. Sie erschienen auf dem Lauenstein, wo sie arbeiteten und auf den Wiesen ihre Reigen tanzten. Da waren ferner die Neupfadfinder, zu deren Gruppe in Augsburg ich in Beziehung trat, die eine Verinnerlichung des alten Pfadfindertums anstrebten und das Gelübde ablegten: »Wir wollen ritterlich ringen um wahres Menschentum im persönlichen und gemeinschaftlichen Leben, dessen Anfang und Ende die Liebe, dessen Schild die Reinheit, dessen Rüstzeug die immerwache Hilfsbereitschaft für den andern ist.« Und sie erklärten, mit Rat und Tat bereit zu sein, wo immer es gilt, eine gute und gerechte Sache zu fördern. In allen diesen und vielen andern jugendlichen Gemeinschaften, die sich so zum Ritterlichen, zum Unbürgerlichen, zum Volkstümlichen, zur jugendlichen Reinheit bekannten, schien mir ein wertvolleres und der Zeit mehr entsprechendes Material für die Formung eines neuen deutschen Jugendbildnisses vorzuliegen, als in den mit Komment und Mensur steril gebliebenen Korps. In jenen Gemeinschaften schien mir die Möglichkeit eines Ordens enthalten, dessen Exklusivität nicht durch den Luxus der Traditionspflege, sondern das Bekenntnis zu einem gemeinsam deutschen Menschentum begründet wäre. Eines Ordens, in dem das äußere Leben durch das innere ersetzt wird, das Vergnügen durch die Freude, die Fassade durch die Menschlichkeit, die Betonung des gesellschaftlich Trennenden durch das menschlich Bindende, die Sucht, zu herrschen, durch das Pflichtgefühl des Dienens, der Wunsch, zu empfangen, durch die Neigung, zu schenken, das Bestreben nach Vorteil durch das Bekenntnis zur Armut. Gerade ein solches Armseinwollen schien mir wichtiger für die neue Zeit, als der Wille, schnell wieder zu Wohlstand zu kommen. Stendhal sagt mit Recht: »Die armen Völker sind die glücklichsten, weil sie Ideale haben, und es gibt auf Erden nur einen Weg zum Glück: das Spartanertum.« Das Gefühl für die Schönheit des Armseins erschien für die nächste Zeit wichtiger als das für die Bequemlichkeit des Reichtums. Denn »Armut ist ein großer Glanz aus innen«, sagt Rainer Maria Rilke.

Bevor die Idee eines jugendlichen Ordens sich in mir befestigte, hatte ich »Leitgedanken zur Neugestaltung studentischen Lebens« herausgegeben, die bei allen Menschen, auf die es mir ankam, großen Beifall fanden, nicht nur in Deutschland. Romain Rolland schrieb mir über sie[*]: »Daß solche Worte im gegenwärtigen Augenblick geschrieben werden konnten für die deutsche Jugend oder wenigstens eine Elite unter ihr, ist ein hoher Ehrentitel für Sie und Ihr Vaterland. Es ist wie die Stimme des großen alten Deutschland, das materiell arm, reich an Seele und Glauben, sich über die blutige Politik erhebt und

---

[*] »Je veux vous dire, sans attendre, ma chaude sympathie. Que de telles paroles aient pu être écrites, au moment présent, pour et par la jeunesse allemande (ou, du moins pour une élite d'entre elle), est un haut titre d'honneur pour vous et pour votre pays. C'est comme la voix de la grande vieille Allemagne, pauvre matériellement, riche d'âme et de foi, qui s'élève au dessus de la sanglante politique et reprend sa mission religieuse d'intelligence et d'amour, pour le monde tout entier.«

seine heilige Sendung der Verständigung und Liebe wieder aufnimmt, für die ganze Welt.« Diese Leitsätze führten viele junge
Menschen nach Burg Lauenstein, Mitglieder der zahlreichen Ju-
gendverbände, nationalistische Jugendgruppen, Studenten aus
Jena, Schüler aus thüringischen und fränkischen Gymnasien
und aus Schulgemeinden. Die Debatten, die am interessantesten und lebhaftesten mit den Mitglieder reaktionärer Verbände
waren, dauerten oft die Nächte hindurch.

Ich muß erwähnen, daß unter manchen der jugendlichen
Scharen, die für längere oder kürzere Zeit nach Lauenstein kamen, hin und wieder solche waren, denen eine zu stark betonte
teutsche Eigenart etwas Unechtes und Kitschiges gab. Die Ein-
fältigkeit, mit der Buben mit nackten Beinen und Mädchen im
Dirndlkleid, mit um den Kopf gelegten gelben Zöpfen, sich an
den Händen haltend und auf der Wiese hüpfend, ihr »Rudirudi-
rullala« sangen, wirkte zuweilen kindisch und gewollt. Es konnte auch passieren, daß, wenn ich morgens aus dem Fenster
blickte, in der Nähe unbeweglich ein solcher Jüngling stand,
der die erhobenen Hände der aufgehenden Sonne entgegen-
streckte, wohl angeregt von dem grauslichen Zeichner Fidus,
der mit seinem Schund die Jugendzeitschriften überschwemm-
te. Auch manche Feste, so die Sonnenwendfeiern, waren nicht
immer frei von unangenehmer Sentimentalität. Ich besinne
mich, daß an einer solchen der alte Ferdinand von Bulgarien
mit seinen Töchtern teilnahm und, auf einem Baumstamme
sitzend, über seine lange Nase hinweg sehr interessiert der frischen Jugend nachblickte, wie sie durchs Feuer sprang.

Meine Lauensteiner Tätigkeit wandte sich, nächst der Jugend, an die Geistigen. Die Stunde schien gekommen, in der
man sich entscheiden mußte entweder für den Geist, der auf-
baut, oder für die Gewalt, die zerstört. Solange deutsches Land
erfüllt war von eines einigen Volkes aufsteigendem Glauben
an den Geist und an die Kraft und den Sieg des Geistes, so lange konnte dieses Volk vor Gott, vor sich und vor der Welt bestehen. Der von Luther gegründete Schwertglaube war sein Ver-

hängnis gewesen. Luther hatte den Fürsten das Schwertrecht als ein göttliches bestätigt und hatte jeden von ihnen in eigener und ganz persönlicher Verantwortung mit seinem Gotte verbunden. Man hat erlebt, wohin dieses einen Wilhelm II. führen mußte. Pastoren, Lehrer, Universitätsprofessoren, sie alle hatten, Diener einer übersteigerten Staatsidee an Macht und Schwert, an Gewalt und alles Materielle und Sichtbare geglaubt und hatten lange vor dem Kriege schon viele große und schöne Provinzen des deutschen Geistes- und Gefühlslebens verloren. Jetzt liefen sie lärmend hinter den geographischen Grenzen her, die der Friedensvertrag nahm. Welche innern Werte sollte man ihnen zeigen, welchen Glauben predigen, um sie zu innerer Sammlung, zu neuem Bekenntnis zu vereinen? Das Christentum? Ja, aber in unverfälschtem Sinne Jesus', der gesagt hat: »Was hülfe es dem Menschen, so er die ganze Welt gewänne und nähme doch Schaden an seiner Seele?« Die große Macht der Liebe, nicht gebunden an eine Religion oder Kirche, sondern als frohe Botschaft, mußte man versuchen, in einer Generation von Geistigen neu zu erwecken. Diese neu zu belebende christliche Liebe mußte durch eine Ethik gestützt und anwendbar gemacht werden. Für die germanischen Völker schien mir immer von neuem auf Grund der ähnlichen seelischen Anlagen Hellas die sittliche Orientierung zu geben. Wesentliches ihres Gefühls redete zu uns Entscheidendes, so ihr Wissen vom freventlichen Übermut und der Strafe des Schicksals. Platon klang fast als deutsche Stimme, wenn er Kimon, Milthiades und Themistokles tadelte, weil sie mit Häfen, Schiffshäusern, Zöllen und ähnlichen Nichtigkeiten den Staat erfüllten. In den platonischen Tugenden konnte uns ein reicher Katechismus lebendig werden: da war die Selbstzucht, die uns zum Maßhalten, zur Überwindung roher Instinkte treibt, das Tapfersein, das uns sittlichen Mut und Furchtlosigkeit vor Menschen gibt, der Sinn für das, was recht und billig ist, der uns hindert, rücksichtslos an den eigenen Nutzen zu denken. Vor allem aber gab es die Sophia, die Weisheit. Sie verknüpft das menschliche Leben mit der Idee, mit dem, was über das Tagesgeschehen hinaus bleibend und ewig ist. Sie hebt unsern Blick zu den Urbildern der Vollkommenheit und schafft die Vertikale jener aufsteigenden Sehnsucht, die Hellenen und Deutschen gemeinsam ist. Vielleicht erweckte die Stunde einen dichterischen Geist, der aus hellenischer Verwandtschaft ein völkisches und sittliches Ideal wach rief, so wie die Stimme d'Annunzios den Italienern aus dem alten Rom neue Kräfte beschworen hatte.

Neben der Jugend, der ich das Bildnis eines Ordens zeigte, innerhalb dessen Menschliches und Völkisches verschmilzt, neben den Geistigen, die ich an das Fühlen Jesus' und die hochstehende griechische Ethik verwies, waren es die Mütter, an die ich mich in Reden und Schriften wandte, die aus dem wesensfremden Traum der Heldenmütter aufzuscheuchen und wieder mit der Natur zu verbinden waren, der sie ganz nahe stehen und deren letztes gütiges Wollen sie am tiefsten zu erfühlen fähig sind.

Ich hatte nebenher mit Interesse alles verfolgt, was auf die beiden meiner Meinung nach wichtigsten Ziele nach dem Kriege hinstrebte: die Vereinigten Staaten Europas und die geistige und politische Erneuerung Deutschlands. Für die erste Idee erschien die Aufhebung der wirtschaftlichen Grenzen der Nationen als wirksamstes Mittel. Die Vorschläge beruhten im wesentlichen darin, das Wirtschaftsleben dem Machtbereiche des Staates zu entziehen, über die politischen Grenzen hinaus Erzeuger, Verteiler und Verbraucher zu großen Verbänden zusammenzuschließen, die gesammelte wirtschaftliche Macht der Menschheit einem übernationalen Zentralorgan anzuvertrauen. Graf Harry Kessler vertrat diese schon vor ihm ausgesprochene Idee, der er neues Leben, neue lebendige Beziehung gab, mit der Kraft einer hinreißenden Beredsamkeit.

Was eine deutsche Wiederherstellung betraf, so waren es folgende Ideen, die mir unter den vielen, an denen die aufgeregte Zeit sonst reich war, wichtig erschienen: eine Wirtschafts-

ordnung zu schaffen, die nach dem Grundgesetz der Nächsten-
liebe auf planmäßige genossenschaftliche Bedarfsdeckung und
nicht mehr auf persönliche Bereicherung Machtgier gegründet,
auf den Verbrauch und nicht auf Gütererzeugung und die im
Sinne der bestehenden Konsumvereine organisiert ist. Ein ehemaliger württembergischer Diplomat, Freiherr von Herman,
machte den Kampf für diese Idee zu seiner Lebensaufgabe. Er
kam, ein Freund meiner Bestrebungen, oft nach Lauenstein,
um vor versammelter Jugend zu sprechen. Er vertrat dort auch
die Idee des Rechts jedes Menschen an der Erde, an Grund und
Boden, das der ausschweifenden Gier weniger Selbstsüchtiger
zugunsten Gesamtheit natürliche Grenzen setzt. Die Internati-
onalisierung der Wirtschaft, die freie genossenschaftliche Sozi-
alisierung und die Bodenreform schienen mir damals die großen Gedanken zur gewaltlosen Überwindung der gefährlichen
und unsittlichen Kräfte des Kapitals zu sein.

Vor allem aber mußte, so schien es mir, eine leidenschaftliche Bereitschaft zur deutschen Initiative geweckt werden. Wir
mußten den Anfang machen, nicht nur Ideen zu haben, sondern sie zu verwirklichen. Ehe man daran denken konnte, die
Welt umzugestalten, mußte ein neues Deutschland errichtet
werden. Nicht ein bismarckisch-zentralisiertes, kein zerfallen-
des partikularistisches, aber ein föderalistisches, das die Zen-
tralisation der Reichsgewalt ablehnt und Staatsordnungen verlangt, die aus dem organischen Aufbau aus den gegebenen
gesellschaftlichen Wirklichkeiten von unten herauf sich ergeben: von der Familie zur Gemeinde, zum Kreis, zum Gau bis zur
Volksgemeinschaft und weiter hinauf bis zum Völkerbund. Es
wäre damit als ein großer Vorzug des deutschen Volkes zu betrachten, ein »Volk von Völkern« zu sein, das heißt die Summe
seiner Stämme mit eigenartigen Lebensformen und Charakter-
zügen. Die Souveränität auf deutschem Boden wäre nicht dem
deutschen Volke als einem Einheitsvolke, sondern der Gesamtheit der zum deutschen Volk zusammengeschlossenen deutschen Stämme zuzuerkennen, und zu fordern, daß Deutsche in

ihrem Reichstag nur durch Angehörige ihrer eigenen Stammes-
staaten vertreten werden dürften. Womit die rein parteipoliti-
schen Volksvertretungen fortfielen, die der politischen Mittel-
mäßigkeit, Unfruchtbarkeit und Zersetzung Vorschub leisten.
Hierdurch war die Möglichkeit einer starken Reichsgewalt, die
durch Rahmengesetze das politische, wirtschaftliche und kulturelle Leben des deutschen Volkes regelte, keineswegs ausgeschlossen. Diese vom deutschen Föderalistenbund damals so
formulierten Forderungen leuchteten mir um so mehr ein, als
ich glaubte, daß dieses durch den preußischen Kopf tot regierte
Deutschland durch das Erwachen und Selbständigwerden seiner Glieder ein in seinen Teilen segensreich widerspruchsvol-
les Leben haben würde, das durch die Unruhe des Gegensätz-
lichen allmählich wieder eine schöpferische Qualität dessen,
was deutsch ist, herausarbeiten würde. Das Bild eines solchen
föderalistischen Deutschland, welches Vorbild eines europäischen Völkerbundes wäre, war zuerst von Konstantin Frantz,
dem Gegner und Zeitgenossen Bismarcks, erschaut worden, einem wahrhaft erhabenen und genialen Geiste, den Männer, die
die Notwendigkeiten der Stunde begriffen, damals der Vergangenheit entrissen. Er hatte ganz früh schon den baldigen Untergang dieses durch Blut und Eisen gegründeten, auf Gewalt
und Macht beruhenden zentralisierten kaiserlichen Deutschland vorausgesehen.

Dieses waren im wesentlichen die Ideen, an denen ich mich
inspirierte. Sie wollte ich propagieren helfen, für sie wollte ich
kämpfen. Ich hatte bald den Kontakt mit den Männern, die für
meine Absichten in Betracht kamen, und in der »Akademie der
Freude«, die ich in Lauenstein gründete, wollte ich sie mit der
Jugend in Verbindung bringen.

In diesem Geiste fand eine Tagung im April 1922 statt. Der
Einladung waren Scharen junger Menschen gefolgt, vor allem
Studenten verschiedener Einstellungen, Bünde und Lager. Im
Laufe der Tagung entwickelte ich selbst Voraussetzungen, In-
halt und Form eines Ordens deutscher Jugend, und es schlossen

sich Studenten aus Jena und Freiburg zusammen. Am Schlusse der Tagung wurde beschlossen, eine Vermittlungsstelle für freiwilligen Dienst der Jugend in Lauenstein einzurichten.

Ich beschränkte meine Tätigkeit nicht auf die Burg Lauenstein, sondern reiste im Lande umher und hielt Vorträge. Ich sprach von allem, was ich in den letzten Jahren innerlich durchlebt und was ich durchdacht hatte. Ich fand hier und dort einzelne Menschen, die mir folgten, aber im großen und ganzen fühlte ich, daß dem neuen Deutschland, dessen Bild ich zeigte und das aus der Vergangenheit seine schöne Rechtfertigung nahm, weiter ein anderes Deutschland feindlich gegenüberstand, das Deutschland Luthers, Goethes, so wie man ihn deutete, und Bismarcks, das innerlich unbesiegte kaiserliche, das selbstzufriedene preußische Deutschland, das »Reich«, das den Himmel an die Erde, den Geist an das Schwert verriet. Und ich fühlte in jenen Tagen zum ersten Male die ungeheure Tragik, die darin liegt, daß ein großes schöpferisches Volk drei der gewaltigsten Menschen, Luther, Goethe und Bismarck, hervorbringen konnte und von diesen Gewaltigen sich dem allen entfremden ließ, was seine Größe und seine Schönheit ausmacht und sich weit wegführen ließ von seiner gottgewollten Bestimmung. Die einzige Veränderung nach dem Kriege bestand darin, daß Leute anderer Kreise die Macht an sich nahmen. Da sprach der alte Scheidemann, nun, Kinder, laßt mich auch mal dran. Das war die deutsche Revolution gewesen.

Ich lernte allmählich verstehen, daß die schönen Feuer, die hier und dort sich entfacht hatten, verlöschen mußten, und daß mein kleines Feuer dasselbe Los haben würde. Aber ich sollte bald einsehen lernen, daß nicht das tragische innere Schicksal des seinem eigentlichen Sinn entfremdeten Volkes allein die Schuld trug. Ich hatte in Wiesbaden, das damals von den Franzosen besetzt war, einen Vortrag über einen deutschen Jugendorden angekündigt und fand den Saal vorwiegend gefüllt mit jungen Menschen, die nationalistisch eingestellt und offenbar in der Absicht gekommen waren, mich zu stören. Ihre ersten schüchternen Versuche hörten bald von allein auf, da empfunden wurde, daß patriotischer Lärm nicht an das Niveau der Ausführungen reichte. Als ich aber nahe am Ende angelangt war, trat etwas Unerwartetes ein: auf dem Platze, auf den die Fenster des Saales hinausgingen, fingen die marokkanischen Soldaten an, die Marseillaise zum Zapfenstreich zu spielen. Im gleichen Augenblick stürmte eine wilde Horde junger Menschen gegen das Rednerpult und bedrohte mich. Ich beendete gleichwohl den Vortrag. Dann ging ich mit ein paar Freunden in mein Hotel zurück, und als wir uns schweigend gegenüber saßen, war mir völlig klar, daß dieses das Ende meiner Lauensteiner Tätigkeit bedeutete. Denn ich wußte, daß die jungen Leute irgendwie im Rechte waren. Nicht so, wie sie wohl glaubten, aber in einem andern Sinn. Jene Bestrebungen wie die meinen scheiterten in jenen Tagen nicht allein an Deutschlands seelischer Verirrtheit, sondern konnten aus einem andern Grunde keinen Erfolg haben. Das wurde mir mit dem Augenblicke klar, als die Marokkaner zu spielen begannen: ein Volk, das diesen Friedensvertrag hatte unterschreiben müssen, war in so ungeheure Schwierigkeiten seiner Ehre und seiner Existenz verwickelt, daß kein anderes Gefühl, kein anderer Gedanke aufkommen konnte, als diese seelischen und leiblichen Nöte zu überwinden. Alles andere mußte zurückstehen. Es war nicht wichtig, unter welcher Flagge die Rettung sich vollzog. Alles, was außerhalb der wichtigen Frage lag, konnte keinen definitiven Charakter haben, galt nicht, hatte keine Verbindlichkeit für die Zukunft. Aber das innerlich Erlebte war nicht umsonst, der Funke mußte weiterglühen, die Bereitschaft da sein, bis die Zwischenspieler ihre Arbeit getan hatten und die große Stunde der Erneuerung endlich kam.

So dachte ich damals. Nachdem ungefähr zehn Jahre verflossen waren, war das Rheinland geräumt, die Reparationsschuld erlassen, stand Deutschland gleich geachtet neben den andern Völkern, wenn auch vieles noch der Lösung bedurfte. Aber aus den innern Feuern waren inzwischen Lagerfeuer geworden, und als Wächter ragte in die deutsche Nacht die hohe

Gestalt eines alten preußischen Soldaten, der nichts wußte vom Deutschland Goethes noch dem Hölderlins.

Auch aus andern Gründen als der mir in Wiesbaden plötzlich gewordenen Erkenntnis hätte ich meinen Plan nicht verwirklichen können, die »Freude«, die inzwischen einmalig als Almanach erschienen war, als Zeitschrift im Sinne meiner Ideen fortzusetzen. Der Wert des deutschen Geldes fiel in einem Tempo, das alle Kalkulationen illusorisch machte, und der Preis des Papiers stieg so enorm, daß niemand, der nicht bereits über Vorräte verfügte, an eine Neugründung denken konnte. Zudem versiegten unter diesen Verhältnissen naturgemäß die Geldquellen. Mir war es bisher gelungen, durch Verkauf von Kunstwerken, speziell gotischer und barocker Skulpturen, die ich in Franken gefunden hatte, das Unternehmen aufrechtzuerhalten. Ein Mann war noch da, der sich bereit erklärte, Geld zu geben, wenn ich die Zeitschrift mit dem von mir entworfenen Programm ins Leben rufen wollte, der Geheimrat Arnhold in Dresden, der große Bankier, der ungekrönte König dieser Stadt. Ich lehnte es ab, da ich in diesen Zeiten an keinen Erfolg mehr glaubte. Aber ich habe diesem Manne ein Gefühl der Dankbarkeit bewahrt, besonders weil er sich nicht gern von seinem Gelde trennte.

Diese Erfahrung machte ich ein oder zwei Jahre später in Helgoland, wo ich einige Wochen weilte. Als ich eines Morgens meine Wohnung verließ, wurde meine Aufmerksamkeit durch wütende Ausrufe eines alten Herrn erregt, der gestikulierend über die Straße kam. Ich erkannte den Geheimrat und rief ihm zu:»Ich freue mich, Sie in Helgoland zu sehen. Aber warum sind Sie denn so furchtbar böse?« »Das soll man nicht sein«, schrie er mit rotem Gesichte, indem er ein paar Hörnchen in der Luft schwenkte. »Wissen Sie, was ich dafür bezahlt habe? Wenn es so weitergeht, werden wir alle bankerott.« »Ich bin es schon, Herr Geheimrat«, gab ich zur Antwort, »aber Sie werden es nie.« Ich machte mir klar, daß darin wohl das Geheimnis des Reichwerdens lag, daß man unter Umständen Millionen mit leichter Hand gab, aber mit Groschen sparen konnte. Sein Bruder, der Berliner Kohlenmagnat und berühmte Sammler, muß eine ähnliche Natur gewesen sein. Er zeigte mir eines Tages seine Bilder, wir hatten gerade ein kleines Kabinett mit Sachen von Meissonnier verlassen und befanden uns weiter weg davon in einem Saal, in dem das Abendmahl meines berühmten Namensvetters hing. Dieses Bild interessierte mich zwar weniger als die wundervollen Manet und Renoir, die sich dort befanden, aber ich hörte der Erzählung des alten Herrn über den Erwerb des religiösen Schinkens zu. Plötzlich aber unterbrach er mit Zeichen des Schreckens seinen Vortrag und stürzte fort. Als er wieder da war, sagte er noch atemlos: »Denken Sie, ich hatte vergessen, im Meissonnierzimmer das elektrische Licht auszuschalten, das kostet jetzt so sehr viel Geld.«

Auf dem Lauenstein baute ich nun meine Tätigkeit langsam ab. Ich erlebte noch die Tagung der internationalen Frauenliga für Frieden und Freiheit. Heinrich Vogeler-Worpswede kam mit ihr, Russell aus London, Pierre Jouve aus Paris, Blanche Reverchon, und dann sehe ich noch, den Berg heransteigend, die zwei tapferen großen Frauen, sturmerprobt, Anita Augspurg und Lydia Gustava Heymann. Ich habe mir später einen bösen Abend bereitet, als ich mich sehr eingenommen von ihnen zeigte, denn ich hatte mir nicht klargemacht, daß es in der Frauenbewegung naturgemäß ebenso viele Nuancen und Gegensätze gab wie in allen irdischen Vereinigungen. Eine Hamburger Dame hatte mich mit der Frauenrechtlerin Helene Lange zusammenbringen wollen und hatte zu diesem Zweck ein großes Abendessen arrangiert. Um mich gleich gut einzuführen und auf das richtige Thema zu kommen, sagte ich bei Beginn des Essens zu meiner berühmten Tischnachbarin, daß ich sehr glücklich gewesen wäre, Anita Augspurg und Lydia Gustava Heymann in Lauenstein begrüßen zu können. Worauf ich die barsche Antwort erhielt: »Na, da haben Sie ja zwei rechte Frauenzimmer kennengelernt.« Damit war die Unterhaltung ein für alle Male beendigt, und es gelang mir nicht, ein weiteres Wort meiner beleidigten Tischnachbarin zu entlocken. Der Abend war gründlich verdorben.

An Publikationen hatte ich in Lauenstein, außer dem einen Bande der »Freude« und den studentischen Leitsätzen, nur noch ein Buch »Das flammende Reich« herausgegeben, in dem ich Aufsätze von mir gesammelt hatte, und eine Mappe Lithographien von Helmut Kolle, der damals seine Bilder und graphischen Arbeiten mit dem Namen Helmut vom Hügel zeichnete. Ich hatte nun meine beiden Sekretäre, die mir die Jahre hindurch treu geholfen hatten, nicht mehr nötig, und wir trennten uns. Ein Diener namens Peter, ein verirrtes Berliner Kind, von dem wir glaubten, daß er endgültig gerettet sei, war schon vorher ohne Abschied davongegangen. Er hatte sich von einer »Dame« entführen lassen, die einige Tage auf dem Lauenstein zugebracht hatte. Nachdem sie sich an ihm erfreut hatte, ließ sie ihn ohne Mittel irgendwo in Franken sitzen, so daß Peter, um sein Leben zu fristen, in einem Steinbruch schwere Arbeit leisten mußte. Eines Nachts aber erschien er in Lauenstein, ohne daß jemand etwas davon merkte, erkletterte unter Lebensgefahr die Burg und entfernte sich mit drei schönen ledernen Handtaschen, die sich auf einem Boden befanden, und die Kolle gehörten. Zufällig bemerkten wir am nächsten Tage den Verlust und erfuhren gleichzeitig, daß Peter in Saalfeld gesichtet worden war. Wir fuhren mit dem nächsten Zuge dorthin. Es war gerade Messe, und dort fanden wir auch Peter. Ich legte ihm die Hand auf die Schulter, er zuckte zusammen und erblaßte. »Nun, Peter, wo sind Sie denn mit den schönen Ledertaschen geblieben?« fragte ich ihn freundlich. Er wollte zuerst leugnen, dann brach er in Tränen aus und meinte: »Ich habe doch Ihre nicht genommen, Herr Uhde, weil Sie immer gut zu mir waren, sondern nur die von Herrn Kolle.« »Ja«, sagte ich, »die sind ja auch besonders schön. Wo haben Sie sie denn verkauft?« Er zeigte auf eine Marktbude, aus der wir sie für wenig Geld wieder ablösten. Wir aßen mit Peter, dessen Tränen nicht mehr trocknen wollten, zu Abend, und ich kaufte ihm dann eine Fahrkarte nach Berlin.

Es traten für mich während der letzten Lauensteiner Zeit Verluste ein, die mich mit Schmerz erfüllten. Ich verlor meine Mutter, die seit Jahren leidend war. Man sagt oft, und wie mir scheint, nicht immer mit Recht, von einer Frau, sie sei eine »Heilige«. Meine Mutter verdiente wahrhaft diese Bezeichnung. Sie hatte alle Kraft ihres Lebens für das Wohl der Ihren gegeben, hatte auf ein äußeres Leben für sich verzichtet, um ein inneres zum Wohle anderer führen zu können. Sie lebte im Glauben an Gott, an den Sieg alles Großen und Wahrhaftigen und kümmerte sich nicht um das Kleine und Bösartige, das es in der Welt gibt. Das Urteil der Menschen beschäftigte sie nicht, sie hörte nur auf die Stimme ihres schönen, zuverlässigen Herzens. Gedenke ich ihrer, fallen mir Hofmannsthals Worte ein:

»Ein Mutterleben, nun, ein Drittel Schmerzen,
Eins Plage, Sorge eins. Was weiß ein Mann
Davon?«

Mit dem Tode meiner Mutter hatten meine Geschwister und ich die »Heimat« verloren, das Leben war für uns ein anderes geworden.

Es fiel in diese Zeit ferner der Tod meines Freundes Edwin Suermondt. Für alle wahren Werte empfänglich und leidenschaftlich eingenommen, war er ein treuer Kämpfer an meiner Seite gewesen. Die schöne Sammlung, die er hinterließ, blieb als würdiges Denkmal unserer engen Verbundenheit und unseres gemeinsamen Erlebens. Mit seinem Erlöschen sank ein Teil meines Daseins in das Reich des endgültig Vergangenen hin.

Ein weiterer Verlust trat ein, der mich schmerzte: der meiner Sammlung. Ich hatte alles getan, um sie zu retten, hatte mit Hilfe Suermondts, der während des Krieges sein großes väterliches Vermögen erbte, über die Schweiz stets die in Paris fälligen Abgaben an Miete, Versicherungen usw. bezahlt. Es waren auch bereits Vorkehrungen getroffen, daß Kahnweilers und meine Sammlung von den Bestimmungen über das fremde Eigentum ausgenommen würden. Da trat ein französischer Händler mit Erfolg für eine gegenteilige Stellungnahme der Regierung ein, und gleichzeitig erreichte eine alte Dame, die wohl ausgezeichnete Beziehungen hatte, daß meine Wohnung ihr vermietet wurde. Damit war für mich jede Hoffnung verloren. Bilder und Möbel wurden öffentlich im Hôtel Drouot versteigert, in einem der Säle, in dem ich selbst so manches schöne Stück erworben hatte. Diese Sammlung, die aus Überzeugung und Leidenschaft allmählich gewachsen war, ging in alle vier Winde, und es blieb nichts von ihr übrig als die Erinnerung. Der materielle Verlust war hart für jemanden, der sonst kein Vermögen besaß (die spätere Entschädigung war relativ unbedeutend), aber ich habe die innere Bereicherung, die ich aus der Schaffung dieser Sammlung gewonnen hatte, die Möglichkeit, mich in ihr selbst zu deuten, so hoch geschätzt, daß ich ihren Verlust nicht allzu schwer empfunden habe. Ideell bestand sie für mich fort, so wie eine Familie, deren Glieder durch ein äußeres Ereignis zersprengt sind.

Ich habe trotz dem Kummer, den ich über die Unglücksfälle empfand, dennoch in dem allmählichen Absterben und Vergehen dieser Bestandteile meines Lebens das Walten eines mir im Grunde wohlgeneigten Schicksals gesehen, das mich frei und unabhängig wollte für den Kampf um die neuen Werte einer neuen Zeit. Es hatte mir eine Quelle des Trostes und der Beglückung eröffnet in der Freundschaft mit Helmut Kolle, die jetzt begann, ihre schönen Blüten zu öffnen. Er hatte für den Band der »Freude«, an dem wir zusammen gearbeitet hatten, einige reizvolle literarische Arbeiten geliefert. Was aber wichtiger war, seine eigentliche Neigung, die zur Malerei, begann sich schöpferisch zu entwickeln, und es entstanden jene frühen zarten Bilder, die noch nicht die Großartigkeit seiner späteren Werke hatten, aber schon jene Vornehmheit des Klanges, die nur ein leidenschaftliches Herz und eine große Gesinnung zu schaffen fähig sind. Wenn ich sie heute wieder sehe, erblicke ich noch etwas in ihnen, was damals zu sehen mir nicht gegeben war: die frühe Reife und die tiefe Melancholie, die das Schicksal denen verleiht, die früh die Erde verlassen.

Es wurde uns nicht leicht, von Burg Lauenstein wegzugehen. Wir hatten uns gut eingelebt und mit den zum Teil interessanten Menschen angefreundet, die in gewissen Abständen immer wieder dort auftauchten. Zu ihnen gehörte unter anderen der Jenenser Verleger Eugen Diederichs. Mit ihm gelang es mir freilich nicht recht, geistig in gleichen Tritt zu kommen. Er interessierte sich damals für rhythmische Tänze und beschrieb mir eines Tages, wie man zu schönen Bewegungen käme. Ich besinne mich, daß er mir von einem Mädchen erzählte, das glaube, in einer Kugel, deren Wände es abtaste, eingeschlossen zu sein. Dann töne Musik und darauf bewege es sich rhythmisch schön. So oder ähnlich war der Vorgang, durch den man auch zu einer harmonischen Eßweise kommen konnte. Ich war entsetzt und meinte, daß es doch schrecklich wäre, wenn der Deutsche solche zerebralen Mätzchen nötig hätte, um zu Resultaten zu kommen, die Negerstämmen auf natürlichem Wege zugänglich wären. Ganz verdorben aber hatte es Eugen Diederichs mit mir, als er mir auf meine Frage, wen er für den geeignetsten Reichspräsidenten hielte, nach langem Nachdenken (er dachte immer lange nach, bevor er etwas sagte) antwortete: Hindenburg. Das schien mir damals – wir befanden uns im Jahre 1921 oder 1922, und ich war noch in der Blüte meiner Pläne und Hoffnungen – so absurd, daß ich für diesen sehr klugen Mann keinen großen Respekt mehr hatte.

Auch von der weiteren Umgebung Lauensteins hieß es jetzt Abschied nehmen. Bamberg, Nürnberg, Augsburg und Würzburg hatten uns oft gesehen, in Jena und Rudolstadt waren wir zu Hause, in Weimar hatte das Bauhaus, wo Klee und Itten tätig waren, große Anziehungskraft besessen. Dieses schöne alte

Deutschland, mit Gotik und Barock, seinen Flüssen und Bergen und Burgen, seinen sonnenglütigen Weinen, seinen großen Erinnerungen mußten wir aufgeben, und wir zogen in die politische Stadt Berlin mit ihrem aufgeregten Tagesgeschehen. Wir mieteten im älteren Teile, zwischen Halleschem Tor und Kreuzberg, Zimmer und richteten sie ein, nachdem wir eine Zeit in möblierten Wohnungen gehaust hatten.

Es handelte sich für mich vor allem darum, eine Beschäftigung zu finden, die Geld brachte, denn ich besaß keines. Durch Frau Professor Glaser, eine Frau, deren Herz und Geist ich stets hoch geschätzt habe und deren Tod vor einigen Jahren mir schmerzlich nahe ging, hatte ich den Kunsthändler und Verleger Wolfgang Gurlitt kennengelernt, mit dem ich mich sympathisch berührte. Er fragte mich eines Tages, ob ich bereit wäre, seine große Galerie in der Potsdamer Straße selbständig zu leiten; ich könne mit ihr machen, was ich wolle, und er würde mir nicht dareinreden, den Gewinn würden wir teilen. Ich nahm dieses Angebot gerne an und habe mit gutem Erfolg während ungefähr eines Jahres mich mit der Galerie beschäftigt. Unter anderem zeigte ich hier zum ersten Male öffentlich die Bilder Kolles. Eine Gesamtausstellung veranstaltete ich von meinem alten Freunde Erich Klossowski, der im Geiste der französischen Tradition, berührt besonders von Poussin, Delacroix, Cézanne, mythologische Kompositionen geschaffen hatte, die das Reifste und Schönste an Malerei enthielten, was in dem damaligen Berlin zu sehen war.

Ich hatte vor fünfzehn Jahren, in dem kleinen Pariser Hotel, die ersten schüchternen Malversuche Klossowskis beobachten können und hatte damals nicht geglaubt, daß sie zu etwas so Meisterlichem führen würden. Die mit Sympathie verbundene Skepsis, die ich damals hatte, klingt in einer kleinen Geschichte durch, zu der mich unser damaliges Zusammenleben inspirierte. Sie stammt aus dem Jahre 1904, und Harden veröffentlichte sie in der »Zukunft«. Ich will sie an dieser Stelle mitteilen, da sie mir noch heute ganz gut gefällt:

Es gibt Pflänzchen, die mit kleinen, dünnen Wurzeln an alten Mauern hinanklettern, die weder Sonne noch Frühling nötig haben, um ihr bescheidenes Dasein zu fristen. Freilich werden sie nie ganz grün, doch auch nie ganz gelb. Aber wenn man eines Tages zusieht, leben sie nicht mehr. Und vielleicht waren sie schon seit Jahren tot. Man wußte es nur nicht.

Von Fortunatus wußte man zwar, daß er lebte. Man hörte ihn ja sprechen und sah, wie er aß; aber schließlich war seine Stimme so dünn und sein Appetit so gering, daß man es kaum gemerkt hätte, wenn beide eines Tages nichts mehr von sich hätten hören lassen. Er sah blaß aus und hatte einen kleinen Vollbart. Auch an diesem Bärtchen konnte man feststellen, daß Fortunatus lebe, denn er mußte es alle vierzehn Tage schneiden lassen. Diese bescheidene Äußerung schaffenden Lebens hatte etwas Rührendes. Des Fortunatus Gang zum Barbier wirkte so wehmütig wie das Rieseln eines ganz, ganz kleinen Baches in öder Heide, und man hätte darüber weinen können.

Fortunatus war immer müde. Darum schlief er die Nacht und den halben Tag. Er hätte auch die andere Hälfte des Tages geschlafen, wenn er sich nicht vor seiner armen alten Schwester geschämt hätte, die den Tag und die halbe Nacht wachte, um für sie beide ein wenig Geld zu verdienen. Wenn er sich am Nachmittag erhob, war sein erster Gedanke, daß er sich bald wieder hinlegen könnte. Dann saß er mit seiner kleinen Tasse voll Schokolade am Fenster und träumte vom Schlafen. Wenn er aber schlief, dann träumte er, daß er Maler werden wollte.

Verstehen Sie recht: nicht so ein Maler, der in die Welt hinauszieht und das Leben umarmt, sondern einer, der in seinem Kämmerchen ein kleines Gedicht aus entzückenden Farben malt, so ein zartes Violett auf Perlgrau, und links in der Ecke steht ein gelber Fleck. Und die Bilder hätten kein großes Format gehabt. Denn Fortunatus war eben nicht ein starker Baum, der die weiten grünen Äste sehnend dem Licht entgegenbreitet, der in wilden Wonnen rauscht, wenn die Winde durch seine Krone fahren. Fortunatus hatte überhaupt keine Wurzeln, oder nur ganz, ganz kleine, die man mit dem Mikroskop hätte suchen müssen. Er lag willenlos im Leben, wie ein Stück Seidenpapier auf der Straße. Wenn ein Luftzug kommt und es in einen Teich trägt, dann kann es nichts dagegen tun und muß untergehen.

Als Fortunatus sich fünf Jahre damit beschäftigt hatte, daß er Maler werden wolle, wurde ihm das Leben langweilig, und er wünschte fast, daß so ein kleiner Wind käme und ihn in das Wasser trüge. Wenn er sich stark fühlte, dachte er wohl daran, daß er selbst dahin gehen könnte, um sich ganz langsam hineingleiten zu lassen. Manchmal träumte er auch von einer Schießwaffe mit einem feinziselierten Lauf; den würde er mit duftenden Narzissen umwickeln und mit geruchlosem Pulver laden und dann ... Aber diesen Gedanken gab er bald auf, denn er sagte sich, daß es stillos wäre, wenn sein stilles Leben mit einem Knall enden würde. Da wäre es schon besser, wenn er sich eine der Stricknadeln ins Herz stieße, mit denen die Schwester neben ihm hantierte.

Die schien zu ahnen, daß in Fortunatus etwas vorging. Sie hob ihr blasses Gesicht von der Arbeit und sagte: »Mit dem Malen wird es nun doch wohl nichts werden; wenn du nicht selbst Bilder machst, könntest du doch vielleicht über die Bilder schreiben, die andere malen. Es wird dir nicht schwer werden, denn auf der Schule hattest du in deinen Aufsätzen die besten Noten. Du mußt schließlich wohl eine Tätigkeit beginnen, denn du bist noch in den besten Jahren.«

Dieses Letzte stimmte nicht ganz; Fortunatus hatte weder gute noch beste Jahre; er hatte ganz einfach nur Jahre.

»Es müßten kleine und feine Bilder sein«, sagte Fortunatus, »und ich müßte dahin gehen, wo es viele davon gibt.«

So kam es, daß Fortunatus eines Tages in Paris war. Er mietete ein kleines Zimmer in einer dunklen Straße. Es war mit braunem Holz getäfelt und von ernstem, fast feierlichem Aussehen. Die schweren Möbel hatten allerlei Schnitzwerk, scharfe Kanten und spitze Ecken. Die Hälfte des Zimmers nahm ein Bett ein, das so groß und geräumig war wie das Hochzeitslager eines Menschen vor fünfhundert Jahren. Als erste Handlung des Fortunatus nach seiner Ankunft ist zu verzeichnen, daß er die Portieren vor die Fenster zog und schlafen ging. Nach zwei Tagen wachte er auf. Obgleich er sich müde fühlte, klingelte er dem Mädchen und bestellte Schokolade und eine kleine Torte. Dann kleidete er sich an, um Paris kennenzulernen. In den Straßen traf er einige Menschen, die ihm früher nahegestanden hatten, junge Künstler und Literaten. Sie waren erstaunt und fragten ihn, was er in Paris vorhabe. »Ich will über Bilder schreiben«, antwortete Fortunatus; »ich habe gute Beziehungen zu einer Zeitung, die meine Aufsätze nehmen will.« Sie gingen nun zusammen über die Boulevards und die schönen Plätze und durch die herrlichen Gärten von Paris. Sie gingen auch in die Paläste der Kunst und standen vor den Werken gewaltiger Meister. Aber des Fortunatus Seele blieb kühl; sie fürchtete sich vor diesen starken Dingen, und als es kaum Abend war, freute er sich, daß er wieder die Vorhänge vor die Fenster des dunkeln Zimmers ziehen konnte.

Die Freunde besuchten ihn manchmal. Aber sie mochten morgens kommen oder erst, wenn die Männer das Gas in den Laternen entzündeten: immer trafen sie Fortunatus blaß und müde in dem gewaltigen Bett. Ihre Ermahnungen blieben ohne Erfolg. Ein einziges Mal überraschte ihn jemand am Schreibtisch. Er saß vornübergebeugt, und man konnte sehen, wie seine rechte Hand sich bewegte. Es war kein Zweifel mehr: er arbeitete. Schon wollte der Eindringling sich scheu und still zurückziehen, um die große, weihevolle Stunde nicht zu stören, als er im Spiegel bemerkte, daß Fortunatus Zigaretten rollte.

Als Fortunatus nur noch wenig zu essen hatte, entschloß er sich, einen Artikel über die letzte Ausstellung zu schreiben. Zehn Tage lang beschäftigte ihn dieser Entschluß; zugleich aber verfolgte er in dem Blatt, zu dem er Beziehungen hatte, ob ihm nicht jemand zuvorkäme. Und am elften Tage fand er den Bericht aus einer andern Feder.

Immer mehr entfremdete er sich dem Leben. Die Klarheit des Tages verdroß ihn, der Lärm der Straße machte ihm Angst, die Auslagen der Fenster erschreckten ihn, denn die Dinge, die er dort sah, verstand er nicht mehr; sie waren für die Bedürfnisse eines Daseins geschaffen, für das er keine Organe besaß. Vor allem aber störte ihn der Gesang der Vögel in den Gärten; ihr Jubilieren machte ihn krank. Er kaufte sich in einer japanischen Handlung einen künstlichen Papagei, der einen Holzschnabel und ein so buntes Gefieder hatte, wie man es in der Natur selten antrifft. Den einen Fuß hielt er ein wenig in die Höhe, und seine Augen hatten einen schelmischen Blick. Diesen Vogel hing Fortunatus vor seinem Bett auf. Er schenkte ihm die Zärtlichkeit seines alten, müden Herzens, er sprach mit ihm und gab ihm Kosenamen. Hauptsächlich aber liebte er ihn, weil er tot war, richtiger: nie gelebt hatte. Denn er bestand aus Papier und hatte Sägespäne im Leib.

Als Fortunatus eines Abends aufstand, kam ihm der Gedanke, den Papagei zu malen. Noch nie hatte er einen so heftigen Wunsch empfunden wie diesen. Er ging in die nächste Drogerie, die gerade ihre Tür schließen wollte, und kaufte Leinwand, Farben und Pinsel. Dann machte er sich an die Arbeit. Vor den Fenstern waren die Vorhänge geschlossen, und eine dürftige Lampe gab dem Zimmer ein mattes Licht. Wie kosend strich Fortunatus die Farben auf die Leinwand, und um seine schmalen Lippen spielte ein glückliches Lächeln. Je weiter er vorschritt, um so mehr erfaßte ihn ein Rausch, den er nie vorher gekannt hatte, ein Taumel des Schaffens. Seine erwachte Phantasie konnte sich nicht genug tun und komponierte um den bunten Vogel eine Landschaft in köstlichen, entzückenden Farben. Nackte Menschen standen in Gärten, in denen Fliederbüsche sich bogen und Seen wie Edelsteine glänzten. Fortunatus zitterte, er könne erlahmen; er rauchte ein Dutzend schwerer Zigaretten, um den Rausch zu halten, und trank dazu schwarzen Tee in sinnloser Menge. Als hinter den Vorhängen der Morgen zu dämmern begann, hatte er die Skizze vollendet; und als sie fertig vor ihm lag, liefen ihm die Tränen über die Backen: so war er durch sich selbst gerührt. Und er dachte an seine arme alte Schwester zu Hause. Aber in seinen Augen glänzte das Fieber, und der Frost schüttelte seinen Körper.

Er löschte die Lampe und ließ das graue Licht der Frühe in das Zimmer. Da war es, als verwandelten sich die Farben, als verlören sie plötzlich ihren Glanz; trocken und matt starrten sie ihm entgegen. Eine wilde Verzweiflung ergriff Fortunatus, als er sah, wie der Tag sein Werk zerstörte. Er nahm hastig den Pinsel und übermalte ganze Strecken. Aber es gelang ihm nicht, ihnen neuen Reiz zu geben; und als er gebrochen in seinen Stuhl zurücksank, starrten seine geröteten Augen auf ein seltsames Chaos greller, sinnloser Farbenflecke. In fieberhafter Angst sprang er auf, schloß noch einmal die Vorhänge und steckte die Lampe an. Aber auch das war vergeblich. Jetzt saß er stundenlang vor dieser Leinwand, auf der noch vor kurzem ein schöner Traum zu sehen war, der zugleich seine erste Tat, das erste und letzte Aufflackern seiner Seele bedeutete. Und wie er so dasaß, schüttelten Fieberschauer seinen Leib, und sein Blick, der im Delirium wogte, fing an, auf der bunten Leinwand seltsame Dinge zu sehen. Da, in der Mitte eines Tulpenbeetes, saß ein alter Türke in einem grünen Gewand; er trug gestickte Pantoffeln an den Füßen. Und jetzt, jetzt fing er an, langsam mit dem Kopf zu wackeln. Und im Vordergrunde hatte sich wohl Geflügel versteckt. Das wurde auf einmal lebendig und bewegte die weißen Fittiche und machte sich auf und lief watschelnd an dem Türken vorüber, immer eins hinter dem andern.

***

Als ein paar Stunden später einige junge Leute kamen, den Fortunatus zu besuchen, fanden sie ihn bewußtlos in seinem Stuhl. Die Fenster waren geschlossen und die Lampe brannte, obgleich heller Tag war. Sie trugen ihn in sein Bett und riefen einen Arzt. Der erklärte, daß Fortunatus sterben müsse; »an allgemeiner Lebensschwäche«, sagte er, und lief hinaus. Die Freunde waren traurig; sie gingen heim, holten die schönsten Bilder, die sie gemalt hatten, und stellten sie um das Bett des Fortunatus. Denn sie wollten, daß er mit angenehmen Eindrücken die Erde verlasse. Als Fortunatus erwachte, kümmerte er sich aber nicht viel um die Freunde und ihre Bilder, sondern blickte nur immer auf den Papagei, den er so geliebt hatte, weil er bunt und künstlich war. Und es war beinahe, als bewege der Vogel ein wenig den Holzschnabel; er hob das eine Bein und sah mit seinen Glasaugen schelmisch auf Fortunatus herab, der jetzt für immer entschlafen war.

Als die jungen Leute mit ihren Bildern wieder hinausgingen, sagte einer zum andern: »Aus seinem Malen wäre nicht viel geworden. Habt ihr die bunte Sache auf dem Schreibtisch gesehen? Sie war furchtbar talentlos.«

Sie irrten aber. Denn erstens waren sie ärgerlich, weil Fortunatus nicht ihre Bilder, sondern den Vogel ansah, als er starb; und dann war vorher auf der Leinwand etwas Schönes gewesen. Es war sicher nicht sehr stark, nur eine Skizze, und man konnte sie nur bei Lampenlicht genießen. Doch an diese Skizze hatte ein Mensch seine Seele vergeudet, so daß er sterben mußte.

Obgleich das auf »Expressionismus« dressierte Publikum kein Verständnis für die vornehmere Haltung dieser Kunst hatte, gelang es mir doch, den größeren Teil der Bilder zu verkaufen. Die geringste Hilfe hatte ich dabei von Klossowski selbst, der in dieser Ausstellung vor allem eine unerwünschte Gelegenheit sah, mit Menschen in Berührung zu kommen, wovor er sich von Jahr zu Jahr mehr fürchtete. Er kam zwar möglichst selten in seine Ausstellung, aber einmal spielte ihm der Zufall einen reizenden Schabernack. Er war in dieser Zeit glücklich, für seinen abendlichen Trunk ein verstecktes Café in Berlin gefunden zu haben, in dem kaum je ein Gast sich blicken ließ. Eines Abends aber sah er am andern Ende des weiten Raumes einen ihm unbekannten Herrn, der plötzlich anfing, ihm freundlich zuzunicken. Klossowski, aufs äußerste bestürzt, ignorierte zunächst diese Vertraulichkeit. Als indessen das Nicken nicht aufhörte und er sich klar machte, daß es unbedingt ihm gelten müsse, da sonst niemand anwesend war, erwiderte er mit einem kühl gemessenen Neigen des Kopfes. Auf dieses Entgegenkommen hin sprang der andere sofort auf, kam an Klossowskis Tisch und sagte in einem ausgesprochen sächsischen Dialekt, es sei wohl besser, wenn sie zusammensäßen, da sie beide so einsam seien. Er heiße von Obstfelder und habe eine Zigarettenfabrik. Schon bot er Klossowski eine Zigarette an und fragte ihn: »Ja, und was machen Sie denn im Leben?« Klossowski, durch diese Annäherung innerlich schwer verwundet und leidend, sagte in eisigem Tone: »Ich bin Maler.« – »Ja, das ist aber ungeheuer interessant«, sagte der andere, »und wie heißen Sie denn da?« –»Klossowski.« – »WeesKnöppchen, das ist ja großartig. Sie sind also der Klossowski? Gerade gestern habe ich mir ein Bild von Ihnen gekauft, ne fabelhafte Landschaft. Durch meinen Freund Uhde. Na, den kennen Sie dann wohl auch?« Der arme Klossowski mußte nun den ganzen Abend mit Obstfelder verbringen und verwünschte innerlich vermutlich diesen Verkauf. Obstfelder war ein Spaßvogel, der einen herrlichen Besitz am Wannsee hatte, vorzugsweise aber in einer kleinen billigen Familienpension in Berlin lebte, bald eine Fabrik, bald ein Rittergut kaufte und jedesmal einen Konzertflügel, wenn er an einem Orte länger als einen Monat blieb, denn er hielt sich für einen bedeutenden Musiker.

Nach den genannten beiden Ausstellungen machte ich eine große Wohltätigkeitsveranstaltung, bei der ich über das Paris der Vorkriegszeit plauderte, Hans Siemsen las einige seiner reizvollen kleinen Geschichten vor, die so einfach und menschlich sind. Siemsen war ein Freund von mir aus Paris. Er war dorthin gekommen, um Bilder Rousseaus zu sehen. Als er noch Schüler in der kleinen Stadt Osnabrück war, hatte die Abbildung eines seiner Werke ihn stark beeindruckt und ihn so zum allerersten deutschen Liebhaber der Malerei des alten Zöllners gemacht. Er half an jenem Berliner Abend die Bilder und Graphik versteigern, die uns bekannte Künstler zu diesem Zweck überlassen hatten. Der Erlös war nicht unbeträchtlich, und ich überwies ihn dem Asyl der Obdachlosen.

Wolfgang Gurlitt besaß an der Potsdamer Brücke einen entzückenden kleinen Laden, in dem er Graphik verkaufte. Es reizte mich, mit ihm etwas anzufangen, da er, gut gelegen, eine größere Publizität bot, als die etwas versteckte Galerie. Aber das Glück verließ mich, und es wurde nichts verkauft, dafür aber wurde ich bestohlen. Da ich mich am Tage nur einige Stunden in dem Laden aufhielt, hatte ich für die übrige Zeit einen Angestellten, der ihn morgens öffnen und abends schließen mußte und mit Besuchern, die mich sprechen wollten, die Verabredungen ausmachte. Als ich eines Tages die kleine Galerie aufsuchte, fand ich sie geschlossen. Ich sah durch die Vergitterung in das Innere und stellte fest, daß sämtliche Bronzen der Renée Sintenis verschwunden waren. Ich benachrichtigte sofort die Polizei, die aber nichts ausrichtete, da der Angestellte nicht in sein Domizil zurückgekehrt war. Der Wert war beträchtlich, und ich eilte entsetzt zu Renée Sintenis. Die war sehr nett und freundschaftlich und meinte: »Lieber Uhde, machen Sie sich darüber doch keine Gedanken; das ist völlig unwichtig. Ich verliere nichts als das bißchen Bronze und den Guß, und das ist unbeträchtlich und lohnt kein Wort der Erörterung.«

Dieses kleine Ereignis trug nicht dazu bei, mir dieses Berlin der Inflation angenehmer zu machen. Es war eine Stadt der Schieber, und an allen Straßenecken wurden dunkle Geschäfte abgeschlossen. Aber wohin sollte ich gehen? Gurlitt lag mir seit einiger Zeit in den Ohren, mich wieder in Paris festzusetzen. Er versprach sich Nützliches davon für uns beide. Ich könnte für ihn günstige Käufe machen; er wollte mir auch die ersten Monate finanzieren. Ich hatte bis dahin immer abgelehnt, denn ich fürchtete mich davor, als armer Mann in die Stadt zurückzukehren, in der ich es zu etwas gebracht hatte, an meiner Wohnung vorbeizugehen, in der die Bilder nicht mehr hingen, in dem möblierten Zimmer eines kleinen Hotels zu wohnen, mit fünfzig Jahren noch einmal von vorn anzufangen. Da trat schließlich eine Erwägung ein, die mich bestimmte, nachzugeben, mir die Rückkehr sogar als eine Art Pflicht auferlegte: Helmut Kolle hatte in der letzten Zeit so erstaunliche Fortschritte gemacht, seine Bilder hatten so völlig alles Angenehme, Spielerische verloren, waren einfach, freimütig und klar geworden und hatten eine innere Größe bekommen, die sich äußerlich durch eine courbethafte Materie und eine wunderbare Reinheit des Tons ausdrückte, daß alles dahin drängte, diese stürmisch sich entwickelnde Kunst mit den großen Vorbildern der französischen Tradition in Berührung zu bringen.

So war eines Tages der Entschluß gefaßt, nach Paris zurückzukehren.

Zweiter Pariser Aufenthalt

An einem Märztage des Jahres 1924 kamen wir in Paris an.
Nachdem wir unsere Zimmer bezogen hatten, saßen wir nachts
auf den Großen Boulevards vor jenem Café Américain, auf dessen Terrasse ich vor dem Kriege meinen Apéritif zu nehmen
pflegte. Es war still um diese Stunde, nur wenige Menschen
gingen vorüber. Ein Kellner, der mich von früher her kannte, bediente uns, er drückte mir herzlich die Hand, begrüßte
mich als erster mit freundlichen Worten. Ich nahm es als gutes
Vorzeichen.

Wir zogen am nächsten Tage in das Hotel Foyot. Eines
Morgens meldete man mir den Besuch eines Herrn, der mich
sprechen wollte. Als ich heruntergestiegen war, fand ich einen
großen, breitschultrigen Mann mit schwarzem Bart, der freu-
destrahlend auf mich zukam; es war mein ehemaliger kleiner
Diener Constant. Er war verheiratet, hatte einen Sohn und war
Chauffeur bei reichen Privatleuten. Er glaubte mich besonders
durch die Mitteilung zu erfreuen, daß er einige persönliche An-
denken aus meinem ehemaligen Besitze für mich aufbewah-
re, ein paar Gläser mit Familienwappen, Erinnerungen an meine Korpszeit, und daß seine Mutter die beiden großen Photos
meiner Eltern gerettet habe, die sie zu meiner Verfügung hielte.

Ich freute mich, daß diese guten Menschen so treu an mich gedacht hatten, konnte aber innerlich die Erwägung nicht unterdrücken, wie nützlich es für meine durch nichts gesicherte Existenz gewesen wäre, wenn sie statt dieser Dinge mich mit einem Bilde von Henri Rousseau überrascht hätten.

Im Hotel Foyot konnten wir in Anbetracht unserer geringen Mittel nicht lange bleiben. Wir fanden bald, ein paar Schritte vom Luxembourg-Garten entfernt, in einer engen, kleinen Gasse des Quartier Latin, ein altes Hotel, das unter Ludwig dem Vierzehnten die türkische Botschaft gewesen war. Eine riesenhafte Eichentür aus jener Zeit schloß es von der Straße ab, die Zimmer waren geräumig, aber unglaublich primitiv, und die Fußböden waren mit Steinfließen bedeckt. Jetzt war man im Begriff, das Haus umzugestalten, Zentralheizung und fließendes Wasser anzulegen. Das machte Lärm und Staub. Trotzdem zogen wir ein, denn der Mietpreis war niedrig. Es war mein Wunsch, ein kleines helles Zimmer, das sich auf halber Treppe befand, als Büro zu haben und als Empfangsraum für Besucher. Aber es war an eine junge Person mit leichten Sitten vermietet, die jeden Abend einen andern Herrn nach Hause brachte, und die Wirtin weigerte sich, ihr zu kündigen. »Was wollen Sie«, sagte sie, »das ist ein Beruf wie ein anderer, und ich habe kein Recht, zu hindern, daß man ihn ausübt.« Eines Tages aber kam sie zu mir und rief: »Sie können das Zimmer haben, ich habe das Mädchen hinausgeworfen. Denken Sie nur, ich habe herausbekommen, daß die lasterhafte Person kein Geld nahm, sondern es zu ihrem Vergnügen tat.« In diesem Hause hatten einst Verlaine und Rimbaud gewohnt, und als ich an den Quais zwei Portraits dieser Dichter fand, ließ ich sie rahmen und schenkte sie der Wirtin, damit sie sie in der Halle aufhing. Aber sie tat es nicht, denn ihr Anwalt hatte ihr gesagt, das seien keine rühmlichen Franzosen gewesen, und sie würden nur von einigen verrückten Fremden ernst genommen. Erst viele Jahre später, als das Haus mit allem Komfort eingerichtet, die Eichentür durch eine schmiedeeiserne ersetzt war, fand ich zwischen den Stuckgirlanden der Halle die Bildnisse aufgehängt, die unter diesen veränderten Umständen nicht mehr dorthin paßten.

Die ersten Schritte, die wir in Paris zu unternehmen hatten, galten der Erwerbung der »Carte d'identité«, das heißt der Erlaubnis, in Paris wohnen zu dürfen. Es war damals für Deutsche nicht leicht, sie zu bekommen. Man mußte Bürgen und Empfehlungen haben, wurde verhört und beobachtet. Eines Tages hatte ich die berühmte Karte schließlich doch erhalten. Aber Kolle hatte die seine noch immer nicht, obgleich er den Leiter des Instituts Pasteur und einen französischen Gesandten als Bürgen hatte. Als er eines Tages eine Vorladung auf die Polizeipräfektur erhielt, glaubte er, es sei, um die berühmte Karte in Empfang zu nehmen. Seine Bestürzung war groß, als man ihm stattdessen mitteilte, er habe binnen weniger Tage Frankreich zu verlassen. Auf dem Ministerium des Innern, wohin er sich wandte, erfuhr er den Grund: solange Söhne französischer Gelehrter nicht deutsche Universitäten besuchen dürften, sei es nicht erwünscht, daß Söhne deutscher Gelehrter in Paris ihre Studien machten. Es war klar, daß jetzt nur einer der größten politischen Namen Frankreichs helfen konnte. Es gelang Kolle, eine Empfehlung an Jules Cambon, den Präsidenten der Botschafterkonferenz, zu bekommen, der die Sache in Ordnung brachte. Den Brief, den Cambon ihm schrieb, trug er künftig stets bei sich. Desgleichen einen Brief, den er ein oder zwei Jahre später vom Marschall Joffre erhielt, der sich für die Beteiligung Kolles mit einem Bild an einer Stützungsaktion des Francs bedankte. Diese beiden Schreiben wirkten zuweilen Wunder. Als wir eines Tages in Menton waren und gerne Ausflüge über die italienische Grenze machen wollten und die Erlaubnis bei der Präfektur in Nice erbaten, wies uns der Beamte in der unhöflichsten Weise ab, indem er die Regularität unserer Pässe wie unserer Carte d'identité bemängelte. Es war offensichtlich, daß sein Benehmen gegen unsere Nationalität gerichtet war. Ich war entschlossen, mir das nicht gefallen zu lassen und den Respekt für unsere ordnungsmäßigen Papiere zu erhalten. Ich verlangte daher den Herrn Polizeipräfekten selbst zu sprechen. Nach allerlei Schwierigkeiten wurden wir vorgelassen. Bevor ich etwas sagen konnte, hatte Kolle bereits sein Portefeuille geöffnet und die beiden erwähnten Briefe ausgebreitet. Sie taten Wunder, denn der Präfekt telephonierte sofort an seinen Beamten, unsere Wünsche zu erfüllen. Dieser sagte, als wir wieder kamen: »Jetzt verstehe ich überhaupt nichts mehr.« »Das ist auch nicht unbedingt nötig«, antwortete ich ihm höflich.

Jetzt war ich wieder in der Stadt, die ich am meisten liebte, zu Hause. Ich fand sie zu ihrem Nachteil verändert, aber ich liebte sie deshalb nicht weniger. Es war bunter in ihr geworden, Cinémas und Banken präsentierten sich überall ohne Charme, unzählige Wagen verbreiteten Lärm und Gestank, alte, ehrwürdige Gebäude waren niedergerissen und durch neue ersetzt, die kalt und prächtig waren. Die Stadt war kosmopolitisch geworden, und das laute Fremde verdrängte die diskrete einheimische Note. Dennoch war Wesentliches unverändert geblieben: die Gärten, der Fluß, die alten Straßen. Ich erlebte den Frühling im Luxembourg-Garten, und es war genau so schön wie das erstemal damals vor zwanzig Jahren.

Und es war etwas hinzugekommen, etwas Großes, das heimlich die Stadt beherrschte, das in alles Geschehen hineinspielte, das mit allem Denken und Handeln eng verbunden war: das Grab des Unbekannten Soldaten. In den Jahren die nun kamen, konnte ich verfolgen, wie es allmählich seinen Sinn veränderte, wie es aus einem täglich bekränzten Wallfahrtsorte nationalen Stolzes ein allgemein gültiges Symbol für den Frieden der Völker wurde. Mir fielen damals Worte ein, die vor mehr als hundert Jahren Jean Paul geschrieben hat: »Ihr könnt wissen, daß kein Sterben für das Gute in einem All Gottes fruchtlos und ohne Zeit- und Völkerbeglückung sein kann, und ihr dürft hoffen, daß aus der Todesasche des Schlachtfeuers der Phönix des

Heiligsten auflebt, und daß die ungenannt in den Gräbern liegenden Gerippe der Kämpfer die Anker sind, welche unten un-
gesehen die Schiffe der Staaten halten.«

Mein erstes Bemühen ging darum, einen Überblick über die
moderne Malerei zu bekommen. Dieses war nicht leicht, denn
es waren Hunderte von Galerien entstanden, und es entstanden täglich neue. Die alten großen Händler bestanden noch,
aber sie waren nicht mehr in der Rue Laffitte und der Avenue
de l'Opéra, sondern in der Rue La Boëtie und dem Faubourg St-
Honoré. Sie vertraten die Maler, um die, als sie jung waren, vor
dem Kriege der Kampf ging, die Henri Matisse, Derain, Dufy,
Friesz, Vlaminck. Diese hatten jetzt Häuser, Schlösser, Wagen,
Schüler, die Ehrenlegion. Sie hatten ihre meisterliche Form gefunden, die Entwicklung war abgeschlossen: es war nichts Neues mehr von ihnen zu erwarten. Diese Händler hatten auch einige neue Maler zu Ansehen gebracht, die vor dem Kriege noch
wenig beachtet waren, Utrillo, Chagall, Modigliani, Soutine
und andere. Unter den Tausenden von Malern, die in den unzähligen kleinen Galerien ausstellten, fand ich wenig, was des
Interesses wert schien.

Wenn ich so durch die Stadt bummelte, kam ich zuweilen
an meiner alten Wohnung vorbei, blieb am Quai stehen und
blickte zu den Fenstern hinauf. Ich machte mir dann klar wo
jedes der Bilder gehangen hatte, die ein Teil meines Lebens
waren. Wenn die alte Dame, der diese Wohnung jetzt gehörte,
mich draußen sah, so ahnte sie wohl nicht, wer der Fremde war,
der so hartnäckig zu ihr heraufsah. Rousseau, Picasso, Braque,
das waren die Maler, die da gehangen hatten, und sie wieder zu
sehen, war mir vor allem wichtig. Meine erste Begegnung hatte
ich mit Henri Rousseau. Er selbst war zwar tot, aber eines Tages
wurde er für mich wieder lebendig. Ich saß am Nachmittag, wie
so oft, vor dem Café Américain, da fiel mein Blick auf eine Affiche des Nebenhauses, dieser großen Maison de Blanc, die damals in einem der oberen Stockwerke Kunstausstellungen ar-
rangierte. Auf der Affiche aber stand der Name Henri Rousseau.

Ich eilte hinauf und fand einen Teil seines Werkes, viele Bilder, die mir gehört hatten und von denen mir jedes alte Erinnerungen wachrief. Ein Herr, der die Rosette der Ehrenlegion trug, kam freundlich auf mich zu und fragte: »Diese Bilder stammen wohl zum größten Teil aus Ihrem Besitze. Welches von ihnen haben Sie am meisten geliebt?« Ich ging auf jenes Bild zu, das eine Frau in rotem Kleide in einem Frühlingswald zeigt, das ich für vierzig Francs von einer Wäscherin gekauft hatte, das ich nie habe verkaufen wollen, und das in meiner Sammlung versteigert wurde. »Dieses Bild von Rousseau habe ich am meisten geliebt«, antwortete ich. »Sie können es zurückkaufen«, sagte lächelnd der Herr, und er fügte etwas zögernd hinzu: »Man verlangt heute dreihunderttausend Francs.«

Einige Tage später traf ich einen deutschen Händler, der für einige Tage nach Paris gekommen war. Er fragte mich etwas spöttisch und überlegen: »Nun, haben Sie schon wieder Bilder von Rousseau gefunden?« Ich antwortete ihm, dass dieses Kapitel für mich abgeschlossen sei und ich keine suchte. »Aber ich«, meinte er stolz, »habe einige entdeckt und für nichts gekauft. Drei große Bilder für fünfzigtausend Francs, stellen Sie sich vor.« Ich stellte es mir vor und fragte ihn, ob die Bilder auch echt seien. »Hunderprozentig«, gab er zur Antwort und fügte hinzu: »Sie können sie übrigens bei mir ansehen.« Das tat ich und fand ein paar üble Machwerke mit falscher Signatur, die ich kannte. Ich sagte ihm, dass die Bilder nichts mit Rousseau zu tun hätten und zusammen nicht hundert Francs wert wären. Der Mann war ausser sich, und sein herausfordernder Ton stimmte sich wesentlich herab. Er habe die Bilder nicht für sich, sondern für einen großen Konzern gekauft, dem er für die Anlage des Geldes verantwortlich wäre. Ob ich ihm erlaubte, sich auf mich zu berufen, wenn er bei dem Händler, der ihm die Bilder verkauft hatte, versuchen würde, den Kauf rückgängig zu machen. Ich hatte nichts dagegen, und wir verabredeten, dass er mir am nächsten Tage über den Erfolg berichten würde. Ich traf ihn in strahlender Laune. »Der Mann ist also darauf eingegangen?« fragte ich ihn. »Nein«, sagte er, »er will die Bilder nicht zurücknehmen, aber er ist doch ein reizender Mensch. Er möchte nicht, dass ich unzufrieden bin, und hat mir nun ein wirklich authentisches Bild Rousseaus, dieses schöne Portrait, das Sie hier sehen, geschenkt. Das allein ist ja mehr als fünfzigtausend Francs wert.« »Glauben Sie«, sagte ich nur, indem ich einen Blick auf die wertlose Fälschung warf und hinausging.

An einem Tage der ersten Wochen ging ich die große Treppe zu Paul Rosenberg hinauf, der Bilder von Picasso ausgestellt hatte. Da kam Picasso mir auf halbem Wege entgegengelaufen, umarmte mich und hieß mich herzlich willkommen. Er zeigte mir seine Bilder und führte mich nach Hause, wo ich Werke aus allen Perioden seines Lebens fand. Da hing auch das kleine Bild der Barbizonschule, das ich ihm gegeben hatte für das Portrait, das er von mir gemalt hatte, und das große Frauenportrait von Rousseau sah ich wieder, das er für fünf Francs bei dem alten Matratzenhändler gekauft hatte, bei dem ich für zehn Francs meinen ersten Picasso erstand.

Dann ging ich eines Tages zu Braque. Er hatte sich ein kleines Haus am Parc Monsouris gebaut, und ich fand ihn oben in seinem Atelier, groß und stark, als »Meister« von der Natur geschaffen, inmitten seiner Bilder. Und ich empfand dieses Werk wie einen Teppich, der sich langsam aufrollt und in dem alle Teile sich entsprechen, notwendig zusammenhängen, in Ton, Farbe, Zeichnung, Materie eine Einheit bilden.

Ich stand jetzt als ein anderer vor den Werken dieser beiden Künstler. Ich war nicht durch die Sonne einer Leidenschaft geblendet, die den Besitz dieser Bilder erstrebte. Ich stand vielmehr im beruhigenden Schatten von Gedanken, mit dem Wissen und den Erfahrungen des einstigen Liebhabers. Und ich wußte mehr vom Leben und von der Kunst als damals, da ich diese Bilder begehrte. Ich hatte vor dem Kriege, in der geistigen Alliance zwischen Picasso und Braque, deren Frucht der Kubismus war, wohl den Geist einer neuen Zeit lebendig gesehen; heute aber sah ich, daß die Bedeutung dieser Zusammenarbeit ein großartiges Symbol war, das über allen Zeiten stand, das Vergangenes deutete, vielleicht Kommendes verkündete.

Ich hatte begriffen, daß im Wesen der Völker zwei verschieden gefärbte Lebensgefühle sind, ein helles und ein dunkles, zwei Grundstimmungen, eine des ausgeruhten Einverstandenseins und eine des rastlosen Suchens. Auf der einen Seite sah ich das dunkle romantische Gefühl des Hellenen und Deutschen, auf das Claudels Wort zutrifft: »Ich lebe nicht in einer Ebene mit den andern; immer unter der Erde mit den Grundbauten oder im Himmel mit dem Glockenturm.« Auf der andern Seite das romanisch-französische Gefühl, mit der Erde und ihren Gegebenheiten heimatlich verbunden zu sein. Die seelische Vertikale im ersten Falle stand der Horizontalen im zweiten Falle gegenüber.

Es war mir nicht zweifelhaft, daß die Färbung im Wesen Picassos dunkel, die Grundstimmung unruhig, die Note seiner Kunst romantisch, ihre Linie vertikal ist. An der unbefriedigenden zufälligen Realisierung der Dinge in der Natur vorbei war er von der Erde fort in einen Himmel vorgedrungen, wo er sich an den Urformen, den platonischen Ideen inspirierte. Und es wurde sein Ziel, das Wesentliche und Ewige der Dinge zu geben und mit dieser höheren Wirklichkeit seine Bilder ganz anzufüllen. Die Kraft, die ihn trieb, war die Liebe zu diesen so gereinigten und unsterblichen Dingen, seine Mittel die Plastizität und das Volumen, die der Sinn des Kubismus sind.

Die innere Formation Braques war dem entgegengesetzt. Seine Natur war hell und glücklich. Er war vom Geiste der Chardin und Corot. Es zog ihn nicht von der Erde fort, sondern immer wieder zu ihr hin. Mit ihr sympathisierte er, nicht mit den Grundbauten und nicht mit dem Glockenturm. Was ihn mit Picasso verband, war die Überzeugung, daß das Wesen der Dinge wichtiger ist als ihr Schein. Das führte die beiden zu einer Zusammenarbeit, bei der die Rollen von der Natur verteilt waren.

Picasso brachte die Leidenschaft der aufsteigenden Linie, das gotische Gefühl, den Geist des Kubismus mit, Braque schuf dessen Stil mit seiner französischen Formbegabung. Für die Freunde dieses Kreises war es kein Geheimnis, daß innerhalb dieser Alliance Braque es war, der die wesentlichen äußeren Elemente des Kubismus erfand. Aber schon während ihrer Zusammenarbeit zeigten ihre Werke, die nur für den Laien zum Verwechseln ähnlich waren, verschiedenen Charakter. Bei Picasso ist jener rechnerisch nicht faßbare und aufregende Raum norddeutscher Kathedralen, jenes Gewirr und Gefüge in mystischem Lichte sich brechender Vertikalen. Und in diesem Raume entwickeln sich aus ungewissen Hintergründen Menschen und Gegenstände wie ein dramatischer Film und erstarren im Vordergrunde in gotischen Formen. Während Braque dem Kubismus die pessimistische Schwere nahm und die hochsteigende Linie wieder zur Erde bog. Die vertikale Tendenz Picassos und die horizontale Braques konnten sich vereinigen, weil sie in einem wesentlichen Punkte übereinstimmen: die Wirklichkeit nicht im banalen Aussehen des täglichen Lebens zu finden, sondern in einer gesteigerten, gereinigten Form, einem »Supraverum«, das das Wesentliche pathetisch übertrieb. Aber auch hier war noch ein Unterschied: für Picasso war dieses ein weites menschliches, für Braque blieb es ein begrenztes künstlerisches Problem.

Schon in früheren Zeiten, so schien es mir, hatte es, und damals in größeren Ausmaßen, den Fall einer solchen Zusammenarbeit griechisch-germanisch-romantischen Geistes mit lateinisch-französisch-klassischem Geiste gegeben. Damals, als die germanischen Franken in die Ile de France einfielen und durch ihre Berührung mit vorwiegend romanischer Bevölkerung die gotische Architektur erwuchs. Der Vereinigung von germanischer Inbrunst und lateinischer Formbegabung schien sie mir ihre Entstehung zu verdanken. Während sie später in deutschen Landen in ungehemmter Steilheit in den Himmel stieg, nahmen die Bewohner französischer Länder ihr die dunkle schmerzliche Größe, machten sie irdisch, zu einem stilgerechten besonnten Spiel ansteigender Linien und wiederkehrender Ornamente.

Das waren die Gedanken, die im Mittelpunkte eines Buches standen, das ich im Jahre 1926 unter dem Titel »Picasso et la tradition française« herausbrachte. Das Buch war deutsch geschrieben und ich hatte die Absicht, es in Deutschland zu veröffentlichen. Aber man hatte dort keinen Instinkt dafür, daß im Falle »Picasso« zum ersten Male seit langen Zeiten ein Kunstphänomen erschienen war, das mit den ursprünglichen, unverdorbenen Qualitäten der deutschen Seele in Einklang stand. Man fühlte nicht, daß im Kubismus Picassos die Gotik lebendig wurde, auch nicht, daß im späteren Verlauf seines Werks der Geist des Barocks, wie wir ihn in Würzburg erleben, uns entgegentritt. Während in der ganzen Welt der Name Picasso ruhmvoll klang, war er in Deutschland eine unbegriffene und fremde Sammlerangelegenheit geblieben. Man zog dort den klugen Impressionismus eines Henri Matisse vor, in dem Auge, Verstand und Geschmack ein Höchstes erreichten, in dem aber fehlte, was eines Menschen Tun groß und unsterblich macht und eine Schönheit erzielt wurde, die zuweilen allzu nahe der kam, die man in den Modehäusern der Place Vendôme trifft. Fünfzehn deutsche Verleger, die ich fragte, lehnten prinzipiell, ohne Einsicht in das Manuskript zu verlangen, ein Buch über Picasso ab. In Paris konnte ich mir den Verleger aussuchen, und ich brachte es in den »Quatre Chemins« heraus, dessen intelligenter junger Leiter den wichtigen Angelegenheiten der Kunst offenstand.

Als dieser Verleger einige Jahre später eine Kunstzeitschrift zusammen mit dem Kritiker Waldemar George herausgab, die er »Formes« nannte, eröffnete ich in den ersten Nummern dieses Blattes eine Enquete über die von mir in meinem Buche verteidigte These, daß das gotische Gefühl ein spezifisch deutsches sei, das von den Franken in die Ile de France mitgebracht wurde und dem die Bewohner dieser die adäquate Form gaben.

Getreu meinem Standpunkt, daß die sichtbaren Dinge unvollkommene Symbole der unsichtbaren sind, schien es mir fruchtbarer, statt das Recht auf den im Kriege verlorenen territorialen Besitz, vielmehr das auf den seelischen und geistigen Bestand Deutschlands geltend zu machen. So hatte ich auch eines Tages einem »rechtsstehenden« echt deutschen Manne, dessen Versagen in allen künstlerischen Dingen mir bekannt war, auf seine Bemerkung, er werde den Verlust des Straßburger Münsters auf die Dauer nicht verschmerzen können, dieses geantwortet: »Wenn Sie ehrlich sind, werden Sie eingestehen, daß im Grunde die Kaiser-Wilhelm-Gedächtniskirche Ihrem Herzen näher steht. Da ich in Ihnen wohl einen echten Goethe-Deutschen erblicken darf, wird diese meine Vermutung Sie nicht verletzen, denn es wird Ihnen bekannt sein, daß Goethe in seinem reifen Alter die Gotik ablehnte. Ich selbst habe, wie ich freilich gestehen muß, die Meinung, daß die Gotik, in der die Sehnsucht, das edelste deutsche Gefühl zum Himmel steigt, die erhabenste Manifestation der deutschen Seele ist. Ich gehe so weit, zu sagen, daß Deutschland den Krieg im allerletzten Grunde deswegen verlor, weil ihm dieses sein wesentlichstes Gefühl abhanden gekommen war. Es hat also das Straßburger Münster nach meiner Meinung letzten Endes deswegen eingebüßt, weil es vorher die gotische Gesinnung an seine geistigen und materiellen Bequemlichkeiten verraten hatte. Und das ist ein großartiges Beispiel der allem irdischen Geschehen innewohnenden Gerechtigkeit.«

Die These meiner Enquete, die nur in ihrer kunstpsychologischen Begründung neu, im übrigen schon in Deutschland und in Frankreich, hier von Élie Faure, gelegentlich vertreten war, brachte allerlei interessantes Material zutage. A. E. Brinckmann, Strzygowski, Louis Bréhier nahmen unter anderen an ihr teil. Der letztere wies besonders auf den Widerstand hin, den Südfrankreich der Gotik entgegenstellte, und betonte demgegenüber die Leichtigkeit, mit der Frankreich die italienische Renaissance aufgenommen hat. Bedauerlich war die Haltung von Emile Mâle, der auf eine Stelle seiner Werke verwies, in der er jede deutsche schöpferische Beteiligung an der Gotik deswegen ablehnte, weil der germanischen Rasse jedes Genie mangle und ihm nur die Gabe der Kopie gegeben sei. Ich habe damals die ungeheuerliche Behauptung des bekannten Gelehrten mit dem Hinweis auf Beethoven, Bach und Mozart in der Schlußbetrachtung der Enquete gebührend zurückgewiesen.

Ich hatte in meinem Buche mich auch mit der jüngsten Malerei beschäftigt und war zu der Feststellung gekommen, daß wenig Beträchtliches auf diesem Gebiete sich in Paris ereignete. Es konnte nicht zweifelhaft sein, daß die französische Tradition weder von der älteren Generation, noch von der jüngsten ruhmvoll weitergetragen wurde. Das Geschehen auf dem Gebiete der jüngsten Malerei war damals, als ich mein Buch verfaßte, noch so chaotisch, daß eine Übersicht nicht zu gewinnen war. Heute, da die Niederlage sich gleichsam organisiert hat, könnte man ein klareres Bild der Situation geben. Das Charakteristische der heutigen jungen Malerei in Paris ist gewiß ihr Mangel an Sinnlichkeit und ihre ausgesprochen literarische Note. Der Surrealismus, den es als zeitgemäßes Gefühl sicherlich gibt, der damit seine geschichtliche Berechtigung hat und der in literarischen Bezirken sich zuweilen glücklich offenbarte, hat zu einer Programm-Malerei geführt, der jede Vitalität fehlt, und die aus diesem Grunde allerlei kleine Talente, aber nicht einen großen Künstler hervorbrachte. Wie erbärmlich die malerischen Verwirklichungen heute sind, wird man ermessen, wenn man an die eine große Figur vergangener Zeiten denkt, die einzige, die die surrealistische Mentalität in der Geschichte der Kunst aufzuweisen hat: Hieronymus Bosch. Nur kurze Zeit indessen konnten eingewanderte kleine Zeichenlehrer in Verbindung mit ein paar einheimischen zerebralen Wichtigtuern Erfolg haben, wenn sie die Werte der europäischen Kunst, wie sie in den Museen erhalten sind, bestritten, der französischen Tradition die Geltung aberkannten und an die Stelle aller grandiosen Manifestationen der Malerei ihre schlecht ausgedachten und noch schlechter realisierten Traumprodukte setzten. Nicht daß sie dieses taten, verdient Erwähnung, denn was tun nicht kleine Leute, wenn sie etwas schlau und etwas verrückt sind, sondern daß sie Erfolg haben konnten, daß es auch nur einen Augenblick scheinen konnte, daß die ewigen Werte der Kunst wirklich gefährdet wären. Die surrealistische Malerei war einer der plumpsten Effekte eines spießigen Metiers, keiner des Herzens und der Sinnlichkeit, und trug von vornherein den Keim des Todes in sich; sie ist heute eine Angelegenheit, die mehr der Vergangenheit angehört, und die Wolke, die einen Augenblick vor den Bildern eines Tizian und Rembrandt, eines Chardin und Corot stand, zieht langsam vorüber.

Was der Surrealismus leistete, läßt sich gut in die noch nicht geschriebene Geschichte des Kitsches einreihen. Dieser ist eine Angelegenheit, die neben der Kunst zu Recht besteht. Sie hat mit dieser nichts zu tun, ist vor allem nicht, wie manche glauben, schlechte Kunst. Der Unterschied zwischen beiden besteht darin, daß die Wirkung des Kitsches momentan, [die] der Kunst ewig ist. Sehe ich einen rührenden Film, kann es mir passieren, daß meine Augen feucht werden. Dasselbe tritt ein, wenn ich ein köstliches Bild von Braque sehe. Aber die Erschütterung nach dem Film vergeht mit dem einen Male, während das Kunstwerk seine Fähigkeit, uns zu erschüttern, behält. Ich sah einmal in der Rue de la Gaité eine Vorstellung von Hamlet. Das Stück war stark verändert. Ophelia ging nicht ins Wasser, und auch mit Hamlet ging alles gut ab, so daß sie am Schluß sich heiraten konnten. Das war sehr erfreulich, fast ergreifend – für einen Abend, aber ich möchte es doch nicht wieder sehen.

Neben dieser in Paris abgeblühten, aber von amerikanischen Snobs geförderten intellektuellen Malerei, die sich gern visionär und aus dem Unterbewußtsein kommend gab, aber doch nur auf Tricks beruhte, und die der französischen Tradition entgegengesetzt war, lebte auch diese Tradition ein wenig fort. Als ich nach Paris zurückkehrte, interessierten mich einzelne ihrer Vertreter, die die Linie Corot weiter zu führen schienen. Ich weiß heute, daß gute Begabungen unter ihnen sind, aber keine »Naturen«, keine Menschen starken Gefühls und großer Entwicklungsmöglichkeit.

Nebenbei hatte ich in meinem Buche festgestellt, daß die jüdische Rasse zum ersten Male in der Geschichte der modernen Malerei in größerer Anzahl nicht unvorteilhaft vertreten war. Ein wesentlicher Teil dessen, was man als »École de Paris« bezeichnete, setzte sich aus ihr zusammen. Diese Bemerkung brachte einen bekannten Schriftsteller, Herrn Camille Mauclair, in Wut. In zahlreichen Aufsätzen wiederholte er dieselbe Behauptung, daß ich ein deutscher Jude sei, der die französische Tradition durch eine deutsch-jüdische Malerei verdrängen wolle. Dieser Satz enthielt beinahe so viele Unwahrheiten wie Worte. Ich habe diese Angriffe, die jahrelang weitergingen, nie ernst genommen, denn die Lügen aus einem Fanatismus heraus habe ich stets für pathologische Erscheinungen gehalten. Ebensowenig legte ich dem Geschrei Gewicht bei, das einige Leute in Deutschland anstimmten, weil ich behauptet hatte, daß die gehirnliche und programmatische deutsche Malerei unserer Tage nur Interesse innerhalb der Landesgrenzen habe. Ich habe es leicht verschmerzt, daß Maler, Händler, Sammler und Kritiker, die ideell und materiell an ihr interessiert waren, mir das übel nahmen. Aber ich war kein bezahlter Agent deutscher Interessen im Ausland, der bei guten wie schlechten Gelegenheiten als einziges Lied »Deutschland über alles« auf der Walze seiner Drehorgel haben muß, sondern ein freier Mann, der für das deutsche Ansehen mehr tut, wenn er freimütig gut nennt, was er für gut hält, schlecht, was ihm schlecht erscheint. Es ist vorteilhaft, wenn zuweilen Beweise deutscher Aufrichtigkeit und Ehrlichkeit im Auslande vorliegen. An meiner Kritik der momentanen Schwäche der französischen Malerei hat kein Franzose Anstoß genommen, nicht einmal der genannte Herr Camille Mauclair, der ihr zustimmte, und mein Buch über Picasso und die französische Tradition fand eine Aufnahme in Paris, die mich mit Genugtuung erfüllte.

Wo immer die Gelegenheit sich bot, suchte ich jungen deutschen Malern, die in Paris waren, behilflich zu sein, Ausstellungsmöglichkeiten zu finden, und ich beriet sie, so gut ich es konnte. Und wenn ich auch nichts dafür tat, daß von einer älteren Generation in Paris Werke gezeigt wurden, die mir eher auf der Schattenseite des deutschen Wesens gewachsen zu sein schienen, habe ich stets Ausstellungen solcher Künstler befürwortet und verteidigt, in denen wahre deutsche Werte lebendig waren. So regte ich die erste Klee-Ausstellung in Paris an. Ich sah und sehe noch heute in diesem Meister etwas anderes, als die Surrealisten in ihm sehen, die sich mit seiner Propagierung in Paris beschäftigten. Mit der literarischen Traumwelt dieser Leute hat Klee nichts zu tun. Er ist auch nicht der malende Morgenstern, als den ihn Meier-Graefe mehr witzig als richtig hinstellte. Sein Wert scheint mir vielmehr darin zu liegen, daß er, ganz wie Picasso, der banalen Wirklichkeit eine pathetische gegenüberstellte; daß er die Wirklichkeit der Objekte nicht in ihren Physiognomien fand, sondern in ihren Ideen, denen er durch die Kraft seiner Intuition ein Leben unter neuer Gestalt gab. Ich fühlte, daß hier auf deutschem Boden nach langer Zeit zum ersten Male eine große und schöne Manifestation gotischen Geistes sich offenbarte. Diesen Geist der Gotik und des Barocks glaubte ich auch im Werke Kokoschkas zu sehen, und ich freute mich, daß durch das Verdienst des Hauses Paul Cassirer sein Werk eines Tages in Paris sichtbar wurde. Als gleichzeitig eine große Ausstellung der Bilder Beckmanns stattfand (ich hatte vorher als erster die Möglichkeit einer Ausstellung geboten, die den Veranstaltern indessen zu bescheiden erschien), hatte ich Schwierigkeiten des Verstehens. Die Bedeutung dieses essentiel deutschen Werks drängte sich mir gleichwohl so mächtig auf, daß ich die Ausstellung gegen deutsche Angriffe in Schutz nahm. Es entging mir nicht, daß hier in einer Weise, die meiner Pariser Erfahrung fern lag, oft das Resultat einer vollkommenen Schönheit erreicht wurde, die dem einzelnen Bilde großen Rang gab. Ich habe mir inzwischen klargemacht, worin die Schwierigkeiten liegen, die sich in Paris diesem Werke entgegenstellen. Die sinnliche Atmosphäre der Stadt verträgt sich schlecht mit der persönlichen Atmosphäre, die ein heftiger Wille und eine starke Intelligenz um diese Bilder gelagert haben. Es liegen hier dieselben Gründe vor, aus denen das Werk des Hans von Marées in Paris eine so begrenzte Geltung fand. Vor dem Kriege hatte es Meier-Graefe im Salon d'Automne gezeigt, in der Überzeugung, daß eine starke Wirkung von ihm ausgehen würde. Dieses war nicht der Fall. Das silberne Lächeln des Pariser Himmels widersprach siegreich der großartigen Qual von Geist und Willen. Ich war beim Auspacken der Bilder zugegen und sah, daß ein kleines, das gegen ein großes gestellt war, sich in diesem abgedrückt hatte. Noch nach Jahrzehnten waren die Farbschichten, die ein von Problemen geplagter Geist übereinander gelagert hatte, nicht getrocknet. Die großartige wie die unzulängliche Seite der deutschen Geistesformation traten hier überraschend zutage.

Viel Feindschaft brachte mir damals in Deutschland ein Aufsatz ein, den ich gegen Max Liebermann in einer Berliner Wochenschrift veröffentlichte. Die Entrüstung mancher Kreise war so groß, daß der Chefredakteur selbst des Nachts durch telephonische Anrufe gestört wurde. Ich kannte in der Geschichte der modernen Malerei nichts Liebloseres als die Bilder Max Liebermanns. Lieblos gegenüber dem Objekt, auf das er seine künstlerische Phantasie losließ und das ihm unendlich gleichgültig war; lieblos gegenüber der Oberfläche, die ganz unedel durch eine Mischung von Kalk, Schnee und Schmutz gebildet zu sein schien. Es war nicht ehrend für Deutschland, das einmal Maler wie Runge, Blechen, den jungen Thoma aufzuweisen hatte, im Kronprinzenpalais neben dem Reichsten, Erlebtesten, Gefühltesten, was Frankreich an moderner Malerei hervorgebracht hatte, neben der Seele Frankreichs einen solchen Saal einzurichten, in dem kluge, aber seelenlose, ungütige und häßliche Bilder, deren Sinn nirgendwoher kam und nirgendhin ging, anspruchsvoll gezeigt wurden.

Die Kunst Max Liebermanns war die Kunst jenes kaiserlichen Deutschland, das sehr solide, sehr tüchtig, sehr vieles könnend zugrunde gehen mußte, weil es weder an die großen anständigen Traditionen der Vergangenheit anknüpfte noch ein menschlich-politisch-künstlerisches Volksideal schaffen und vor sich stellen konnte; weil es ohne Liebe und Bekenntnis, ohne große bindende Gesinnung, ganz auf den Erfolg dressiert und immer von »heute« war.

Ich habe in meinem Leben niemals nach den für mich wichtigen Kontakten gesucht. Ich habe niemals Maler finden wollen, ich habe sie ohne mein Zutun gefunden. Eine starke Gläubigkeit an mein Schicksal, ein Vertrauen in mein Berufensein zum Dienst an der großen Qualität der Menschen und Dinge ließen mich in Ruhe abwarten, bis die Stunde einer neuen Berührung gekommen war. Kleinen Naturen wird dieses immer unverständlich bleiben. Sie können sich nur vorstellen, daß man Tag für Tag von einem Stadtviertel ins andere, von einem Atelier zum andern rast und ununterbrochen nach etwas sucht, das man finden will; und wenn man es nicht ganz so findet, wie man hoffte, einen Ersatz nimmt, mit dem man sich begnügt. Oder daß man zu etwas Gutem kommt, wie das blinde Huhn zu seinen Körnchen. Oder daß man fördert, was einem das Leben so entgegenbringt, Menschen, mit denen man »zufällig« befreundet ist. Ich war nie zufällig befreundet. Gewiß, auch in mein Leben, wie in jedes andere, hat sich mancherlei, was nicht zu ihm paßte, gedrängt, mit der Tendenz, sich darin festzunisten. Ich habe es schließlich immer ausgeschieden, nach kürzerer oder längerer Zeit. Zuweilen ging allerlei dabei in Scherben. So habe ich es mit Menschen wie mit Bildern gehalten. Wie in meine Sammlung, die alte und die neue, manches kam und wieder aus ihr verschwand, bis sie ein in sich ruhendes Ganzes von reinem Klang war, so hat über meine persönlichen Beziehungen endgültig nie der Zufall, die gesellschaftliche Gegebenheit, das Interesse, die Gewohnheit entschieden, sondern immer die Notwendigkeit. Und ich habe erfahren, daß eine gütige und weise Fügung alles in einem hohen Sinne Gut- und Gleichgeartete zusammenführt, während der Zufall und die Gelegenheit das Mindere paaren.

So lebte ich schon damals in der Überzeugung, daß meine Begegnung mit Helmut Kolle nicht eine beliebige persönliche Angelegenheit, sondern daß sie gewollt und notwendig war, um das heute verblaßte Ideal einer großen Freundschaft lebendig zu machen. Das Gefühl, das uns zusammenhielt, beruhte keineswegs auf einer vollkommenen Übereinstimmung unserer Ansichten auf allen Gebieten. Was uns verband, war das gleiche leidenschaftliche Gefühl für große Qualität, für Niveau, für Aufrichtigkeit, Klarheit, und die Unfähigkeit, in allem, was uns wichtig erschien, Konzessionen zu machen. So hatten schon in der Berliner Zeit die Bilder Kolles rein als Malerei den Charakter von Bekenntnissen. Jeder Ton war der notwendige letzte Ausdruck eines reinen Gefühls. Sein Schwarz war nicht die vom Intellekt dahin gesetzte Rußfarbe, sondern es klang wie Purpur und war der Träger einer Gesinnung. Jedes seiner Bilder war eine aufrichtige und tapfere Tat. Aber in den ersten Jahren unseres Pariser Aufenthalts wurde mir klar, daß mir das Schicksal mit dieser Freundschaft ein viel größeres Geschenk gemacht hatte, als es den Anschein hatte. Denn immer mehr trat zutage, daß dieser junge Mensch als Künstler der vollkommene hellenisch-germanische Typus war, der aus dem Gefühl der Sehnsucht heraus schöpferisch ist. Aus unmittelbarer Nähe, nein, mehr als das, durch ein großes Gefühl ganz verstrickt in Seele und Werk des Schöpfers, erlebte ich selbst das gotische Wunder, das ich bisher nur aus der Ferne hatte betrachten dürfen. Das Schicksal erlaubte mir, persönlichen Anteil an ihm zu haben, indem ich dieses leidenschaftliche, von tragischen Widersprüchen zerrissene Leben stützte und bis an seine letzten physischen und moralischen Grenzen tragen half.

Vom Schicksal hatte Helmut Kolle eine heldische Seele und einen schwachen und kranken Körper erhalten. Wie die Griechen aus dem Gefühle der Unzulänglichkeit den vollkommenen Menschen schufen, wie Michelangelo in seinen äußerlich und innerlich wohlbalancierten Jünglingsgestalten den Gegensatz zu seiner eigenen widerspruchsvollen und gequälten Natur darstellte, wie Nietzsche, das kranke Kind einer schwachen Zeit, den im Gefühle seiner Überlegenheit ruhende Übermenschen schuf, so Helmut Kolle in seiner Kunst den gesunden und sportlichen Jüngling unserer Zeit, aus dem tragischen Gefühle seiner eigenen körperlichen Unzulänglichkeit.

In diesem Falle, in dem mein eigenes Leben so vollkommen engagiert war, wurde mir noch etwas anderes persönliches Erlebnis: die Zusammenarbeit der deutschen Sehnsucht mit der französischen Gestaltungsgabe. Sein deutsches Gefühl wurde von Helmut Kolle, dank dem Blute einer französischen Großmutter, mit den künstlerisch vornehmen Mitteln einer Tradition verwirklicht, deren geliebte Vorbilder er in Géricault und dem frühen Manet fand. In einem kleinen Zimmer des alten Hotels, in dem wir wohnten, malte er, immer ankämpfend gegen die Schwäche eines schwer erkrankten Herzens und die nächtliche Qual der Asthmafälle, seine großen Leinwände, auf denen der Traum seiner Sehnsucht gestaltet war.

Nach einiger Zeit fanden sie ihren Plan in einem kleinen Zimmer, das mir gehörte und in dem sie die Gesellschaft anderer Bilder teilten. Was sie mit diesen verband, war das Gefühl der Liebe, dem sie ihre Entstehung verdankten. »Die große Qualität des Lebens ist die Kunst, ihre Quelle das menschliche Herz, das Jean Paul die zurückgespiegelte Sonne nennt«, hatte ich in meinem Buche über Picasso geschrieben. Dieser hatte mir einmal gesagt: »Man soll nur das malen, was man liebt.« Das bürgerliche Herz nun war in dem jetzigen Paris schwächer geworden, die Liebe matter, die Malerei daher unwichtiger. Gesichtspunkte, Programme, literarische Ideen, suchten als Quellen der Kunst das Gefühl der Liebe zu ersetzen. Aber es stellte sich heraus, daß es sich durch nichts ersetzen ließ. Dennoch waren ein paar Herzen da, deren kräftiger Schlag zu mir drang. Sie gehörten stillen, einfachen Naturen, kleinen Bürgern, deren

Leben gleichmäßig dahin glitt. Sie hatten in ihrer Jugend angefangen, zu malen, und sie malten immer noch, jetzt, da sie
älter, ja manche unter ihnen alt geworden waren. Denn es war
keine neue Generation, sondern es waren die jüngeren Zeitgenossen Henri Rousseaus. Wäre der Krieg nicht dazwischen gekommen, hätte ich sie damals gefunden.

Nur Séraphine hatte mir das Schicksal schon vor dem Kriege zugeführt. Ich war nie beschränkt genug, zu glauben, daß
Henri Rousseau ein einzelner Fall in der Kunstgeschichte sei.
Es gibt keine einzelnen Fälle, und alles wiederholt sich. Und so
wie ich den Geist seiner Bilder bereits in gewissen frühen italienischen Bildern, in denen der Schule von Avignon, in denen eines Breughel fand, so wußte ich, daß er auch künftig weiter lebendig sein würde. Aber ich bin ihm nicht nachgelaufen,
wollte nie einen neuen Rousseau entdecken, eine Schule, eine
Richtung feststellen. Nur mein Herz stand jederzeit offen einer
Kunst, die aus dem Herzen kam.

Als ich nach Paris zurückkehrte, hatte man gerade die Größe Utrillos entdeckt. Der Lärm, der um diesen Namen gemacht
wurde, war so groß, die Propaganda so intensiv, daß ich mich
zunächst zur Wehr setzte und abwartete. Ich gehörte nicht zu
seinen ersten Bewunderern. Erst später, als der Wahnsinn einer wüsten Spekulation, die manche Opfer auf der Strecke ließ,
vorüber war, wurde mir klar, wie sehr verwandt die Seele dieses verlorenen Sohnes einer kleinen bürgerlichen Welt der des
Henri Rousseau war. Erst da erkannte ich den kindlichen und
frommen Sinn in den einfachen und starken Malereien, die
keiner Zeit und keinem Stile anzugehören schienen.

Als ich eines Tages in den engen Gassen von Montmartre
herumkletterte, betrat ich einen kleinen Laden, der von oben
bis unten mit Bildern junger Kunst angefüllt war. Er gehörte einem kleinen Händler, der Mathot hieß, der eine große Leidenschaft und ein bemerkenswertes Verständnis für Kunst besaß.
Hier fand ich Bilder von Boyer wieder, der einst auf der Place
du Tertre Kartoffeln röstete, bis die Princesse Murat seine Be-

gabung für Malerei entdeckte. Er hatte damals noch schöne Landschaften und Portraits gemalt, von denen ich einige besaß. Unter den vielen andern Malern in der kleinen Bude, deren Werke mehr laut und bunt waren, fiel mir einer auf, der mit zärtlicher Hand einfache, wunderbar gefühlte Töne streng und still nebeneinander setzte, so wie Corot es einst getan. Er malte Brücken, die sich wölbten, Bäume, die wuchsen, Tore, die verwitterten, Alleen, die weithin führten. Mit drei kleinen Flecken konstruierte er einen Raum, der Degas eifersüchtig gemacht hätte. Er ließ Baumwipfel in blauer Luft erzittern, die mich an Peruginos Birken denken ließen, und durch schwere alte Tore öffnete sich oft ein kleiner Durchblick in eine helle Gasse, wie in das Sonntagsglück der Kinderzeit. Dieser Maler hieß Camille Bombois und hatte ein abenteuerliches Leben als Athlet, Straßenarbeiter, Druckereiangestellter gehabt. Die Kritiker Guenne und Fels hatten seine Bilder auf dem »Schinkenmarkt« herausgefunden und hatten ihm ermöglicht, sich ganz der Malerei zu widmen. Ich war sehr entzückt von dieser Kunst und kaufte in den nächsten Jahren einen großen Teil seiner Produktion von Mathot.

Bei diesem fand ich eines Tages zwei kleine Malereien, die Louis Vivin gezeichnet waren. Mathot hielt weniger von ihnen, übernahm auch künftig keine mehr von dem Künstler. Mir aber hatten diese zwei kleinen Bilder einen starken Eindruck gemacht. Ich hatte hier sogleich die Ahnung, einer sehr schönen künstlerischen Angelegenheit unserer Zeit gegenüberzustehen. Dieses Gefühl wurde mir zur Gewißheit, als ich den Maler kennen lernte, einen Greis am Rande seines Lebens, das ein Doppelleben gewesen war, denn hinter der Fassade eines kleinen Postbeamten hatte sich das Dasein eines großen Künstlers verborgen. Ich war erschüttert, als ich in dem dürftigen Zimmer einer jener Wohnungen kleiner Leute, die ohne Sonne und ohne Hoffnung und ganz angefüllt von alter Luft, von Banalem und Traurigem sind, das großartige Werk erblickte, auf dessen Gesamtheit noch nie wohlgefällig ein Auge geruht hatte. Fünfzig Jahre mystischen Erlebens, ununterbrochenen Schaffens, künstlerischer Entwicklung waren hier ohne menschliche Anerkennung dahingegangen und wären dem Untergang verfallen gewesen, wenn nicht irgendwo zwei kleine Ableger dieser Kunst meine Aufmerksamkeit erregt hätten. Auf den ersten Blick sah man hier Landschaften, illustrativ wie Pläne eines Architekten oder alte Guckkastenbilder. Aber bald fühlte man, daß diese regelmäßigen Steine nicht das letzte Wort dieser Bilder sind. Hinter den scheinbar objektiven Fassaden liegt das Ungewisse, das Geheimnisvolle, das Traurige. Die Bilder sind Inkarnationen einer fremden, hinter den Dingen liegenden Wirklichkeit, Materialisierungen, erzwungen durch einen magischen Willen. Man denkt an Rousseau, der vor Beklemmung das Fenster öffnen mußte, wenn er seinen Urwald malte. Geheimnisvoll sind auch die Bilder, die andere Themen haben, Boote, die im Sturme scheitern, Tiere in öder Schneelandschaft, die sich gegenseitig töten oder die vom Jäger erlegt werden, ein Kind, das im Eis versinkt, eine Frau, die in Trauer vergeht. Das alles gemalt mit den Mitteln einer großen Tradition, die der Künstler nicht bewußt, sondern instinktmäßig beherrscht. Was ich an jenem Tage erlebte, war ein kleiner Bürger, hinter dem ein großer Künstler sich verbarg, eine scheinbar banale Bilderrealität mit einer heimlichen Wirklichkeit im Hintergrund, die unendlich weit, überzeugend und logisch ist, ein Werk, eng wie ein Zimmer und dennoch weit wie die Welt. Ich übernahm dieses alles, was Louis Vivin geschaffen hatte, und auch, was er künftig schuf.

Séraphine, die mit ihrem vollen Namen Séraphine Louis hieß, habe ich erst später wieder aufgesucht. Senlis hatte durch den Krieg schwer gelitten, und ich vermied es so lange wie möglich, diese wunderbare kleine Stadt, die ich sehr liebte, wieder zu sehen. Erst als ich nach Chantilly gezogen war und eines Tages im Kreisblatt von einer Ausstellung las, die im Rathaus von Senlis stattfinden sollte und an der alle Maler der Gegend teilnehmen würden, machte ich mich dorthin auf den Weg.

Wieder ging ich durch diese grauen, menschenleeren Gassen, an diesen Kirchen vorbei, deren Glocken verstummt waren, an diesen Adelssitzen, die nicht bewohnt schienen, an diesem kleinen Gefängnis, dessen Zellen wie Gräber, dessen abgeblendete Fenster wie tote Augen waren, und dessen Bewohner keines Vorübergehenden Schritt oder Wort vernahmen, es sei denn am Abend zuweilen den klirrenden eines Spahi* im feuerroten Mantel, der zum gegenüberliegenden Bordell ging, dessen Mauer die Farbe verwesenden Fleisches hatte und dessen mittelalterliches Tor dem seltenen Besucher mit dicken Eisenspitzen drohte. Nur fern am Rande des Städtchens drang aus der alten Abtei St. Vincent heller Knabengesang über den schmalen Festungswall und das sanft gleitende Wasser der Nonette. Und über dem allem wölbte sich im lichten Grau der Himmel der Ile de France.

Jetzt ging ich die hohe steinerne Treppe des Rathauses hinan, betrat den Saal, an dessen Wänden Bilder, Aquarelle, Zeichnungen hingen. Die übliche Provinzkunst, angefertigt in ihren Mußestunden von Schloßbesitzern und adeligen Fräulein, eine enge Welt, klein gesehen und klein gemalt, beliebig, dünn und bunt. Und indem mein Blick dieses alles suchend schnell abtastete und wieder verließ, entdeckte er plötzlich in einem Winkel drei große Bilder von packender Gewalt, die ihn hielten, einen Fliederstrauß in schwarzer Vase, einen Kirschbaum, zwei Weinstöcke, einen roten und einen weißen. Und als ich diesen Bildern Séraphines ruhig und fest ins Gesicht sah, da war es, als fingen draußen längst verstummte Glocken an zu läuten.

Dann ging ich zu Séraphine selbst. In dürftiger Kammer stieg dünn aus kleinem Messinglämpchen die Flamme zur Mutter Gottes auf dem Kamine. Vor diesem Séraphine, klein

---

* Nach der Eroberung Algeriens wurden in der französischen Armee Sipahi-Regimenter gegründet (»Sipahi«, persisch; »Soldat, Reiterei«), in Frankreich Spahi genannt, die auch noch im 20. Jahrhundert in orientalischer Tracht (rotbemantelt) in Algerien und Tunis Dienst leisteten. (Anmerkung des Herausgebers)

und verblüht, einen fanatischen Blick im bleichen Kopfe, den fahle Löckchen bedecken. »Monsieur ist zurückgekehrt«, sagte sie schlicht. Und dann: «Hat Monsieur meine Bilder im Rathause gesehen? Ich diene nicht mehr bei Leuten, sondern ich male, aber es ist furchtbar schwer, denn ich bin alt und ein Anfänger, der nicht viel kann.« Ich sagte ihr, daß ich alle ihre Bilder kaufen wollte. Die Ausstellung schloß einige Wochen später. Als einzige, die verkauft hatte, wurde Séraphine vom Komitee besonders beglückwünscht. Sie hatte ihre beste schwarze Mantille umgelegt, hatte schwarze Strümpfe angezogen und die Schuhe mit den Lackspitzen.

Als ich am nächsten Tage die Bilder abholte, um sie in Chantilly aufzuhängen, verbeugten sich die Herren des Komitees vor mir. Mitleid und Spott lagen greifbar in der Luft, und als ich schon nahe an der Tür war, rief plötzlich mir jemand nach: »Es wird Ihnen nicht bekannt sein, mein Herr, aber es ist vorgekommen, daß solche Sachen in Paris ernst genommen wurden und es zu hohen Preisen brachten. Man kann nicht wissen − −.« Und unter der diskreten Heiterkeit der nochmals sich verbeugenden Herren trug ich die Bilder aus dem alten Saale.

In den Bildern der Séraphine erwachte in neuen Formen die Inbrunst des Mittelalters, da in den Klöstern die ekstatischen Gebete von Gott besessener Nonnen gen Himmel stiegen. Sie lebte wie Rousseau auf einer andern Ebene, wie bei diesem lag der Ursprung des Werkes im Mystischen, in einem unbeschreiblichen Zustand der Seele, der schöpferisch ist. Wie bei Rousseau, ist die Inspiration die Grundlage jedes einzelnen Bildes. Diese Herkunft aus einer Welt, zu der wir keine Beziehungen haben, gibt den Bildern Séraphines ihre geheimnisvolle mittelalterliche Wirkung. Sie war fähig, dem großen Erlebnis die große Form zu geben, auf der begrenzten Fläche der Leinwand das unbegrenzte Erlebnis zu gestalten. Ihr Werk gleicht dem Hohenlied Salomonis, und wenn ich es betrachte, fallen mir die Verse Rilkes ein:

»So griffen einstmals aus dem Dunkelsein
der Kathedralen große Fensterrosen
ein Herz und rissen es in Gott hinein.«

Ich verehrte Séraphine, Vivin, Bombois und einige andere, die
hierher gehörten, wegen ihrer heiligen Herzen, weil sie leidenschaftlich und schöpferisch sind, ein hohes künstlerisches Niveau, eine natürliche Kontinuität und Entwicklung haben.
Diese generösen Naturen lebten nicht vom Geiste anderer, beu-
teten keine Menschen, keine Theorien, keine Programme aus,
sie nahmen nichts, aber sie gaben alles, was sie besaßen. Ich
liebte ihre Bilder, weil sie als einzige in Stärke die französische
Tradition fortsetzten, die eine Tradition der großen Herzen
ist. Der bösartigen und falschen Bezeichnung der »Sonntags-
maler«, die die Eifersucht der großen Bourgeoisie ihnen gab
(sie malten im Gegenteil an allen Tagen, außer an den Sonntagen), setzte ich die Bezeichnung der »Maler des Heiligen Herzens« entgegen, womit ich auf ihre Vorliebe für Sacré-Coeur als
Gegenstand ihrer Bilder anspielte.

Einen wichtigen Beitrag zu dieser Gruppe von Künstlern
hatte Madame Bucher, eine unternehmende Händlerin, geliefert, dadurch, daß sie den Maler Bauchant lanciert hatte, einen
fern von Paris lebenden Weinbauer, dessen mythologische Szenen im Geiste eines modernen Poussin, dessen oft corothafte
Landschaften und zärtliche Stilleben dem Geiste der andern
verwandt waren. Später faßte ich die ganze Gruppe von Rousseau, Utrillo, Vivin, Séraphine, Bombois und Bauchant als »Moderne Primitive« zusammen und stellte sie als solche in einer
großen Pariser Galerie aus. Ich habe aber nie einen Wert auf irgendeine Bezeichnung gelegt und glaube nicht, daß eine solche
eine Bedeutung haben kann. Das Wort »primitiv« ist so wenig
ein Werturteil wie das Wort kubistisch oder impressionistisch.
Entscheidend bleibt bei den Malern, deren ich mich jetzt annahm, nicht die »Richtung«, sondern die Höhe ihrer künstlerischen Leistung.

Mit meinen Kunstbeurteilungen stand ich in Paris zunächst wieder ziemlich allein. Sehr bald aber fanden sich Liebhaber, die die von mir gefundenen Werte schätzten, und es entstanden im Laufe der Jahre umfangreiche Sammlungen in Paris, Berlin und anderwärts, in denen meine Maler gut zur Geltung kamen. In einem dieser Enthusiasten, dem tapfern Sammler N., der mir freundschaftlich verbunden ist, schien ein neuer Edwin Suermondt erstanden zu sein. Für die modernen Primitiven hatte sich inzwischen auch der begeisterungsfähige Kunsthändler Henry Bing eingesetzt, und es war die großartige Sammlung Grégory entstanden, die für diese Künstler etwa die gleiche Bedeutung hat, wie sie für die Impressionisten seinerzeit diejenige Durand-Ruels besaß.

Einer der Liebhaber und Sammler dieser Künstler ist mit Diaghilew, dem Schöpfer des russischen Balletts, aus der Welt gegangen. Ich besinne mich auf ein amüsantes kleines Erlebnis. Ich hatte von Vivin eine Ausstellung gemacht, bei deren Eröffnung als erster Diaghilew erschien. Er begann sofort ein langes Gespräch mit dem alten Vivin vor dessen Bildern, das mit der Frage des weltfremden Greises endete, ob Diaghilew auch Maler sei. Dieser war es nicht gewohnt, daß man ihn nicht kannte, überwand aber bald sein Erstaunen, hob die Arme kokett und sagte, indem er seinem starken Körper einen schelmischen Ruck gab: »Nein, ich tanze eher.«

Der Kampf um Neues und die Anknüpfung neuer Beziehungen hinderten mich nicht, meine alten von vor dem Kriege weiter zu pflegen. Freilich, der Kreis des Café du Dôme war zersprengt, die Gefährten der Jugend nach Deutschland zurückgekehrt. Nur Richard Goetz, der Maler und Sammler, der ebenso leidenschaftlich wie ich selbst Bilder begehrte und der viel von ihnen verstand, tauchte an den alten abendlichen Stätten auf. Er hatte sich dadurch verdient gemacht, daß er während des Krieges wertvolle Bestände französischer Museen den Gefahren der Kriegszone entzogen hatte. Mein alter Freund und Kampfgenosse vergangener Zeiten, Henry Kahnweiler, hatte, schon bevor ich nach Paris zurückkehrte, eine neue Galerie gegründet, und wenn unsere Wege jetzt auseinandergingen, so verstanden wir uns doch weiter vor den Werken Picassos, von denen immer irgendein schönes Bild in seinen Räumen vertreten war.

Auch den amerikanischen Sammler, Herrn Leo Stein, der einst eine Anzahl der schönsten Bilder von Cézanne, Renoir, Picasso und Henri Matisse besaß und dessen Theorien über Kunst mich lebhaft interessiert hatten, traf ich eines Tages wieder. Wir begegneten uns an einem Nachmittag im Luxembourg-Garten, und ich fragte ihn, ob er noch Bilder sammle. Nein, meinte er, es gäbe keinen Maler, der ihn momentan interessiere. Renoir und Cézanne habe er schnell überbekommen, Matisse sage ihm nicht mehr viel, und von Picasso, der falsche Wege gegangen sei, habe er sich schon lange getrennt. Nein, er besässe jetzt keine Bilder mehr. Er zöge es vor, im Luxembourg-Garten spazierenzugehen und dort, statt auf Cézannes Malereien, die Raumprobleme zu lösen, die ihn interessierten. Er wies auf eine Baumgruppe, auf ein Haus dahinter, auf einen dritten weiter entlegenen Gegenstand und begann Ebenen und Pläne zu konstruieren. Es war ein langer Vortrag, in dem er die Sätze so miteinander verband, dass ich keine Möglichkeit hatte, einzuhacken und das Gespräch zu beenden. Endlich gelang es mir doch, den kleinen Einwand aufzubringen, der mir auf der Zunge schwebte, und ich sagte: »Es mag alles richtig sein, was Sie sagen, aber etwas finden Sie hier dennoch nicht, was auf Ihren Bildern in Fülle vorhanden war: die große malerische Qualität, die uns erhebt.« »Mich interessiert sie nicht mehr«, sagte Herr Stein und nahm Abschied.

Als ich ihn ein paar Wochen später auf den Großen Boulevards wieder traf, wollte ich mit dem scherzenden Worte: »Immer noch keine neuen Bilder, Herr Stein?« an ihm vorübergehen. Aber er hielt mich an und erzählte, er habe jetzt den wahren, den einzig wichtigen Maler gefunden, und er glaube, dass er ihm nie langweilig werden würden wie Cézanne und die andern alle. Ich war verzweifelt bei dem Gedanken, er könne mir den Namen verschweigen. Aber nein, er nannte ihn: es war der eines kleinen Meisters, der durchaus sympatische, aber etwas schwächliche Bilder malte. – In was für Händen war doch damals vor dem Kriege die junge Malerei gewesen. An jenen Abenden bei diesem Geschwisterpaar war unsere Leidenschaft immer mit den Bildern beschäftigt, die an den Wänden hingen, wir hatten keine Zeit gehabt, uns die Leute richtig anzusehen, die sie besaßen.

Da ich an dieser Stelle von Sammlungen spreche, will ich eine erwähnen, die ich allerdings erst einige Jahre später, als ich schon in Chantilly wohnte, kennen lernte und die mir einen starken Eindruck machte, die Sammlung Doucet. Dieser ehemalige große Schneider, der eine berühmte Sammlung von Bildern des 18. Jahrhunderts besessen hatte, von der er sich aus sentimentalen Gründen seines privaten Lebens getrennt hatte, und der noch schöne Bilder von Manet, Renoir besaß, hatte als alter Mann plötzlich mit der Begeisterung eines Jünglings kubistische Bilder von Picasso, Braque, Werke von Rousseau und der jungen Schule gesammelt. Er hatte die Haltung eines Grandseigneurs, und er empfing mich im Salon seiner schönen Behausung, wie der Chef eines Staates einen fremden Botschafter empfängt. Er sagte mir mit bewegter Stimme, wie glücklich er sei, den Mann bei sich zu sehen, der ihm ein Vorbild des Sammlers gewesen sei, und er wolle jetzt aus meinem Munde das Urteil hören, ob er ein würdiger Nachfolger sei und in meinem Sinne den Ruhm der Künstler vertrete. Er sprach diese Worte, die mich beschämten und verwirrten, in einer Weise, wie ein König eine hohe Auszeichnung verleiht. Ich brachte ihm bescheiden zum Ausdruck, wie glücklich ich wäre, Bilder, die ich liebte und die mich an vergangene schöne Zeiten erinnerten, wie die »Arlésiennes« von Picasso und die »Charmeuse de Serpents« von Rousseau, die das Louvre erben sollte, in so vollkommener Weise aufbewahrt zu sehen. In dieser Sammlung eines vornehmen alten Herrn lebte keine Reflexion, kein philosophischer Gedanke, sondern ein Herz, das jung geblieben war, eine Sinnlichkeit, die die Jahre überdauert hatte. Ich ahnte damals nicht, daß dieses Leben wenige Wochen später beendet sein sollte.

Meine Existenz hatte sich allmählich befestigt. Ich genoß das Glück, wieder eine Sammlung zu haben, und nicht gezwungen zu sein, Bilder, die ich liebte, verkaufen zu müssen. Die Stadt Paris war für mich eine tägliche Quelle des Genusses, und es befriedigte mich, dem jüngeren Freunde ihre unzerstörbare Schönheit erschließen zu können. Ich sah viele Menschen, die mich in dem dunkeln Hotel der kleinen Straße nahe dem Luxembourg-Garten besuchten. Im Quartier Latin war ich wieder heimisch geworden; hier war es noch ungefähr wie vor zehn Jahren, und wenn ich fast täglich an meiner ersten Wohnung vorbeikam, den beiden kleinen Zimmern der Rue Soufflot, so war ich sicher, daß dort nach wie vor die Wanzenherden des Nachts auf die Weide gingen.

Aber es gab auch Kummer, Ärger und Sorgen, wie das so im Leben der Menschen ist. Was ich aus Deutschland hörte, klang nicht gut. Ein schmerzlicher Eindruck in einem der ersten Jahre war die Wahl Hindenburgs zum Präsidenten des Deutschen Reiches. Mein ablehnendes Gefühl richtete sich weniger gegen diesen alten General, der eine Schlacht gewann und einen Krieg verlor, als gegen dieses Volk, das in einem neu erwachenden Delirium des Soldatenkults den ungeistigen und amusischen preußischen Offizier zum Leiter der Geschicke seines Landes machte, das auf eine große geistige Vergangenheit zurückblicken konnte. In dieser Wahl sah ich den ersten neuen Sieg der Materie über den Geist, die erste offene Kriegserklärung der Macht gegen die Idee.

Ich lebe in einem Lande, in dem die Macht sich in den Händen von Menschen ablöst, die auf einem hohen geistigen Niveau ihr Leben führen. Von den französischen Ministern der letzten Zeit war einer ein bekannter Historiker und raffinierter Literaturkenner, der ein Werk über Mirabeau schrieb, ein anderer ein großer Mathematiker, wieder ein anderer schrieb ein

Buch über Beethoven und eines über Goethe. Es gab einen Minister, der Vorträge über moderne Kunst hielt und der ein bedeutender Sammler war. Einer der größten heutigen Dichter war Botschafter. Bevor ein Ministerpräsident zu einer wichtigen Besprechung nach London fuhr, fand er die Zeit, einige Minuten vorher die Ausstellung einer bekannten Künstlerin zu eröffnen, für die er das Vorwort im Katalog schrieb. Der Präsident der Kammer gehörte der Jury für den »Großen Preis der Malerei« an und führte den Vorsitz, Und als in den aufregendsten Momenten einer Regierungskrise der Ministerpräsident versehentlich eine Stunde zu früh in die Kammer kam, verbrachte er die Zeit in einer Delacroix-Ausstellung, die irgendwo eröffnet war. Aus solchen Vergleichen heraus empfand ich es damals als beschämend, daß man in Deutschland nicht einen andern Exponenten für die innere Größe des deutschen Landes hatte finden können. In Polen war eine Zeitlang ein großer Pianist Präsident der Republik gewesen. Glaubte man, keinen großen Geist zur Verfügung zu haben (immerhin wäre ein Thomas Mann doch in Frage gekommen), so wäre, schien es mir, es immer noch würdiger gewesen, einen alten eidtreuen, aufrechten, wenn auch erfolglosen Literaten oder Musikanten irgendwo aus einer vierten Etage auf den Präsidentenstuhl zu holen. Ein Professor der Sorbonne, der Deutschland liebt und mich am verhängnisvollen Tage besuchte, war erschüttert wie ich und sah viel Mühe um die Annäherung der beiden Völker verloren. Aber ich selbst war so beschämt, daß ich es nicht über mich brachte, an diesem Tage unter Menschen zu gehen.

Es traten allmählich Erwägungen bei mir ein, Paris zu verlassen und mich in seiner weiteren Umgebung festzusetzen. Im Hotel, in dem ich wohnte, ereigneten sich Dinge, die mir nicht gefielen. Deutsche Studenten, die eine Art Vereinigung bildeten, hatten in ihm ein Klubzimmer eingerichtet. Kam ich nach Hause, saß eine größere Anzahl von ihnen mit ausgestreckten Beinen in der nicht geräumigen Halle. Deutsche reaktionäre Zeitungen lagen herum, und man konnte beim Vorbeigehen unfreundliche Äußerungen über Paris und seine Bewohner hören. Ich mußte aus diesem Grunde darauf verzichten, französische Freunde bei mir zu empfangen. Nebenbei schämte ich mich dieser Landsleute, die eine Haartracht zeigten, die sie aus den Bezirken einer Kulturnation in die Regionen wilder Völkerstämme zu weisen schien: auf einem hinten und seitlich kahlgeschnittenen Kopfe lag in der Mitte inselförmig eine gescheitelte schmale Haarmasse. Die jungen Leute beriefen sich für die Tatsache, daß sie in diesem Hotel Quartier genommen hatten, darauf, daß ich in ihm meine Wohnung hatte. Aber keiner von ihnen hielt es für angebracht, sich mir bekannt zu machen. Ein grotesker Anlaß verschaffte mir das Vergnügen, einen von ihnen persönlich kennenzulernen. Als ich eines Morgens Kolle in seinem Zimmer besuchte, fand ich ihm gegenüber in strammer Haltung einen dieser Studenten, der in scharfer studentischer Form von ihm eine Erklärung verlangte über eine Äußerung, die er zu dem Zimmermädchen gemacht haben sollte. Kolle, dem diese Situation wohl fremdartig und etwas komisch erschien, leitete seine Antwort mit der Anrede »lieber Herr« ein, was ihm den Zorn seines Gegners eintrug, der ihn frug, ob sie zusammen im Graben gelegen und Schweine gehütet hätten. Ich griff jetzt ein und bat den jungen Mann, mir auf mein Zimmer zu folgen. Dort sagte ich ihm freundlich, aber deutlich, daß wir in Paris und nicht in Jena seien, und daß ich solche Manieren in diesem Hotel nicht dulden würde. Der junge Mann sah das auch alles ein, denn er war kein böser Mensch, und die Sache wurde beigelegt. Die Studenten mußten aber auch außerhalb dieses Hauses unangenehm aufgefallen sein, denn eines Tages erschienen französische Studenten und warfen Möbel, Bücher und Hetzblätter ihrer deutschen Kameraden zum Fenster hinaus. Diese verließen nunmehr das Hotel, ebenso ihre Angehörigen, von denen immer einige dort wohnten und die es ganz beherrschten, indem sie schon in aller Frühe vom vierten Stock in den Hof sich allerlei über Onkel August und Tante Emma zuschrien. Ich war nicht unglücklich, daß die Sache ein Ende hatte. Ich bin immer der Meinung gewesen, daß man in einem fremden Lande sich etwas bescheiden benehmen soll, und daß man ein Land, mit dem und dessen Bewohnern man nicht einverstanden ist, anständigerweise überhaupt nicht besuchen soll. Es gibt in meinem Leben Stunden, in denen ich eine große Sehnsucht nach Florenz und Siena und den südlichen Landschaften Italiens habe; solange aber in diesem Lande die Freiheit des Geistes unterdrückt ist, werde ich sie nie wieder sehen. Durch die Geschichte mit den deutschen und französischen Studenten wurde mir manches klar, denn aus jungen Leuten werden ja einmal Männer, die in der Geschichte ihrer Völker eine Rolle spielen. Wenn ich im übrigen an solche deutsche Jugend denke und an sehr viele andere, die mir früher begegnete, so glaube ich, daß die Meinung Friedrich Gundolfs, daß nur bei den Deutschen die Jugend nicht bloß Naturzustand, sondern auch Geisteslage ist, daß nur sie und die Griechen das Menschtum als Jünglinge erfüllen, eine sehr beschränkte Geltung hat. Der Mangel an Intelligenz und die späte Reife, die in solchem Maße nur bei der deutschen Jugend zu finden sind, können gewisse sympathische und angenehme physische und seelische Aspekte bieten, berechtigen aber wohl nicht, in jedem hübschen, für das Schöne und Gute begeisterten Pennäler »die Vermählung der einmaligen Jugend mit dem ewigen Geist, dem ›Eros‹« zu proklamieren.

Was mich in erster Linie bestimmte, meinen Wohnsitz von Paris in die Umgebung zu verlegen, war der Umstand, daß das Tragische im Leben meines Freundes Helmut Kolle immer betonter, und daß in meinem Unterbewußtsein das Wissen um die Kürze dieses Lebens stärker wurde. Es handelte sich darum, ihn den Dingen zu entziehen, die eine Katastrophe beschleunigen konnten. Kolle litt ungeheuer unter den Eindrücken von Gesundheit, Kraft, wohlbalancierter Jugend, die eine große Stadt in Fülle entgegenbringt; der Gegensatz seiner eigenen körperlichen Unzulänglichkeit wurde von ihm immer schmerzlicher empfunden. Er hatte die Möglichkeit, in seiner Kunst der

Wirklichkeit einer unvollkommenen Physis das Idealbild des starken und sportlichen Menschen gegenüberzustellen. Dieses Werk entstand in einem Tempo, das nur denen von der Natur gegeben ist, denen ein kurzes Leben zur Verfügung steht. Herauszukommen aus sich selbst, aus diesem kranken, schlaflosen, durch Medikamente und Einspritzungen mühsam aufrechterhaltenen Leben, wurde die ihn beherrschende Tendenz. Aber die Kunst allein genügte dafür nicht. Sein Stolz lehnte sich mit einem bewundernswerten Radikalismus gegen die niedere Wirklichkeit, die ihm anhaftete, auf und konstruierte eine höhere. Er schuf eine Legende seiner Herkunft und Vergangenheit, die mit seinen Vorstellungen eines großen und schönen Lebens übereinstimmte, nahm eine Lebenshaltung an, die überlegen, scheinbar arrogant und snobistisch, das Zärtliche und Gebrechliche seiner Natur verdecken sollte. Wenn schließlich nicht alle Mittel ihn völlig befriedigten, wenn das Leben, das ihm entsprochen hätte, durchaus nicht greifbar wurde, dann nahm er zum Rausch seine Zuflucht, indem er für kurze Zeit wenigstens die Illusion einer starken, gesunden, überschäumenden Existenz genoß. Aber diese Getränke waren gerade das, was dem kranken Herzen am meisten schadete. Es mußte versucht werden, ob die Gegensätze, die dieses Dasein so stürmisch beunruhigten, außerhalb von Paris, unter dem milden Himmel der Ile de France, sich ausgleichen würden.

Kolle selbst schlug Chantilly als Aufenthalt vor. Ich konnte nichts Besseres wünschen. Ich liebte diese Wälder mit ihren Teichen und einsamen Wegen und war nicht unglücklich darüber, nahe dem Orte zu sein, für den ich immer eine große Zärtlichkeit hatte, Senlis. Erst nach einigen Jahren erhielt unser Leben dort die angemessene Form. Ich nahm eine größere Wohnung, deren zahlreiche Fenster alle nach Osten oder Süden lagen, wie ich es liebte, und an deren Wänden sich meine Sammlung gut präsentierte. Da mein Leben schwer war und ich Verlangen nach der Nähe einer Frau hatte, die ohne selbstsüchtige Ziele, vornehm und wahrer Freundschaft fähig, mir half, es zu tragen, bat ich meine Schwester, an der ich diese Eigen-schaften kannte, zu mir zu ziehen, was sie tat.

Ich hatte, wie in meiner Pariser Wohnung vor dem Kriege, alle Türen herausnehmen lassen, so daß gleichsam ein riesiger Einzelraum entstand. Bürgerliche Naturen nahmen zuweilen Anstoß hieran. So sagte mir eines Tages ein Arzt, den ich einer kleinen Grippe wegen hatte kommen lassen und dem gegen-über ich von meinem Appartement sprach, mitleidig, daß hier doch wohl höchstens von einem Campement, einem Feldlager, die Rede sein könne. Er war überhaupt nicht sehr zufrieden mit mir, fand, daß ich in zu verschiedenen Manieren malte (ich hielt es nicht für nötig, ihn darüber aufzuklären, daß die Bilder von Kolle, Vivin und Séraphine, nicht von mir stammten). Vor allem aber fand er, daß ich ein Todeskandidat sei, da meine eine Lunge ganz, die andere halb gelähmt und mein Herz de-generiert wäre, und er setzte meine Schwester und Kolle, die im Nebenzimmer waren, von meinem baldigen Ableben in Kennt-nis. Als ich ihn bat, mir zu sagen, wieviel ich ihm schuldig sei, sagte er fünf Francs, soviel, wie wohl ein mitleidiger Arzt von ei-nem alten sterbenden Dienstmädchen nehmen würde. Ich bin überzeugt, daß der Abscheu des Bürgers vor den ihn skandali-sierenden Bildern jenen, ohne daß er selbst es wußte, in eine so mitleidige Stimmung versetzte, aus der dann die eklatante Fehldiagnose hervorging.

Unser Leben war ruhig geworden, aber wir sahen viele Men-schen, meistens solche, die das Interesse für moderne Male-rei uns zuführte, Museumsdirektoren, Kritiker, Sammler und Händler. Helmut Kolle hatte ein kleines Haus gemietet, an des-sen Mauer Teerosen blühten, mit einem schmalen Garten da-vor. Es hieß »Les Lierres«, denn am Eingangstor wucherte alter Efeu. Dort lebte er mit seinen Hunden, dem alten Tommy, den ihm einst in Paris ein Berliner Sammler geschenkt, und den bei-den Jungen, die er mit ihm gezüchtet hatte. Und dort entstan-den die letzten großartigen Bilder dieses leidenschaftlichen, traurigen und stolzen Lebens, die in ihrem Gefühl und in ihrer malerischen Qualität so sehr an die letzten Bilder Géricaults erinnern. Das Werk eines deutschen Malers, der die Seele eines Kindes und die Intelligenz eines alten Mannes hatte, das Werk, das aus Sehnsucht, Blut und Tod erwuchs, fand hier seine Vollendung. Er erlebte noch die Genugtuung weiterer Erfolge, denn außer den alten Sammlern kamen jetzt neue, die seine Bilder in Chantilly kauften. Das Publikum und die Händler für »courante und klassierte Ware« hielten sich weiter fern, wie es nicht anders sein konnte.

Ein solcher Händler fragte mich gelegentlich, mit welchen Malern ich mich zur Zeit beschäftigte. Ich nannte ein paar Namen. »Ah so«, sagte er, »mit junger Kunst. Ich selbst habe nur mit ›klassierten‹ Malern zu tun.« – »Maler, die ich kaufe, sind dadurch klassiert«, gab ich zur Antwort, indem ich Arroganz mit Arroganz erwiderte. Schon vor dem Kriege waren meine Beziehungen zum durchschnittlichen Kunsthandel, zur Kritik und zum Publikum nicht besonders glücklich gewesen. Sie waren es jetzt noch weniger. Das »Tempo«, in dem Kunsthändlern im allgemeinen die Einsicht für neue wertvolle Erscheinungen kommt, war mir zu langsam. Jetzt kam hinzu, daß prinzipiell wenig Interesse für Neues vorlag, da das Einsetzen für unbekannte Maler außer der Ausstellungsmiete im allgemeinen nicht viel einbringt und man hinreichend damit zu tun hatte, das durch die Krise bedrohte Leben mit dem Handel von Bildchen Renoirs (oft kleinem Atelierabfall), Degas-Zeichnungen, Aquarellen von Cézanne sich zu verdienen. Diese wertvollen Kleinigkeiten boten dem Käufer den Vorteil, daß man in einer schmalen Handtasche viel davon unterbringen und sie in gefahrvollen Zeiten eventuell über alle möglichen Grenzen als gesichertes Vermögen in unbedrohte Zonen bringen kann. Händler, die diese Möglichkeiten nicht ausnutzten und statt dessen für junge Kunst eintraten, mußten sehr bald ihre Läden schließen. Manche stellten sich dann sehr schnell für eine andere Branche um. So besinne ich mich, daß ich eines Tages eine kleine Galerie, die sich mit junger Kunst beschäftigte, geschlossen fand. Der Laden schien schon anderweitig vermietet zu sein. Ich war ein Stück weiter gegangen, als ich den ehemaligen Besitzer der Galerie hinter mir herlaufen sah. »Welch Zufall, daß wir uns gerade nahe Ihrem ehemaligen Laden treffen«, sagte ich zu ihm, »Sie werden nicht ohne Schmerz an ihm vorübergehen.« – »Ich gehe nicht an ihm vorüber«, gab er zur Antwort, »ich bin weiter in ihm tätig. Nur verkaufe ich keine Bilder mehr, sondern Heringe und Südfrüchte. Kommen Sie nur mit, Herr Uhde, wir haben gerade eine ausgezeichnete Sendung bekommen.«

Mit dem sogenannten »kunstverständigen Publikum« habe ich selten einen erfreulichen Kontakt gehabt. Ich habe die Erfahrung gemacht, daß es sowohl für die künstlerischen Werte im allgemeinen wie die malerischen im besondern durchaus unempfänglich ist, und daß sein anspruchsvolles Urteil in keinem Verhältnis zu der dürftigen Befähigung steht. Im Grunde ist bei ihm nichts weiter vorhanden als Interesse für das Sujet, das ihm gefällt oder nicht gefällt, woraus sich dann das sogenannte »Kunsturteil« ergibt. Diesem Publikum habe ich nie verziehen, daß es das Werk Manets vor 1874, das heißt seiner ersten Schaffensperiode, in dem ich eine der erhabensten Manifestationen der menschlichen Seele erblicke, verhöhnt und beschimpft hat und ihm noch heute verständnislos gegenübersteht. Während es dem Werke eines Degas, dem alle wahrhaft großen Werte fehlen, aus Gründen der Sujets einen Triumphzug bereitete. Degas, des engen Menschen, der Juden, Hunde und Blumen haßte, des begrenzten Künstlers, der nie über die Gestaltung von Ausdrucks- und Raumwerten hinaus kam. Er, der keine große malerische Schönheit schaffen konnte und schließlich eine kleine fertig aus Pastellstiften bezog, durfte erleben – und ich werde diese Stunde des Jahres 1912 nicht vergessen –, daß eines seiner Bilder für nahezu eine halbe Million Goldfrancs versteigert wurde. Die gleiche Art Publikum, die diesen Irrsinn auf dem Gewissen hat, trägt auch die Schuld, daß ein Manet zu seinen Lebzeiten einen beschränkten kleinen Markt mit bescheidensten Preisen hatte. Dieses arrogante, dumme und gefährliche »kunsthebende Publikum« hat fast alle großen Künstler um ihre Lebensfreude und ihr Recht auf Erfolg gebracht, hat von der Ebene des Illustrativen und Gemütvollen aus alle großen Werte bekämpft und sich durch die Jahrhunderte hindurch mit einer moralischen Schuld belastet, die man ihm nicht vergessen darf.

Für dieses Publikum hat es zu allen Zeiten die ihm entsprechende Kritik gegeben. Auch sie hat einen Manet verhöhnt und beschimpft, einen Degas gefeiert, auch sie hat die Impressionisten als Wahnsinnige verfolgt, einen Cézanne wie einen Verbrecher behandelt, van Gogh in Verzweiflung und Tod getrieben. Von Henri Rousseau, vor dem sie sich, seit er dem Louvre angehört, tief verbeugt, hat das »Berliner Tageblatt« seinerzeit geschrieben, daß man eine Kollektion seiner Bilder in allen Trödelläden Europas umsonst für einen Taler anbieten würde. Die »Kölnische Zeitung« nannte ihn den berühmten Stümper, der von Witzbolden als naturwüchsiges Genie ausposaunt würde. Die »Frankfurter Zeitung« wollte ihn nicht höher stellen als dichtende Bäuerinnen und romanschreibende Nähterinnen. Im »Figaro« meinte Herr Arsène Alexandre, daß, wenn Rousseau ein großer Maler wäre, Signorelli und Leonardo nicht einmal würdig wären, Zollbeamte zu sein. Ein anderer sehr bekannter Kritiker in Paris stellte fest, daß Rousseau in so einem Deutschland und Rußland ernst genommen würde, und er rief aus: »Aber wir sind glücklicherweise in Frankreich und Franzosen.« Der »Gil Blas« spielte sogar den Interpreten gegen den Meister aus, indem er schrieb: »Wir sind nicht fern, zu denken, daß sein Meisterwerk die Biographie ist, die Herr Uhde ihm soeben widmete.«

Aber es blieb immer eine kleine erfreuliche Minorität unter Händlern, Kunstinteressenten, Kritikern, es blieben vor allem Künstler und Sammler, die auch an meiner jetzigen Tätigkeit Anteil nahmen und sie in allen Einzelheiten billigten.

Von einem gewissen Zeitpunkte an wußte Helmut Kolle, daß er »verurteilt« war. Als ich kürzlich den alten Tommy zur Behandlung dem bewundernswerten Tierarzt in Paris übergab, der mit einer Kunst, die seiner Liebe ebenbürtig ist, Goldfischen wie Papageien und Hunden, kurz, allem Getier die Gesundheit wieder gibt, und durch dessen Hand täglich eine größere Anzahl »Tommys« geht, sagte er mir: »Diesen Hund kenne ich, ich habe ihn vor einigen Jahren behandelt. Aber Sie waren es nicht, der mir ihn damals brachte.« »So war es wohl ein junger Mann«, antwortete ich, »und es wird dieses vier oder fünf Jahre her sein.« »Ja, es war ein junger Mann, und er sagte zum Abschied, »ich komme heute zum letzten Male zu Ihnen. Das nächste Mal wird ein anderer Ihnen den Hund bringen, falls es nötig sein wird. Ja, ich werde sterben müssen«, fügte er ruhig hinzu, indem er mir und der Pflegerin die Hand gab und langsam hinausging.

Von diesem Zeitpunkt an löste er sich immer mehr von den Wirklichkeiten los, er wollte mit seinem Leben nichts mehr zu tun haben, er wollte nicht nur ein anderer sein, er wurde es wirklich. Die Vergangenheit, die er sich gab, die Beziehungen, die Ereignisse des täglichen Daseins wußte er nicht nur für sich, sondern auch für andere glaubhaft zu machen. Er war kein kranker junger Maler, von irgendeiner bürgerlichen Herkunft, der bald sterben sollte, sondern der sportliche Sprosse einer alten Familie, der Polo spielte, im Concours hippique ritt und Hunde züchtete. Als ich kürzlich den alten, kurzatmigen Haarkünstler besuchte, zu dem Helmut Kolle zu gehen pflegte, fragte ich ihn, ob er sich noch auf diesen jungen Herrn besänne, dem er vor Jahren oft das Haar geschnitten. Der Alte wurde sofort lebendig, beklagte den frühen Tod, von dem er gehört hatte, und lobte die einfache Menschlichkeit des Verstorbenen, der ihn zuweilen zum Abendtrunk in die Bar des »Chatham« mitgenommen. »Lebt die Großmutter noch?« fragte er mich, »und reitet sie noch immer?« »Ich nehme es an«, erwiderte ich etwas unsicher. Der Alte hob die Hände zum Himmel. »Noch immer«, rief er, »und sie muß jetzt über neunzig Jahre alt sein, diese spanische Herzogin. Damals ritt sie noch jeden Morgen ein wildes Pferd. Aber sie ist eine böse Frau. Wenn sie eines ihrer Schlösser verkaufte, hat sie Herrn Kolle nichts, nicht soviel«, er drückte zwei Finger zusammen, »nicht soviel abgegeben.« Und er erzählte weiter von einer Schwester, die in England verheiratet sei, und von den Schicksalen des österreichischen Vaters.

Aber die Wirklichkeit war stärker als alle Träume, und es kam das letzte furchtbare Jahr. Es brachte das große langsame Sterben unter täglichen Qualen; es brachte die materiellen Schwierigkeiten der Krise und menschliche Enttäuschungen, die ihn grausam trafen. Er starb im Glauben an die Unsterblichkeit seines Werkes und an eine Freundschaft, die den Tod überdauert. So trug eines Tages auf dem Friedhof der sportlichen Stadt Chantilly, der viele fremde Inschriften enthält, ein Kreuz auch diese einzige deutsche: Der Maler Helmut Kolle.

Das große Erlebnis dieser Freundschaft war für mich, daß jemand aus deutschem Wesen heraus mit denselben Mitteln, deren sich einst der Hellene bediente, das heißt mittels Kunst und Orgiasmus, der banalen Wirklichkeit seines Lebens eine erhöhte und ideelle entgegenstellte, und daß er seine geringe physische Kraft darin verbrauchte, diese von ihm erschaffene Wirklichkeit glaubhaft zu machen. Was er für Paris bedeutete, hat Waldemar George, der als erster sich für ihn eingesetzt hatte, ausgesprochen: »Ich verdanke ihm viel. Alle, die es sich angelegen sein ließen, eine Kunst wieder zur Geltung zu bringen, die auf der Achtung vor dem Menschentum begründet ist, waren seine Schuldner.« Er hatte den Menschen wieder in die Mitte der Malerei gestellt. Aber er tat es nicht wie viele, die ihm folgten, mit den Mitteln einer literarischen Sentimentalität, sondern mit den Mitteln einer großen malerischen Tradition.

Nach dem erschütternden Ereignis sah ich meine Aufgabe darin, den Geist dieser Freundschaft aufrechtzuerhalten, in ihm mein Leben weiterzuführen, darin ferner, für dieses überall verstreute Werk einzutreten und seine Bedeutung zu zeigen.

So vereinigte ich die wichtigsten Bilder aus dem Pariser Privat-
besitz zu einer rückblickenden Ausstellung in der Galerie Bon-
jean und zeichnete meine Erinnerungen an dieses kurze schöpferische Leben auf.

Es war jetzt etwas in mein Leben getreten, das zu seiner
Vollendung gefehlt hatte: der große Schmerz. Ein solcher, der
nicht durch uns hindurchgeht, sondern der bleibt, der sich
in uns einrichtet und der uns beherrscht. Ein Schmerz, der
uns stolz und einsam macht, der alles, was uns bisher wichtig schien, in angemessene Entfernung rückt. Ich akzeptierte
ihn ohne Einschränkung, entschlossen, in seiner Gesellschaft
den Rest meiner Tage zu verbringen, sah in ihm die Krönung,
das letzte und höchste Gut meines Lebens. Gerade die innere
Einsamkeit, die er verlieh, hieß ich willkommen. »Der einsame Wanderer geht am weitesten«, steht als Motto über diesem
Buche. Diesem Schmerze verdanke ich es, daß ich von den beiden äußersten Polen, bis zu denen das menschliche Gefühl vordringen kann, den am schwersten zugänglichen erreichte. Den
nämlich, an dem ich mich schon einmal vorübergehend befand, beim Anblick der Hinrichtung eines jungen Menschen,
den Pol der objektiven Wertlosigkeit, von dem aus gesehen der
Mensch zum stäbchenförmigen Bazillus, zur Spirochäte wird,
die den gesunden Leib der Erde mit dem Aussatz ihrer Behausungen bedeckt. Von diesem Pol aus werden die scheinbar
höchsten menschlichen Handlungen zu physiologischen Reaktionen oder zu Idiosynkrasien unbeträchtlicher Lebewesen, die
ihr Gleichgewicht verlören. Der andere Pol ist der des subjek-
tiven Wertgefühls, wo diese Idiosynkrasien als Ideale erscheinen, als hohe und heilige Güter. Wenn ein Mensch an beiden
Polen heimisch wird und sie in sein inneres Leben hineinbe-
zieht, können Leidenschaft und Weisheit in schöner Vereinigung sein Leben bestimmen.

Der große Schmerz, der in mir lebte, machte mir die Nich-
tigkeit und Vergänglichkeit, das objektiv höchst Zweifelhafte
des menschlichen Wesens klar, das eines Tages in einem Grabe

birgt, was seines Lebens Inhalt war; dem nach den Worten Homers nichts bleibt als »verschnittenes Haar und rinnende Träne der Wange«, und das nach kurzem Aufflackern bewußtlos der Nacht anheimfällt, aus der es kam. Das Erlebnis dieses Schmerzes sonderte mich aus, machte mich wissend und gab mir die Fähigkeit, menschlichem Geschehen ohne Illusionen überlegen gegenüberzustehen und mir seiner objektiven Unbeträchtlichkeit bewußt zu sein. Aber es führte mich nicht zur Resignation.

Was mein Verstand als Illusionen erkannte, lebte in meinem Herzen als Ideal weiter. Die entscheidende Inspiration meines Lebens holte ich mir nicht an dem Pol der Verneinung, sondern an dem der Bejahung. Ich wußte, daß ich vom kosmischen Standpunkte ein vergängliches Staubkörnchen war, aber mein menschlicher Glaube ging dahin, daß ich ein Träger des Göttlichen und Ewigen sei.

Meine Schwester und ich sind noch fast drei Jahre in Chantilly geblieben. In den schönen Jahreszeiten war es beglückend, des Morgens über die große frische Rennwiese zu gehen, über die die kleinen Stalljungen in langen Reihen die Pferde bewegen, in diesen gepflegten Wäldern zu promenieren, die vom Galopp der Vollblüter belebt sind, in den Gärten des Schlosses zu sitzen, nachdem man einen Blick geworfen hat auf ein paar Werke großer Kunst, an denen das Museum reich ist. Gewiß, es war schön, unter diesem Himmel der Ile de France zu leben, der in unsagbarer Vornehmheit grauer Töne sich wölbt, in beglückender Nähe zu sein von erhabenen Bildern, die mit ihm wetteifern, und immer Pferde edelsten Bluts zu sehen. Aber wenn dann die Tage des Winters kamen und die Regen, die über trostlose schwarze Wälder und durch leere Straßen fegten, wenn alles erstorben schien, am lebendigsten noch das Grab des Freundes blieb, wenn die Möglichkeiten, das Leben sich zu gewinnen, von Tag zu Tag geringer wurden, der Weg von Chantilly nach Paris immer länger erschien, die finstern Bahnhöfe, bevor man die große Stadt betrat, einem alles genommen hatten, was an

Stimmung und gutem Willen da war, dann war der Entschluß, nach Paris zurückzukehren, nicht mehr abzuweisen.

Ich hatte bis dahin die Gewohnheit, zwei Male in der Woche in die Stadt zu fahren, um die geschäftlichen Dinge zu erledigen, Ausstellungen zu besuchen, Freunde zu sehen. Obgleich die Zeit recht knapp für dieses alles war, richtete ich es doch immer so ein, daß ich abends zum Diner wieder in Chantilly war. Die Besorgnis meiner Schwester war daher sehr groß, als ich eines Abends zum Essen nicht erschien, aber auch während der Nacht keine telephonische Mitteilung machte. Es war mir etwas recht Unangenehmes passiert, was mich an Ferngesprächen durchaus hinderte. Ich muß vorausschicken, daß ich gerade eine Grippe gehabt hatte, die eine gewisse Schwächung der Nerven zur Folge hatte, so daß ich alkoholische Getränke nicht vertrug. Nun war ich zum Frühstück von einem auf der Durchreise befindlichen Freunde eingeladen, und wir hatten einen nicht gerade leichten Burgunderwein getrunken. Da sich aber das Essen infolge der angeregten Unterhaltung länger hinzog, hielten wir es für angebracht, zum Schluß noch ein paar Glas »Calvados« anzufügen. Alles in allem war es nicht übermäßig, und ich war ganz klaren Geistes, als wir uns trennten, verlor aber bald darauf vollkommen das Bewußtsein. Ich erwachte mitten in der Nacht mit grauenvollen Kopfschmerzen und einem entsetzlichen allgemeinen Übelbefinden. Ich saß in einem kleinen, nach vorn zu mit einem Eisengitter abgeschlossenen Raume auf einer Holzbank. Ein zum Stehen eingerichtetes W. C. neben mir gab in gewissen Abständen rauschende Töne von sich, die das einzige Geräusch in der nächtlichen Stille darstellten. Neben mir saß ein jüngerer Mann. »Wie kommen Sie hierher?« fragte ich ihn. »Ich habe einen Wagen gestohlen«, antwortete er mit vollkommener Ruhe, indem er sich auf das W. C. zu bewegte. »Wann kommt man hier heraus?« fragte ich ihn. »Um neun Uhr.« Irgendwo hatte es gerade zwei geschlagen. Ich rechnete mir also aus, daß ich noch sieben Stunden würde aushalten müssen, so lange ungefähr, wie man braucht, um einmal nach Lyon oder nach Dieppe hin und zurück zu fahren. Es erschien mir unwahrscheinlich, daß ich das ohne jede Möglichkeit, zu schlafen, in dem scheußlichen physischen und moralischen Zustande, in dem ich mich befand, würde überstehen können. Ich stellte inzwischen fest, daß man mir Kragen, Krawatte und Taschentuch abgenommen hatte. Es fehlten außerdem Portefeuille, Uhr und Stylo.

Nach einiger Zeit ging ein Polizeibeamter an unserem Gitter vorbei. Ich stürzte vor und fragte ihn, warum ich mich hier befände. Er würde nachsehen, erklärte er. Nach einer Weile kam er zurück und sagte, er glaube, ich habe mein Diner im Restaurant nicht bezahlen wollen. Das schien mir nicht wahrscheinlich, denn ich besann mich nicht, während meines ganzen Lebens je eine Neigung zur Zechprellerei verraten zu haben. Das Rätsel blieb also. Nach ein paar qualvoll verbrachten Stunden kam ein Wachtmeister und blickte in unsere Zelle. »Ich bitte Sie, mir zu sagen, warum ich hier bin«, rief ich ihm zu. »Sie sollten sich schämen, mein Herr, daß Sie sich gestern so betrunken haben«, antwortete er. »Die Folge einer Grippe«, sagte ich kleinlaut, »eine Flasche Burgunder und zwei Calvados zum Frühstück, das ist wohl nicht zuviel.« »Ich trinke nicht die Hälfte am Abend«, rief er entsetzt. »Wenn mein Dienst aus ist, esse ich mit meiner Frau, wobei ich zwei Glas Wein trinke, und dann gehen wir schlafen. Sie sollten es ebenso machen.« »Ich habe keine Frau«, gab ich zur Antwort. »So heiraten Sie, mein Herr«, rief er. »Dazu ist es nun zu spät«, erklärte ich resigniert. »Es ist übrigens nicht schlimm«, sagte er, »was Sie getan haben, und es besteht viel Aussicht, daß man Sie morgens frei läßt.«

Mir war zum Sterben elend, aber die Zeit verging, und ich machte mir klar, daß der Zug nach Lyon, wenn ich ihn genommen hätte, nun bald in dieser Stadt ankommen müsse, oder, wenn ich es vorgezogen hätte, nach Dieppe zu fahren, daß ich nach einem Bade im Meer nun bereits auf der Rückreise nach Paris begriffen sei.

Endlich schlug die Stunde der Erlösung. Man hörte laut schallende Schritte, ein Gewirr von Stimmen, Klirren von Schlüsseln. Unsere Zelle wurde geöffnet, und wir wurden vorgeführt. Ich hielt mich schlecht auf den Beinen. Man reichte mir ein Paket mit Heften, das mir gehörte, und, in mein Schnupftuch gebündelt, Kragen, Krawatte, Schlüssel. »Das ist alles«, sagte der Herr Polizeikommissar, »vermissen Sie etwas?« »Ja«, sagte ich, »Uhr, Stylo und mein Portefeuille mit zweihundert Francs.« »Das hatten Sie nicht mehr, als Sie hier eingeliefert wurden«, antwortete er. »Sie müssen jetzt in die Rue Taitbout gehen, um vom Zivilkommissar vernommen zu werden.« Der Zug dorthin organisierte sich bereits, der Fischzug der Nacht, Diebe, Zuhälter, Dirnen. Es war eine reizende Reisegesellschaft, mit der ich zusammen, begleitet von Beamten, die Wanderung antreten sollte. Ich sah jetzt erst, daß ich mich im Polizeigefängnis hinter der Oper befand. Es war durchaus nicht unmöglich, daß ich auf dem Wege Bekannte traf, und meine Eitelkeit verlangte, daß ich wenigstens Kragen und Krawatte trug. Aber man gestattete es mir nicht, sie anzulegen.

In dem Kommissariat der Rue Taitbout redete mich der Zivilkommissar ohne weiteres mit einem ganz guten Deutsch an. »Sie sind sehr betrunken gewesen«, meinte er. »Erkennen Sie diesen Herrn neben Ihnen?« »Nein«, antwortete ich, »ich habe ihn nie gesehen.« »Jawohl, Sie haben ihn in dieser Nacht gesehen. Er ist der Taxichauffeur, den Sie nicht bezahlen wollten. Oder vielleicht nicht bezahlen konnten, denn es scheint, man hatte Ihnen vorher alles Geld abgenommen. Es gibt immer Leute, die betrunkenen Herren ihr Geld abnehmen. Haben Sie nun jemanden in Paris, der für Sie dreizehn Francs und fünfunddreißig Centimes zahlen würde?« »Gewiß«, antwortete ich, »ich habe einige hundert Bekannte, die glücklich wären, mir diesen Dienst erweisen zu können, aber vielleicht ist es einfacher, wenn ich den Betrag von einem kleinen Bankkonto abhebe, das ich habe.« – »So, Sie haben ein Bankkonto«, sagte er und ließ sich nähere Angaben machen. Nachdem er ihre Richtigkeit telephonisch festgestellt hatte, sagte er: »Nun wollen wir alle drei zu Ihrer Bank fahren, Sie bringen dann die Sache in Ordnung. Fürchten Sie nicht, daß wir Sie kompromittieren, der Chauffeur und ich werden draußen warten.« Während wir zum andern Ufer der Seine rollten, fragte er mich plötzlich: »Was machen Sie eigentlich in Paris?« »Ich muß Sie bitten, etwas Nachsicht mit mir zu haben, Herr Kommissar«, antwortete ich ihm, »ich befinde mich in einem so grauenvollen Zustande physischen und moralischen Uebelbefindens, daß es mir schwerfallen würde, zusammenhängende Erklärungen abzugeben. Vielleicht ist es das beste, ich gebe Ihnen eines dieser Hefte einer französischen Kunstzeitschrift, in der von mir eine größere Arbeit über primitive Maler steht, den Douanier Rousseau, Utrillo und einige andere. Aber Sie werden von diesen Künstlern vielleicht nichts gehört haben?« – »Wie können Sie das glauben«, rief er, plötzlich ungeheuer interessiert. »Henri Rousseau war ein großer Maler, und ich liebe seine Bilder sehr. Haben Sie ihn vielleicht noch gekannt?« »Ja«, sagte ich, »sogar sehr gut. Aber das steht auch alles in dem Aufsatz. Bitte behalten Sie das Heft zur Erinnerung an unsere Begegnung.« – »Aber Utrillo«, sagte der Kommissar, »finden Sie seine Bilder auch so gut? Meine Frau ist begeistert von ihnen, aber ich bin es weniger, und wir streiten uns abends oft darüber.« »Bitte fragen Sie mich nichts mehr, Herr Kommissar, es geht mir wirklich ungewöhnlich schlecht, und jede Anstrengung kann einen Anfall von Seekrankheit zur Folge haben«, winkte ich ab.

Eine Viertelstunde später war die Angelegenheit liquidiert, wir trennten uns freundschaftlich, und meine Schwester, die schon eine Handtasche präpariert hatte, um beim Anruf eines Hospitals bereit zu sein, den verunglückten Bruder aufzusuchen, war telephonisch verständigt.

Wir verließen Chantilly im September vierunddreißig, als mein Mietvertrag abgelaufen war. Sorge machte uns der Gedanke an die Hunde. Den einen der drei hatte ich nach Kolles Tod seinem Bruder übergeben, aber es blieb ein kleiner, zärtlichen und weichen Charakters, den wir liebten. Er war an Wiese und Wald gewohnt, und es erschien uns grausam, ihn mit in die Stadt zu nehmen. So schenkte ich ihn einem kinderlosen Ehepaar in Chantilly, das ihn mit rührender Liebe wie seinen Sohn behandelte. Er saß zwischen ihnen auf einem Stuhle bei Tisch, mit einer kleinen Serviette um den Hals, in deren Ecke eine Ratte gestickt war, und er teilte ihre Mahlzeiten. Da er etwas schüchtern und sentimental war, war es immer recht anstrengend für ihn gewesen, ein Rassehund zu sein. Jetzt hatte er einen kleinen bürgerlichen Bauch wie sein neuer Herr und war vollkommen glücklich.

Heute, nur wenige Wochen, nachdem ich diese Sätze geschrieben, muß ich ein Kreuz hinter seinen Namen machen. Eine plötzliche Krankheit raffte ihn hin, nachdem er verhältnismäßig nur das gleiche Alter erreicht hatte, wie sein einstiger Herr. Er hat in seinem kurzen Leben niemanden betrübt, und die Aufgabe seines Daseins schien darin zu bestehen, »gentil« zu sein. Welches vielleicht die schönste Eigenschaft lebender Wesen ist, in ihrer Vollendung der einfachen Natur des Hundes leichter erreichbar als der komplizierten des Menschen.

Der alte Tommy äußerte seinen Willen, uns zu begleiten, in eindeutiger Weise. Am letzten Packtage stieg er plötzlich in einen halbvollen Koffer und blickte mit seinen erblindeten Augen zu mir hin. Ich verstand, was er wollte, und wir nahmen ihn mit.

Ich war mir durchaus bewußt, daß ich ein so reines Glücksgefühl, wie ich es früher in Paris gekannt hatte, nicht mehr erleben würde. Nicht nur, weil die Schatten des Abends sich langsam über mein Leben breiten oder weil die materiellen Sorgen jetzt größer und schwerer zu tragen sind, sondern weil das Dasein im allgemeinen weniger schöne Aspekte bietet als ehemals. Eine Schicht von Menschen mit ihren an ewigen Werten gebildeten Ideologien ist aus dem Vordergrunde der Menschheit verschwunden, verdrängt von einer neuen Schicht, die ohne Wissen um Ewiges und Sittliches in eine sternlose Nacht hinein lebt. Man glaubt, daß Macht genüge, um entgegen menschlichen Idealen, menschlicher Würde, Freiheit, Gerechtigkeit, entgegen allem, was in kultivierten Ländern durch die Jahrtausende als Wert galt, Dauerndes zu schaffen. Da ist ferner eine anspruchsvolle Klasse von überflüssigen Königssöhnen und Prinzen, kostspieligen Luxusgegenständen einer verarmten Zeit, von denen man nie etwas anderes erfährt, als daß sie sich vom Luftschiff direkt zum Golfplatz begeben. Ein triumphierendes Geschlecht sodann von Boxern, Filmstars, Königinnen der Schönheit.

Der Geist ist aus dem Leben verschwunden. Statt seiner haben wir den aus allen Türen und Fenstern tönenden Lärm von Radio und Schallplatten. Auch das Gold hat sich zurückgezogen, und der Schmuck der Frauen besteht heute aus dicken Wachsperlen und Glasscherben, wie man sie früher den Negerweibern in die Kolonien schickte. Der Mensch hat die Würde verloren und steht miserabel vor der Tierwelt da, wenn er genötigt ist, edle Rennpferde zum Metzger zu führen, und wenn er die großen wilden Tiere seiner Menagerie, die er listig einfing, nicht mehr ernähren kann.

Ist es zu verwundern, wenn unter diesen Umständen auch das äußere Menschenbildnis etwas schäbig und die élégance vestimentaire des Gentleman in England nicht mehr verstanden wird, daß auf diesem Gebiete der Geschmack des kleinen Angestellten maßgebend wird, der alles zu kurz, zu eng und zu knapp liebt und auf die Erfindung stolz ist, die Krawatte aus dem gleichen Stoffe zu wählen, aus dem das dürftige kleine Seidentüchlein besteht, das kokett aus der Tasche schaut? Ist es zu verwundern, wenn französische Arbeiter und Angestellte, wenn sie Autos reinigen und Zahlen addieren, den gestreiften dunkeln Pantalon tragen, der zum Teedreß eines Herrn gehört; daß ein sicherer und guter Geschmack in männlicher Bekleidung heute fast nur noch beim französischen Zyklisten und Triporteur* zu finden ist, der uns jedes Jahr durch eine neue farbige Klangnote seines einfachen und angemessenen Kostüms überrascht? Ist es erstaunlich, daß, wenn du heute mit einer sogenannten Dame in einem sogenannten eleganten Restaurant ißt, du weder weißt, wie diese Dame aussieht, die während der Mahlzeit dauernd damit beschäftigt ist, ihr Gesicht immer von neuem mit Farben zuzudecken, noch worin das Fleischgericht besteht, das du ißt, da es mit einer Sauce belastet ist, die so vorherrschend ist, daß es sich ebensogut um Seezunge wie um Huhn handeln kann? Du wunderst dich auch nicht mehr, wenn am Nebentische Leute aus Amerika sitzen, die als ersten Gang Sardinen essen, als zweiten und letzten Schokoladecreme, und die auch im Winter Eiswasser dazu trinken. Der Mensch, wie er sich heute zeigt, versteht, weder sich zu kleiden noch zu essen, er versteht auch nicht zu wohnen. Er hat kein Gefühl mehr für die herrschaftlichen stilvollen Häuser des alten Paris und bevorzugt die grauenvollen neuen Mietshäuser und Massenquartiere der Peripherie, die alle nach der gleichen Schablone von Kasernen gebaut und die von unsagbarer Traurigkeit sind. Da hörst du jedes Telephongespräch in der Nebenwohnung, jeden Teller, der dort beim Abwaschen weggestellt wird, jede Undiszipliniertheit des Nachbarn, der zuviel gegessen hat, jeden Akt ehelicher Untreue seiner Frau in allen Einzelheiten, und aus fünfzig geöffneten Fenstern tönen gleichzeitig wüst durcheinander Radioapparate und Phonographen. Du könntest dich vielleicht mit dem Vorteil trösten, den es bietet, die Abfalleimer nicht in den Hof tragen zu müssen, aber siehe, der Schacht, in den du ihren Inhalt zu schütten hättest, ist wieder einmal verstopft.

Die Nächte sind den Tagen ebenbürtig. Glanz, Charme, Freude wirst du vergebens suchen. In den Bars, in denen früher

---

* Zyklist: Fahrradfahrer (frz. cycliste); Triporteur: Dreiradfahrer (frz. triporteur, »das Dreirad«; ein Fahrrad, bei dem zwischen den beiden Vorderrädern eine Holzkiste montiert ist). (Anmerkung des Herausgebers)

die großen Damen der Halbwelt mit Herren, die gut zu leben verstanden, die Champagnerflaschen leerten, ohne sie zu zählen, sitzen heute trostlose Geschöpfe, die dich um einen Cocktail anbetteln und dir häßliche Dinge sagen, wenn du es ablehnst, ihn zu bestellen. Und vielleicht ist die höchste Sensation einer solchen Nacht der nackte Hinterteil einer tanzenden Mulattin. Eine angenehmere immerhin als das Auftreten unserer alten »Gertrude«, die in Amerika vor elegantem Publikum in sinnloser Wiederholung sinnlose Worte plappert, mit der Prätention, daß es sich dabei um etwas handelt, das den Fugen des Johann Sebastian Bach ebenbürtig ist und die sich selbst öffentlich als eines der drei Genies bezeichnen läßt, die es heute in der Welt gibt, und zu denen sie die Gnade hat, auch Picasso zu zählen. Und es findet sich niemand, der, im Zorn über beschimpfte Werte, den makabren Clown zur Ordnung ruft. Frauengestalten von heute: Josefine Baker und Gertrude, die wahnsinnige Mathilde, die Goethe zum Mörder, und die verräterische Elisabeth, die den großen Bruder zum Antisemiten machte.

Die absolute Überlegenheit des Menschen leuchtet mir heute weniger ein denn je. Auf meinen häufigen Spaziergängen durch den Zoologischen Garten in Vincennes war es an und für sich nie die Erhabenheit der menschlichen Natur gewesen, die ich im Gegensatz zu dem sogenannten »Tierreiche« empfunden hatte, vielmehr als erstes ein starkes Gefühl der Zusammengehörigkeit. Mit allen diesen Tieren, die hier gingen, liefen, sprangen, krochen und sich auf verschiedenartige Weise betätigten, hatte mich immer die Tatsache verbunden, daß sie, wie ich, Träger des gleichen geheimnisvollen Phänomens sind, das man das »Leben« nennt, daß wir und sie die momentan Erwählten sind, Fackeln, die für kurze Zeit das Feuer tragen; daß wir zusammen gegenüber den unendlichen Heerscharen der Toten und der noch nicht Erweckten eine begrenzte tragische Minorität bilden, die an dem gleichen Schmerze des Daseins zu tragen hat. Diese Gemeinsamkeit hatte stets eine liebende Verbundenheit in mir geweckt, eine Wärme und brüderliche Nähe, die mir noch so erhabene Tote nicht einflößen konnten. Dieses Gefühl dehnte sich naturgemäß auf die Pflanzenwelt aus, denn auch ihre Blüten sind ja Träger unseres Lebens.

Es war mir auch, als hätten die heute lebenden Tiere die gleiche Verantwortung wie wir heute lebenden Menschen: einfach und echt zu sein, das uns anvertraute Leben nicht zu verraten und zu verfälschen, die Flamme »rein« brennen zu lassen. Und es hatte mir immer geschienen, als ob die Tiere im allgemeinen diese Aufgabe besser erfüllen. Spontaner, offener und unbeschwerter fangen sie das Leben von vorn an und erlöschen, wie eine Fackel erlischt. Der Mensch schleppt viel Totes in seinem Leben mit, das dieses kompliziert und, beladen mit Resten alter Zeiten, Gelebtem wie Gedachtem, hinterläßt er Spuren zweifelhaften Werts, die sich an die große allgemeine Menschheitsspur anschließen, die man »Geschichte« nennt. Das Tier ist authentisch, nicht vergleichbar jener Art von Zwiebelmenschen, die um ein Vacuum Blätter bilden, eines nach dem andern, deren jedes farbig durch die Außenwelt bestimmt wird, von denen keines in seiner Bildung durch einen Kern im Innern beeinflußt wird, eben weil ein solcher nicht vorhanden ist. Aber nie hört man lauter den Wert des Menschen rühmen, als gerade von solchen Überzeugungslosen, Unzuverlässigen, Verrätern und Untreuen, Profiteuren und Schmarotzern an vielen Tischen. Ich aber erinnerte mich eines Worts des Odysseus, daß von allen Wesen, die auf Erden atmen und sich bewegen, der Mensch das kümmerlichste sei. Auch fiel mir die Antwort ein, die in Hebbels Nibelungen Kriemhild der alten Ute gibt, die meint, daß wir doch »besser« seien als die Tiere: »Wer weiß das? Ist von Menschen dem edeln Siegfried einer nachgestorben? Nicht einmal ich, doch wohl sein treuer Hund. Der verkroch sich unter seinem Sarg und biß nach mir, da ich ihm Speise bot.« Kein Zweifel, dieser Hund war inmitten der Nibelungen, die Betrüger, Mörder, Neidvolle und Rachsüchtige waren, das einzige »sittlich hochstehende« Wesen.

In den ersten Jahren meines neuen Pariser Aufenthalts war mir der alte blinde Tommy ein guter Freund. Mehrmals am Tage führte ich ihn in den Straßen des Faubourg St-Germain, wo wir jetzt wohnten, spazieren und machte geduldig halt, wenn sein Forschungseifer ihn an Bäumen und Laternen zurückhielt. Am Abend erzählte ich ihm oft kleine Geschichten, die er wohl inhaltlich nicht recht verstand, aber doch ihrer Stimmung nach zu unterscheiden wußte. So befiel ihn ungeheure Traurigkeit, wenn ich von einem alten Rattenkönig berichtete, der sein Königreich und seine Königin verloren hatte und sich in Gram zermürbte. Bei diesem letzten Ausdruck stieß er die tiefsten Klagetöne aus und blieb lange untröstlich. Er hörte dann mit schmerzlichem Interesse, daß dieser alte König sich in seine Bestandteile auflöste, und daß die vier Ratten, aus denen er bestand, sich im Kreise zusammenschlossen und ein Lied sangen, dessen Text der alte Hund mit bemerkenswerter gesanglicher Leistung begleitete. Erzählte ich ihm fromme Legenden, so war sein Gesicht mit den erblindeten Augen in stiller Andacht mir zugekehrt, und er unterbrach mich mit keinem Ton. Er hörte sehr aufmerksam zu, wenn ich berichtete, wie der liebe Gott mit seinen beiden Lieblingshunden, die vor Freude mit den kleinen Flügeln schlugen, die ihnen gewachsen waren, auf der großen Wiese vor dem Himmelstor spazieren ging und plötzlich eine Turmuhr aus der Westentasche zog, indem er sagte: »Schon halb vier. Da muß ich wohl umkehren, denn um vier wird der alte Schimpanse im Zoologischen Garten in Rotterdam operiert, da möchte ich dabei sein, um halb fünf will ich dann einen kleinen Floh in Timbuktu bestrafen, der nicht an mich glaubt, und darauf will ich einem furchtsamen kleinen Hunde helfen, in einem Metzgerladen eine Wurst zu stehlen, die er so gern haben möchte.«

Gegen Ende seines Lebens konnte er nicht viel schlafen, er stand des Nachts auf und ging unruhig in der Wohnung spazieren, und ich erwachte, wenn er sich an den Möbeln stieß. Als er gestorben war, brachten meine Schwester und ich ihn nach

Chantilly, wo er nun in einem kleinen Garten neben seinem
Sohne begraben liegt.

Ich kenne viele ergreifende Geschichten von der Treue der
Hunde, aber wenige von der Treue der Menschen. Und die letzte Zeit scheint mir vor allem bemerkenswert durch Verrat und
Untreue, die einzelne Menschen wie ganze Völker begangen haben. Diese beschämende Historie beginnt mit der Flucht eines
Kaisers, den blauen Brillen und falschen Bärten von Monarchis-
ten, sie enthält den Fall des Marschall-Präsidenten, der aus den
Händen des Mannes, den er gering achtete, das Geschenk eines
siebentausend Morgen großen, für immer steuerfreien Domä-
nenbesitzes zum Bestehenden hinzu für seine Familie entge-
gennahm und so den alten ehrenhaften Preußengeist, als dessen vollkommenster Vertreter er galt, verriet. Es gehört hierher
auch der Verrat, den Nietzsches Schwester an der Person und
dem großen Werke ihres Bruders beging. Betrübend schien mir
der Fall der deutschen Korps, die hundert Jahre lang das »Frei
ist der Bursch« gesungen hatten und auf den ersten Wink hin
den Brüdern, denen sie feierlich Treue geschworen, wegen einer jüdischen Großmutter diese Treue brachen. Und es war mir
ein Schmerz, daß auch das Korps, dem ich als junger Mensch
angehört hatte, also verfuhr. Ich lehnte aus diesem Grunde die
Anregung ab, meinen Namen erneut der Gemeinschaft einfü-
gen zu lassen und so ein Stück innerer Heimat zurückzugewin-
nen, auf das ich schon einmal verzichtet hatte. Staatsmänner,
Beamte, Diplomaten verrieten täglich die von ihnen früher be-
schworenen politischen Überzeugungen an die entgegengesetzten, um im Amte zu bleiben und zu avancieren. Man verriet den deutschen Geist, der durch die Jahrhunderte der Ruhm
des Landes gewesen, an das Schwert, verriet Religion, Wissenschaft, Kunst an das Staatsinteresse und zwang sie zu niederen Diensten, man zog den neun Musen ihre köstlichen Ge-
wänder aus und ließ sie als Mägde die schmutzige Wäsche der
Herrschaft waschen. Man schändete anderwärts die »virtus ro-
mana« durch feige Kriegsmethoden gegenüber wehrlosen Geg-

nern. Ganze Völker gaben die Schätze einer reichen Vergangenheit preis zugunsten einer krankhaft übersteigerten Staatsidee, deren armseliger Inhalt nichts anderes war als nationaler Egoismus, die Macht einzelner, Ruhmredigkeit und patriotische Phrase, ein mittelmäßiges Lied, wehende Fahnen und Kriegsspiel. Ganze Völkerverbände sogar brachen die Treue, die sie einem schwachen Überfallenen gelobt hatten, und sahen zu, wie man ihn mit barbarischen Mitteln vernichtete. Es gab keine Forderung des ewigen Menschheitsrechtes, der Religionen, der Sittengesetze, der Kultur, die nicht täglich offen verraten und verhöhnt wurde.

Was den Menschen vor dem Tiere auszeichnen kann, ist nicht der im Grunde physiologische Vorgang, »höhere« Ideen und Werte zu bilden als dieses, sondern der moralische, diesen Ideen und Werten treu zu sein. Der seinem Herrn bis zu seinem Tode treue Hund ist auf alle Fälle höherstehend als der dem menschlichen Werteschatze untreu gewordene Mensch.

Es gibt einen solchen Schatz ewiger Werte, die der Mensch nicht ungestraft verrät, das sind die in Religionen und Philosophien festgelegten sittlichen Forderungen, zu denen die platonischen Tugenden zählen, und die christliche Karitas, das sind ferner die durch die Französische Revolution erworbenen Menschenrechte und die in England traditionellen Gentlemanwerte. Das Licht dieser Sterne am Himmel der menschlichen Seele hat in den letzten Jahren selten das Handeln der Menschen und Völker bestimmt. Man glaubte auch hier und dort, sie durch einige private Kerzen ersetzen zu können. Aber die großen Gebote der Menschlichkeit lassen sich nicht durch die Forderungen mehr oder weniger zweifelhafter Theorien ersetzen, die Liebe zu allem Lebendigen nicht durch den Haß gegen einzelne Lebensgruppen. So mußte der Verrat des ewig und allgemein Gültigen zugunsten privater Ideologien von örtlich und zeitlich begrenzter Bedeutung in den letzten Jahren ungeheure Verheerungen anrichten. Menschen, die ihr Vaterland liebten und es verteidigt hatten, sind gequält und getötet worden, weil sie andere Überzeugungen hatten als die zeitweiligen Machthaber, oder sie wurden von Haus und Hof vertrieben und ins Elend gestoßen, weil ihre Blutmischung nicht den Forderungen aus Theorien entsprach, die sich einige Leute ausgedacht hatten.

Diese seelische Krankheit unserer Zeit hat viele Opfer gefordert, und die Ansteckung ist in allen Ländern groß. In dem Lande, in dem ich lebe, ist ein freilich kleiner Teil der Jugend bereit, eine alte Kultur des Herzens und des Verstandes für die Disziplin der Geistlosigkeit und Grausamkeit zu opfern; nehmen Professoren, denen die Freiheit der Wissenschaft bisher als heiliges Gut galt, Einladungen zu Feiern fremder Universitäten an, denen halbgebildete Machthaber die Resultate der wissenschaftlichen Forschungen vorschreiben; beteiligen sich Mitglieder der ältesten und vornehmsten Familien, deren Namen mit den Kreuzzügen verbunden sind, an den Festen eines Landes, das Jesus beschimpft, die Kirche verfolgt und den alten Heidenkultus propagiert.

In jedem europäischen Staate stehen sich heute zwei Mächte feindlich gegenüber, von denen hier die eine, dort die andere vorherrschend ist. Eine dieser Mächte zielt auf eine menschliche Weiterentwicklung zugunsten des Individuums, der Kultur und des Friedens, verlangt, daß die sittlichen Werte auch auf der politischen Ebene Geltung haben sollen, daß heute nicht mehr im Leben der Völker als ruhmvoll gelten darf, was im Leben des einzelnen als entehrendes Verbrechen mit Tod und Zuchthaus bestraft wird. Daß, mit andern Worten, die alten Anschauungen und Methoden der »Eroberer« von einer fortgeschrittenen und höher entwickelten Menschheit nicht mehr anerkannt werden. Die andere der beiden Mächte zielt auf eine menschliche Rückwärtsentwicklung zugunsten einer Tyrannei des Staates. Die eine ist europäisch-universell, die andere national-egozentrisch eingestellt; die eine glaubt an den Sieg von Ideen, die andere an den Erfolg von Lüge und Gewalt. Die eine stellt das Idealbildnis des europäischen Menschen als eines geistigen, freien, heldischen und künstlerischen auf, die andere das des seelisch und geistig unfreien Soldaten und Patrioten.

Heute stellt sich von Tag zu Tag mehr heraus, daß es einen Ausgleich zwischen diesen beiden Mentalitäten nicht geben kann. Der Kampf zwischen dem nationalistischen Menschen, der alle Werte dem nationalen Egoismus unterordnet, und dem heute langsam erst entstehenden europäischen Menschen, der die Entscheidungen in der inneren wie der äußeren Politik im Einklang mit den Geboten einer totalitären und unteilbaren Moral treffen will, muß ausgetragen werden. Von allen Forderungen aber der Sittengesetze, der Menschenrechte und der Gentlemanwerte verdient die der Gerechtigkeit heute als erste und höchste im Herzen der Völker zu leben, im Sinne von Schillers Wort: »Es ist die große Sache aller Staaten, daß geschehe, was rechtens ist, und jedem auf der Welt das Seine werde.« Diese Forderung der Gerechtigkeit findet sich auf dem Grunde der einzigen großen Idee, die heute wahrhaft lebendig ist, der eines sozialen und ökonomischen Ausgleichs. Verstanden in einem religiös unterbauten, parteilosen und europäischen Sinne, ohne Gewalt und Klassenherrschaft. Sie ist die einzige schöpferische Idee unserer Zeit, die uns Hoffnung gibt, uns moralisch weiterleben läßt. Die alte soziale und ökonomische Struktur hat das Gefühl einer herauf ziehenden neuen Menschheit nicht mehr auf ihrer Seite. Es gibt heute keine ökonomische Krise in der Welt, es gibt ein System, das im Sterben liegt und das vielleicht schon tot ist. Das Feuer ist erloschen, die Arbeitslosen sind die gewaltigen Aschenhaufen, erschütternde Denkmäler des Todes, in denen sein letzter Funke erstirbt. Dieses Neue, dessen Verwirklichung kommen wird, birgt den Sieg in sich, weil es »gottverbunden« ist. Es lebt heute schon im Blut, den Herzen, den Köpfen vieler. Es ist da, als Gegenstand des Glaubens, des Liebens und Hoffens.

Aber man täusche sich nicht, man glaube nicht, einen Kompromiß machen zu können, indem man diese neue, Ausgleich und Glück bringende Idee zwar auf die innere Gestaltung der Völker anwendet, für die äußere aber die alten Anschauungen und Methoden bestehen läßt. Sie ist nicht nur eine soziale und ökonomische, sondern eine unteilbare menschliche, die auf allen Gebieten sich durchsetzen und dem nationalen Egoismus keine Konzessionen machen will. So will sie auch in der europäischen Gemeinschaft die alleinige Geltung haben, will das alte »Recht des Stärkeren« und des »beatus possidens« durch den Anspruch des Schwächeren auf Gerechtigkeit ablösen und verlangen, daß die Staaten, die reich sind, denen abgeben, die arm sind. Auf dem »status quo« sind das Glück der Menschen und der ewige Friede nicht zu errichten.

Wird diese neue Idee – man nenne sie, wie man will – Inhalt einer politischen Form, Sinn eines Lieds, Rechtfertigung einer Fahne, Glanz auf einem ruhenden Schwert, reift sie im Sonnenschein ewiger Werte, der individuellen Freiheit, der Liebe, der Menschlichkeit, der Weisheit, dann werden unter ihrem Segen die nationalen Grenzen, die die Völker feindlich trennen, eines Tages ihre gefährliche Bedeutung verlieren, und es wird über sie hinaus eine europäische Gemeinschaft entstehen.

Vor nicht allzu langer Zeit noch bestand für mich ein schöner Traum, daß durch eine gleichzeitige Verwirklichung dieses Ideals in Deutschland und in Frankreich zwischen beiden Ländern eine friedliche und schöpferische Verbindung entstehen könne, wie sie mit den alten Methoden auf der Ebene nationaler Politik nicht zu erreichen war und niemals erreicht werden kann. Wenn die deutsche Initiative sich der einzigen großen Idee, die heute lebt, der unkapitalistischen, bemächtigt, sich ganz mit ihr erfüllt und ihr Feuer der wirtschaftlichen Intelligenz und Gestaltungskraft eines für diese Idee reif gewordenen Frankreich nahegebracht hätte, so wäre, schien es mir damals, der Grund eines neuen Europa gelegt worden.

Aus innern Erlebnissen tauchte für mich schönste Hoffnung auf, wurde eine Vision greifbar und glaubhaft. Waren es nicht die germanischen Franken, die einst das gotische Erlebnis in die Ile de France trugen, und gaben ihm nicht die Bewohner, die heute Franzosen heißen, angemessene Form kraft ihres konstruktiven Genies und machten es auf der Erde heimisch? Hatte ich nicht erlebt, wie Picassos schöner Wahnsinn, der zum Himmel loderte, von Braque eine Form erhielt, die den irdischen Bedingungen entsprach, hatte ich im Werke des eigenen Freundes nicht das Wunder gesehen, daß er kraft einer deutsch-französischen Blutmischung der Innigkeit seines Erlebens die adäquate Form schönster Sinnlichkeit zu geben vermochte? Hätte nicht so, im entscheidenden Augenblick, eine Zusammenarbeit im angedeuteten Sinne die beiden Länder verbinden können?

Diese Möglichkeit, die die Welt neu gebaut hätte, ereignete sich nicht. Ich schäme mich dessen nicht, sie geträumt zu haben, denn es ist ehrenvoll, in sein Vaterland einen großen Glauben zu setzen. Aber noch einmal, wie mein Leben lang, hat Deutschland mich enttäuscht. Ich mußte erkennen, daß dieses neue Reich innerlich nichts mehr suchte. Es wähnte alle seelischen Güter zu haben, durch seine Führer in den endgültigen Besitz der absoluten Wahrheit gesetzt zu sein. Ich dachte an Lessings schönes Wort: »Wenn Gott in seiner Rechten alle Wahrheit und in seiner Linken den einzigen, immer regen Trieb nach Wahrheit, obschon mit dem Zusatze, mich immer und ewig zu irren, verschlossen hielte und spräche zu mir: Wähle!, ich fiele ihm mit Demut in seine Linke und sagte: Vater, gib, die reine Wahrheit ist ja doch nur für dich allein.« Die Sehnsucht der deutschen Seele nach der Wahrheit war tot. Dreist berief sie sich auf den Besitz eingebildeter kleiner Vorzüge, unfähig, ein Ideal zu bilden und ihm zu dienen.

Wohl findet auch in diesem Deutschland die Idee einer neuen wirtschaftlichen Struktur, die einst im Programm des »Führers« stand, aber von ihm später beiseite gelassen wurde, eine gewisse materielle Verwirklichung wie in Italien. Aber während ihr Vordringen hier ohne Enthusiasmus begrüßt wird als Folge nicht eines Glaubens, sondern äußerer Notwendigkeiten, entzündete sich in Frankreich die Begeisterung an dem neu erstandenen Ideal sozialer Gerechtigkeit. Und man erkannte plötzlich, daß die staatliche Wirklichkeit nicht mehr den hohen Ideen entsprach, an die man glaubte, und man verlangte nach einer schöpferischen Kontrolle am Bestehenden durch ein soziales Gefühl, das als Ausstrahlung anerkannter Menschenrechte in der Luft lag. Eine neue Generation wollte mit diesem »Neuen« gegenüber ehrenwerten Männern, deren Zeit abgelaufen war, eine alte Ordnung überwinden, deren Äußerungen nicht mehr den heutigen Vorstellungen des Sittlichen entsprachen. Bis an das Ende meines Lebens wird der schöne Tag in seiner Großartigkeit meinem Gedächtnis eingeprägt bleiben, an dem das Feuer der Begeisterung zum ersten Male vor aller Augen sichtbar wurde. Ich spreche vom vierzehnten Juli des Jahres 1936, an dem in Frankreich der europäische Mensch geboren wurde.

Ich befand mich am Nachmittag dieses Tages in der Wohnung meines Freundes Albert Michelis, einstigen Freundes auch von Helmut Kolle, die an der Place des Vosges gelegen ist und in der zwischen strengen Möbeln des siebzehnten Jahrhunderts und unter alten Bildern, die zu ihnen passen, auch einige der leidenschaftlichsten und reifsten Werke des uns beiden Unvergeßlichen hängen. Wir hatten an dem großen Tische gefrühstückt, einer »table à gibier«, auf denen man zur Zeit Ludwigs des Dreizehnten auf den Schlössern das Wild zu zerteilen pflegte. Die Sonne drang durch das offene Fenster zwischen den grünen Vorhängen hindurch, fing sich in den Pokalen, die mit rotem Burgunderwein angefüllt waren, und lag auf einigen Bildern, die sich ernst von den klösterlich weißen Wänden abhoben. Unser Blick ging durch die offene Tür in den großen Wohnraum, der auch von der Sonne angefüllt war, und ruhte sich auf einigen Landschaften des Louis Vivin aus, in denen, wie auf den Bildern seines älteren Bruders, des Zöllners, die Seele des französischen Volks in ihren schönsten Eigenschaften sich kund tat: in Generosität, Kindlichkeit und Begabung, und ich dachte daran, wie ich einige Wochen zuvor den Hochbetagten zur letzten Ruhe geleitet hatte. Die französische

Volksseele, die hier mit den Mitteln der Kunst sich deutete, sollten wir jetzt in einer überwältigenden Kundgebung erleben.

Der weite, von gleichmäßigen Häuserfassaden eingerahmte Platz, in fernen Zeiten das gesellschaftliche Zentrum der Stadt, die sogenannte Place Royale, lag völlig vereinsamt, mitten im Lichte, im Winkel der beiden großen Straßen, die in wenigen Schritten zur Place de la Bastille führten. Hier, an der geheiligten Stelle, an der vor nahezu eineinhalb Jahrhunderten der große Kampf um die Menschenrechte begann, erwartete die neue Regierung die zur Volksfront zusammengeschlossene Menge. Sie kam, in zwei Strömen. Wir fühlten in Ergriffenheit schweigend ihr Nahen auf den beiden Straßen, hörten immer deutlicher Musik, Lieder, Rufe, jubelnde Stimmen, bis wir wie auf dem Bug eines Schiffes uns befanden, das mitten hinein in das brausende Meer der Begeisterung fuhr. Wir stiegen dann hinunter, blickten bald auf die eine, bald auf die andere Straße und sahen die beiden ruhigen Ströme langsam dahinziehen; fünf Stunden lang sahen wir sie so ziehen, ein nicht in nationalen, sondern menschlichen Ideen geeintes Volk. Keine demonstrative Geste, kein herausforderndes Wort, aber ein heiliges Feuer, eine große Haltung, ein Wissen um die Bedeutung der Stunde wurden sichtbar. Dieses war kein Akt der Propaganda, nicht der Triumph eines politischen Programms oder einer Partei, es war das Bekenntnis zu politisch deutbaren menschlichen Werten von französischer Färbung, aber europäischer Geltung.

Die natürliche Einheit, die hier sich gebildet hatte, war etwas anderes als die künstliche und erzwungene, die in Deutschland durch Dekrete, Gewalt, Verschweigen und Entstellen der Wahrheit geschaffen war und deren Bindungen eine unbestimmte phraseologie von »Ehre« und »Ordnung« waren. Die falschen Inspirationen, die sich Deutschland aus seinen drei großen Formaten, Luther, Goethe und Bismarck, geholt hatte, und mit denen es schließlich beim Kultus eines ideenlosen und amusischen Generals und eines Erleuchteten gelandet war, die, gutgläubig, das Beste wollten, aber nicht konnten, und in deren

Hände es nacheinander sein Schicksal gelegt hatte, hatten keinen allgemein brauchbaren Wert schaffen helfen als Inhalt einer hohl gebliebenen Staatsform und als Beitrag zu einer europäischen Gemeinschaft. Sie hatten nichts zuwege gebracht als den unbegründeten, von Schwerterrasseln und Bardensang begleiteten übermütigen Anspruch auf Überlegenheit.

Wie einst im kaiserlichen Deutschland eine wirkliche materielle Prosperität und eine wirkliche Ordnung, so machten jetzt im Dritten Reiche ein scheinbarer Wohlstand und ein Zusammenstehen unter der Knute Eindruck auf die übrige Welt. Alle rein materiell und physiologisch orientierten Menschen vom dicken Industrieherrn mit der gelben Aktentasche bis zu dem in militärischem Schema seelisch abgestorbenen und verrohten Schüler mit dem Abzeichen im Knopfloch bewunderten den »Erfolg«, den ein paar abwegige Ideen niedrigen Niveaus (wenn man den aufgeregten Kultus des eigenen Wesens als »Idee« bezeichnen will), in Verbindung mit abscheulichen Methoden haben konnten. Die Majorität der Menschen, die, bis in die sozial und geistig anspruchsvollen Schichten hinein, materiell, dumm und unsittlich ist, holte sich hier entzückt neue Anregung und Ermutigung.

Der Gegensatz zwischen dem über sich selbst begeisterten Faschisten und dem im Glauben an eine Idee glühenden Wanderer zur Bastille, der die Menschenrechte neu beschwor, ist nicht zu überbrücken. Der nationalistische und der europäisch orientierte Mensch sind nicht in derselben übergeordneten Gemeinschaft denkbar. Wenn im bürgerlichen Leben eine Gesellschaft zum Schutz von Leben und Eigentum gegründet wird, würde es falsch sein, aus Angst vor Mördern und Einbrechern diese, um ihre Gunst zu gewinnen, als Sozietäre aufzunehmen. Ein solches Unternehmen würde es denen, die daran gewohnt sind, Meineide zu leisten, zu erpressen, den schwächern Nachbar zu überfallen und umzubringen, fremde Geldschränke zu öffnen, nur erleichtern, die Gruppe der Friedlichen und Ehrenhaften zu überwältigen. Gewiß, Mitglieder von Gangsterklubs in Chicago, Unterweltvereinen in Berlin, des sogenannten Milieu in Paris haben strenge Gesetze, ihre Disziplin und ihre Ehrbegriffe. Aber alle diese sind von den bürgerlichen wesentlich verschieden und mit ihnen nicht vereinbar.

Sowenig zwischen diesen beiden Welten eine Harmonie herzustellen wäre, sowenig ist sie zwischen den heutigen Demokratien und den heutigen Diktaturen möglich. Die gleichzeitige Existenz beider ist auf die Dauer nicht denkbar. Welche Einstellung schließlich den Sieg davontragen wird, kann nicht zweifelhaft sein. Wie Städte sich nach Westen ausdehnen, so entwickelt sich die menschliche Ideologie nach links. Eine momentane Rückwärtsbewegung nach der äußersten Rechten zu kann nur einen Sprung nach dem entsprechend weit liegenden linken Punkte als vorläufig letztem und die künftige Richtung bestimmenden zur Folge haben. Vor allem aber ist eine mit den Gesetzen der Sittlichkeit verknüpfte Idee jeder Machtanhäufung und Gewalt auf der Gegenseite überlegen. Weder Unterdrückung noch Gefängnisse noch Mord können ihren Siegeszug hemmen. Und wie das alte Christentum in der kommunistischen Gemeinde der Jünger das alte große Rom überdauerte, wird auch die heute wiedererwachte Idee einer gerechten wirtschaftlichen Ordnung die heutige klein gewordene Welt überleben. Wann und auf welchen vielleicht blutigen Umwegen sie zur Herrschaft gelangen wird – wer kann es sagen. Es wird davon abhängen, ob ihre Vertreter die politischen Handlungen mit dem unverwandten Blick zum Ideal und in ununterbrochener Beziehung zu den Gesetzen der Moral vollziehen oder ob sie in schwachen Stunden in Altes zurückfallen werden; ob es ihnen gelingt, die schöne Bewegung als eine solche des menschlichen Herzens zu erhalten und zu verhindern, daß sie als Staatskapitalismus oder Lohnbewegung endet. Die Gefahr besteht. Die Literatur der Kommunistischen Partei kann nicht die Bibel, die Maler der »Maison de la Culture« können nicht Corot ersetzen.

An jenem Tage des vierzehnten Juli fühlte ich es zum ersten Male mit vollkommener Deutlichkeit, daß ich mein Vaterland verloren habe. Das Land meiner Eltern, meiner Jugend, das Land, das ich geliebt und dem ich gezürnt, auf das ich gehofft, an das ich geglaubt habe und das mich immer wieder enttäuscht hat. Es ist heute mein schlimmster Feind geworden, denn es verhöhnt, was ich verehre, es verherrlicht, was ich verachte. Aber was ich fortfahre, zu lieben, und an was ich nicht aufhören werde, zu glauben, das ist die deutsche Idee, die unsterblich ist. Der Tag wird kommen, an dem es sich erweisen wird, daß die Schätze an Macht, die die heutigen Führer sammelten, vergänglich sind, daß eine Generation deutscher Menschen für nichts ein Leben lang exerzierte und darbte und auf alles verzichtete, was das Leben lebenswert macht. Diese äußere Macht wird noch einmal zerbrochen werden, und was von Standarten und Kanonen bleiben wird, werden die Motten und der Rost fressen, und wenn der kriegerische Spuk verging, werden die unsichtbaren höchsten Werte, auf deren Kosten man leben wollte, in verjüngtem Glanze sich zeigen, und ein Geschlecht freier Menschen wird sich wieder am Leben freuen und andere sich freuen lassen. Wenn die heutige leere Form zerschlagen ist, wird ein neues Deutschland entstehen, das nicht auf Grund »nordischer Überlegenheit« eine vorherrschende Stellung haben wird, das aber nach wiederhergestellter Menschenwürde seine schönen alten Werte, die nicht im Widerspruch stehen zu den großen allgemeinen Werten der Menschheit, ausstrahlen wird und von dem man sagen wird, was der Dichter der Griechenlieder einst von Hellas sagte:

»Ohne die Freiheit, was wärest du, Deutschland,
ohne dich, Deutschland, was wäre die Welt.«

Es sind heute nicht mehr die geographischen Grenzen, die das Vaterland eines Menschen bestimmen, nicht mehr die Eltern noch die Geschwister. »Wer Vater oder Mutter mehr liebt als mich, der ist mein nicht wert«, sagte Jesus. Und an anderer Stelle: »Wer den Willen tut meines Vaters im Himmel, der ist mein

Bruder, Schwester und Mutter.« Mit vielen habe ich die äußere Heimat verloren, aber eine innere gewonnen, die reicher und schöner ist. Für sie werden wir kämpfen, werden wir vielleicht leiden müssen, ihre heiligen Feuer wollen wir lebendig erhalten. Es ist möglich, daß unser Weg durch Bruderkämpfe und furchtbare Niederlagen geht, ehe der Sieg errungen wird. Wir gottverbundenen Wanderer, die wir eine große unsichtbare Gemeinde, verstreut in allen Ländern, bilden, wir heimatlos Gewordenen, wir Bürger eines noch unsichtbaren Reiches fühlen uns mächtiger und zukunftsreicher als die national organisierten Menschen mit ihren laut proklamierten Programmen. Denn wir wissen, daß letzten Endes eine Idee mächtiger ist als alle giftigen Gase der Welt zusammen, und wir wissen, wohin wir einem strahlenden Sterne folgend trotz allen Schwierigkeiten gehen müssen: in ein durch eine neue Deutung uralter und ewiger Werte brüderlich geeintes Europa.

Ich werde das gelobte Land, das ich sehe, wohl nicht mehr betreten, werde meinen Lebensweg vorher beendet haben. Es war ein weiter Weg von den Kiefern der sandigen Mark, der traurigen Bürgerstadt Halle, der Unkultur östlicher Provinzen in dieses Paris, in dem ich zu Hause bin; von allem Preußischen, Lutherischen, Reaktionären, Bismarckischen fort in freie künstlerische Bezirke; von dem Portrait des Onkels, der im Kazmierzer Schloß mir nachblickte, bis zu meinem eigenen Portrait von Picasso. Und es war kein Weg, der sonderlich bequem war, der friedsam auf der Ebene lief, sondern einer, der unter Schwierigkeiten hinaufführte. Der Weg nicht eines Erkennenden, Wissenden, strebend Bemühten, sondern eines Bekennenden und Kämpfenden.

Wenn er mich von vielem fortführte, wenn ich vieles verließ, so war mein Leben dennoch das eines Treuen. Ich habe die deutschen Werte, die ich nie im Widerspruch zu den allgemeinen menschlichen empfand, in mir wachgehalten und gepflegt, ich habe die von meinen Eltern mir vorgelebte Gesinnung und Haltung nicht verraten, habe Ererbtes und Erworbenes, soweit es mit der Stimme meines Innern sich einte, geehrt und mitgenommen auf die Reise. Wenn aber ein Konflikt entstand, wem die Treue zu halten sei, den Menschen oder der Idee, so habe ich mich ohne Besinnen auf die Seite der Idee gestellt.

Ich habe mich zuweilen im Wege getäuscht, habe Irrtümer und Fehler begangen. Ich bin, wie es deutsche Art ist, bis in die Wolken gestiegen, aber ich habe doch nicht die Beziehungen zur Erde verloren. Solches verdanke ich Paris. Ich besinne mich nicht mehr, wer mir kürzlich dieses sagte: »Glauben Sie nicht, daß die unvollendeten Türme so mancher gotischen Kirche in Frankreich auf fehlende Mittel zurückzuführen sind. Man hatte wohl innere Hemmungen, sie auszubauen, sich so weit mit ihnen von dieser schönen Erde zu entfernen.« Der himmlischen Liebe der deutschen Sehnsucht einte ich die irdische Liebe, wie sie Frankreich kennt. Die Sinnlichkeit, die die schönste Stadt der Welt und ihre herrlichste Manifestation, die Malerei, in mir erweckten, ergänzte den angeborenen Hang zum Ideologischen.

Die Natur hat mir die deutsche Gabe der Synthese verliehen, die in den Händen halbgebildeter Fanatiker Verwirrung und Unheil stiftet, in Verbindung aber mit den beständigen Werten angewandt, dazu befähigt, für ein vorgesetztes erhabenes Ziel mit vollen Händen die bestätigenden Gegebenheiten zusammenzutragen und sinngemäß zu ordnen. Aber ich hatte im Verkehr mit französischem Geiste die ebenbürtige Bedeutung der Analyse verstehen gelernt, die von einem anerkannten Hauptgedanken aus durch Zerlegung notwendige Einzelschlüsse zieht. Diese Verbindung synthetischer und analytischer Denkmethoden hatte ich schon als Schüler im Wirken des Sokrates zu finden gelernt. Mein sonst versagendes Gedächtnis hat aus dem Unterricht meines verehrten Lehrers Friedrich Reuter den Urtext, der Worte des Aristoteles bewahrt: δυο ’αν τις δικαιως τω Σωκρατει ’αποδοιη τους ’επακτικους λογους και το διοριξεοται καθ’ὸλου. Das heißt, zwei Dinge muß man dem Sokrates mit Recht zuschreiben, die zum vorgesetzten Ziele führenden Begründungen und die vom vorhandenen Ganzen aus sich logisch ergebenden Unterscheidungen. Kein Zweifel, daß die griechische wie die deutsche Seele von Natur aus geneigt sind, den gefährlicheren Weg der Synthese zu beschreiten, und daß, wie Sokrates dem Volke die analytische Denkmethode als disziplinierendes Gegengewicht brachte, so auch Frankreich neben die deutsche Neigung, Brocken des Wirklichen zum Dienste eines Imaginären zu zwingen, die seine stellte: von der Anerkennung eines großen Gegebenen her zu der Erkenntnis einzelner Notwendigkeiten zu gelangen. Während der Deutsche im allgemeinen sucht, sich im Widerspruch zur vorhandenen Totalität in die Ferne hinaus zu entwickeln, so der Franzose, sich in die logisch gedeuteten Einzelheiten häuslich einzugliedern, in die eine von ihm akzeptierte Wirklichkeit sich zerlegt.

Dieses Heimatgefühl zur Erde ist das große Geschenk, das Frankreich einem Deutschen, der in seinen Grenzen lebt, machen kann, und es ist auch mir zuteil geworden. Ich fand seinen Widerschein in den Maximen einer ausgeglichenen Menschlichkeit, den unkomplizierten Taten einer irdischen Kunst, ich erlebte seine Quellen: das reiche Herz (»le coeur innombrable«), den Himmel der Ile de France, der der wundervolle Abschluß der Erde ist, nicht der zweifelhafte Anfang einer problematischen andern Welt. Ich erlebte solches Heimatgefühl nicht minder an den Ufern des Mittelländischen Meeres, die uns mit Rosenketten an die Erde fesseln.

Ich hatte in meiner Jugend eine phantastische Idee, die ich viel später in meinem Roman »Die Freundschaften Fortunats« jemanden aussprechen lasse. Daß an diesen Ufern eine Akademie gegründet werde, ähnlich der platonischen, in der von einer Jugend aus allen Ländern unter Führung seelisch und geistig hochentwickelter Männer die menschlichen Werte nach den Möglichkeiten des Glaubens wie der Wissenschaft zur Erörterung gestellt werden und die Grundlage einer Harmonie zwischen Geistigem und Sportlichem gelegt wird.

Ein neues Reich und ein neuer Patriotismus würden hier propagiert werden: ein Vaterland, das keine geographischen Grenzen hat und dessen Inhalt die verbindende Tradition der großen Herzen, der sittlichen und künstlerischen Werte ist, nicht die trennende Psychose von Nation und Rasse.

Die so versammelte Jugend würde mit Adlerblick die fernsten Horizonte nach den Möglichkeiten eines neuen und würdigen Zusammenlebens der Menschen absuchen, und sie würde vielleicht als letztes Sichtbares einen Ideenkomplex bemerken und ernstnehmen, der, im vorigen Jahrhundert als Utopie übergangen, sich heute erneut als eine fernste menschliche Zielsetzung anmeldet und dessen Inhalt dieser ist: den politischen Staat zu beseitigen und durch eine soziale Organisation zu ersetzen.

Das Mittelländische Meer bespülte in gleicher Weise die Gestade von Hellas, erste Heimat einer Sehnsucht, die schmerzlich berührten Menschen eine vollkommenere Welt erschuf, wie das Reich Roms, Mittelpunkt eines starken Glaubens an die Welt, wie sie ist. In dieser Akademie, wie sie mir vorschwebt, würden unter dem Einfluß einer sanft überredenden Natur die germanisch-romantischen und die lateinisch-klassischen Geister, nördliche Träumer und südliche Sinnenmenschen mit ihren entgegengesetzten Ideologien sich kennen- und verstehen lernen, sich ergänzen und miteinander verschmelzen. Das persönliche Erlebnis von Mensch zu Mensch würde wirksam sein, um das Bildnis des Europäers zu formen und im Zusammenleben der Jugend zu erproben.

Es ist nicht meines Amtes, der Verwirklichung solcher Ideen nachzudenken. Meine Augen erblicken solche schönen Möglichkeiten in weiten Fernen, aber meine Hände werden sie nicht erreichen. Das Leben eines Menschen ist allzu kurz und kann nicht vieles umfassen. Das Maß des meinigen ist durch seinen Inhalt ausgefüllt. Das Bescheidene, das erstrebt wurde, ist heute erreicht: man hat ein großes schönes Bild des alten

Rousseau im Louvre aufgehängt, unter Bildern von Manet und Renoir, wo es sich herrschaftlich behauptet. Vivin und Séraphine ruhen nun auch in ihren Gräbern, aber ihre Bilder werden weiterleben. Während ich dieses schreibe, hängen sie Seite an Seite mit denen Rousseaus in der Rue Royale, unter dem Protektorat der Stadt Paris und dem der Direktion der »Schönen Künste«. Im Ehrenkomitee stehen die Namen der Konservatoren des Louvre neben denen kunstliebender Politiker und Minister. Der Direktor des Museums in Grenoble (in welchem mein lebensgroßes Bildnis von Helmut Kolle hängt) machte in Paris diese schöne Ausstellung, in der er die Maler vereinte, die ich, in bescheidenerer Form, schon vor Jahren in der Galerie Georges Bernheim zum ersten Male öffentlich gezeigt hatte.

Georges Braque, in dessen Bildern ich alles fand, was mir an Frankreichs Seele bewunderns- und liebenswert erschien, gilt bei der Elite der Verständigen heute als der größte lebende Maler seines Landes, in dem dessen Tradition auf hohem Niveau sich fortsetzt. Picasso aber, um den ich kämpfend vor dem Kriege wohl das meiste Ungemach erlitt, sieht seinen Ruhm über die Welt ausgebreitet, für deren Sinn er die ergreifende große Formgestaltung fand. Ich habe ihn vor einigen Tagen in dem alten Hause, nahe der Seine, in einem alten Stadtviertel, besucht. Durch zwei Stockwerke ziehen sich primitive saalartige Riesenräume, mit hohen Fenstern, großen Deckenbalken, roten Steinfliesen, in denen kaum ein Möbel steht, in dem einen oder andern eine Truhe, ein Tisch, ein paar schwere Sessel. Die meisten sind leer. Eine acht Meter lange Leinwand teilt den größten der unteren Säle in zwei Teile. In düsterm Schwarz und Grau, die dem stürmischen Barock des Stils entsprechen, ist hier der spanische Krieg gemalt. Die Einsamkeit dieser gewaltigen Räume, die Wucht der tragischen Schöpfung, die Glut dieses Auges, die aus dem Krater einer steilen und steinigen menschlichen Landschaft bricht, die keines Sterblichen Fuß betrat, dieses zusammen ist ein unvergleichliches menschliches Erlebnis.

So kommt am Ende meines Lebens manches Gute und Schöne zusammen. In diesem Leben, das voll von Kämpfen, von Recht und Irrtum war, sind dieses die Erfüllungen. Vielleicht aber handelte es sich in ihm gar nicht so sehr um Künstlernamen, waren diese nur Vorwand, zufällige Gelegenheiten, vielleicht hätte sich mein Leben an andern Objekten ebenso bewähren können, wäre ohne diese Maler im Grunde das gleiche geblieben? Es ist möglich, daß diese Namen in Beziehung auf mein Leben nur Symbole sind für Werte, die rein zufällig künstlerisch in die Erscheinung traten. Vielleicht liegt der Sinn dieses Lebens – wenn wir einmal annehmen wollen, daß so ein kleines armes Menschenleben überhaupt irgendeinen Sinn hat – in der Liebe und Treue zu dem einen Werte, der alle andern umschließt und der auf allen Gebieten der entscheidende ist. Wir nennen ihn: die große Qualität.

Nie stand dieser umfassende Wert überzeugender vor meinen Augen als heute, da er bezweifelt und beleidigt wird. Ich erlebe ihn, wenn ich, reifer und erfahrener als vor dreißig Jahren, durch die Säle des Louvre gehe, wenn ich bei alten Meistern, und in der französischen Tradition wieder aufgenommen, jene Farben- und Harmoniewerte erlebe, die unsere Sinne erfreuen, die königliche Vornehmheit der grauen Tonwerte, die uns beglückt, die Erhabenheit polyphonischer Klangwerte, die uns erschüttert. Wie erbärmlich ist neben solcher großen Qualität das Ausgedachte der kleinen Erfinder einer »modernen« Richtung. Und im staatlichen Leben: wie dünn und substanzlos, wie nur von heute, sind die privaten ideologischen Einfälle aufgeregter Volksbeglücker gegenüber der Ruhe, dem Gewicht und der Vollendungsfülle unsterblicher sittlicher Werte.

Im Respekt vor jeder großen Qualität und ihrer Tradition dennoch zu Neuem vorwärtszuschreiten, ist der hohe Sinn des Geschehens auf allen Gebieten, die Aufgabe wohlgeratener und herrschaftlicher Menschen.

Möge diesem Dienste der Rest des hier beschriebenen Lebens geweiht sein.

Wilhelm Uhde, Chantilly 1931

Aufzeichnungen aus den Kriegs-jahren

So herrlich erschien mir damals jener 14. Juli des Jahres 1936. So ganz als Beschützer eines heiligen Rechts und unsterblicher Tugenden und Güter sah ich den Front Populaire an jenem Tage. Was ich so sehr ersehnt hatte, die reinliche Scheidung der Gewissen in zwei Lager, schien mir endgültig vollzogen zu sein. Die Barrikade war errichtet, es gab kein »zwischen den La-gern« mehr, ich selbst hatte meinen Platz, ich wußte, wo ich zu stehen und zu kämpfen hatte.

Ach, der Don Quichotte, der mein Leben lang in mir wohn-te, ließ mich die Dinge nicht so sehen, wie sie waren. Ich glaub-te nichts anderes zu sehen als das reine Feuer der Liebe, nichts zu fühlen als den Schlag beglückter und beglückender Her-zen. Und ich glaubte, daß alle Teilnehmer an diesem großen Zuge die Worte *Freiheit* und *Gerechtigkeit* unsichtbar auf ih-ren Fahnen trugen. Ich legte mir damals keine Rechenschaft darüber ab, daß Tausende, die mit geballter Faust marschier-ten, mehr von Haß als von Liebe erfüllt waren, daß sie an die Stelle eines privaten Kapitalismus einen staatlichen, an Stel-le einer Ungerechtigkeit eine andere Ungerechtigkeit, an die Stelle einer Klassenherrschaft eine andere Klassenherrschaft setzen wollten; daß sie nicht Freiheit, sondern Diktatur erstrebten und daß ihre Postulate nicht aus einem gütigen Herzen kamen, sondern aus den Doktrinen eines Systems, die ein kalter und unerbittlicher Verstand formuliert hatte. Ich machte mir auch nicht klar, wie viele in diesem Zuge aus Opportunismus teilnahmen und daß die Minister, die ihn führten, es ohne Enthusiasmus taten, lediglich, um einen unvermeidlichen Akt der Parteipolitik zu vollziehen.

Ich stand in Paris damals auf derselben Seite der Barrikade, die in Spanien bereits den Kampf aufgenommen hatte, begleitet von der Sympathie aller Menschen, die die Losung *Freiheit, Gerechtigkeit, Menschenwürde* auf ihre Fahnen geschrieben hatten. Ein Kampf, der deswegen so aussichtslos sein mußte, wie es die Bewegung des Front Populaire sein sollte, weil er nicht aus einem einheitlichen religiösen Gefühl des menschlichen Herzens, sondern dem Vielerlei starrer Glaubensformeln einer sichtbaren kommunistischen und einer unsichtbaren anarchistischen Kirche hervorging.

Auf der anderen Seite der Barrikade standen in Spanien, so wie in Deutschland und Italien, ein Mann, ein Wille, ein eindeutiges und klares Ziel. In Frankreich stand an derselben Stelle der Verrat, die Fünfte Kolonne. Hätte ich mich damals vom Verstande statt vom Gefühl beraten lassen, so hätte über den Ausgang des Kampfes kein Zweifel für mich bestehen können.

Die spanische Angelegenheit war für mich mit einem künstlerischen Erlebnis eng verknüpft. In der großen [Welt-] Ausstellung des Jahres 1937 hatte Picasso sein gewaltiges Gemälde »Guernica« im spanischen Pavillon ausgestellt. Für mich bedeutete es ein »Wiedersehen«*.

Ein Manifest *Die Brüder der Provence,* das ich schließlich nicht über den Rahmen einiger persönlicher Freunde hinaus habe

---

* Im Manuskript steht der Satz: »Folgt Passus meines Buches über Besuch bei Picasso«.

dringen lassen, war in jenen Jahren gereift, im Bestreben, vor allem selbst zur Klarheit über die neuen Forderungen einer neuen Zeit zu kommen und vielleicht auch Glaubensgenossen zu sammeln. In einem reizenden, von Madame Bucher herausgegebenen Heft für die Jugend hatte Groethuysen folgende drei Grundlagen eines neuen Lebensgefühls genannt: Moralität, Wissenschaft, Utopie. Dieses Dreigestirn hatte mich in meinen Ausführungen geleitet, wobei ich im Rahmen der Moralität der Forderung der Gerechtigkeit den ersten und wichtigsten Platz einräumte.

Ich war ein eifriger Leser der »Flèche«* und begleitete den unerbittlichen Kampf, den Gaston Bergery gegen die Trusts führte, mit leidenschaftlicher Zustimmung. Aber ich wollte, daß das Prinzip der Gerechtigkeit nicht nur innenpolitisch, sondern auch außenpolitisch anwendbar sei und daß ein ökonomischer Ausgleich auch unter den einzelnen Ländern, auf Kosten der reichen und zugunsten der armen stattfinden müsse. Ich kam so auf jene damals in Lauenstein von mir vertretene gerechte Verteilung der Weltproduktion durch ein internationales Centralorgan zurück.

Was die Forderung Groethuysens nach wissenschaftlicher Gültigkeit betrifft, so suchte ich eine solche nicht etwa, trotz ihrer Logik und geistigen Schärfe, in den Schriften eines Karl Marx, sondern ich sah diese Forderung durch eine Konformität menschlichen Geschehens mit den Gesetzen der Natur erfüllt, wie sie, mit der Leidenschaftlichkeit großer Herzen, von Bakunin, Proudhon und dem Fürsten Kropotkin verlangt wurde. So schien mir mit ihnen vor allem das föderalistische Prinzip wichtig, demgemäß aus einer Zelle durch natürliches Wachstum das Ganze wird. Als *Utopie,* das heißt hier als erfüllbares Ideal, schwebte mir ein im föderalistischen Sinne friedlich geeintes Europa vor, in dem Würde und Wohlbefinden des Bürgers gesichert sind.

---

* 1934 von Gaston Bergery gegründete Wochenzeitung. (Anm. des Hrsg.)

Mein Glaube an Frankreich als die Heimat und Beschützerin der ideellen Güter und an den Front Populaire als den letzten großen Ausdruck alles eindeutigen und reinen politischen Wollens war so groß, daß ich, meinem Vaterlande innerlich immer mehr entfremdet, den Verkehr mit Landsleuten vorzugsweise in den Reihen der Immigration suchte. Obwohl hin und wieder ein dunkles Gefühl mir warnend sagte, daß die verbindenden Elemente bei ihr und bei mir sich vielfach aus zwei sehr verschiedenen Quellen ergaben.

Gelegentlich gemeinsamer Abendessen, an denen der ehemalige Finanzminister Hugo Simon präsidierte, traf ich den mir wohlbekannten Grafen Harry Kessler wieder, der Deutschland, wie so viele, hatte verlassen müssen. Wir gingen beide mit einigen wenigen der Tischgesellschaft nach aufgehobener Tafel in ein Café, wo wir bei starken Getränken noch lange bis nach Mitternacht zusammenblieben. Kessler hatte viele Menschen gesehen, es war sein Sport, alle zu kennen, die eine Bedeutung hatten, und er wußte vieles Interessante zu erzählen. Er arbeitete damals an seinen Erinnerungen, die es ihm nicht vergönnt war zu Ende zu führen, denn er erlag einem der zahlreichen schweren Krankheitsanfälle, denen er dauernd ausgesetzt war und die auf sein unregelmäßiges Leben einen ungünstigen Einfluß ausübten.

Die Trauerfeier fand in der reformierten Kirche statt.

Zu Häupten des Sarges war sein Wappen, ein von einem Hügel aufsteigender Pegasus, angebracht. In der Trauerversammlung war eine deutsche und französische geistige Elite versammelt, die diesem guten Europäer die letzte Ehre erweisen wollte. Ich hatte später noch öfter Gelegenheit gehabt, seine kluge und liebenswürdige Schwester, die Marquise de Brion, zu sehen, und zumal ein reizendes Frühstück mit ihr und ihren drei Söhnen, das sich in dem kleinen Restaurant Chez Rat bei guten Gesprächen lange hinzog, ist mir in guter Erinnerung geblieben. Meine äußere Existenz hatte inzwischen eine sehr angenehme Veränderung insofern erfahren, als ich die kleine und dunkle Wohnung der Rue de Grenelle mit einer großen, hellen Wohnung in der Rue de l'Université vertauschen konnte. Meine Bilder kamen in ihr gut zur Geltung.

Durch eine große Ausstellung in der Rue Royale (Les Maîtres populaires de la Réalité), die von Andry Farcy, dem Direktor des Museums in Grenoble veranstaltet worden war – in dem von Maximilien Gauthier redigierten Katalog hatte mein Name auf der Liste des Ehrenkomitees neben denen von Ministern, Konservatoren des Louvre und anderen Größen figuriert – eine Ausstellung, die in den Museen von Zürich und New York wiederholt wurde, hatten meine Maler die Anerkennung weiterer Kreise von Kunstfreunden gewonnen. Wir empfingen infolgedessen viel Besuch, und eines Tages erschienen nicht weniger als sechzig Mitglieder der Société des Amateurs et Collectionneurs, die hauptsächlich die Bilder von Séraphine sehen wollten.

Meine Sammlung war indessen nicht die einzige und nicht die größte Attraktion in dem Hause, in dem ich wohnte. Die erste Etage hatte der surrealistische Maler Dalí inne, der besonders in Amerika großes Ansehen genoß. Eines Tages hatte er »ganz Paris« zur Besichtigung einiger Bilder eingeladen, die er demnächst in New York ausstellen wollte. Vom frühen Nachmittag bis zehn Uhr abends hielten Rolls-Royces und Hispanos vor unserem Hause. Unaufhörlich stiegen Menschen die Treppe hinauf und hinunter. Als ich gleich nach zwei Uhr erschien, um einer der ersten Besucher zu sein und nicht allzu sehr ins Gedränge zu kommen, fand ich schon eine Anzahl von Neugierigen und von Enthusiasten vor. Der erste, den ich begrüßte, war Alphonse Kann.

Madame Dalí nahm mich am Arm und führte mich vor einige Bilder, die sie mir erklärte, da sie mit Recht eine nur geringe Vertrautheit mit der Kunst ihres Mannes bei mir voraussetzte. Sie erklärte mir, daß dort, wo ich eine Nase zu sehen glaubte, minimal große Reiter mit Lanzen sich tummelten. Ich dachte an eine gewisse Art von Bildern, die mich als Kind erfreut hatten, auf denen man etwas suchen sollte, was sich dem Blick erst ergab, wenn man eine bestimmte Auswahl der Linien zusammen gesehen hatte. *Wo ist der Dieb?* oder *Wo ist das entlaufene Schwein?* las man wohl als Unterschrift.

Herr Dalí, obgleich er von Besuchern umringt war, gab sich sodann die Mühe, mir ein Bild zu erklären, das sechs verschiedene Deutungen des illustrativen Inhalts zuließ, je nachdem wie man es betrachtete. Was auf dem ersten Bilde ein Berg war, bedeutete auf dem zweiten einen Hund, auf dem dritten einen Philosophen, und so fort. Ein bestimmtes Objekt war je nach dem ein Gefäß, eine Haube, ein Kinn, eine sitzende Holländerin. Ich folgte diesen Auseinandersetzungen mit dem größten Interesse. Ich blieb dann noch eine Weile, um die vielen eleganten Menschen zu sehen, wie sie bewundernd durch die Räume gingen. Mir schien die eine Tatsache festzustehen, daß keiner von ihnen weder Corot noch Manet verstehen, geschweige denn lieben könnte.

Unter den Besuchern fiel mir ein Herr mit großem rötlichen Vollbart auf, der eine intime Vertrautheit mit dem Künstler und seinen Bildern zur Schau trug. Ich erkannte ihn erst in dem Augenblick, als er die Ausstellung verließ, es war Bébé Bérard, der ehemalige Kamerad von Helmut Kolle, dem damals seine Freunde die Laufbahn eines großen Künstlers prophezeit hatten, der aber in den künstlerischen Ressorts der Haute Couture und der Theaterdekoration geendet war. Die Erinnerung an eine lang verschwundene Zeit überwältigte mich, ich eilte ihm nach und rief ihn bei seinem Namen. Er hatte aber bereits den Drücker zur Haustür in der Hand und winkte mir verlegen einen Gruß zu.

Als ich bald darauf in meiner höher gelegenen Wohnung angelangt war und mich inmitten der Bilder befand, geschaffen von denen, die ich einst die »peintres du cœur sacré« genannt hatte, eine Bezeichnung, die ich noch heute zuweilen in den Kritiken lese, da wußte ich, daß sie, die hier in der Sonne lagen, mit Liebe gemalt, mit Liebe gesammelt, jene dort unten überleben würden, die in künstlichem Licht Zeugnis ablegten von den witzigen Einfällen eines Prestidigitateur und der Zeichenkunst eines Bürgers.

Mein Pariser Leben in jener Zeit wurde unterbrochen durch einen Aufenthalt in Cauterets in den Pyrenäen, wo ich eine Kur machen sollte. Der Ort liegt tief eingeschlossen von hohen Bergen und rief daher in mir eine tiefe Niedergeschlagenheit hervor. Abends senkten sich die Nebel wie Leichentücher herab, und es schien mir, als sollte ich lebendig begraben werden. Als der Arzt eines Tages eine Erhöhung des Blutdrucks bei mir feststellte und mich fragte, durch welche Unregelmäßigkeit meines Lebens er verursacht sei, mußte ich ihm gestehen, daß ich am Abend, von Cafard überwältigt, zwei Glas Whisky getrunken hätte.

»Sie dürfen in Ihrem Leben nie mehr einen Tropfen von diesem Getränk trinken!« rief der alte Herr lebhaft, »nie mehr ein Glas Champagner und nie mehr die großen Burgunderweine.«

»Was den Whisky betrifft, so werde ich Ihnen folgen«, antwortete ich, »hingegen verspreche ich bezüglich des Champagners keinen Gehorsam. Auf die Burgunderweine will ich verzichten, wenn es denn durchaus sein muß, denn es bleibt mir schließlich der Château Neuf du Pape, den ich ihnen noch vorziehe.«

»Sie dürfen nicht einmal den Namen dieses Weines aussprechen!« rief der Arzt voll Entsetzen.

Da ich niemanden sonst in Cauterets kannte, empfand ich es als ein Glück, als ich eines Tages Mademoiselle Angèle Ponchont begegnete, Lehrerin der deutschen Sprache am Mädchen-Lycée in Le Mans, die siebenundzwanzig Jahre zuvor mein Buch über Henri Rousseau so glücklich übersetzt hatte, später mein Buch »Picasso et la tradition française« sowie eine Anzahl

Aufsätze. Sie redete mir gut zu, regte mich zu Spaziergängen an und sang mir täglich das Lob des Ortes, den sie liebte und seit Jahren regelmäßig in den Ferien aufsuchte.

Es gibt nicht nur Menschen, sondern auch Landschaften, mit denen man grundsätzlich Unglück hat. Bei meiner Ankunft in Cauterets wurde vor meinen Augen eine Katze überfahren, bei meiner Abfahrt an derselben Stelle ein Hund. Ich verließ den Ort mit dem Fieber einer starken thermalen Reaktion und schleppte mich bis Toulon. Ich fand in diesem Ort, den ich liebte, ein schönes Hotelzimmer mit alten Möbeln und stellte zu meiner Befriedigung fest, daß meine Temperatur normal geworden war. Als ich aus dem Fenster blickte, sah ich, wie drei schwarz angezogene Männer aus einer Dachluke einen Sarg herausschoben, den sie mit Vorsicht auf dem Dache entlang balancierten.

In größter Eile verließ ich Toulon und fuhr nach Nice, das mir immer Genesung und Beglückung gegeben hat. An einem der nächsten Tage saß ich beim Déjeuner auf der besonnten Terrasse einer Villa des Cap Ferrat bei einer Madame de Lompré und stand nachher mit ihr vor den schönen Bildern von Kolle, Séraphine und Vivin, die an den Wänden hingen. Alle Beunruhigungen und bösen Vorzeichen waren vergessen.

Von meinen Fahrten möchte ich noch eine erwähnen, die mich sehr beglückte, die nach St. Rémy-en-Provence. Da ich für den Phaidon Verlag in Wien zwei Kunstbücher bevorwortet hatte, die auch in französischen Ausgaben erschienen, die Impressionisten und Van Gogh, lockte es mich, nachträglich die Landschaften zu sehen, in denen der große Unglückliche gelebt hatte. Ich werde nie die morgendlichen Spaziergänge vergessen, die mich zu dem von hoher Mauer umgebenen »asile d'aliénés« führten, die Fahrten nach dem öden und wilden Les Beaux, nach Arles, Avignon und Nîmes, die Mahlzeiten auf der klösterlichen Terrasse des kleinen Hotels, von der aus man in die bunte Pracht eines Gartens sah, den einer jener holländischen Samenhändler angelegt hatte, die mit denen der Gegend in geschäftlichen Beziehungen standen. Dieser Austausch hatte die Menschen reich gemacht, und überall sah man, von hohen Cypressenwänden gegen den Mistral geschützt, vielfarbige Blumenfelder. Man sagte mir, daß es in dem kleinen friedlichen Orte ein geheimnisvolles Nachtleben gäbe, in dem zuweilen Vermögen gewonnen und verloren würden.

Zuweilen wurde die Monotonie des Städtchens durch Feste unterbrochen. So veranstaltete eines Tages die Jugend einen komischen Stierkampf, indem sie einem weiblichen Tier große Hörner an den Kopf band. Hinterher gab es Musik und Tanz. Eines Abends fanden die Gäste unseres Hotels ihre Plätze im Saal angewiesen, während auf der Terrasse eine große Festtafel gedeckt war. Es erschienen, von Herren im Frack begleitet, Damen, die entzückende seidene Louis XVI-Kleider trugen, und ließen sich feierlich nieder. Als letzter erschien Charles Maurras und setzte sich auf den Ehrenplatz in der Mitte der Tafel. Léon Daudet war zu diesem Feste der Action Française nicht erschienen. Er richtete sich ein »Mas«* in der Nähe des Ortes ein, und sein Chauffeur kam täglich, um vom Hotel irgendeinen Haushaltsgegenstand zu leihen, der fehlte.

Man glaubte schon damals, ein Jahr bevor er wirklich kommen sollte, an den Krieg. Man hielt ihn für so nahe bevorstehend, dass viele Menschen in ihre Heimat zurückkehrten, und die Wirtin fragte mich täglich, ob ich nicht abreisen wollte. Ich ging oft an dem Hause des Nostradamus vorbei, der in St. Rémy gewohnt hatte und dessen Prophezeiungen in einer unübersehbaren Fülle von Broschüren gedeutet wurden. Als eines Abends meine Schwester aus Paris telephonisch anrief und fragte, ob sie die Bilder meiner Sammlung aus dem Rahmen schneiden sollte, erschrak ich über diesen Vorschlag und hielt es für geraten, nach Paris zurückzukehren.

---

* frz.; »Landhaus« (Anmerkung des Herausgebers)

Es war uns noch ein Jahr ruhigen Lebens vergönnt. Ein Jahr, in dem ich in den Tuileriengärten, die einige Schritte von unserer Wohnung entfernt waren, oft einige Stunden lesend verbrachte, ein Jahr, in dem meine Schwester die Rosenhecke auf unserem Balkon pflegen konnte. Ein Jahr stiller Abende im rosa Salon, in Gesellschaft unserer kleinen Hausgenossen, des braunen Teckels Gaspard und des schwarzen Katers Champi. Die beiden waren gute Kameraden und sorgten füreinander. Morgens stieg Champi auf den Frühstückstisch und warf Gaspard, der unten darauf wartete, die Brotschnitten herunter, die meine Schwester für mich bereitet hatte.

Gaspard war in unserem Quartier bekannt und wohl gelitten. Im übrigen erregte er Aufsehen, denn Dachshunde sind eine Seltenheit in Paris. Einmal arbeitete sich eine alte Dame mühevoll über die Straße, um zu sagen: »Sie sollten seine Füße in Gips legen.« Gaspard liebte solche Anspielungen nicht, und er ging deshalb nicht gern in den Luxembourg-Garten, weil uns dort ein Student zugerufen hatte: »Da haben Sie einen schönen Windhund, mein Herr« – während ein anderer scheinbar ernsthaft fragte: »Haben Sie ihn nach dem Meter gekauft?«

Wie wohl jedes europäischen Menschen äußeres Leben wurde auch das meine bald durch die politischen Umwälzungen bestimmt, die sich vorbereiteten und vollzogen. Die Freude an meinem Erfolg und an der schönen Wohnung wurde getrübt durch die Ahnung, daß bald alles ein Ende haben würde. Es schien mein Schicksal zu sein, nach jahrelangen Mühen nicht deren Früchte in Ruhe genießen zu dürfen. Ganz so wie im Jahre 1914, als eine Sammlung von Bildern der Picasso, Braque, Henri Rousseau in meiner Wohnung Zeugnis von heroischen Kämpfen und endlichem Sieg ablegte, war ich wiederum an einem schwer errungenen Ziele angelangt ohne die Aussicht, mich an ihm sorgenlos ausruhen zu können. Ich sah mich selbst und die vielen geliebten Bilder, die an den Wänden hingen, einem ungewissen Schicksal ausgesetzt.

Nachdem ich im Juli des Jahres 1939 eine Lungenentzündung, die zweite innerhalb zweier Jahre, überstanden hatte, ging ich, um meine Bronchien zu pflegen, in das kleine Bad St. Honoré-les-Bains. Der idyllische Charakter der Landschaft lud zu langen Promenaden ein und der liebenswürdige Ort gefiel mir besser als das finstere Cauterets. Das Hotel war angenehm. Unter den Gästen befand sich Joseph Caillaux, der ehemalige Ministerpräsident, der sich, sein Monocle schwingend, mit einer Art höflicher Arroganz oder vielmehr arroganter Höflichkeit in der Halle bewegte und sich häufig mit dem argentinischen Botschafter unterhielt, wobei das Wort *Hitler* häufig vernehmbar wurde. Die Herren ließen mich eines Tages durch den Concierge fragen, ob ich mit ihnen Bridge spielen wollte. Da mir jedes Kartenspiel unbekannt war, mußte ich ablehnen.

Die Drohung gegen Polen und die Folgen, die mit ihr zusammenhingen, lasteten schwer auf den Menschen. Als ich gegen Ende August von St. Honoré aufbrechend gen Süden fuhr, bemerkte ich, daß die Fenster der Bahnhöfe blau angestrichen waren, und in Lyon fand ich bereits in vielen Häusern Unterstände gegen etwaige Luftangriffe eingerichtet. Nachdem ich die berühmte Kochkunst der Stadt in einem entzückenden Gartenrestaurant erprobt hatte, nahm ich am Nachmittag den Zug nach Nice. Ich hatte mich kaum eingerichtet, als ich im Gang meine Schwester mit einer Freundin an mir vorbeigehen sah. Sie waren in Paris eingestiegen und wollten bis Avignon fahren, um eine Wanderung durch die Provence zu unternehmen. Die paar Stunden, die wir gemeinsam verbrachten, wurden etwas gestört, indem ein Mann, absichtlich oder zufällig, sich im Speisewagen wie im Abteil dauernd in unserer Nähe hielt und Interesse an unserer deutsch geführten Unterhaltung zu nehmen schien. Die Bezeichnung »fünfte Kolonne« existierte damals noch nicht, aber man fing bereits an, argwöhnisch und unruhig zu werden.

Der Aufenthalt in Nice war durch die Unsicherheit der politischen Lage getrübt. Viele Gäste reisten vorzeitig in ihre Heimat zurück. Als ich mich gleichfalls zur Abfahrt entschloß, stellte ich fest, daß der Fahrplan nicht mehr garantiert war, gewisse Züge nicht gingen, andere verdreifacht waren. Ich eroberte mir einen Fensterplatz in einem leeren, aber belegten Abteil erster Klasse. In Antibes tauchte plötzlich Picasso vor mir auf, der, wie seine Freunde, die ihn begleiteten, die übrigen Plätze besetzten. In St. Raphaël meldeten sich die eigentlich berechtigten Inhaber des Abteils, die aber ihre Platzkarten nicht zur Hand hatten und die wir auf einen sogleich folgenden zweiten Zug zu vertrösten wußten. Die gemeinsame Rückfahrt war so vergnügt, wie die bedrückte Atmosphäre irgend erlaubte.

Ich verbrachte die Nacht in einem Hotel an der Place de la République und zog am nächsten Morgen in meine Wohnung. Man atmete schwer wie in Gewitterluft. Nach einigen Tagen kam auch meine Schwester nach Hause, die ihre Reise abgebrochen hatte. Wir holten unsere kleinen Lebensgefährten, die wir in Pension gegeben hatten, Gaspard und Champi, zurück und sahen den Ereignissen, die kommen sollten, entgegen.

Ich hatte in den folgenden Monaten eine besondere Anhänglichkeit an das Quartier Latin, wohl weil es am meisten den alten Charakter der Stadt bewahrt hatte. Oft saß ich im Jardin du Luxembourg, der ganz so geblieben war, wie ich ihn schon vor dem großen Kriege gekannt hatte. Das Reich des Geistes in seiner stabilen Pariser Heimat erschien mir als ein willkommenerer Aufenthalt als das lärmende Paris der Rive Droite mit seinen Cinémas und seinem internationalen Leben. Als ich am 3. September in einem kleinen Café des Boulevard St. Michel, in dem ich so oft, fünfzehn Jahre früher, mit Helmut Kolle gesessen hatte, der vergangenen Zeiten gedachte und mein Erinnern mich bis zum Jahre 1904 zurückführte, in dem ich Deutschland zürnend verlassen und mir eine Heimat in Paris gegründet hatte, trat der Kellner an meinen Tisch und unterbrach meine Grübelei mit den Worten: »Es wird soeben bekannt, daß Großbritannien Deutschland den Krieg erklärt hat und daß eine entsprechende Erklärung Frankreichs heute Nachmittag folgen wird.«

Da ich das Regime des Dritten Reiches nicht liebte und seinen Untergang wünschte, mich andererseits zahlreiche, in fünfundzwanzig Jahren geknüpfte Bande, in denen ich vieles empfangen und einiges gegeben hatte, mit Frankreichs Schicksal verbanden, fühlte ich das Bedürfnis, auf seiner Seite mit den Mitteln zu kämpfen, die meiner Natur und meinen Jahren angemessen waren. Da das entsprechende Gesuch an den Innenminister keine Folgen hatte, arbeitete ich an einer in deutscher Sprache erscheinenden anti-hitlerschen Zeitung mit.

Im übrigen setzte ich mein Leben ohne große Veränderungen fort. Ich griff damals ein Thema von neuem auf, das mich früher, in meiner Jugend, viel beschäftigt hatte, das griechische Problem. Die Geschichte des V. Jahrhunderts interessierte mich vor allem, ich las die großen Tragiker, rief mir auch in der Ursprache schöne Stellen aus sophokleischen Chören ins Gedächtnis zurück; die platonischen Dialoge entzückten mich nicht weniger als sie es einstmals taten; ich trachtete danach, mir ein lebendiges Bild des täglichen Lebens in Athen und Sparta zu machen. Auf Spaziergängen auf den Quais suchte ich bei den Bouquinisten nach schönen Ausgaben der griechischen Klassiker und trug bald eine Pindar-Ausgabe nach Hause zurück. So entstand allmählich eine kleine griechische Bibliothek, die ich mit einem Abguß nach dem schön lächelnden Kopfe des Reiters aus dem VI. Jahrhundert, der sich im Louvre befindet, krönte.

Abends saß ich oft mit Freunden in einem Café des Quartier Latin, zuweilen auch in den Deux Magots gegenüber St. Germain-des-Prés. Man stritt über die Entwicklung dieses »drôle de guerre«, in dem das deutsche und das französische Heer, ohne feindliche Handlungen zu begehen, sich monatelang gegenüber standen. Die gemeinsamen Besorgnisse, die aus der Nationalitätsfrage sich ergaben, brachten mich näher als bisher mit den Kreisen der deutschen Emigration zusammen. Alle Deutschen männlichen Geschlechts bis zum 55. Lebensjahre wurden gleich zu Beginn des Krieges in Konzentrationslagern vereinigt. Diese Altersgrenze wurde bald um zehn Jahre erhöht, so daß ich selbst eines Tages für ein solches Lager fällig wurde. Bei dem Zustande meiner Lungen, an denen noch die Folgen von zwei Lungenentzündungen feststellbar blieben, wäre ein solcher Winteraufenthalt wahrscheinlich verhängnisvoll für mich geworden.

Ich hatte das Glück, von Herrn von B[erthoin], dem jungen und ehrgeizigen Generalsekretär des Innenministeriums, der nach Gamelin und Daladier damals wohl der einflußreichste Mann in Frankreich war, empfangen zu werden. Auf seine Befürwortung hin erhielt ich durch den Minister Sarraut auf Grund meiner Tätigkeit für die französische Kunst die nur in seltenen Fällen gewährte Gunst, dem Lager fern zu bleiben.

Ich benutzte meine Freiheit dazu, um zusammen mit meiner Schwester für das Zustandekommen von Sendungen von Lebensmitteln und Kleidungsstücken an die Bedürftigen in den Konzentrationslagern zu sorgen. Vor allem handelte es sich darum, wollne Decken zu sammeln, denn der Winter war ausnehmend hart. Ich unternahm auch Schritte, um einflußreiche Franzosen zu veranlassen, für die Freilassung dieses oder jenes Deutschen, dessen Loyalität gegen Frankreich feststand, zu intervenieren. Durch die Tätigkeit einer Kommission, in der militärische Stellen mit dem Innenministerium zusammenwirkten, erfolgte dann auch die Entlassung mancher meiner Bekannten. Eine solche Rückführung war oft die Veranlassung eines intimen kleinen Festes.

Die politische Lage verschärfte sich von Monat zu Monat. Der Eroberung Polens folgte eines Tages der Einfall in Dänemark und Norwegen. Dann kam die Reihe an Holland und Belgien. Das Bild der Stadt Paris hatte sich inzwischen verändert. Die Menschen trugen in grauen Metallhülsen Gasmasken in der Hand oder über die Schulter gehängt. Zuweilen ertönte Fliegeralarm, und alle Menschen, die unterwegs waren, retteten sich in die nächsten Keller. Der schaurige Ton der Sirenen wird mir unvergeßlich bleiben; er brachte meine Nerven jedes Mal in Unordnung, und ich bedauerte, daß man nicht unter den Klängen einer heroischen Melodie, etwa der Marseillaise, den Unterstand aufsuchen konnte. Furcht vor Bomben habe ich keinen Augenblick empfunden, denn so wenig ich je in einer Lotterie gewonnen habe, so wenig glaubte ich auch im Falle der Gefahr einer Bevorzugung ausgesetzt zu sein.

In unserem weitläufigen Hause war einer der Keller von der Concierge liebevoll eingerichtet worden. Die wenigen Bewohner, die geblieben waren, hatten bequeme Stühle hineingestellt, in denen wir manchmal schlummernd, manchmal plaudernd, eine Stunde der Nacht in einer Dunkelheit verbrachten, die zuweilen durch das Aufblitzen einer Taschenlampe unterbrochen wurde. Obgleich unsere Nationalität allen bekannt war, blieben wir bei jeder Gelegenheit Gegenstand höflicher Aufmerksamkeit. Allmählich gewöhnte man sich an den Alarm, und da Gaspard und Champi durch ihn und unseren hastigen Aufbruch jedes Mal in große Angst versetzt wurden, blieben wir schließlich in unseren Betten.

Unsere Lage in Paris war naturgemäß eine delikate, da wir aber eine große Diskretion bewahrten, haben wir während aller dieser Wochen nicht die geringste Unannehmlichkeit erfahren. Wir machten es nicht wie eine Berliner jüdische Dame unserer Bekanntschaft, die erst vor kurzem eingewandert war und, als sie zum ersten Male einen Pariser Unterstand betrat, in deutscher Sprache laut äußerte: »Oh, das ist in Berlin doch komfortabler eingerichtet.«

Neben meinen griechischen Studien beschäftigte ich mich weiter mit meiner Sammlung. Ich hatte Gelegenheit, einen neuen Maler ihr einzufügen. Es handelte sich um einen alten Mann namens Royer, seines Zeichens ehemals Schuster, der in Bicêtre wohnte. Ich selbst hatte ihn fünf Jahre früher besucht, aber, obgleich ich seine Bilder sehr reizend fand, mich nicht mit ihm beschäftigt, weil sein Werk sehr wenig umfangreich war und mir zudem von ungleicher Qualität erschien. Jetzt hatte ein leidenschaftlicher Liebhaber primitiver Kunst, Robert Guérin, die schönsten Bilder in einer Ausstellung vereinigt, die durch ihre Intimität, verbunden mit einer klassischen Haltung, großen Eindruck machte, so daß binnen vierzehn Tagen das gesamte Œuvre sich in den Händen bekannter Sammler befand. Ich konnte glücklicherweise mein Versäumnis gutmachen und einige besonders schöne Stücke erwerben.

Inzwischen war eine Tatsache eingetreten, die in mein Leben eine Veränderung brachte: meine Schwester hatte, wie jede deutsche Frau, auf Grund einer neuen Verordnung ein Konzentrationslager aufsuchen müssen; es hieß Gurs und befand sich in den Hautes Pyrénées. Auch alle meine Freunde, soweit sie allmählich entlassen waren, wurden schleunigst in ein Lager zurückgeschickt. Ich erreichte, daß der Minister Sarraut meine Schwester kurz vor ihrer Internierung empfing, aber er konnte nichts für sie tun, die Gewalt war ganz bei den militärischen Behörden, die keine Ausnahme machten. Das deutsche Heer befand sich bereits auf französischem Boden, und der Marsch auf Paris war eine Möglichkeit, die ins Auge gefaßt werden mußte.

Die Stimmung in Paris blieb durchaus zuversichtlich. Unter meinen Freunden war keiner, der an die Eroberung der Stadt dachte. Es herrschten weiter Ordnung und Ruhe. Aber viele Familien bereiteten dennoch ihre Abreise vor. Ich hatte inzwischen erfahren, daß ich durch meine Tätigkeit die deutsche Staatsangehörigkeit verloren hatte, und ich wünschte natürlich, daß meine Staatenlosigkeit in meinem Legitimationspapier vermerkt würde. Es gelang mir nicht, diese Formalitäten zu erreichen. Der zuständige Direktor des Innenministeriums, dem ich meine Bitte vortrug, schien über mich völlig unterrichtet zu sein, zeigte sich meinem Wunsche geneigt und bestellte mich für einen der kommenden Tage, an dem er mir ein persönliches

Schreiben an die Polizeipräfektur mitgeben wollte. Ich wurde aber nicht mehr vorgelassen; jedes Mal, wenn ich erschien, wurde der Herr Direktor in dringender Angelegenheit abgerufen. Kein Beamter wagte mehr, einem Deutschen oder jemandem, der deutschen Ursprungs war, etwas Angenehmes zu erweisen.

In dem Maße, in dem die deutsche Gefahr näher rückte, leerte sich allmählich die Stadt. Wer nicht Franzose war, brauchte ein sauf-conduit*, um sie zu verlassen. Mir wurde eines Tages völlig klar, daß ich energische Schritte für meine Sicherheit unternehmen müßte. Ich beantragte zunächst bei dem Polizeikommissar meines Quartiers ein sauf-conduit für Cauterets, unter der Angabe, dort eine Kur zu machen. Sodann hielt ich es für nützlich, obgleich ich die entsprechende Altersgrenze überschritten hatte, eine polizeilich gestempelte Erklärung zu erhalten, daß ich von einer Internierung in jedem Falle befreit sei.

Eine Anzahl meiner Bekannten der jüdischen Emigration, die die Altersgrenze noch nicht erreicht hatten, rühmten sich, diesen Stempel bereits in ihrer carte d'identité zu besitzen. Es waren dieselben Personen, die, ungefähr 50 bis 60 an der Zahl, auf einer Liste standen, die dem Direktor der Sûreté Nationale mit dem Befehl des neuen Innenministers Herrn Mandel übergeben worden war, ihnen sauf-conduits in das weit vom Schuß befindliche Département Lot auszustellen. »Der Stempel ist ganz ausschließlich für uns zusammengestellt worden, wir sind eine Elite, und er wird nicht weiter verwandt werden. Sie können aber vielleicht versuchen, ob Sie ihn nicht auch bekommen können«, sagte mir eine Dame, die eigentlich in Gurs hätte sitzen sollen und die es gut mit mir meinte; »aber Sie müssen sich beeilen«, setzte sie erschüttert hinzu, »denn die Deutschen sind schon in Boulogne« – wobei sie den Vorort von Paris meinte, nicht die Hafenstadt, um die es sich handelte.

---

* »sauf-conduit« (frz.; »Geleitbrief, Passierschein«) ist die Bezeichnung für eine amtliche Reiseerlaubnis unter den Bedingungen des Kriegsrechts.

Ich war durchaus zufrieden, daß meinen Bekannten das alles so gut gelungen war, ich war von neidischen wie antisemitischen Gefühlen gleich weit entfernt, machte mir aber klar, daß ich zur Erlangung der gleichen Vorteile sofort die gleichen Schritte unternehmen müsse, zumal mein Antrag auf Reiseerlaubnis nach Cauterets unbeantwortet geblieben war. Ich begab mich also zunächst auf die Préfecture de Police in das Vorzimmer des geheimnisvollen Siegelbewahrers und sandte meine Karte mit einigen Referenzen und dem Grund meines Besuches hinein. Man sagte mir nach zwei Stunden, ich möchte am Nachmittag wiederkommen. Aber auch da empfing man mich nicht, und erst als ich nach vier aufeinanderfolgenden Tagen mehr als im ganzen acht Stunden mit Warten verloren hatte, wurde mein Name aufgerufen. Ich sollte von einem Sekretär erfahren, der betreffende Beamte könne mich nicht empfangen, da er zu beschäftigt sei; ich wurde gebeten, dem Sekretär mein Anliegen mitzuteilen.

Ich sagte ihm, daß ich, der viele Jahre für Frankreichs Ruhm und Nutzen gearbeitet hätte, wohl nicht weniger Anrecht auf den Stempel hätte als die im übrigen von mir geachteten Herren, die noch nicht Gelegenheit gehabt hätten, ihre Liebe zu Frankreich wie ich durch Taten zu beweisen. Ich erhielt zur Antwort, daß der betreffende Stempel auf Anordnung des Herrn Ministers erteilt worden sei und nur so erteilt werden könnte. Der Mann mußte wohl einen etwas seltsamen Zug in meinem Gesicht entdeckt haben, denn er sagte, plötzlich sehr lebhaft werdend, zu mir: »Mein Gott, Sie müßten eigentlich eine überlegenere Kenntnis der menschlichen Dinge haben als ich und sich klar machen, daß die anderen Herren eben geschickter sind als Sie und sich nützlichere Beziehungen zu verschaffen wissen. So ist das Leben.«

»Ja«, sagte ich ruhig, »so ist das Leben«, und ging hinaus, ohne zu ahnen, wie sehr mir eines Tages der Stempel, der vor jeder Internierung schützte, fehlen würde.

Es war nun die höchste Zeit, daß ich mich ernstlich um einen sauf-conduit bemühte. Ich ging also ins Innenministerium und ließ dem hohen Beamten, der mich damals in freundlicher Weise vor dem Lager bewahrt hatte, einen Brief überreichen, in dem ich in höflichem, aber dezidiertem Tone die Forderung stellte, von Frankreich, für das ich etwas geleistet hätte und für das ich mich in meinen Artikeln herausgestellt hätte, mindestens ebenso beschützt zu werden wie die jüdisch-politische Emigration, die größtenteils eine vorsichtige Zurückhaltung gezeigt hätte. Der Beamte tat zunächst, als verstünde er nicht. »Warum wollen Sie durchaus Paris verlassen«, fragte er mich, »ich bleibe ja auch hier.« Als ich mich von meinem Verlangen nicht abbringen ließ, behauptete er, es sei nicht wahr, daß die Sûreté Nationale solche sauf-conduits, wie ich behauptete, ausgestellt habe. Er ergriff das Telephon, rief den Direktor dieser Behörde an und wandte sich dann triumphierend zu mir: »Ich höre, daß alles nicht wahr ist.« Als ich auch hiernach noch festblieb, erklärte er, daß nur der Minister Mandel die Ausfertigung eines solchen besonderen sauf-conduits befehlen könne, daß aber keine Aussicht bestünde, daß er mich empfangen würde. Er selbst könne nichts machen, nichts befürworten, er habe keine Macht mehr. Er war aufgeregt und gereizt und riet mir schließlich, am nächsten Morgen zu Sarraut zu gehen, der immer noch Einfluß genug in solcher Angelegenheit besäße, wenn er auch nicht mehr Innenminister sei.

Ich saß also am nächsten Morgen um zehn Uhr im Vorraum des großen Empfangszimmers im Ministerium der Education Nationale, wo ich einen mir bekannten Sammler und seine reizende Frau traf, der mir versicherte, daß Sarraut leider nicht immer halte, was er verspreche. Dieser ließ mich als ersten rufen, sagte mir einiges Freundliche über meine literarische Tätigkeit und fragte nach meinem Begehr. Er saß, einem Buddha ähnlich, hinter einem enormen halbkreisförmigen Marmortisch.

Während ich sprach, hatte ich das Gefühl, daß er mit irgendeinem Öl imprägniert sei, das verhinderte, daß meine Worte in sein Innerstes gelangten. Er machte auf einzelnen kleinen Zetteln Notizen und heftete sie mit einer Nadel zusammen. Er versprach mir, noch am Abend desselben Tages Herrn Mandel zu bitten, mir durch die Sûreté Nationale einen sauf-conduit ausstellen zu lassen.

Ich war von einem Erfolg wenig überzeugt, hatte vielmehr das Gefühl, daß kein Mensch mehr in Paris die Verantwortung übernehmen würde, einem Deutschen zu helfen. Ich hörte auch nie wieder etwas in dieser Angelegenheit. Etwa vierzehn Tage später war Sarraut übrigens nicht mehr Minister, und als ich in seine Wohnung telephonierte, erfuhr ich, daß er nach dem Süden abgereist sei.

An einem der nächsten Abende war ich bei Hugo Simon und seiner Frau, mit denen ich nachbarlich freundschaftliche Beziehungen unterhielt, zum Abendessen eingeladen. Es gab wie immer eine vortreffliche Küche, diesmal mir – dem einzig Zurückbleibenden – zu Ehren rohe Beefsteaks, wie ich sie liebte, und einen Château Neuf du Pape. Der ehemalige Minister Hilferding und seine Frau, der Abgeordnete Grumbach und Frau und Annette Kolb waren außer mir anwesend. Die ganze Einrichtung, mit Ausnahme einiger Stühle und des Eßtisches, stand, in riesige Kisten verpackt, im Vestibule.

Man war allgemein in freudiger Erregung, denn die Abreise aller war gesichert, hier und da tauchte einer der roten sauf-conduits auf. Mir, dessen eklatante Erfolglosigkeit sich in greller Beleuchtung zeigte, war unbeschreiblich elend zu Mute, und ein Gefühl von Scham und Ekel überwältigte mich. Als einer der Gäste mir, wohl in bester Absicht, aber mit nicht zu überbietender Taktlosigkeit sagte: »Sie in Ihrer Lage tun vielleicht am besten, den normalen Weg eines Antrags bei Ihrem Polizeikommissar zu beschreiten«, brach ich auf und begleitete Annette Kolb – die am nächsten Morgen nach Vichy fahren wollte, sie hatte als Französin Bewegungsfreiheit – nach Hause.

Sie hatte während der letzten Wochen so manchem Deutschen, der sich in delikater Lage fand, durch ihre ausgedehnten Beziehungen geholfen. Sie verkehrte in den verschiedensten Gesellschaftskreisen, deutschen wie französischen, die selbst untereinander keine Beziehungen hatten. Sie war so zerstreut, daß sie bei Einladungen Ort und Zeit verwechselte, im übrigen dauernd Gegenstände verlor und überall Verwirrung anrichtete. Sie erschien eines Tages bei einem Frühstück mit einem schwarzen und einem gelben Schuh. Als ein junger Mann es wagte, sie auf diesen seltsamen Umstand aufmerksam zu machen, rief sie in höchstem Erstaunen aus: »Ja, denken Sie nur, ich habe noch ein solches Paar zu Hause stehen.«

Die Regierung verließ jetzt die Stadt, und vor den Ministerien standen in langen Reihen Camions, die die Archive transportieren sollten. Die Autobusse fuhren nicht mehr, aber den ganzen Tag über sah man jetzt private Wagen, die Familien mit einem großen Teil ihrer Habe aus der Stadt entfernten. An den Häusern hochblickend sah man geschlossene Volets, auch eine Anzahl Läden und Restaurants war nicht mehr geöffnet. Eine Ausreiseerlaubnis zu erhalten, schien mir jetzt nicht mehr möglich. Ich hatte einen Augenblick daran gedacht, da jeder normale Weg versagte, die Erlaubnis auf ungewöhnliche Art zu erlangen. Ich hatte in der letzten Zeit einige Male im Hotel Ritz gefrühstückt und dabei festgestellt, daß Herr Mandel und seine Freundin dort an einem bestimmten Tische ihre Mahlzeiten einnahmen. Wie wäre es, dachte ich mir, wenn ich ihm bei dieser Gelegenheit eine Bittschrift überreichte?

Aber auch das war zu spät, Herr Mandel war selbst nicht mehr in Paris.

Eines Morgens erklärte mir Madame Clotilde, unsere treue Hausgehilfin, daß sie noch am selben Tage Paris verlassen wolle, Leute wollten sie im Wagen mitnehmen. Sie beabsichtigte, nach Châteaumeillant zu fahren, einem kleinen Ort im Département Cher, wo sie ein kleines Haus besaß. Sie lud mich ein, ihr dorthin zu folgen, sie könne mich beherbergen. Ich ließ mir diese Einladung für alle Fälle schriftlich bestätigen, falls mir Behörden Schwierigkeiten machen sollten.

Am nächsten Tag hieß es, die Deutschen seien nur wenige Meilen von Paris entfernt und könnten jeden Tag einziehen. Ich packte in Eile zwei Koffer. Die Leute der Nachbarschaft erklärten jedoch, daß von der Gare d'Austerlitz, dem einzigen Bahnhof, der in Betrieb war, keine Züge mehr abgingen. Es gäbe kein anderes Mittel, als zu Fuß oder zu Rad [Paris über] die Porte d'Orléans zu verlassen. In der Tat begegnete man jetzt unzähligen, unglaublich beladenen Radfahrern und mit Rucksäcken versehenen Fußgängern. Ich machte mir klar, daß ich bei meinem Alter auf einer Landstraße, die mit Autos überfüllt war, nicht weit kommen würde. Nach einem Moment innerer Revolte sah ich die Lage mit Ruhe an und war entschlossen, die Konsequenzen meiner Lage zu tragen.

Niemand zweifelte, daß die Deutschen, die sich als Gegner des Regimes betätigt hatten, füsiliert würden, wenn sie in die Hände der einziehenden Sieger fielen. Ich mußte damit rechnen, daß ich ziemlich oben auf einer Liste stand*, daß meine Wohnung sehr bald aufgesucht werden würde, und ich hatte sogar, mit Recht oder mit Unrecht, einen Bekannten in Verdacht, mich zu beobachten. Ich lebte mich in den Gedanken hinein, daß der Einzug der Nazis in Paris den Untergang meiner Welt bedeute, den es sich nicht lohnte zu überleben. Ich ging durch meine Zimmer, freute mich darüber, daß sie so schön waren, betrat den Balkon und begoß die Rosen, die meine Schwester vor ihrem Zimmer auf ihm gepflanzt hatte. Dann schrieb ich einige Abschiedsbriefe, letztwillige Verfügungen, sah mir mit kühler Überlegenheit die Gaseinrichtung in der Küche an – Schußwaffen durften nicht mehr verkauft werden – und

---

* In der Tat stand Uhde auf vorbereiteten Listen der Nazis. Es gibt eine Spitzel-Liste von 1938, in der Uhde aufgeführt wird unter »Persönlichkeiten, die gegen das Reich arbeiten«.

gewöhnte mich an den Gedanken, sobald die Deutschen in die Tore einzogen, den schön lächelnden Griechenkopf vor mir auf den Tisch zu stellen und, im Platon lesend, mein Ende zu bewerkstelligen.

Ich frühstückte mit einer kleinen Freundin meiner Schwester in einem Restaurant der Esplanade des Invalides und ging dann langsam in meine Wohnung zurück. Unterwegs kam mir, vielleicht weil meine Lebenslust durch einen guten Wein neu belebt war, der Gedanke, die Nachricht, daß keine Züge mehr gingen, könnte falsch sein. Ich hielt es für meine Pflicht, mich persönlich zu überzeugen und ging, ohne Unterstützung, zur Gare d'Austerlitz hinaus.

Schon lange bevor ich dort ankam, sah ich eine enorme Menschenmenge, die ihre Habe auf Karren und Kinderwagen geladen hatte, dem gleichen Ziele zuströmen. Vielleicht einen halben Kilometer vor dem Bahnhofe langte ich am Ende einer Riesenschlange an, deren Kopf ich am Eingang des Bahnhofs vermutete und die sich alle zwei bis drei Minuten um einen oder zwei Schritte vorwärtsschob, wobei die Handkoffer aufgenommen und gleich wieder hingesetzt wurden. An einem Gitter las ich einen Anschlag: »Kehrt ruhig wieder nach Hause zurück, heute abend gibt es keine Züge mehr.« Ein Agent, an den ich mich wandte, versicherte mir indessen, daß es gleichwohl noch Züge gäbe.

Ich war jetzt entschlossen, mein Leben zu retten, wenn es möglich war. Ich ging langsam die Quais entlang, mit einem langen Abschiedsblick auf Notre-Dame und mir das Bild der geliebten Stadt einprägend, von der ich nicht wußte, ob ich sie je wiedersehen würde. Ich kam so auch an meiner alten Wohnung des Jahres 1914 vorbei, blieb eine Weile vor ihr stehen und dachte darüber nach, wo jedes Bild von Picasso, Braque und Rousseau gehangen hatte. Ab und zu blieb ich bei einem Bouquinisten stehen, sah auch auf das eine oder andere Buch, das mich gereizt hätte, aber es hatte jetzt keinen Sinn mehr, etwas zu kaufen.

Zum letzten Male ging ich jetzt zu meinem Polizeikommissariat. Man kannte dort meine Lage und rief mir schon von weitem zu: »N'attendez plus votre sauf-conduit, partez, partez.«*

In meiner Wohnung angelangt, vertraute ich schweren Herzens Hund und Kater meiner Concierge an, nahm meine beiden Handkoffer und einen Rucksack, den mir die Freundin meiner Schwester mit Konservenbüchsen gefüllt und denen ich selbst eine Flasche Champagner hinzugefügt hatte, und verließ das Haus.

Zwei Boys einer benachbarten Crèmerie trugen mein Gepäck den weiten Weg bis zu der Stelle, an der ich meinen Platz am Ende der Schlange einnahm, die sich der Gare d'Austerlitz langsam zubewegte. Es dauerte drei Stunden, die ich in glühender Sonnenhitze zubrachte, bis ich in den Hof des Bahnhofs eintrat, der, wie die Quais, von einer dicht gedrängten Menschenmenge angefüllt war. Mit Hilfe eines kranken Soldaten schleppte ich mein Gepäck bis an einen Zug, der nach Toulouse abfahren sollte. Aber die Mühe war vergebens, denn er war so besetzt, daß es unmöglich war, eine Wagentür zu öffnen. Wir arbeiteten uns nun zu einem anderen Zuge durch, der nach Limoges gehen sollte. Auch er schien vollkommen besetzt zu sein. Als ich gleichwohl den Versuch machte, mir einen Platz zu erobern, stand plötzlich ein Agent de Police neben mir, der mich aufforderte, mit ihm aus der Menge herauszutreten.

Ich sagte ihm, daß ich dann nicht nur die Chance, mit diesem letzten Abendzuge zu fahren, verlieren würde, sondern vermutlich auch mein Gepäck, das ich schwer wiederfinden würde. Er meinte, das hülfe nichts, eine Dame hätte ihn darauf aufmerksam gemacht, daß ich Deutscher wäre, er müsse meine Papiere prüfen und mich auf die Bahnhofswache führen. Dieses geschah, man stellte fest, daß meine Papiere in Ordnung waren, und nachdem ich wenig schmeichelhafte Bemerkun-

---

* »Warten Sie nicht mehr auf Ihren Geleitbrief, fahren Sie weg, fahren Sie weg.« (Übersetzung des Herausgebers)

gen über meine Nationalität gehört hatte, wurde ich freigelassen. Es gelang mir, meinen Soldaten wiederzufinden. Als ich am Zuge anlangte, ertönte das Signal der Abfahrt, ich warf meine Koffer auf die Füße der im offenen Gepäckwagen dicht gedrängt stehenden Menschen und drückte mich selbst gewaltsam hinein.

Es war neun Uhr abends. Einen und einen halben Tag später rückten die Deutschen in Paris ein*. Nach allen Anstrengungen und Aufregungen die ganze Nacht zu stehen, fiel mir ziemlich schwer. Aber ich erkämpfte mir in den nächsten Stunden wenigstens so viel Bewegungsfreiheit der Arme, daß es mir gelang, die Flasche Champagner aus dem Rucksack herauszuholen und zu entkorken. Indem ich sie langsam leerte, behielt ich soviel Kräfte, daß ich bis Limoges aushielt, wo wir gegen fünf Uhr morgens ankamen.

Da es unmöglich war, in einem Zug nach Toulouse unterzukommen, stieg ich mit meinen Koffern bei strömendem Regen in die Stadt und setzte mich auf die geschützte Steintreppe eines Hotels, wo ich die drei Stunden wartete, bis man dieses öffnete. Rings um mich her saßen andere Menschen, zum Teil Familien mit kleinen übermüdeten Kindern, die nicht wußten, was mit ihnen geschehen sollte.

Um acht Uhr strömte alles in die Restaurants der Hotels, um etwas Kaffee und Brot zu sich zu nehmen. Ich wusch mir im Hofe Gesicht und Hände und machte trotz des abscheulichen Wetters einen Rundgang durch die Stadt, wobei ich feststellte, daß in ganz Limoges nicht ein einziges Zimmer zu vermieten war.

Plötzlich fesselte der Name einer Straße meine Aufmerksamkeit. Mir wurde klar, daß ich ihn wiederholt auf Adressen meiner Briefe geschrieben hatte, und gleich darauf fiel mir ein, daß ein mir befreundeter großer Sammler in dieser Straße

---

* Paris wurde am 14. Juni 1940 von den Deutschen besetzt.

wohnte. Ich hatte das Haus, das großartigste dieser vornehmsten Straße der Stadt, bald erkundet, ließ mich von der Concierge in das erste beste Zimmer führen und fiel in einen großen,
mit roter Seide bespannten Fauteuil.

Der Besitzer war auf dem Lande, das Haus war von seinen
Verwandten, die ich nicht kannte, bewohnt. Ich bat die Concierge, an meinen Freund zu telephonieren, ob ich eine oder zwei
Nächte in seinem Hause wohnen dürfte. Die Concierge hatte aber offenbar meine Nationalität erraten und sagte, daß die
Verbindung momentan durch ein Gewitter gestört sei und bat
mich, mittags wiederzukommen, dann würde sie eine Antwort
haben. So bummelte ich denn, übermüdet, ohne Ziel durch die
mir fremde, verregnete Stadt. Wie ich es vermutet hatte, war die
Antwort negativ, mein Freund ließ bedauern, mich nicht beherbergen zu können, in das Haus kämen Offiziere als Einquartie-
rung, und wirklich sah ich ein graues Militärauto vor der Fassade halten.

Es blieb mir nun nichts anderes übrig, als einen der fast
leer laufenden Züge in der Richtung nach Paris zu nehmen und
von der Einladung meiner lieben Clotilde in Châteaumeillant
Gebrauch zu machen. Die letzte Strecke, die auf einer kleinen
Seitenbahn zurückzulegen war, verbrachte ich wieder stehend
im Gepäckwagen. Als ich abends ankam, stellte ich fest, daß
Clotilde das Ziel noch nicht erreicht hatte, eine Verwandte öffnete mir das kleine Haus, das an einer Landstraße lag und das
sich aus zwei Zimmern und einem Entrée, das gleichzeitig Küche war, zusammensetzte. Es war lange nicht bewohnt gewesen
und auf den vier Betten, die den meisten Platz beanspruchten,
sowie auf den Möbeln häuften sich die verschiedensten Objekte, Kleider, Bibelots. Vor dem Hause war ein drei Schritt langer und fünf Schritt breiter Vorgarten; hinten stieg man in einen Hof, der das aus einem Eimer bestehende »W.C.« und den
Eingang zum Keller enthielt, der mit ihm in gleicher Ebene lag.
Man konnte durch eine Hintertür des Hofes auf einen schmalen Weg gelangen, auf dem der Brunnen sich befand, aus dem

der Bedarf an Wasser zu pumpen war. Die alte Frau, Clotildes Verwandte, die in der Nähe wohnte, erbot sich, mir diesen Dienst zu leisten. Nachdem ich in einem Gasthof etwas gegessen hatte, legte ich mich, sehr erschöpft, ins Bett, glücklich, ein solches zur Verfügung zu haben, das sich 250 Kilometer von Paris entfernt befand.

Am nächsten Morgen sah ich mir den kleinen, freundlich gelegenen Ort näher an. Ich ging die lange Hauptstraße, von der die wenigen andern Straßen, die kurz waren, abzweigten, mehrmals auf und nieder und sah die kümmerlichen Auslagen der kleinen Läden an. Dann ging ich auf die Gendarmerie und auf die Mairie, zeigte meine Papiere vor, die man in Ordnung fand, und die schriftliche Einladung Clotildes, auf die hin ich die Erlaubnis erhielt, in dem Orte zu bleiben.

Schon am nächsten Tage schien mir meine Lage weniger günstig zu sein, als ich mir vorgestellt hatte. Man erzählte, die Deutschen näherten sich bereits der Gegend, und der kleine Ort, der am Tage zuvor einen so friedlichen Eindruck gemacht hatte, war jetzt von langen Wagenzügen und von Lastwagen angefüllt, auf denen sich ganze Familien, Wohnungseinrichtungen, Betten, Vogelkäfige befanden. Wohin man blickte: Flüchtlinge, Menschen, die ohne Notwendigkeit, nur weil es alle so machten, ihre Heimat verlassen hatten und nun nicht wußten, wohin sie sollten und vergeblich an die Türen klopften und um Einlaß baten.

Vor der Stadt war ein großer Viehmarkt, wie er einmal in jedem Monat stattfand. Das gelle Schreien der Schweine, die man an den Ohren vorwärts- oder den Schwänzen zurückriß, vermehrte die düstere Stimmung. Kühe und Kälber waren an hellen Hanfstricken festgemacht. Diese gab es überall in den kleinen Läden um den Markt herum zu kaufen. Ich suchte mir einen aus, der dünn und stark war. Dann ging ich in die Schmiede und ließ mir einen Nagel mit einem Haken schmieden, der lang, dick und spitz war. Diese Dinge brachte ich dann nach Hause und versteckte sie in meinem Keller.

Am nächsten Tage war das kleine Land von Truppen über-
schwemmt, die von der Front zurückfluteten. In dem Hotel, in
dem ich aß, waren große Tafeln für die Offiziere gedeckt. Ich
wartete vor der Tür, bis im Innern irgendwo ein Platz frei würde, an dem ich frühstücken könnte. Plötzlich löste sich aus einer Gruppe von Offizieren, die wie ich herumstanden, ein Capi-
taine der Gendarmerie, schritt auf mich zu und verlangte meine
Papiere. »Es ist nicht zulässig, daß Sie, von deutscher Herkunft,
hier frei umhergehen können«, sagte er, als er sie mir zurückgab. Ich sagte ihm, daß ich dieses Recht auch in Paris gehabt
hätte, da ich mich außerhalb der für eine Internierung maßge-
benden Altersgrenze befände. Als ich am Abend einem Gendarmen auf der Straße begegnete, nahm er mir meine Papiere ab
und bestellte mich für den nächsten Morgen sieben Uhr auf die
Gendarmerie. Man erklärte mir dort, daß ich auf Befehl des Ge-
neral-Platzkommandanten verhaftet sei. Der Brigadier deutete an, daß man mich für verdächtig halte. »Ihre Papiere sind zu
schön«, sagt er.

»Wenn sie weniger gut wären, würde ich ebenfalls verhaftet
werden«, antwortete ich. »Was war das für ein Offizier, der gestern meine Papiere verlangte?« fuhr ich fort.

»Sie fragen zuviel«, sagte der Brigadier.

Ich ergab mich in mein Schicksal und sagte keine Silbe
mehr. Nach einiger Zeit meinte der Brigadier, der mich nicht
ohne Wohlwollen beobachtete: »Ich selbst möchte ja denken,
daß Sie unschuldig sind, aber es ist nichts zu machen. Ich habe
den Befehl, Sie zur Internierung abzuliefern. Sie haben sich
dann vor der militärischen Behörde zu rechtfertigen.«

»Ich habe alles, was zu einer eindeutigen Rechtfertigung nötig ist, in dieser Mappe«, antwortete ich, »sie enthält genügend
Dokumente, die meine loyale Gesinnung und meine Frankreich in sechsundzwanzig Jahren geleisteten Dienste beweisen.
Es wäre daher einfacher, wenn ich mich hier vor dem General
explizieren könnte. Wenn Sie mir Papier geben wollen, will ich

an ihn schreiben, vorausgesetzt, daß Sie ihm meinen Brief sogleich überleben wollen.«

Er erklärte sich dazu bereit und war bereits nach einigen
Minuten mit meinem Brief unterwegs. Er kam unverrichteter
Sache zurück. Der General lehnte es ab, mich zu empfangen.
Wir stiegen gleich darauf mit einem zweiten Gendarmen in ein
Auto und fuhren nach dem Hause, in dem ich wohnte, um meine Sachen zu holen. Die Leute liefen auf der Straße zusammen
und sahen uns nach. Wie ich später hörte, stritt man darüber,
ob ich ein Parachutiste sei oder zur fünften Kolonne gehörte;
man war nur darin einig, daß ich sofort füsiliert werden müsse. Nachdem wir in die Gendarmerie zurückgekehrt waren, hatte ich Zeit, über meine Lage nachzudenken, indem ich einige
Stunden auf dem Hofe promenierte, der sich inzwischen mit
flüchtigen belgischen Soldaten gefüllt hatte.

Ich frühstückte in einem Bistro mit einem Gendarmen.
Dieser und der Brigadier traten sodann die Fahrt mit mir zu einem Ziele an, das mir unbekannt war. Wieder fuhr unser Wagen durch die lange Hauptstraße, in der die Bewohner dicht gedrängt an den Türen standen.

Als wir an dem kleinen Hause vorbeikamen, ertönten Rufe,
wir sollten anhalten. Die Gendarmen stoppten ärgerlich und
fragten, was es gäbe. Da stieg der junge Sohn Clotildes, der soeben von Paris angekommen war, wo er bei Citroën gearbeitet
hatte, von seinem Rade, blickte in den Wagen und rief erstaunt:
»Da sind Sie ja in einer komischen Lage, Herr Uhde.« Ich sagte ihm, daß es sich um einen Mißgriff handele, daß ich hoffte,
bald wieder zurück zu sein und bat ihn, eine größere Summe
Geldes, die ich ihm in einer Enveloppe übergab, für mich aufzu-
heben. Dann fuhren wir weiter, immer auf einer Chausée, durch
Dörfer, Ortschaften und kamen endlich in einer hübschen kleinen Stadt an, die, wie ich später erfuhr, St. Amand hieß. Es gab
da eine große Gendarmerie, vor der wir hielten. Nachdem der
Brigadier meine Papiere im Büro übergeben hatte, übergab er

mich selbst im Hof der Gendarmerie und fuhr dann mit seinem Kollegen wieder nach Châteaumeillant zurück.

Ich wurde zunächst nicht beachtet, denn die Gendarmen, sechs oder sieben, standen gestikulierend und diskutierend um ein Verließ herum, das keine Fenster, aber eine kleine Öffnung in der Mitte hatte, aus der der aus mehreren Wunden blutende Kopf eines etwa siebzehnjährigen Jungen schaute. Bald darauf wandten sich einige von ihnen zu mir, nahmen mir, indem sie mich als Verräter beschimpften, meine Sachen ab, öffneten das benachbarte Verließ und forderten mich auf einzutreten. Ich befand mich in einem Raume, in dem eine rasende Hitze herrschte und an dessen Dunkelheit sich mein Auge langsam gewöhnen mußte. Ich unterschied nach einiger Zeit eine breite Lagerstatt, auf der ein krank aussehender Mann in vernachlässigter Soldatenkleidung lag, ein paar schmutzige Decken und einen Eimer für die Bedürfnisse. Auf meine Frage erzählte mir der Mann, daß er Elsässer sei und seit acht Tagen den Raum bewohne. Als ich mich über die Dauer erstaunt zeigte, schritt er zur Wand und zählte an ihr einige eingeritzte Zeichen zusammen. »Der letzte war achtzig Tage hier«, sagte er schließlich.

Meine Qual sollte früher beendet sein, als ich fürchtete. Vor Ablauf einer Stunde sah ich Gendarmen mit meinen Koffern über den Hof gehen, vermutlich, um sie zur Durchsuchung in ein Büro zu tragen, und bald darauf öffnete sich mein Verließ, und man hieß mich, meine Sachen in ein bereitstehendes Auto zu tragen. Es setzten sich wieder zwei Gendarmen hinzu, der eine als Fahrer, der andere neben mich; ein dritter eröffnete den Zug auf einer Motocyclette. So ging es vier Stunden lang auf den Chausseen in rasender Fahrt dahin.

Während dieser ganzen Zeit waren sämtliche Fenster ununterbrochen geöffnet, und ein heftiger Wind schlug mir entgegen. Ich war so verwöhnt, daß ich stets in Gefahr war, eine Lungenentzündung, mindestens aber eine Bronchitis davonzutragen, wenn ich einige Minuten in starker Zugluft blieb. Diese tolle Fahrt dagegen bekam mir ausgezeichnet. Wir kamen um acht Uhr abends in Vierzon an und landeten im Bezirk einer abgebrannten Fabrik, in dem, mit anderen Truppen vereint, ein Infanterie-Regiment lag, das, wenn ich mich recht erinnere, die Nummer 53 trug.

Der Unteroffizier, dem ich überantwortet wurde, war in Verlegenheit, wo er mich die Nacht über beherbergen sollte. »Lassen Sie ihn doch auf einem Stuhle schlafen«, meinte der eine der beiden Gendarmen. Man brachte mich schließlich in eine leere Halle, in der einige sommiers standen und in der sämtliche Fenster vom Feuer geplatzt waren. Es war wohl eine Art Gefängnis, denn vor der Tür stand ein Posten, aber man erlaubte mir, frei umherzugehen, und die Tür wurde nicht abgeschlossen. Der Unteroffizier nahm mir das Versprechen ab, daß ich nicht fortlaufen würde. Ich sagte ihm bei dieser Gelegenheit, daß ich nicht in die Hände der Deutschen fallen dürfe. »Sie sind nur wenige Kilometer von hier entfernt«, sagte er, »und werden wohl morgen in die Stadt einziehen. Wir werden aber diese vorher verlassen haben, und Sie werden bei uns durchaus geschützt sein.« Dieser Ton gefiel mir bei weitem besser als der der Gendarmen, die mich beleidigt und geduzt hatten.

Ich wurde am nächsten Morgen durch das Öffnen eines kleinen Fensters geweckt, das, an einer Innenwand angebracht, in meine Halle hinausging. Ein blonder Frauenkopf erschien, und eine deutsche Stimme fragte mich, ob ich etwas Kaffee und Brot wünschte. Ich erfuhr, daß im Nebenraum sich vier Frauen befanden als letzter Rest eines großen Internierungslagers. Man machte mich darauf aufmerksam, daß allmählich alle Soldaten aus dem Teile des Lagers, in dem wir waren, verschwanden, und eine der Frauen stellte die Hypothese auf, daß unsere Wache vielleicht schon in einigen Stunden durch eine deutsche Wache abgelöst würde. Während eine andere es sogar für möglich hielt, daß man uns vor der Ankunft der Deutschen füsilieren würde.

Ich glaubte nichts von dem allen, stellte aber fest, daß in der Tat kaum noch Soldaten in unserem Teile des Hofes sich befanden und bat den Wachtposten, mich zum Kommandanten des Lagers zu begleiten. Dieser war ein sehr freundlicher Mann, ließ sich allerlei aus meiner Pariser Tätigkeit erzählen, schmunzelte, als ich den alten Douanier Rousseau erwähnte und erklärte schließlich, es läge nicht der geringste Grund vor, mich zu internieren, ich solle zum Unteroffizier von gestern abend gehen, meine Freilassung sei bereits verfügt. Der Unteroffizier erklärte, daß ich nun für mein Weiterkommen selbst sorgen müsse, einen Wagen würde ich nicht finden, am besten wäre es wohl, ich liefe zu Fuß die Chaussée entlang.

Eine Viertelstunde später stand ich auf der Straße und machte mir klar, daß ich mit meinen beiden schweren Koffern nicht weit kommen würde. Glücklicherweise erklärte sich ein Camionneur bereit, mich bis nach Bourges mitzunehmen. Das war ungefähr meine Richtung, um nach Châteaumeillant zurückzugelangen. Aber ich mußte zwei Stunden warten, bis es ihm gelungen war, das nötige Benzin zu haben. In Bourges irrte ich, immer die Koffer in der Hand, umher, fand den Bahnhof verschlossen und endete in einem Außenquartier. Ich hatte bei leerem Magen alle Mühe, mich bis zur Kreuzung von zwei Landstraßen zu schleppen, stand, am Ende meiner Kräfte, mit dem Rücken gegen ein hübsches Landhaus gelehnt und blickte auf den ununterbrochenen monotonen Zug der Flüchtlingskarawanen.

Mein Blick fiel plötzlich auf ein Plakat, das am Hause angebracht war und auf dem man den Verkauf von neuen und alten Matratzen anzeigte. Ich hatte plötzlich nur den einen Wunsch zu schlafen, ging in das Haus und fragte, ob man mir gegen gute Bezahlung erlauben würde, mich für den Rest des Tages und die Nacht auf einer alten Matratze einzurichten. Man lehnte es ab, und als ich meinen alten Posten wieder eingenommen hatte, hörte ich jemanden sagen: »Die Deutschen sind eben am andern Ende der Stadt eingerückt.«

Dieses Wort belebte mich. Ich stand jetzt gespannt an der Ecke und wartete auf das Wunder, das mich weiterführen würde. Nachdem ich eine Stunde Umschau gehalten hatte, bemerkte ich im Zuge der Wagen einen einzelnen Herrn, der sein Auto lenkte. Ich machte ihm durch Zeichen begreiflich, daß er mich unbedingt mitnehmen müsse, warf meine Koffer hinein und stieg eilends hinterher. Nach ungefähr 15 Kilometern setzte mich der Herr in einem kleinen Orte ab, der nur noch 30 bis 40 Kilometer von Châteaumeillant entfernt war. Nachdem ich drei Stunden vergeblich an einer Wegstrecke gewartet hatte, um die Gelegenheit einer direkten Verbindung zu bekommen, entschloß ich mich, mit einem der zahlreichen Camions nach La Châtre zu fahren, was einen Umweg bedeutete, mich aber meinem Ziele auf 18 Kilometer näherte.

Die Soldaten, die im Camion saßen, nahmen meine Sachen auf, und ich nahm neben dem Fahrer Platz. Als es dunkel wurde, trat in dem unübersehbar langen Zuge von Wagen, dem wir eingeordnet waren, ein Stillstand ein. Aus Gründen irgendeiner Panne bestand keine Aussicht, vor dem nächsten Morgen auch nur einen Schritt weiterzukommen. Die Soldaten in meinem Camion erklärten, nicht bleiben zu wollen. Ich schloß mich ihnen an, und sie lösten sich ab, meine schweren Koffer zu schleppen. Nach einigen Kilometern Wegs im Dunkeln fanden wir einen Bauernhof, der uns aufnahm, und wir verbrachten die Nacht auf dem Dachboden, in dem schon vor uns angekommene Menschen sich eingerichtet hatten.

Nachdem wir uns am nächsten Morgen bei strömendem Regen im Brunnen des Hofes gewaschen hatten, brachen wir auf. Ich glaubte, den Transport meines größten und schwersten Handkoffers den Soldaten, die sich mir so hilfreich erwiesen hatten, nicht weiter zumuten zu können, ich ließ ihn auf dem Dachboden, in der Absicht, ihn am nächsten Tage vom Sohn meiner treuen Clotilde abholen zu lassen.

Wir legten die drei Kilometer bis La Châtre trotz des schlechten Wetters in guter Laune zurück und freuten uns sehr auf das Frühstück, zu dem ich die vier oder fünf Soldaten eingeladen hatte. Unsere Freude war von kurzer Dauer. Im ganzen

Orte, der von einer Menschenmenge überfüllt war, gab es weder Kaffee noch Brot, und so bestellte ich, damit dem leidenden Körper wenigstens etwas geboten wurde, drei Runden Apéritifs. Ich fürchtete sehr, meine Kräfte könnten mich verlassen und ich könnte kurz vor dem Ziele in dem wüsten Chaos untergehen. Aber ich hatte noch einmal Glück und befand mich am Nachmittag in Châteaumeillant. Das Geld, das ich mitgenommen hatte, war zu Ende. Nur indem ich es ohne zu zählen ausgegeben und jeden kleinen Dienst fürstlich belohnt hatte, war es mir gelungen, eine Distanz in knapp zwei Tagen zurückzulegen, für die unter den gegebenen Verhältnissen andere zwei Wochen gebraucht hätten. Auch meine Kräfte waren am Ende. Nach dem Frühstück, damals vor meinem Abtransport nach St. Amand, war das Stück trockene Brot, das mir die deutsche Internierte durch das Fenster gereicht hatte, die einzige Nahrung gewesen. Ich sagte mir, daß diese kleine Leidensperiode nun vorüber sei, denn ich würde das Geld zurückerhalten, das ich dem Sohne Clotildes anvertraut hatte, und ich würde mich gründlich satt essen können.

Als ich voll dieser guten Hoffnungen das kleine Haus betrat, kamen mir in ihm eine Dame und ein junger Mann entgegen, die mich fassungslos ansahen. Nachdem sie festgestellt hatten, daß ich es wirklich sei, gaben sie sich als Tochter und Enkel der Verwandten Clotildes zu erkennen, die mir vor einigen Tagen das Haus geöffnet hatte. Sie befanden sich in diesem Augenblick dort, um das Radio zu hören. Sie machten keinen Hehl aus ihrem Entsetzen, mich zu sehen. Die Deutschen, erklärten sie, könnten jede Stunde eintreffen; wenn sie mich fänden, wäre es mein Ende, und sie selbst wären hoffnungslos kompromittiert, indem sie mich kennten und Beziehungen zu mir hätten. Ich müsse unbedingt den Ort verlassen.

Ich setzte ihnen auseinander, daß dieses völlig ausgeschlossen sei, da ich seit Tagen ohne Nahrung und am Ende meiner Kräfte sei. Als ich nach dem Sohne Clotildes fragte, erfuhr ich, er habe aus Furcht vor den Deutschen vor zwei Stunden den Ort verlassen, um in ein entferntes Departement zu gehen und mein Geld mitgenommen. Die Verwandten boten mir sogleich einen Betrag Geldes an, den ich in meiner Lage nicht ablehnen konnte, der aber im Falle einer Flucht nicht länger als zehn Tage gereicht hätte. Ich beruhigte sie, daß sie nichts zu fürchten hätten, denn daß ihre Mutter bzw. Großmutter mir zwei oder drei Male einen Eimer Wasser zugetragen hätte, würde sie gewiß nicht kompromittieren, ich aber könnte unmöglich wieder auf die Landstraße zurückkehren, von der ich käme und wo ich weder Essen noch Unterkunft finden würde. Ich erreichte, daß sie mir zwei Eier auf der Pfanne machten, konnte aber nicht verhindern, daß der Sohn sich gleich aufs Rad setzte und den Ort verließ.

Das Aussehen der kleinen Stadt hatte sich in den zwei Tagen völlig verändert. Die langen Züge der Flüchtlinge hatten aufgehört, die Truppenmengen hatten sich zerstreut, nur einzelne Soldaten in schmutzigen Uniformen sah man zu zweit oder dritt durch die Straßen gehen. [...] Die Gendarmen begrüßten meine überraschend schnelle Rückkehr mit freundlichem Lächeln. Die Bevölkerung verhielt sich höflich korrekt mir gegenüber und war übrigens wenig sichtbar, denn man erwartete in jedem Augenblick den deutschen Einmarsch.

Jetzt war ich im Grunde nicht weiter, als ich in Paris gewesen. Ich zürnte meinem Lebenstrieb, der mich gehindert hatte, einem Dasein, das keine Chancen mehr hatte, in würdiger Form ein Ende zu machen; ich dachte an die Küche in der Rue de l'Université, den Griechenkopf und verglich das alles mit dem Keller und den beiden sinistren Objekten, die ich in ihm versteckt hatte. Ich war tief unglücklich, denn ich bildete mir ein, gegen den Sinn meiner Existenz gehandelt und eine Chance ausgeschlagen zu haben, die eine freundlich gesinnte Gottheit mir geboten hatte. Ich machte mir klar, daß ich versuchen mußte, mein Leben, das ein schönes gewesen war, jetzt weiter zu tragen, anstatt es auf häßliche Weise zu enden. Aber es fehlte mir an Geld, um aufs Ungewisse hin den Ort zu verlassen, in dem ich wenigstens ein Dach über dem Kopfe hatte.

In meiner Nähe lag ein Schloß, dessen Herrin, wie man mir sagte, meine liebe Clotilde kannte und schätzte. Ich nahm mir den Mut, sie zu besuchen. Die sehr alte Dame empfing mich mit ausgesuchter Höflichkeit. Ich sagte ihr, daß Clotilde in meinem Dienste in Paris gewesen sei [und] daß sie jeden Tag kommen müsse; ich schilderte ihr meine Lage und fragte sie, ob sie mir ein paar Tausend Francs leihen würde, damit ich den Ort verlassen könnte, oder ob ich, falls die Deutschen einmarschierten, in ihrem großen Schlosse einen Schlupfwinkel finden würde, um mich zu verstecken.

Sie lehnte beide Möglichkeiten ab, mit jener reizvoll antiquierten Höflichkeit, die auch auf Seiten einer alten Dame noch die Verbeugung kennt und deren Stil an die Bücher von Francis Jammes erinnert. Ich stand draußen noch lange vor dem herrlichen Besitz und blickte in den Frieden des altmodischen Parks und ging erst weiter, als ein Abbé und einige junge Damen sich dem Eingang näherten.

Es war eine andere alte Frau gewesen, die mir den Rat gegeben hatte, diesen fruchtlosen Besuch zu machen. Sie war meine Nachbarin in einem kleinen Bauernhause, das aus einem Zimmer und einem Schuppen bestand und dessen Gemüsegarten an den Hof von Frau Clotilde grenzte. Sie ging am Tage in den Ort, wo sie bei einem Schneider arbeitete, abends fütterte sie ihre Kaninchen. Ich besuchte sie, so oft es möglich war, und sie fand immer einige Worte des Trostes und der Ermutigung. Während der folgenden Tage reichte sie mir jeden Morgen eine Schale Kaffee und ein Stück Brot über den Zaun ihres Gartens. Das gute Herz dieser armen und alten Frau, die täglich arbeiten mußte, um ihr Leben zu verdienen und die unter der Infirmität eines Beines zu leiden hatte, war in diesen schweren Tagen meine einzige Zuflucht. Meine Depression war um so größer, als ich seit langer Zeit keine Nachricht von meiner Schwester hatte.

Ich ging jetzt nur noch aus, um meine Mahlzeiten in einem auf der Place de la Mairie gelegenen Hotel zu nehmen, zu dem ich auf anmutigen Feldwegen gelangen konnte. Ich hielt mich im übrigen möglichst außerhalb der Stadt auf, denn man erzählte, daß die Deutschen, sobald sie einen Ort besetzten, Posten auf die Chausseen stellten, die beim Betreten oder Verlassen desselben die Papiere kontrollierten. So konnte mir die Möglichkeit bleiben, mich quer durch die Felder in einen Bauernhof zu retten.

Auf einem meiner Spaziergänge hörte ich plötzlich über mir ein seltsames Rattern gleichzeitig mit dem Geräusch von Motoren. Ich blickte auf und sah mich von acht oder neun Flugzeugen überflogen, die ununterbrochen mit ihren Maschinengewehren schossen. Ich blieb, indem ich mich so schlank wie möglich machte, unbeweglich an einer Hecke stehen und wartete, bis sie vorüber waren in der Richtung der Stadt. Gleich darauf hörte ich das Geräusch von Bomben. Als ich von meinem Spaziergang zurückkehrte, sah ich in den Wegen, die zu ihr führten, vor Furcht weinende Mütter, die ihre Kinder klagend in die Arme schlossen; auf der Place de la Mairie aber waren einige Häuser stark beschädigt und weiter außerhalb einige Menschen getötet. In den nächsten Tagen mußten alle Schußwaffen, die privaten Personen gehörten, auf der Mairie abgeliefert werden, denn es wurde bekannt, die Bomben seien abgeworfen worden, weil von der Erde aus auf die Flugzeuge geschossen worden sei.

Nachdem so einige Tage seit meiner Rückkehr vergangen waren, berichtete mir eines Abends meine alte Nachbarin, es seien am Tage einige deutsche Soldaten in der Stadt gewesen, hätten Einkäufe gemacht und seien dann wieder verschwunden. Es stellte sich heraus, daß nunmehr die umliegenden Ortschaften von Châteaumeillant besetzt waren, dieses selbst aber schien verschont zu bleiben, und es wurde stattdessen allmählich ein beliebtes Ausflugsziel für die deutschen Soldaten. Ich begegnete ihnen hin und wieder in den Straßen, glaubte aber nichts zu fürchten zu haben, solange der Ort nicht offiziell besetzt und kontrolliert wäre.

Einige Tage später war der Waffenstillstand geschlossen worden*, und damit schien die Gefahr einer Ausdehnung der Besatzung vorüber zu sein, aber eine neue Drohung bestand jetzt für alle, die sich in meiner Lage befanden, nämlich die, daß die Bestimmungen des Waffenstillstandes die Auslieferung aller Gegner deutschen Ursprungs, die sich gegen das Regime betätigt hatten, stipulierten**. Über diesen bedenklichen Punkt waren Aufklärungen zunächst nicht zu erlangen, aber ich blieb in dauerndem Kontakt mit dem Bürgermeister der Stadt, der ein weitgehendes menschliches Interesse für meinen Fall zeigte und mich gewiß gewarnt hätte, sobald er mich in Gefahr glaubte.

Ich fing an, unter einem Umstand zu leiden, nämlich unter einem Mangel an Büchern. Das einzige, das ich aus Paris mitgenommen hatte, waren die Tragödien des Aischylos, und das lag in meinem Koffer, den ich auf dem Dachboden hatte stehenlassen und für dessen Rücktransport ich bisher niemanden hatte finden können. Im ganzen Ort gab es kein Buch zu kaufen. Wie glücklich war ich daher eines Tages, als ich in einem etwas verborgenen Fache zu Hause einige Bände entdeckte, die dem ältesten Sohne der Frau Clotilde gehörten. Balzacs »Le père Goriot« war zwar nicht besonders geeignet, meine schwermütige Stimmung zu verbessern – zumal, wenn ich einen Satz las wie diesen: »Il y a des situations dans la vie où tout est amertume«*** – aber Daudets »Lettres de mon moulin« lenkte mich in glücklicher Weise von trüben Gedanken ab.

---

* Der Waffenstillstand wurde am 22. Juni 1940 bei Compiègne unterzeichnet.

** Artikel 19 des Waffenstillstandsabkommens lautete: »Die französische Regierung verpflichtet sich, alle Deutschen, die von der deutschen Regierung in Frankreich namentlich aufgeführt werden, [...] auszuliefern.«

*** »Es gibt im Leben Situationen, in denen alles Bitterkeit erzeugt.«

Eines Tages erlebte ich eine große Freude. Ich hörte einen Wagen vor dem Hause halten und die Tür des Gartens gehen. Als ich herausblickte, sah ich Madame Clotilde in Begleitung eines Mannes sich der Haustür nähern. Die Begrüßung war von beiden Seiten äußerst herzlich. Die Arme hatte entsetzlich gelitten, sich die ganzen Wochen auf Landstraßen und Heuboden herumgeschlagen und keine Möglichkeit gefunden, sich aus der allgemeinen »pagaïe« herauszuarbeiten. Es war ihr schließlich gelungen, den Ort zu erreichen, in dessen Umgebung ich selbst auf einem Heuboden übernachtet hatte, und von dort hatte sie ein alter Freund in seinem Wagen nach Châteaumeillant gefahren.

Es stellte sich heraus, daß dieser freundliche Mann die Leute vom Bauernhof gut kannte, und er versprach mir, sogleich nach meinem Handkoffer zu fahnden. Das Resultat sollte leider negativ sein. Er ließ mich nach einigen Tagen wissen, daß der Koffer erbrochen und der Inhalt gestohlen worden sei. Eine Mappe, die meine wichtigsten Dokumente, betreffend meine sechsundzwanzigjährige Tätigkeit in Paris enthielt, war verbrannt worden. So hatte ich nichts weiter mehr in meinem Besitz als einen einzigen leichten Sommeranzug und einige wenige Hemden. Frau Clotilde lieh mir von ihrem Gelde so viel, wie ich für die nötigsten Bedürfnisse brauchte.

Im Laufe weniger Stunden hatte sie die beiden Zimmer wohnlich gemacht, und schon vom nächsten Tage ab konnte ich mich, wie einst in Paris, ihrer ausgezeichneten Küche erfreuen, mit der Beschränkung freilich, die der einsetzende Mangel an Lebensmitteln mit sich brachte.

Es war für sie gewiß nicht leicht, in dem Orte, in dem jeder dritte Mensch ein Verwandter oder ein Freund der Familie war, einen Deutschen zu beherbergen, der zwei Male an einem Tage in Begleitung von zwei Gendarmen in der Hauptstraße gesehen worden war. Aber sie nahm das mit bewundernswertem Mute auf sich, und ihre tapfere Haltung kam mir gegenüber der Bevölkerung sehr zunutze. Abends machten wir zuweilen Spaziergänge durch die Felder, sie zeigte mir dann Landgrundstücke, die ihr gehörten und ich konnte es gar nicht begreifen, wenn sie mir erzählte, daß das eine ihr 45, ein anderes 70 Francs jährlicher Pacht brachte.

Nach dem Dîner besuchten wir zuweilen ihre alte Cousine, die mir damals das Haus geöffnet hatte und deren Tochter, die über meine unerwartete Rückkehr so sehr entsetzt [gewesen] war. Nach dem Waffenstillstand waren ihre Befürchtungen geschwunden, und ihr Sohn, der sich als angehender Student mit vielen geistigen Interessen herausstellte, war zurückgekehrt. Ich war glücklich, bei ihm einige Bücher zu finden, die ich liebte und über die ich mich mit ihm unterhalten konnte. Eines Tages brachte er mir die drei platonischen Dialoge, die Sokrates betreffen.

Dieses war gerade die geistige Nahrung, die am meisten meinen Notwendigkeiten entsprach. Die Haltung des Sokrates vor seinen Richtern, nach seiner Verurteilung und im Gefängnis vor seinem Tode, bleiben vorbildlich für alle Zeiten. Wenn ich mich gelegentlich prüfte, ob es nötig gewesen, daß ich mich politisch so exponiert hatte, daß ich heute in Lebensgefahr war, befestigten mich die stolzen Worte des Sokrates zu seinen Richtern in gutem Sinne: »Il est mal, mon ami, d'affirmer, comme tu le fais, qu'un homme de quelque valeur ait à calculer ses chances de vie et de mort, au lieu de considérer uniquement, lorsqu'il agit, si ce qu'il fait est juste ou non, s'il se conduit en homme de cœur ou en lâche.«*

Wenn ich zuletzt diese heftigen Aufsätze geschrieben hatte, die eine Welt verteidigten, zu der ich mich schon früher in meinen Florentiner Briefen und im Flammenden Reich bekannt hatte, so hatte ich einfach die Forderung des Sokrates erfüllt, auf dem selbstgewählten Posten fest stehen zu bleiben, ohne

---

*»Es ist nicht gut, mein Freund, zu behaupten, wie du es tust, daß ein Mensch von einigem Wertgefühl berechnen soll, wie seine Aussichten sind, zu leben oder zu sterben, statt im Handeln einzig daran zu denken, ob er Recht oder Unrecht tut, ob er sich mutig oder feige verhält.«

an das persönliche Risiko und einen möglichen Tod zu denken. Die stolzen Worte »Ich werde Gott mehr gehorchen als Euch« fanden auch in diesen schweren Tagen ein Echo in meinem Herzen. Das bedeutete keineswegs Resignation.

Ich war entschlossen, mein Leben zu retten, wenn es in Ehren geschehen konnte. Es bestärkte mich hierin vor allem der Gedanke an meine Schwester, deren Schicksal ich nicht dem Zufall überlassen wollte. Und dann fühlte ich, daß die Arbeit meines Lebens noch nicht vollendet war. Für meine Maler gab es noch mancherlei zu tun. Eine Dame, die große Beziehungen zu ministeriellen Kreisen in Vichy hatte und die ich gebeten hatte, mich wissen zu lassen, ob eine mir ungünstige Klausel im Waffenstillstandsvertrag stünde, verneinte dieses und fügte die tröstlichen Worte hinzu: »Ceci nous permet de vous rassurer pleinement en vous incitant à vivre en paix et plein d'espoir, en préparant la grande exposition Séraphine et en profitant de cette belle et bonne terre de France que vous aimez comme nous et avec nous.«*

Leider folgte am nächsten Tage ein anderer Brief, dieser aus Paris, von der kleinen Freundin meiner Schwester, in dem es hieß: »J'ai continué à arroser les fleurs sur le balcon rue de l'Université, et j'ai eu deux visites imprévues qui ont un peu dérangé l'appartement.« Es war der Rat hinzugefügt »de vivre à l'écart, de préférence dans une ferme.«**

Wer die Besucher waren, konnte ich mir denken. Da ich in einem Departement lebte, das zum Teil besetzt war, und da vor

---

* »So kann ich Sie also vollständig beruhigen und Sie zugleich ermuntern, voller Frieden und Hoffnung zu leben, die große Ausstellung über [die Malerin] Séraphine [von Senlis] vorzubereiten und dabei diesen guten und schönen Flecken französischer Erde zu genießen, den Sie wie wir und mit uns so lieben.«
** »Ich habe weiterhin die Blumen auf dem Balkon zur Rue de l'Université gegossen, und ich habe zwei unvorhergesehene Besuche gehabt, die die Wohnung ein wenig in Unordnung gebracht haben.« – »ein wenig abseits zu leben, möglichst auf einem Bauernhof.«

allem der Hauptort, auf dessen Préfecture mein polizeilicher Anmeldeschein lag, besetzt war, hielt ich es für geraten, diese Gegend zu verlassen. Das Glück wollte, daß gerade jetzt der Sohn Clotildes mit dem Geld, das ich ihm anvertraut hatte, zurückkehrte und daß ich von einer Gräfin Colloredo-Mannsfeld, die ein Schloß im Département Gers besitzt, die Mitteilung erhielt, daß meine Schwester nach unwahrscheinlichen Irrfahrten aus dem Lager Gurs bei ihr eingetroffen sei und hoffe, es würde mir möglich sein, sie zu erreichen.

Die Gräfin hatte gleichzeitig dem Bürgermeister von Châteaumeillant geschrieben, daß sie mich als Gast aufnehmen wolle und daß er mir ein sauf-conduit besorgen möge. Er tat dieses in freundlichster Weise, indem er mich daselbst zum Platzkommandanten begleitete.

Noch am Abend desselben Tages erreichte ich über einen mühevollen Umweg, der mich noch einmal alle Flüchtlingsqualen erleben ließ, den einzigen großen Zug, den es wieder gab und der Paris mit Toulouse verband. In dieser Stadt traf ich am nächsten Morgen ein, fuhr nach Auch weiter, wo ich einen Wagen mietete, der mich in das dreizehn Kilometer entfernte Dorf St. Lary fuhr.

Nachwort (Paris, Juli 1950)

Anne-Marie Uhde

Hier schließen die Aufzeichnungen meines Bruders. Ich möchte noch kurz einige Worte über seine letzten Lebensjahre hinzufügen.

Während viereinhalb Jahren lebten wir versteckt im Süden Frankreichs, oft in großer Gefahr. Freunde boten uns die Möglichkeit, uns in Amerika in Sicherheit zu bringen, aber sie stießen auf einen entschiedenen Widerstand meines Bruders. »Wir alten Europäer sollten unseren Erdteil nicht verlassen, zu dem wir durch Geburt und innere Bestimmung gehören, in dessen Boden wir wurzeln, in dem die Gräber unserer Eltern und Vorfahren sind. Solange es einen Winkel auf ihm gibt, in dem man uns zu atmen erlaubt, sollten wir ausharren und durch unsere Gegenwart unsere Liebe und Treue, unsere Zuversicht, unser Gefühl der Verantwortung bekunden. Solange wir atmen dürfen, sollten wir helfen, das Erbe lebendig und wirksam zu erhalten und ihm neuen Sinn und neue Form zu finden«, schrieb er.

Er benutzte diese Jahre der Einsamkeit dazu, auf den verschiedensten Gebieten neue Erfahrungen zu sammeln. »In der Einsamkeit, die wir nötig haben«, schrieb er einmal, »müssen wir die Namen der Dinge vergessen, die Bindungen der Gewohnheit zu unseren Freunden und Bekannten lösen. Wir müssen von vorn anfangen, müssen untersuchen, ob Namen und Wesen, Schein und Wirklichkeit der Dinge sich decken. Auf Grund der Erfahrungen unserer Einsamkeit werden wir neue Bindungen mit Menschen und Dingen schließen.« Und ein andermal: »Ich möchte nicht eher sterben müssen, bevor das letzte Glied in der Kette meiner menschlichen Entwicklung, das dieser Krieg schmiedet, vollendet ist.«

Er widmete seine Zeit philosophischen Studien, und er versuchte, das griechische Problem, das ja immer im Mittelpunkt seines Lebens gestanden hatte, zu vertiefen und zwischen dem griechischen und dem europäischen Menschen Parallelen zu ziehen. »Den europäischen Menschen, seine Seele und sein Antlitz zu bilden, darauf kommt heute alles an. Dieses scheint mir noch wichtiger zu sein als das politische Europa zu gründen.« Er beschäftigte sich auch viel mit den Gesetzen der modernen Physik, und die auf allen Gebieten von ihm gewonnenen Erkenntnisse wandte er auf Leben und Kunst an. So entstanden Texte für Vorträge, für Aufsätze, für ein geplantes Buch »Harmonie. Eine Besinnung in hellenischem Geiste«. Außerdem schrieb er das nach seinem Tode in drei Sprachen erschienene Buch »Fünf primitive Meister«, in dem er den Malern, denen seine besondere Liebe gegolten hatte, ein Denkmal setzte.

Als wir nach der Befreiung von Paris in die geliebte Stadt zurückkehren konnten, waren unsere Tiere tot, die Wohnung war von der Gestapo vollständig geplündert und von französischer Seite zu Wohnzwecken beschlagnahmt worden. So mußte der über Siebzigjährige noch einmal von vorne anfangen.

Sein Freund M. stellte uns in großherziger Weise seine Wohnung auf der alten königlichen Place des Vosges zur Verfügung. Einige vor der Flucht versteckte Bilder seiner Sammlung, die er wiederfand, gaben meinem Bruder die Grundlage, seine alte Tätigkeit wieder aufzunehmen. Sein Leben in den zweieinhalb Jahren vor seinem Ende war ein reiches, aber unter den Zuständen der Nachkriegszeit ein schweres. In ihm konzentrierte er alles, was er besaß an Energie, Mut, Hoffnung und Weisheit.

Er erlebte noch die Freude, daß »seine« Maler anerkannt wurden. Er machte eine große Ausstellung von Séraphine, später von Kolle. Mit großer Liebe beschäftigte er sich mit den lebenden jungen Malern, und man kann sagen, daß er selber geistig immer jünger und lebendiger wurde. Aber die körperlichen Kräfte nahmen langsam immer mehr ab; er fühlte es, schonte sich aber nicht und wußte, daß sich sein Leben dem Ende zuneigte. Das hinderte ihn aber nicht, noch Pläne zu machen für eine Reise nach Griechenland, für eine zu gründende Akademie. Aber die vorausahnenden Worte in seinem Buche wurden Wirklichkeit: »Meine Augen erblicken solche schönen Möglichkeiten in weiten Fernen, aber meine Hände werden sie nicht erreichen. [...] Nur auf eines kommt es mir an: mein Leben zu Ende denken und bereit zu sein; zu bleiben oder fortzugehen als einer, der authentisch und einmalig ist, der seinen Sinn und sein Gesetz gefunden hat.«

Während einer kurzen Erkrankung war er, trotz Fiebers, im Bett dauernd geistig tätig. Oft hörte ich ihn auf griechisch Stellen aus sophokleischen Chören deklamieren, und am Tage vor seinem Tode las er noch die Korrekturen seines Buches »Fünf primitive Meister«. Sein Herz versagte plötzlich, und er starb rasch und friedlich, in vollem Bewußtsein, am 17. August 1947 im Alter von 73 Jahren. Er ruht auf dem alten Friedhof Paris-Montparnasse.

Robert Delaunay, Wilhelm Uhde, 1907

Helmut Kolle, Portrait Wilhelm Uhde, um 1930

Pablo Picasso, Portrait de Wilhelm Uhde, 1910

Über die Kunst, das Schöne zu sehen – Wilhelm Uhde, ein Geburtshelfer der Avantgarde

Bernd Roeck

Eine preußische Jugend

Das vorliegende Buch ist die Neuauflage eines selbst im Antiquariat kaum greifbaren Werkes, das 1938 im Zürcher Verlag Dr. Oprecht und Helbling zum ersten Mal erschienen ist. Sein merkwürdiger Titel »Von Bismarck bis Picasso« nennt zwei Namen, die auf den ersten Blick nicht recht zusammenpassen: Der »eiserne Kanzler«, Schmied des deutschen Einheitsstaates, und Pablo Picasso, der Maler, einer der ganz großen Künstler des 20. Jahrhunderts, in einem Atemzug? Was haben sie gemeinsam? Es ist ihre Präsenz im Leben eines Mannes, der lange Zeit einer breiteren Öffentlichkeit unbekannt war. Ein Abschnitt seiner Vita, die Beziehung zu der »naiven« Malerin Séraphine Louis/von Senlis, hat dem Protagonisten inzwischen immerhin späten Filmruhm verschafft (»Séraphine«, 2008); Spezialisten wissen um Wilhelm Uhdes Rolle als Geburtshelfer der Avantgarde, des malenden Zöllners Henri Rousseau und, in der Umgebung Picassos und Braques, als Ohren- und Augenzeuge der kubistischen Revolution.

Uhde zeigt sich auf Fotografien als gepflegte, elegante Erscheinung. Er liebte gutes Essen, alte Weine und Champagner; von der ersten bis zur letzten Seite der Autobiographie werden unzählige Flaschen geleert, Pasteten, Enten und Sorbets verspeist. Der Leser wird Zeuge zahlreicher Diners und Soireen; im Mittelpunkt aber sind immer die Bilder. Im »Herz des Rades«, in Paris, mitten im Chaos seiner Epoche, suchte Uhde das Schöne.

Bismarck ist in gewisser Weise der Ausgangspunkt der bemerkenswerten Lebensgeschichte, die der Autor erzählt. Die Begegnungen mit dem Kanzler sind Nebenszenen; als Gymnasiast hatte er Gelegenheit, ihm samt Mitschülern in Friedrichsruh zwei Mal seine patriotische Aufwartung zu machen. »Bismarck« steht indes für mehr, für einen größeren Zusammenhang. Sein Leben nahm ja praktisch mit der Reichsgründung (1871) seinen Anfang, am 28. Oktober 1874, und es war die Welt des Zweiten Kaiserreiches, aus der Wilhelm Uhde in die große Welt der Kunst aufgebrochen war. Der urpreußische, nun zugleich urdeutsche Vorname verrät, wofür das Herz des Vaters schlug. Er war Hommage an den ersten Kaiser des Bismarck-Reiches, den Johannes Uhde mehr schätzte als dessen fatalen Nachfolger gleichen Namens.

Wilhelm Uhdes Geburtsort ist Friedeberg – heute Strzelce Krajeńskie –, eine damals deutsche Kreisstadt in der Neumark (Westpreussen). Das Städtchen, wenige Kilometer von der Bahnlinie Berlin – Schneidemühl (heute Piła) gelegen, zählte damals um die 6000 Einwohner, die hauptsächlich von der Landwirtschaft lebten; der Ort beherbergte ein Gymnasium und war Sitz eines Amtsgerichts. Hier wirkte Vater Johannes Uhde als Staatsanwalt. Wilhelm Uhdes Mutter Antonie, eine geborene Fehlan, erscheint in den Memoiren als passionierte Rosenzüchterin, die überall, wohin die Karriere des Vaters die Familie trieb, kleine Gärten anlegte, in denen dann bald La-France- oder Maréchal-Niel-Rosen erblühten. Mag sein, dass sie es war, die in dem Knaben die Begeisterung für Kunst entfacht hatte. Der Vater, »pflichtgetreu«, dabei »von vornehmer und freier Haltung«, legte jedenfalls keine ausgeprägten kulturellen Interessen an den Tag. Er wird es, nach verschiedenen Stationen in der Provinz, bis zum Generalstaatsanwalt bringen, wird mit Leuten aus der Umgebung des Kaisers verkehren, darunter – die Memoiren erzählen davon – dem Grafen Waldersee, dem Intimus Wilhelms II., und dem Hofprediger Stoecker, dem berüchtigten Antisemiten, der dem jungen Uhde nicht gefiel.

Die Memoiren spiegeln den Abglanz großbürgerlicher, gelegentlich aristokratischer Lebensverhältnisse wieder. Uhde gibt Szenen, Daguerreotypien, die wirken, als wären sie von Courths-Mahler komponiert oder von Jane Austen. Die Ferien werden bei Verwandten verbracht, von denen einige Rittergüter bewohnen. Sie sind die Orte jener unvergänglichen Sommerwochen, die nur die Kindheit kennt; an denen sich ein heißer, sonnendurchglänzter Tag an den anderen reiht, jeder dem Vorgänger gleich in seiner gleißenden Schönheit; Sommer, die noch im allmählichen Vergehen endlos scheinen und der späteren Erinnerung das nie wieder erreichte Idealbild geben. Gleich am Anfang des Buches zeigt sich die Vorliebe Uhdes für die Idylle. Wir lesen von Gärten, die in der Fülle bunter Blumen prangen, von langen Ritten auf ungesatteltem Pferd durchs weite westpreußische Land, vom glücklichen Schlemmen im Obst der Plantagen; von der Großmutter, die in einem geheimnisvollen Kabinett des Landschlosses residiert und Wilhelm durchsichtige gelbe Bonbons schenkt, die in einem nach Lavendel duftenden Schrank aufbewahrt werden: Kristallisationen einer für immer verlorenen Zeit. Später werden die Ferien »standesgemäß« auf Sylt verbracht.

Die andere, schattige Seite jener preußischen Jugend war die geistige Enge, die Borniertheit der Welt der Junker, der Beamten und Offiziere; eine Schulzeit, die dem jungen Uhde als Fron, gar als »hoffnungsloseste Periode seines Lebens« erschien; das Studium, natürlich, der Jurisprudenz. Nach dem Examen in Berlin geht er als Rechtsreferendar in die Provinz, die ihn langweilt und anwidert. Dazu kam ein wesentlicher Punkt:

Uhde war homosexuell, ein damals bekanntlich gemäß dem berüchtigten Paragraphen 175 des Strafgesetzbuches strafrechtlich relevantes Faktum. In der Autobiographie kommt das Thema natürlich nicht zur Sprache, doch läßt sich gelegentlich zwischen den Zeilen darüber lesen. Was dieser Umstand in den provinziellen Milieus, in denen er sich bewegte, bedeutete, läßt sich denken. Flüchtige Beziehungen, erst recht eine feste Partnerschaft, waren schwierig und gefährlich.

Auch in anderer Beziehung war Uhde Außenseiter: Er präsentiert sich als religiöser Skeptiker und Bücherwurm, dessen Lektüren den bildungsbürgerlichen Horizont jener Tage weit überschreiten. Natürlich werden die Klassiker gelesen, unter Einschluss Heines, dazu Romane Friedrich Spielhagens, den Fontane damals einen der angesehensten deutschen Schriftsteller nannte; dazu kommt aber auch schwerere geistige Kost: Spinoza, Schopenhauer, Nietzsche. Sicher ist, dass ihn die Juristerei nicht befriedigte; immerhin brachte er einen ordentlichen Studienabschluß zustande. Sein Lebensentwurf war ein anderer.

Florenz

1899 und 1900 war Uhde in Florenz. Hier bewegte er sich im Kreis der deutschen Kolonie im Umfeld des Kunsthistorikers Henry Thode – des Stief-Schwiegersohnes Richard Wagners – und des Kunsthistorischen Instituts um dessen Direktor Heinrich Brockhaus. Er versucht sich als Schriftsteller, verfasst ein Drama, »Savonarola«, ein literarisch unbedeutendes Machwerk, das – ebenso wie eine kleine Abhandlung über Botticelli – eine romantische Abneigung gegen den wissenschaftlichen Umgang mit Kunst erkennen lässt. Darüber schreibt er, inzwischen einer der bedeutendsten Connaisseurs des 20. Jahrhunderts, aus der Rückschau: »Mit den kleinen Mausefallen des Wissens und Nachdenkens ist das Hochwild der großen Qualität nicht einzufangen.« Burckhardts »Cultur der Renaissance« und die »Griechische Kulturgeschichte« fand er in einer dunklen Ecke der Florentiner Institutsbibliothek. Beide Bücher beeindruckten ihn tief. Die eher schöngeistigen Werke, so meint er allerdings, seien bei den Wissenschaftlern nicht in hohem Ansehen gestanden.

Uhde zeigt sich immer wieder als deutscher Patriot: ein Mann, der die Zuneigung zu seinem Vaterland aber vor allem auf die Tradition der Kulturnation gründete. Er ist stolz darauf, dem Volk Goethes und der Gotik (die er, gemäß den abstrusen Konstruktionen von Kunsthistorikern wie Kurt Gerstenberg, für genuin deutsch hielt) anzugehören. Darüber wurde er zu einem »laudator temporis acti«. Die Autobiographie ist voller Klagen über die Kulturzustände im wilhelminischen Reich. In Florenz verfasste er einen Traktat, »Am Grabe der Mediceer. Florentiner Briefe über deutsche Kultur«, der die leuchtende Stadt der Renaissance der Dürftigkeit des Reiches, der Gesinnung und den Methoden seiner inneren Politik gegenüberstellte – ein »flammender Protest«, wie der Autor resümierte. Deutschland, der durch Bismarck gewaltsam zusammengeschweißten Masse, fehle »große Kultur«; das Land werde durch »vergängliche Gesetze und jenen aufgeregten, niveaulosen und oberflächlichen Patriotismus zusammengehalten ..., der sich durch häufiges Singen des Liedes ›Deutschland, Deutschland über alles‹ bemerkbar machte«. So sollten die »Florentiner Briefe« zum Plädoyer für ein »helles, freudiges, kampfvolles« Geistesleben werden. Die Lektüre Nietzsches hat unverkennbar ihre Spuren darin hinterlassen. Das heute vergessene Buch scheint zu einem achtbaren Erfolg geworden zu sein; Uhde sah es bei einem Besuch in Weimar selbst im Bücherschrank von Elisabeth Förster-Nietzsche neben den Werken von Jacob Burckhardt und Erwin Rohde.

In Florenz zeigt sich Uhde als einer jener »Übermenschen in den Osterferien«, über die der Kunsthistoriker Aby Warburg einmal spottet. Er sah sich emporgehoben aus dem »kleinen Kummer des Tages«, fühlte in sich Kräfte wachsen, meinte zu spüren, wie alles in ihm gesund und lebensfähig wurde, nach

Betätigung und Entfaltung drängte – man lese an der entsprechenden Stelle nach; da wirkt er geradezu wie die Karikatur eines Nietzsche-Lesers. Warburg, der damals in Florenz lebte, hat er übrigens kennengelernt. Die beiden waren einander herzlich unsympathisch. Im »Savonarola« hat Uhde dem nachmals weltberühmten Hamburger eine kleine Nebenrolle eingeräumt: Er begegnet als »Wahrmund, ein kleiner Gelehrter« (Warburg maß tatsächlich nur 1,66 Meter), als Witzfigur, die sich im Stück mit angestrengtem, kleinem Wissen spreizt. Warburg hat Uhde diesen Spaß nicht verziehen, wollte gar erreichen, dass dem frechen Landsmann Hausverbot im Kunsthistorischen Institut erteilt wurde. Der Gegensatz zwischen den beiden war grundsätzlicher Natur: Es war der Widerspruch zwischen einem emotionalen, allenfalls kennerschaftlichen Zugang zur Kunst und dem logisch-rationalen wissenschaftlichen Zugriff.

Die strenge Kunstwissenschaft hat Uhde jedenfalls nie wirklich angezogen. Allerdings entschied er sich nach den Florentiner Tagen doch für ein Studium der Kunstgeschichte. Zunächst wählte er München, Rom und nochmals Florenz; dann landete er, wohl nicht zufällig, bei Richard Muther in Breslau. Muther war ein Kunsthistoriker, der, mit den Worten seines jüngeren Kollegen Udo Kultermann, einen schillernden, unpräzisen Stil einführte. In seinen Schriften nutzte er die Bilder als Vorwand, sich in mehr oder weniger schlüpfrigem Voyeurismus zu üben. Uhde war zu intelligent und zu geschmackssicher, dem Enthusiasten Muther auf den Leim zu gehen. In Paris beobachtete er, dass der Meister sich von den gröbsten Fälschungen habe täuschen lassen.

Durch seine Reise nach Florenz war Uhde den Zwängen eines ungeliebten Berufs fürs Erste entkommen. Er ließ eine Provinzstadt hinter sich, wo nach seiner Einschätzung »Rassenhass, politische Unterdrückung, Strebertum, Beamtendünkel, Unkenntnis und Verachtung alles Geistigen« vereint waren. In einem weiteren schriftstellerischen Werk gestaltete er sein Elend: Der Roman »Gerd Burger« schilderte den Kampf eines jungen Menschen, sein Alter Ego, mit einem »verkommenen Milieu«. Die literarische Arbeit diente ihm als eine Art Psychopharmakon.

Die Möglichkeit, Posen hinter sich zu lassen und nach Paris zu reisen, eröffnete sich Uhde, anfangs mit väterlicher Unterstützung, im Jahr 1904. Paris wurde seine Schicksalsstadt, der Ort, wo er sich selbst fand und in sich die künstlerische Moderne. Bis dahin war sein Kunstgeschmack konventionell gewesen: Er bewunderte die großen Florentiner Maler des ausgehenden Mittelalters und der Renaissance, staunend stand er vor den Skulpturen Michelangelos. Die Kunst der Avantgarde, die er als Händler und Schriftsteller begleiten sollte, hatte seiner Meinung nach mit der großen toskanischen Kunst gemeinsam, dass sie »authentisch« war. So rückten Fra Angelico und Rousseau, Giotto und Picasso nebeneinander. Auch Séraphine von Senlis, eine »Naive«, die Uhde ebenfalls noch vor dem Ersten Weltkrieg entdeckt hatte, ließ sich in diese Zusammenhänge rücken. Sie erscheint in den Erinnerungen als Mystikerin, in deren Bildern die Inbrunst des Mittelalters in neuen Formen erwacht ist.

In den Lebenswelten, in denen Uhde sich bis dahin bewegt hatte, lassen sich keine Hinweise darauf finden, warum er zu einem ihrer Promotoren wurde. Was er selbst in der Autobiographie als Erklärung bietet, muss kritisch gelesen werden. Die bedeutendste Wendung in seinem Leben, die Entscheidung für die Avantgarde, erklärt er im Nachhinein, nachdem der historische Rang dieser Kunst längst evident und er selbst als einer ihrer Entdecker weithin anerkannt ist. Er gibt für sein bewunderungswürdiges Auge und einen »untrüglichen« Geschmack Erklärungen, die stringent wirken.

An einer Stelle der Autobiographie beschreibt er die Schwierigkeit, in der unübersichtlichen »Kunstwelt« seiner Zeit das Richtige zu finden. Er unterschied zwischen dem Studium der Kunst, der Auseinandersetzung mit dem »Geschwätz der Exegeten«, das Susan Sontag in ihrem berühmten Essay »Against

Interpretation« so stört, und einer emotionalen, sinnlichen Annäherung an das Schöne mit dem Ziel der mystischen Versenkung, bei der die verstandesmäßige Reflexion nur hinderlich ist. So sei ihm allein vom eigenen »Gefühl« die Richtung gewiesen worden, mit »fast puritanischer Strenge« habe er alles, was nicht den höchsten Ansprüchen genügte, eliminiert, bis der neue Stil gefunden war.

Die Voraussetzungen jener »ästhetischen Unübersichtlichkeit« sah Uhde in der allgemeineren gesellschaftlichen und vor allem geistigen Krise, die er diagnostizieren zu können meinte. Eine Kulturkritik dieser Art war damals bekanntlich nichts Ungewöhnliches. So zeigt ihn die Autobiographie als paradigmatischen Intellektuellen Alteuropas, der Ideale obsolet werden sieht und selbst seinen Gott verloren hat.

Paris und die Entdeckung der Avantgarde

In Paris sieht er zunächst alte Kunst, durchstreift den Louvre. Doch er hat auch teil am Leben der Boheme, findet zum Kreis um das Café du Dôme, wo neben anderen die Maler Hans Purrmann und Julius Pascin verkehren. Er lernt die Kunsthändler Durand-Ruel, Bernheim und Vollard kennen, steht vor Bildern Cézannes und Gauguins, trifft mit Käthe Kollwitz zusammen. Auch kommt er durch die Vermittlung seines Freundes Erich Klossowski mit dem Kunsthistoriker der beginnenden Moderne, Julius Meier-Graefe, in Kontakt. Er begegnet Harry Graf Kessler und Matisse; dessen Malerei hat er nie wirklich schätzten gelernt, sie erschien ihm als zu reflektiert. Intensiven Umgang pflegt er mit Leo und Gertrude Stein. Mit Kahnweiler, der 1907 seine Galerie eröffnet, entwickelt sich eine lebenslange Freundschaft. Es war diese Umgebung, in der ihm die Augen für die große Moderne, die in Paris ihr Zentrum hatte, geöffnet wurden.

Um seinen Lebensunterhalt zu sichern, schrieb Uhde damals weitere Bücher: eine Biographie Friedrichs des Großen und einen Paris-Essay, der ihm die Türen zur »höheren Gesellschaft« öffnete, etwa zum deutschen Botschafter Fürst Radolin. Mag sein, dass ihn dieses Ambiente, bei allem bohemehaften Dasein, dem er sonst huldigte, dazu brachte, eine Konventionalehe einzugehen: Er heiratet eine junge Russin, Sonia Terk; die Verbindung scheitert bereits nach einem Jahr, als sie sich in den Maler Robert Delaunay verliebt und ihn heiratet. Sonia Delaunay wird mit der Zeit als Malerin eigene Statur gewinnen. Nur noch einmal ging Uhde für kurze Zeit nach Posen; Paris wird bis zum Ausbruch des Weltkrieges seine eigentliche Heimatstadt werden.

Von seiner Schriftstellerei allein konnte Uhde nicht leben. Als er ein billig erworbenes Bild aus dem Umkreis des Díaz de la Peña gut verkaufen konnte, brachte ihn dieser Erfolg auf die Idee, mit Kunsthandel Geld zu verdienen. 1905 erwarb er für 10 Francs ein kleines Bild, einen weiblichen Akt mit gelbem Haar. Maler dieses Bildes war ein junger Spanier: Picasso. Bald stellten sich erste geschäftliche Erfolge ein. Bis Kriegsausbruch avanciert Uhde zu einem der erfolgreichsten Kunsthändler in der Seine-Metropole. In Deutschland und in der Schweiz richtet er wichtige Ausstellungen aus.

Georges Braque war seine zweite große Entdeckung. Er wurde dessen erster Käufer und Händler. Später, in seinem Buch über Picasso, wird er seine Zeugenschaft bei der Entstehung des Kubismus dokumentieren. Das bedeutendste Zeugnis der Freundschaft zwischen Picasso und Uhde ist ein kubistisches Porträt, das der Spanier – parallel zu der Porträtdarstellung Kahnweilers – schuf; es ist heute in St. Louis. Picasso soll es Uhde als Gegengabe für ein Bildchen der Barbizon-Schule gemalt haben.

Der dritte »Große«, den unser Mann in seinem ersten Pariser Jahrzehnt entdeckte, war der »Douanier« Henri Rousseau; die Mutter Robert Delaunays hatte die Bekanntschaft vermittelt. Uhde wurde zu einem der ersten Bewunderer der »Charmeuse de serpents«. Sie hängt heute im Musée d'Orsay. Uhde sah sie zuerst im Atelier des Zöllners in der Rue Perrelle. Das Erlebnis von Rousseaus Kunst muss ihn wie ein Coup de Foudre getroffen haben. 1921 wird er Rousseau eine erste Monographie widmen.

Picasso, Braque, Rousseau – das waren Künstler, deren Weg Uhde begeistert, fördernd und, in Maßen, auch kritisch begleitete. Der »Douanier« soll den Freund, als er an der »Schlangenbeschwörerin« arbeitete, wiederholt um Rat gefragt haben, was die Komposition und das Kolorit betraf, so dass jener ein Stück Autorschaft an diesem Meisterwerk beanspruchen kann. Um 1910 besaß Uhde eine bemerkenswerte Sammlung, in der sich Bilder Picassos, Braques und Rousseaus befanden; daneben waren Arbeiten Dufys, Derains, de Vlamincks und Werke einer seiner weiteren Entdeckungen, nämlich Marie Laurencins, darin vertreten.

Die verwirrende Vielfalt der Stilrichtungen um 1900 erschien Uhde wie anderen als getreues Abbild der gesellschaftlichen und politischen Zustände des »nervösen Zeitalters«. Das Angebot reichte von Werken der »großen Meister« der Vergangenheit bis zu den Salonmalern des Historismus, zu Impressionisten, Symbolisten und den eigentlichen Bahnbrechern der Moderne, Marées und Cézanne zum Beispiel. Nur Manet war im Kreis um Uhde damals völlig unumstritten. Die Impressionisten hatten sich durchgesetzt; Cézanne und Gauguin, erst recht Picasso und andere, die Uhdes Lebensinhalt ausmachen werden, mussten noch auf ihre Entdeckung warten. Hier das Richtige zu finden – das war tatsächlich keine Kleinigkeit. Uhde war in diesem Punkt erfolgreicher als fast alle seine Zeitgenossen.

Es fiele leicht, die »Theorie des schöpferischen Sehens« und der Ästhetik, die sich aus Uhdes Texten destillieren lassen, aus der geistigen Welt des 18. und 19. Jahrhunderts abzuleiten. Schon hier wird der Künstler zum Schlafwandler stilisiert: zum Vollstrecker einer Mission, die zum Höchsten führt. Er ist ein

Schöpfergott, der sein Werk auf absolute Gültigkeit hin konzipiert. Das Schöne, das er hervorbringt, ist deshalb zugleich völlig »wahr«, nicht, indem es »Leben« reproduziert, sondern indem es das Irdische, Vergängliche zu etwas Höherem, der Zeit und Geschichte Enthobenen, steigert.

Solche Positionen sind Versatzstücke der Legende vom Künstler, wie sie sich seit der Renaissance herausgebildet hat; sie wurden zu wichtigen Elementen der Marketingstrategien, mit denen sich die Künstler in der unübersichtlichen »art world« der Moderne zu behaupten suchten und suchen. Was Picasso zu seinen bahnbrechenden Werken befähigt, kann, gemäß der Idealkonstruktion des Künstlers, nicht Kalkül und Räsonnement sein. Die Jahrhunderttat der Erfindung des Kubismus ist demnach kein Resultat reflektierter, zergliedernder Arbeit. Die Kraft, die ihn hervorbringt, erscheint als ein Gefühl: nämlich das der »Liebe«, des platonischen Eros. Was Uhde über Picassos kubistische Arbeiten schreibt, reflektiert erneut die alteuropäische Ästhetik, die er schon in Jacob Burckhardts »Cicerone« – etwa dort, wo von Leonardo da Vinci die Rede ist – finden konnte. »An der unbefriedigenden zufälligen Realisierung der Dinge in der Natur vorbei war er [Picasso] von der Erde fort in einen Himmel vorgedrungen, wo er sich an den Urformen, den platonischen Ideen inspirierte. Und es wurde sein Ziel, das Wesentliche und Ewige der Dinge zu geben und mit dieser höheren Wirklichkeit seine Bilder ganz anzufüllen. Die Kraft, die ihn trieb, war die Liebe zu diesen so gereinigten und unsterblichen Dingen, seine Mittel [waren] die Plastizität und das Volumen, die der Sinn des Kubismus sind.« Ein primäres Kriterium der Qualität bleibt der Grad der Unmittelbarkeit der Beziehung zwischen Kunst und Leben. Danach misst Uhde denn auch feine Unterschiede in der Bewertung Picassos und Braques, die er doch gleichermaßen aufs Höchste schätzte.

Die Mystifizierung der eigenen »Augenkunst« entspricht diesen Bewertungen völlig. Für die Identifikation großer Kunst bedarf es ebenso der »Logik des Herzens« wie für ihre Schöpfung. Daraus wird klar, warum das »rationale« Florenz, die Stadt Le Corbusiers (und Burckhardts!), in seinen Reflexionen nicht dieselbe Bedeutung hat wie das unschuldige, naive Florenz des Schriftstellers John Ruskin. Das stille Florenz des Mittelalters fügte sich besser in sein Projekt der Moderne.

Uhde suchte einfache, ohne Worte fassbare Schönheit. Insofern waren die kubistischen Bilder Picassos und anderer Avantgardisten, so paradox es klingt, nach seinem Verständnis »klassisch« in einem allgemeineren, grundsätzlicheren Sinn. Die Avantgarde erscheint bei ihm keineswegs als Traditionsbruch, vielmehr als Rückkehr zum Elementaren: Die klassische Moderne identifizierte er als klassisch, während sie noch modern war. Vor allem darin liegt übrigens seine Größe als Connaisseur.

Braque sieht er als eigentlichen Erfinder des Kubismus; doch deutet er ihn im selben Atemzug als eigentlichen Vollender der Tradition Chardins und Corots. Wie Picasso habe Braque dabei zu einer gesteigerten, gereinigten Form gefunden, zu einem »Supraverum«, das das Wesentliche pathetisch übertrieb. Auch andere Moderne stellt er in historische Traditionen: So meinte er, in der Malerei Oskar Kokoschkas, die er in den dreißiger Jahren kennenlernte, den Geist der Gotik (den er, wie bemerkt, mit dem »Deutschen« verband) und des Barock – was plausibler ist – wiederzufinden. Picassos Kunst hat er ähnlich gedeutet: Während im Kubismus die Gotik lebendig geworden sei, begegne in seinen späteren Werken »der Geist des Barock, wie wir ihn in Würzburg erleben«. Uhde denkt hier an ein Bild wie »Guernica«.

Krieg

Der gemessene Ton der Autobiographie, das Schwelgen in glücklichen Augenblicken und Kunsterlebnissen lassen leicht übersehen, dass Uhde zeitlebens um seine Identität gerungen haben muss. In den Kreisen der »großen Gesellschaft«, die ihm dank seines Rufes als Autor nicht unzugänglich waren, galt er vermutlich als anregender Schöngeist. Aber »satisfaktionsfähig« war er nicht – er trug weder ein »von« im Namen noch die Epauletten eines Offiziers. Dazu kam seine sexuelle Orientierung, die nicht verborgen blieb, die Argwohn erweckt haben muss. In der Boheme, die sich im Café du Dôme zusammenfindet, im Kreis der Maler, Bildhauer und Literaten bleibt er andererseits der Rechtsreferendar Wilhelm Uhde oder eben ein Händler, der sein Geschäft mit der Schönheit betreibt und aus Kubismus, Fauvismus oder der »primitiven Malerei« harten, materiellen Gewinn zieht. Dass er versucht, selbst zu malen, ist kaum überraschend – ebensowenig erstaunt, dass er nicht reüssiert. Wer das Auge hat, die Qualität Picassos und Braques zu erkennen, muss mit eigener Kunst scheitern. Auf der Visitenkarte, mit der er Braque mitteilt, er wolle dessen »Olivenbaum« kaufen – das später berühmte Bild »L'Olivier près d'Estaque« – gibt er als Beruf »Écrivain d'art allemand« an. Das heißt, er rückt sich doch ein wenig in die Nähe des Künstlertums, gibt sich wenigstens als Literat, nicht als Geschäftsmann. Seine Kennerschaft und seinen ästhetischen Verstand nennt er in der Autobiographie einmal »künstlerische Genussfähigkeit«: Er empfand *Betrachtung,* was aus heutiger Sicht durchaus zutreffend ist, als Kunst, als schöpferische Tätigkeit.

Vor allem aber: Uhde war heimatlos, ein Fremder in Frankreich und dann auch wieder nur Gast im eigenen Land. Schon die Reise nach Florenz war eine Flucht gewesen, ebenso wie darauf die Übersiedlung nach Paris; selbst in der kosmopolitischen Atmosphäre der französischen Hauptstadt mit ihrer faszinierenden Kultur wehte nicht nur die Luft der Freiheit. Er ist und bleibt Ausländer in einem fremden Land.

Als der Weltkrieg ausbricht, muss Uhde das geliebte Paris verlassen. Seine Sammlung wurde ebenso wie die seines Freundes Kahnweiler vom französischen Staat beschlagnahmt; Kunstwerke behandelte der französische Staat wie Industrieanlagen. »Deutschland muss zahlen!«, war das Motto angesichts der 1,4 Millionen Toten des Krieges, der Verletzten und der Zerstörungen. Im Oktober 1919 dann wurde ein Gesetz verabschiedet, das die Liquidation der beschlagnahmten Güter regelte. Am 30. Mai 1921 kam Uhdes Kollektion im Pariser Hôtel Drouot unter den Hammer, zwei Wochen später begann man mit der Versteigerung der Sammlung Kahnweiler. Wenn der französische Staat weder von seinem Vorkaufsrecht Gebrauch machte noch auf andere Weise verhinderte, dass die Sammlungen der Deutschen Kahnweiler und Uhde ins Ausland verstreut wurden, hatte das vielschichtige Gründe, die nur zu verstehen sind, wenn man in die Zeit vor Kriegsausbruch zurückblendet.

Es waren vor ja allem Händler wie Kahnweiler und Uhde gewesen, durch welche die Kenntnis der Avantgarde nach Deutschland vermittelt worden war. Sie hatten deutsche Sammler und Kunsthändler beliefert; 1912 fand in Köln die Sonderbund-Ausstellung statt, in der nicht weniger als 13 kubistische Arbeiten Picassos gezeigt wurden. Dergleichen wäre nach dem Urteil des Kunsthistorikers Pierre Daix in Paris damals unmöglich gewesen. So entstand die stereotype Vorstellung, der Kubismus hätte eine besondere Affinität zum ausländischen, speziell zum deutschen Wesen (Spuren dieser Auffassung zeigen sich auch in der Autobiographie).

In der aufgeheizten Stimmung der unmittelbaren Vorkriegszeit hatten solche Klischees offene Ohren gefunden. Schon 1910 war Henri Matisse mit dem verächtlichen Hinweis diskreditiert worden, »Württemberger, Mährer, Litauer und Serbokroaten« verehrten ihn; im März 1912 schrieb Louis Vauxcelles, der damals einflussreichste Pariser Kritiker, im »Salon d'Automne« und bei den »Indépendants« wimmle es nur so von Walachen, Münchnern, Slawen und Guatemalteken. Diese »Kanaken« hätten Montrouge und Vaugirard – zwei Pariser Vororte, in denen es Ateliers billig zu mieten gab – erobert, sie besäßen weder Ausbildung noch Wissen, noch Anstand: »... keine vier Monate, und schon haben sie sich die neue Machart angeeignet, wenden sie an und übertreffen sie noch. Sie wetteifern in Anarchie.« Und er schließt: »Unseren Augen werden die

schlimmsten polychromen Schmierereien zugemutet, die un-
gewöhnlichsten Akkorde und Dissonanzen. Wir erleiden den
Ansturm des barbarischen Kubismus, den Schweinsgalopp des
epileptischen Futurismus ... Sie handeln wider die Natur! Verir-
rung! Verbrechen!«

Die Meinung, die neuen Strömungen seien Resultat auslän-
discher Verschwörungen und befleckten die nationale Kunst
Frankreichs, verbreitete sich in politische Kreise und scheint in
den gesellschaftlichen Eliten des Landes immer weitere Akzep-
tanz gefunden zu haben. Als 1914 ein Gemälde Picassos – »Die
Gauklerfamilie«, die heute in Washingtons National Gallery
hängt – für 11 500 Goldfrancs an einen deutschen Kunsthändler verkauft wird, gibt es einen Sturm der Entrüstung – es war
immerhin etwa die Hälfte dessen, was für Bilder Cézannes oder
Renoirs aufgebracht werden musste. Ein Journalist des »Paris-
Midi« kommentierte die Preise, die für Picasso und andere Moderne gezahlt wurden, polemisch: »Groteske, scheußliche Werke von unerwünschten Ausländern haben hohe Preise erzielt,
und zwar sind es die Deutschen, die diese Preise in die Höhe
getrieben und gezahlt haben!«

Die Kunst, die sich in Uhdes Sammlung befand, war also
gebrandmarkt. Wenn sie nun mehr oder weniger verschleudert
wurde, war das eine Art Bildersturm; ein Akt nationalistischer,
kulturpolitischer Aggression. Als Sachverständiger fungierte
der Kunsthändler Léonce Rosenberg, der nicht zögerte, der öffentlichen Meinung zu Willen zu sein und die angebotenen Bilder lächerlich niedrig taxierte. Dabei war Rosenberg einer der
großen Förderer der Avantgarde; 1919 hatte er Braque, Gris und
Léger unter Vertrag; in seiner Galerie de l'Effort Moderne domi-
nierten die Kubisten. Jetzt siegte der Kaufmann in ihm. Er nutzte die Chance, seine deutschen Konkurrenten auf dem Pariser
Markt ausschalten zu können. Eine gewisse Ironie liegt darin,
dass mit Picasso und Braque zwei Künstler betroffen waren, die
nun wirklich keine »Boches« waren. Braque, der schwerverwun-
det und hochdekoriert aus dem Krieg zurückgekehrt war, verlor

die Nerven, als er sah, wie Kahnweilers Sammlung verschleudert wurde. Er stürzte sich auf Rosenberg, schlug auf ihn ein, und konnte nur mühsam gebändigt werden. Im Tumult rief der ebenfalls anwesende Henri Matisse aus: »Braque hat recht, dieser Mann hat Frankreich bestohlen, und was das bedeutet, weiß man ja wohl!«

Auf der Seite der Regierung stand die Académie des Beaux-Arts; hier freute man sich, wie Daix konstatiert, dem Kubismus endlich »das Kreuz brechen« zu können. Zeitgenössische Berichte vermitteln eine Vorstellung davon, wie man mit den Bildern der beiden Deutschen umging. Die Kataloge waren ungenau, die Zeichnungen hatte man zusammengerollt oder in Schachteln gepackt. Ein Augenzeuge, der Dichter Robert Desnos, berichtet: »Insbesondere die Hängung zeugte von Inkompetenz oder aber einer geradezu sträflichen kaufmännischen Unterwürfigkeit ... Der Auktionator, zweifellos ein Mann von Welt, erlaubte sich feine Witzeleien über die Werke, die er unter den Hammer brachte ... Imitiert wurde er von Saaldienern, die systematisch die Werke verdreht zeigten, die Zeichnungen knitterten, die Sandpapiercollagen auf den Tischen rieben und sich mit spöttischen Bemerkungen gegenüber den Käufern nicht zurückhielten.«

Die Avantgarde und im Besonderen Kubistische Kunst, das fügte sich hier in einen kulturellen Code, der aus antimodernistischen Ressentiments und aus dumpfem Chauvinismus konstruiert war. Viele – nicht nur beschränkte »Bourgeois« – wurden ja von den Formen des Neuen irritiert. Die Bilder Picassos, Braques und der anderen nährten Ängste, deren Wurzeln in den großen Umbrüchen zwischen Jahrhundertwende und Erstem Weltkrieg lagen. Solch diffuser Phobien war schwer Herr zu werden; die wehrlosen Bilder ließen sich immerhin bekämpfen, ließen sich – wenn sie schon nicht zerstört werden konnten – aus dem Verkehr ziehen. So gewannen die Gemälde bedeutende Funktionen in der psychischen Ökonomie der zeitgenössischen Gesellschaft. Die Entwertung dieser »Fetische« machte sozusagen ein Stück moderne Welt unschädlich.

Uhde hatte vergeblich versucht, zu erreichen, dass seine Sammlung von den Bestimmungen des Jahres 1919 ausgenommen wurde. Ein »französischer Händler« – gemeint ist Rosenberg – habe bei der Regierung erfolgreich dagegen gearbeitet. Dann wurde noch seine Pariser Wohnung mit den Kunstwerken vermietet, das Schicksal der Kunstwerke war besiegelt. 73 Werke wurden verkauft, darunter 17 Bilder Braques. Sie bringen zwischen 300 und 1500 Francs; darunter sind die fauvistischen Bilder von 1906, die Uhde im Jahr darauf für 505 Francs gekauft hatte. Für die Werke Picassos, der längst die dominierende Gestalt des Pariser Kunstmarktes, werden – trotz der diskriminierenden Begleitumstände der Auktion – sehr viel höhere Preise gezahlt. Für das »Mädchen mit Mandoline« von 1910, ein Gemälde, das heute im Museum of Modern Art in New York hängt, erzielt der Auktionator allein 18 000 Francs. Der »Sitzende weibliche Akt«, 1909/1910 entstanden und heute ein Glanzstück der Londoner Tate Gallery, bringt 3800 Francs. Und Uhdes Porträt, das bedeutendste Zeugnis seiner Verbindung mit Picasso, wurde von John Quinn, einem amerikanischen Sammler, erworben.

Trotz der widrigen Umstände erbrachte die Auktion im Ganzen 168 000 Francs, eine Summe, die 55 000 Goldfrancs entsprach. Das war viel Geld. Uhde hat davon praktisch nichts gesehen. »Der materielle Verlust war hart für jemanden, der sonst kein Vermögen besaß«, schreibt er in den Lebenserinnerungen. »Aber ich habe die innere Bereicherung, die ich aus der Schaffung dieser Sammlung gewonnen hatte, die Möglichkeit, mich in ihr selbst zu deuten, so hoch geschätzt, dass ich ihren Verlust nicht allzu schwer empfunden habe. Ideell bestand sie für mich fort, so wie eine Familie, deren Glieder durch ein äußeres Ereignis zersprengt sind.«

Alle Dinge haben ihre Zeit. Entdeckung, Erwerb, das Betrachten, Befühlen des Besitzes sind das erste, unmittelbare Erlebnis, vergleichbar mit frischer, enthusiastischer Liebe; dann kommen das Einordnen und Umhängen, das Vorzeigen, das Gespräch darüber – Freuden, die auch durch den Verlust der Objekte der Begierde nicht mehr genommen werden können. Bei Uhde erscheint die Sammlung darüber hinaus als Spiegel seiner Person. Sie hat insofern metaphysische Qualität, als sie eine Idee seines Selbst ausdrückt. Wenn Uhde bekennt, seine Sammlung habe ihm die Möglichkeit der Selbstdeutung eröffnet, erschließt sich darin ein zentraler Punkt der Psychologie des Sammelns, ja der Kunstbetrachtung überhaupt: Man vergewissert sich der eigenen Passion; lässt sich ein auf einen inneren Dialog, der tief hineinführt ins eigene Ich. Hier liegen die letzten, nicht mehr rational fassbaren Gründe des Kunsterlebnisses, werden Affinitäten spürbar, die kaum erklärbar scheinen – wobei man keine »schöne Seele« haben muss, um von Schönem gerührt zu werden. Die Tränen, die Uhde angesichts eines Bildes von Braque in die Augen steigen, zeigen die Grenzen der Verstehbarkeit des Kunstwerks, ob man es nun besitzt oder »nur« anschaut.

Oberflächlicher betrachtet, zeigt die Sammlung unmittelbar einen wesentlichen Zug der Persönlichkeit des Sammlers. Sie verrät etwas über die Ästhetik, den Geschmack des Besitzers – der Uhdes kann nicht anders als erlesen genannt werden –, und sie drückt zugleich unstillbare Sehnsüchte aus. Sie gibt nicht nur eine Ahnung von dem, was der Sammler ist, sie deutet auch an, was er nicht sein kann: der Künstler, der Autor der Meisterwerke. Die Sammlung ist ja nur sehr teilweise seine Schöpfung: als Ganzes gewiss; aber die einzelnen Bilder sind es nur insofern, als jeder Betrachter eines Kunstwerkes im Anschauen schöpferisch tätig ist.

Mochte der Organismus der Sammlung nach der Auktion von 1921 auch ein geistiges Gebilde geworden sein, kam es doch immer wieder zu wehmütigen Begegnungen mit den geliebten Stücken, nachdem Uhde an die Seine zurückgekehrt war. Die alte Dame, die nun Uhdes ehemaliges Appartment bewohnte, mag sich über den Fremden gewundert haben, der unverwandt zu den Räumen hinaufstarrte, in denen einst Meisterwerke Rousseaus, Picassos und Braques gehangen hatten. Auf einer Ausstellung in der Maison de Blanc sah er viele Bilder Rousseaus, die aus seiner einstigen Sammlung stammten. Darunter war auch die Darstellung einer Frau in rotem Kleid in einer Frühlingslandschaft, sein Lieblingsbild; das Gemälde, das er einer Waschfrau für 40 Francs abgehandelt hatte, stand nun für nicht weniger als 300 000 Francs zum Verkauf. Uhde war damals in finanzieller Bedrängnis. Er hätte ein Heiliger sein müssen, um ohne Melancholie an den früheren Besitz des Bildes denken zu können.

Fremder im eigenen Land, Gast in der Fremde

Nach Ausbruch des Weltkriegs war Uhde nach Deutschland gegangen, zuerst nach Wiesbaden, dann nach Frankfurt. Die Erfahrungen jener Jahre hat er in dem Roman »Die Freundschaften Fortunats« verarbeitet. Der Vierzigjährige wird als Reservist eingezogen, aber nicht an die Front geschickt; nach Kriegende zog er sich mit seinem Lebenspartner, dem Maler Helmut Kolle auf die romantische Burg Lauenstein zurück. Ein sich für alles Mittelalterliche begeisternder Arzt hatte das Gemäuer gekauft und restauriert. Einige nicht näher erforschte Verbindungen ziehen sich zum Weimarer Bauhaus. Prominentester »Lauensteiner« ist der Dichter Ringelnatz.

In dieser Zeit wird Uhde politisch aktiv, hält Vorträge, versucht, die deutsche Jugend für seine Ideale zu gewinnen: Er hofft auf die Entstehung eines föderalistisch organisierten, vereinten Europa, mit der eine geistig-politische Erneuerung Deutschlands einhergehen werde. Zusammen mit Kolle gibt er eine Zeitschrift heraus, »Die Freude«, die in dieselbe Richtung wirken soll. Eine »Akademie der Freude«, die er gleich nach Kriegsende gegründet hat, soll diese Bemühungen bündeln. Wie ein Florentiner Humanist des Quattrocento oder ein Aufklärer des 18. Jahrhunderts sieht er Sodalitäten, also Bruderschaften und Vereinigungen, und gelehrte Gesellschaften als Instrumente gesellschaftlichen Wandels. Noch viel später, in Deutschland sind bereits die Nazis am Ruder, erhofft er sich den Ausgleich der Gegensätze durch die Gründung einer europäischen Akademie.

1923 versucht Uhde, in Berlin als Galerist Fuß zu fassen. Er übernimmt die Leitung der Galerie des Verlegers und Kunsthändlers Wolfgang Gurlitt in der Potsdamer Straße und veranstaltet dort Gesamtausstellungen für Erich Klossowski und Renée Sintenis. Aber es hält ihn nicht in der deutschen Metropole. Schon im Jahr darauf kehrt er nach Paris zurück. Er lässt sich zunächst mit Kolle in Chantilly nieder, siedelt dann in die Hauptstadt um. Und er beginnt wieder von vorne. Die alte Freundschaft zu Picasso und Braque hat standgehalten, bald ist Uhde wieder im gewohnten Metier als »Händler der Schönheit« aktiv. Paul Klee erhält auf seine Initiative hin eine erste Ausstellung.

Nach wie vor engagiert er sich für »seine« Primitiven, für Louis Vivin, André Bauchant, Séraphine von Senlis und Marie Laurencin, die er, da gehen ihm die Sentiments durch, »Maler des Heiligen Herzens« nennt. Er beobachtet die »junge Malerei«, wie er die Gegenwartskunst nennt, partizipiert mit Leidenschaft an den Kunstkämpfen der Zeit.

Der neuen Sachlichkeit und dem Expressionismus stand Uhde distanziert gegenüber. Der Rang Max Beckmanns blieb ihm allerdings nicht verborgen. Den Surrealismus verachtete er tief, er hielt ihn für Kitsch, für eine künstliche, eigentlich literarische Bewegung, der all jene Eigenschaften fehlten, die in seinen Augen große Kunst bestimmten: Sinnlichkeit und Unmittelbarkeit. Es ist bezeichnend für Uhdes historischen Blick, der geneigt war, die Avantgarde stets im Zusammenhang mit der europäischen Kunstgeschichte zu sehen, dass er Hieronymus Bosch als einzigen wirklich wichtigen Surrealisten anerkannte (was natürlich doch wieder nichts anderes als ein großes Missverständnis war). Auch eine seiner späten Entdeckungen, den Landschaftsmaler Camille Bombois, bewertete er aus historischer Perspektive, Utrillo – der ihm nicht »naiv« genug war – hat er indes nur mit Einschränkungen geschätzt.

Der Kunsthandel, den Uhde in Paris und in Chantilly wieder aufnimmt, beschert bald wieder wirtschaftliche Sicherheit. Mit Kolle lebt er bis zu dessen frühem Tod im Jahr 1931 zusammen.

Die Wahl Hindenburgs zum Reichspräsidenten hatte er mit Sorge registriert. Mit Abscheu und Befremden beobachtete er die Herrschaft der Nazis, vergleicht das Hitlerregime mit »Gangsterclubs« in Chicago und Berliner Unterweltvereinen, wenngleich ihm die ganze Schreckensdimension der nationalsozialistischen Gewaltherrschaft offensichtlich nicht bewusst war. Die Hoffnung gab er nicht auf. Dass die Diktatur gewaltsam untergehen würde, hielt er für gewiss. Dereinst werde eine »europäische Gemeinschaft« entstehen, schrieb er um 1938, und er hegte den »schönen Traum«, dass zwischen Deutschland und Frankreich einmal eine friedliche und schöpferische Verbindung entstehen werde. Die deutsche Staatsbürgerschaft wurde ihm indessen aberkannt.

Über die Beschäftigung mit der großen Kunst der Moderne war Uhde, durch und durch Deutscher, doch zugleich zum Europäer geworden. Vor dem düsteren Hintergrund des Terrorregimes, das sich – von Paris aus gesehen – jenseits des Rheins eingerichtet hatte, erschienen ihm die Errungenschaften von Aufklärung und Revolution in neuem Licht. Bewegt erlebte er die Demonstration der Volksfront am 14. Juli des Jahres 1936, Frankreichs Nationalfeiertag. Damals, so schreibt er, habe er bemerkt, dass er sein Vaterland verloren hatte. Mit vielen habe er die äußere Heimat verloren, aber dafür eine innere, reichere und schönere gewonnen.

Uhde war einer jener »guten Europäer«, von denen Nietzsche spricht. Jetzt, als der alte Kontinent am Rand des Unterganges steht, kann er von »diesem Paris, in dem ich zu Hause bin«, schreiben. Er blickt in seiner Autobiografie zurück auf einen weiten Weg, der ihn fortgeführt hatte »von allem Preußischen, Lutherischen, Reaktionären, Bismarckischen«, hin in »freie künstlerische Bezirke«. Mit Befriedigung konnte er registrieren, dass jene, für die er sich einst eingesetzt hatte, nun ihre Plätze in der Kunstgeschichte gefunden hatten. Rousseaus »Schlangenbeschwörerin« hing damals im Louvre, Picasso und Braque waren nun weltberühmt.

Den 14. Juli 1936 verbringt Uhde in der Wohnung eines Freundes an der Place des Vosges. Er beschreibt das Appartement mit seiner signifikanten »filosofia dell'arredamento« als alteuropäische Insel inmitten einer aus den Fugen geratenen Welt. Zwischen strengen Möbeln des 17. Jahrhunderts und unter dazu passenden alten Bildern hingen einige der »leidenschaftlichsten und reifsten Werke« der Moderne.

Wieder rückt das Bild ins Zentrum. Die schöne Beschreibung der Wohnung an der Place des Vosges, die sich am Ende der Autobiographie findet, symbolisiert ein Lebenskonzept. Die Harmonie von Altem und Neuem entspricht dem Versuch, »schön zu leben«, im Herz des Rades, das sich schneller und schneller dreht. Aber der Lärm der Welt dringt von außen in die Stille, der Bezirk der Kunst ist nicht hermetisch von ihr abgeschlossen. Der Versuch, sich in die Selbstvergessenheit einer ganz ästhetischen Existenz zu flüchten, ist notwendig zum Scheitern verurteilt.

Guernica

Ein Fluchtort zu sein vor der Realität: Diese Funktion haben die Bilder immer erfüllt. Ihnen wächst diese Rolle leicht zu, weil sie immer »anders« sind als jene Wirklichkeit, in der die Menschen sich im Alltag bewegen, die sie ängstigt oder verwirrt. Das Bild nimmt Distanz, es kann nicht anders. Wie auch immer sich diese Qualität bestimmen lässt, das Kunstwerk ist »schön«: Es erweckt – mag es auch anklagen, indem es Grauenvolles und Schreckliches zeigt – »Wohlgefallen«, große, damit positive Erlebnisse. Zwischen Bild und Geschehen ist immer Differenz. Das Werk systematisiert und ordnet, unabhängig von seiner Bedeutung. Es transponiert die Geräusche des Daseins in eine andere Tonart.

Es dürfte wenige Bilder geben, die diese Zusammenhänge ähnlich eindrucksvoll illustrieren wie Picassos »Guernica«. Uhde war Zeuge der Entstehung dieser Ikone des 20. Jahrhunderts. Am Ende der Autobiographie beschreibt er einen Besuch in Picassos Atelier in einem alten Gebäude an der Seine. Tod, Terror, Leid wird in der Reflexion des Betrachters zum schlichten Erlebnis. Der Bombenangriff auf das spanische Städtchen ist in Picassos Bild zu einer »schönen Struktur« geronnen. Die Erschütterung rührt nicht vom Geschehen in Guernica her, sondern von dessen dramatischer Verarbeitung; von der künstlerischen Bannung zu einem barocken, tragischen Spiel. Nach der eindrucksvollen Schilderung der Begegnung mit dem Bild gibt Uhde übergangslos das Resümee seiner Betrachtungen ab. Der abschließende Satz lautet einigermaßen banal und an dieser Stelle dekuvrierend: »So kommt am Ende meines Lebens manches Gute und Schöne zusammen.« Guernica, das Gute und das Schöne: Knapper lässt sich nicht fassen, was Kunst an Sublimierung leisten kann.

Uhde wird aber noch ein gutes Jahrzehnt zu leben haben. Nach der Besetzung Frankreichs durch die Wehrmacht zieht er sich in die Provence zurück; die Wirren jener Jahre schildert er in den »Aufzeichnungen aus den Kriegsjahren«. Nach dem Zweiten Weltkrieg kehrt er nach Paris zurück. Hier starb Uhde am 17. August 1947.

Literaturhinweise

Der Einleitungstext basiert auf dem Aufsatz von Bernd Roeck, »Von Bismarck bis Picasso«. Wilhelm Uhde und die Geburt der Avantgarde, in: Hardtwig, Wolfgang (Hg.), *Ordnungen in der Krise. Zur politischen Kulturgeschichte Deutschlands 1900–1933*, München 2007, S. 481–499, ferner auf seinem unveröffentlichten Vortrag »Berenson's Florence, 1900«, gehalten am 14.10.2009 in Florenz, Villa I Tatti, The Harvard University Center for Italian Renaissance Studies (erscheint 2010).

Sekundärliteratur

– Daix, Pierre, *Die Sammlung Kahnweiler – als »Feindesgut« versteigert (1921–1923)*, in: Schmidt, Katharina, Fischer, Hartwig (Hg.), *Ein Haus für den Kubismus. Die Sammlung Raoul La Roche*, Basel 1998, S. 25–32.

– Derouet, Christian (ed.), *Fernand Léger. Une correspondance d'affaires.* Les cahiers du Musée national d'art moderne, Horts Séries / Archives, Paris 1996.

– Desnos, Robert, *Ecrits sur les peintures*, Paris 1964.

– Fitzgerald, Michael, *Making Modernism: Picasso and the Creation of the Market for Twentieth-Century Art*, New York 1995.

– Gautherie-Kampka, Annette, *Les allemands du Dôme. La colonie allemande de Montparnasse dans les années 1903–1914*, Bern u. a. 1995.

– Gee, Malcolm, *Art Patrons of the 1920*, in: Jean Clair (ed.), *The 1920s. Age of the Metropolis*, Montreal Museum of Fine Arts 1991, S. 404–415.

– Gee, Malcolm, *Dealers, Critics and Collectors of Modern Painting. Aspects of the Parisian Art Market Between 1910 and 1930*, New York / London 1981.

– Geelhaar, Christian, *Picasso. Wegbereiter und Förderer seines Aufstiegs 1899–1939*, Zürich 1993.

– Green, Christopher, *Cubism and its Enemies. Modern Movements and Reaction in French Art 1916–1928*, New Haven / London 1987.

– Klibansky, Raymond, *La philosophie et la mémoire du siècle. Tolérance, liberté et philosophie. Entretiens avec Georges Leroux*, Paris 1998.

– Kultermann, Udo, *Geschichte der Kunstgeschichte. Der Weg einer Wissenschaft*, Frankfurt a. M. / München/Berlin 1981.

– Roeck, Bernd, *Wahrmund, ein kleiner Gelehrter. Der Kulturhistoriker Aby Warburg wird in einem Renaissancedrama von Wilhelm Uhde lächerlich gemacht*, in: Frankfurter Allgemeine Zeitung, 12. 9. 2001, Beilage »Geisteswissenschaften«.

– Rubin, William, *Picasso und Braque. Die Geburt des Kubismus*, 3. Aufl. München 1990.

Archivalien

Literaturarchiv Marbach: 79. 864; 79 865.

Werke Wilhelm Uhdes (Auswahl)

– *Am Grabe der Mediceer. Florentiner Briefe über deutsche Kultur*, Dresden / Leipzig 1899.

– *Henri Rousseau*, Dresden 1921.

– *Das flammende Reich. Ein Bekenntnis zum heimlichen Deutschland*, Burg Lauenstein 1921.

– *Picasso et la tradition française*, Paris 1926.

– *Leben und Werk des Vincent van Gogh*, 2. Aufl. Wien 1937.

– *Fünf primitive Meister: Rousseau, Vivin, Bombois, Bauchant, Séraphine*, Zürich 1947.

Editorische Notiz

Der Essay teilt nur einige wesentliche Fakten zur Vita mit und ist für einen breiteren Leserkreis bestimmt; eine umfassende wissenschaftliche Auseinandersetzung mit der Person und dem Werk Wilhelm Uhdes steht noch aus.

Die vorliegende Ausgabe von »Von Bismarck bis Picasso« entspricht der Originalausgabe von 1938. Eine kommentierte Edition kann sie nicht ersetzen.

Séraphine Louis / von Senlis

Anhang

Personenregister

preußischer Regierungspräsident, 130, 131, 132

Modigliani, Amedeo (1884–1920), italienischer Zeichner, Maler und Bildhauer, 240

Mommsen, Theodor (1817–1903), deutscher Historiker und Altertumswissenschaftler, 36f.

Mönckeberg, Carl (1873–1939), deutscher Jurist und Schriftsteller, 103

Monet, Claude (1840–1926), französischer Maler, 124

Morelli,»der alte Morelli«, 139, 140

Morosoff, Iwan Abramowitsch (1871–1921), russischer Kunstsammler, 162

Murat, Marie Antoinette (Princesse Murat, 1793–1847), kaiserlich französische Prinzessin und durch Heirat Fürstin von Hohenzollern-Sigmaringen, 255f.

Muther, Richard (1860–1909), deutscher Kunsthistoriker und -kritiker, 97f., 99, 118, 120, 134f., 358

Mutius, Gerhard von (1872–1934), deutscher Diplomat, 131f.

Nemes, Marcel von (1866–1930), Kunstsammler, 160

Neurath, Konstantin Hermann Karl Freiherr von (1873–1956), deutscher Politiker und Mitglied von NSDAP und SS, Aussenminister zwischen 1932 und 1938, 58

Nietzsche, Friedrich (1844–1900), deutscher Philosoph, Dichter und klassischer Philologe, 31f., 69, 92f., 101f., 254, 287, 356, 357, 358, 373

Nostradamus (1503–1566), französischer Unternehmer, Arzt und Astronom, 313

Obstfelder, Inhaber einer Zigarettenfabrik, 233

Olivier, Fernande (1881–1966), erste Lebensgefährtin und Muse

Pablo Picassos zwischen 1905 und 1912, 147

Orlamünde, Katharina Gräfin, deutsche Gräfin, die laut Legende ihre zwei Kinder ermordet hat, um eine Ehe mit Albrecht von Hohenzollern, dem Burggrafen von Nürnberg, zu ermöglichen, 202

Osthaus, Karl Ernst (1874–1921), deutscher Kunstmäzen und -sammler, 160

Pascin, Julius (auch Jules Pascin genannt, 1885–1930), bulgarischer Maler des Expressionismus, 141f., 178, 360

Paul, Bruno (1874–1968), deutscher Architekt, satirischer Zeichner, Möbeldesigner, 165

Paul, Jean (1763–1825), deutscher Schriftsteller, 193, 197ff., 201, 239, 254

Pellerin, Sammlung, 136

Père Frédéric, 145

Perugino (um 1445/48–1523), italienischer Maler, 256

Picasso, Pablo (1881–1973), spanischer Maler, Grafiker, Bildhauer, 15, 83, 127, 139, 146ff., 151, 158, 160, 161, 162, 164, 165, 168, 174, 240, 242, 243f., 245, 249, 250, 254, 262, 263, 284, 292, 298, 302, 306, 311, 314, 316, 327, 352, 353, 359, 361, 362, 363, 364, 365, 366, 367, 368, 369, 371, 372, 374, 375, 376, 377

Pissarro, Camille (1830–1903), französischer Maler, 124, 136

Platon (ca. 428–348 v. Chr.), griechischer Philosoph, 42, 94, 95, 194, 208, 214, 243, 288, 300, 317, 327, 344, 363

Polizian oder Poliziano, Angelo (1454–1494), italienischer Humanist und Dichter, 101

Ponchont, Angèle, Lehrerin und Übersetzerin, 311f.

Poussin, Nicolas (1594–1665), französischer Maler, 119, 226, 260

Prittwitz und Gaffron, Maximilian
von (1848–1917), war königlich
preußischer Generaloberst à la
suite und Mitglied des Preußischen Herrenhauses, 39, 105
Proudhon, Pierre-Joseph (1809–1865),
französischer Ökonom und
Soziologe, 307
Purrmann, Hans (1880–1966),
deutscher Maler und Grafiker,
136, 360
Radolin, Hugo Fürst von (bis 1888:
Graf von Radolin-Radolinski,
1841–1917), Jurist und Hofbe-
amter, 55, 129f., 142, 361
Rath, Anna vom (1839–1918), deutsche Salonière, 156
Redon, Odilon (1840–1916), französischer Maler, 165
Reißner, Carl, deutscher Verleger, 89
Rembrandt van Rijn (1606–1669),
niederländischer Maler, 119,
127, 134, 161, 170, 248
Renoir, Pierre-Auguste (1841–1919),
französischer Maler, 124, 135,
136, 148, 169, 221, 262, 263, 270,
302, 367
Reuter, Friedrich, 42f., 299
Reverchon, Blanche (1879–1974),
französische Ärztin und Psycho-
analystin, 221
Richter, Adrian Ludwig (1803–1884),
deutscher Maler und Zeichner,
211
Rilke, Rainer Maria (1875–1926),
deutscher Dichter, 181, 212,
259f.
Rimbaud, Arthur (1854–1891),
französischer Dichter, 237
Ringelnatz, Joachim (1883–1934),
deutscher Schriftsteller, Kaba-
rettist und Maler, 203, 371
Rohde, Erwin (1845–1898), deutscher
Altphilologe, 93, 95, 102, 357
Rolland, Romain (1866–1944),
französischer Dramatiker,
Schriftsteller und Kunsthistoriker, 212f.
Rosam, Walter (1883–1916), deutscher Künstler, 139f.

Rosenberg, Léonce (1879–1947),
französischer Galerist, Inhaber
der Galerie L'Effort Moderne,
Bruder des Kunsthändlers Paul
Rosenberg, 367f., 369
Rosenberg, Paul (1881–1959),
französischer Kunsthändler,
124, 159, 163, 242
Rousseau, Henri (1844–1910),
französischer Maler, 15, 84, 127,
151, 157f., 159f., 162ff., 165,
168f., 174, 233f., 237, 240ff., 255,
257, 259, 260, 263, 272, 280, 293,
302, 311, 314, 327, 336, 353, 359,
361f., 371, 374, 377
Rousseau, Jean-Jacques (1712–1778),
Genfer Schriftsteller, Philosoph,
Pädagoge, 171
Rubens, Peter Paul (1577–1640),
flämischer Maler, 119
Runge, Philipp Otto (1777–1810),
deutscher Maler, 104, 251
Ruskin, John (1819–1900), englischer
Schriftsteller, Maler, Kunsthistoriker und Sozialphilosoph, 50,
364
Sagot, Clovis, Pariser Galerist, 148
Sarraut, Albert-Pierre (1872–1962),
französischer Politiker, 318, 320,
323f.
Schaeffer, Emil, deutscher Kunst-
historiker und Autor, 84, 97
Schames, Ludwig, (1852–1922),
deutscher Kunsthändler, 153f.
Scheidemann, Philipp Heinrich
(1865–1939), deutscher sozial-
demokratischer Politiker und
Publizist, 218
Schelling, Friedrich Wilhelm Joseph
(1775–1854), deutscher Philosoph, 183
Schiller, Friedrich (1759–1805),
deutscher Dichter und Dramatiker, 24, 31, 193, 197, 290
Schoen, Wilhelm von (1851–1933),
deutscher Diplomat, 131
Schopenhauer, Arthur (1788–1860),
deutscher Philosoph, 31, 356
Schulte, Berliner Kunstsalon, 165

Bildnachweis

Umschlag, Schmutztitel
Anne-Marie Uhde: Wilhelm Uhde, um
1915. DLA Marbach. Mit freundlicher
Genehmigung

S. 304
Anne-Marie Uhde: Wilhelm Uhde, Die
Meute in Chantilly 1931

S. 350
Robert Delaunay: Wilhelm Uhde,
1907. © L & M SERVICES B. V. The
Hague 20100111

S. 351
Helmut Kolle: Portrait Wilhelm Uhde,
um 1930. Besten Dank an die Galerie
Gunzenhauser, München

S. 352
Pablo Picasso: Portrait de Wilhelm
Uhde, 1910. © 2010, ProLitteris,
Zürich

S. 378
Anne-Marie Uhde: Séraphine von
Senlis

Anne Cuneo
Anne-Marie Blanc
Gespräche im Hause Blanc

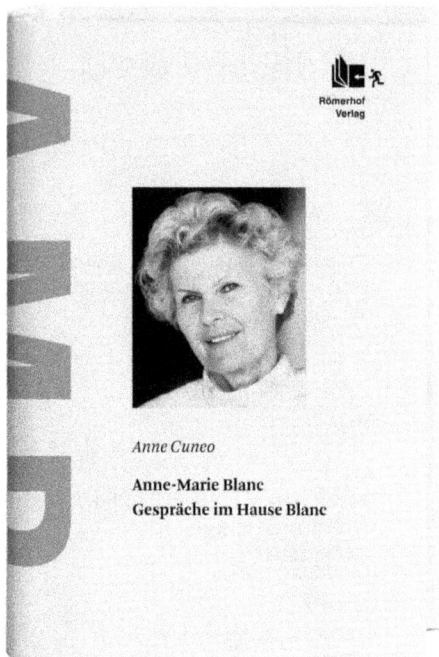

Römerhof
Verlag

Anne Cuneo

Anne-Marie Blanc
Gespräche im Hause Blanc

Anne-Marie Blanc – erster weiblicher Filmstar der Schweiz und über Jahrzehnte eine Ikone des Theaters. Der Durchbruch gelang ihr 1941 mit der Hauptrolle in »Gilberte de Courgenay«. Sie starb 2009 kurz vor ihrem 90. Geburtstag. Die Schriftstellerin Anne Cuneo hat in zahlreichen Gesprächen mit Anne-Marie Blanc das facettenreiche Leben dieser einzigartigen Persönlichkeit aufgezeichnet: eine Hommage an eine mutige Frau, die sich auch privat über konventionelle Rollen hinweggesetzt hat.

Anne Cuneo hat zahlreiche Bücher veröffentlicht und ist als Journalistin, Essayistin und Theater- und Filmregisseurin tätig.

Inkl. DVD »Savannah Bay« (A.-M. Blancs Abschiedsvorstellung)

———

Leseprobe unter: www.roemerhof-verlag.ch
ISBN 978-3-905894-04-2

»Ein ergreifendes Dokument über den ersten Filmstar der Schweiz und eine wahrhaft große Künstlerin.«

BERNER ZEITUNG

»Wir lernen in diesen Gesprächen eine zupackende, aber äußerst warmherzige Frau kennen, die besonders stolz darauf war, dass sie ihr Leben als Schauspielerin und als Ehefrau und Mutter dreier Söhne unter einen Hut brachte.«

TAGES-ANZEIGER

Römerhof
Verlag

Susanne Giger
Hans Vontobel
Bankier Patron Zeitzeuge

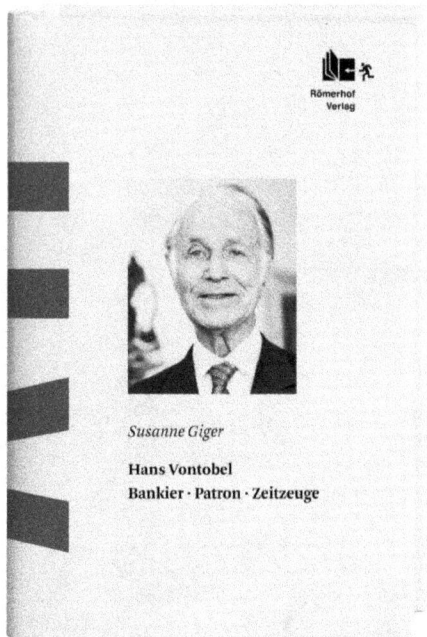

Susanne Giger

Hans Vontobel
Bankier · Patron · Zeitzeuge

Der Wirtschaftsjournalistin Susanne Giger gelingt es in ihren Gesprächen, den bedeutenden Bankier von einer ganz persönlichen Seite zu zeigen: ein wertvoller Einblick in den Erfahrungsschatz eines Mannes, der nahezu ein ganzes Jahrhundert überblickt. Es ist eine unterhaltsame Lektüre über Historisches, Fachliches, Weisheiten, Menschen, Geld und Zahlen.

An sieben ausgewählten Schauplätzen blickt der inzwischen 92-jährige Patron der renommierten Schweizer Bank Vontobel auf sein Leben zurück und erzählt von prägenden Erfahrungen aus seinem Berufs- und Privatleben. Seine Erinnerungen sind zugleich ein Stück Zeit- und Zürich-Geschichte, und sie veranschaulichen den Wandel des letzten Jahrhunderts – in der Finanzwelt, der Politik und der Gesellschaft.

Leseprobe unter: www.roemerhof-verlag.ch
ISBN 978-3-905894-01-1

»Sieben lange Hintergrundgespräche hat Giger mit dem
Mann, der über fast ein Jahrhundert auch sieben Börsenkri-
sen erlebt hat, geführt und aufgeschrieben. Dass die Gespräche hauptsächlich letztes Jahr [2008] stattfanden und dadurch mit dem Fortschreiten der Finanzkrise einen aktuellen
Bezug erhalten, ist ein Glücksfall für das Buch.«
NEUE ZÜRCHER ZEITUNG

»Die Ausgangslage ist faszinierend. Der Zürcher Bankier Hans
Vontobel gehört zweifelsohne zu den größten noch lebenden
Zeitzeugen der Schweizer Finanzbranche. [...] Entstanden ist
ein liebevolles Buch voller Respekt und Wärme.«
FINEWS

August Forel
Rückblick auf mein Leben

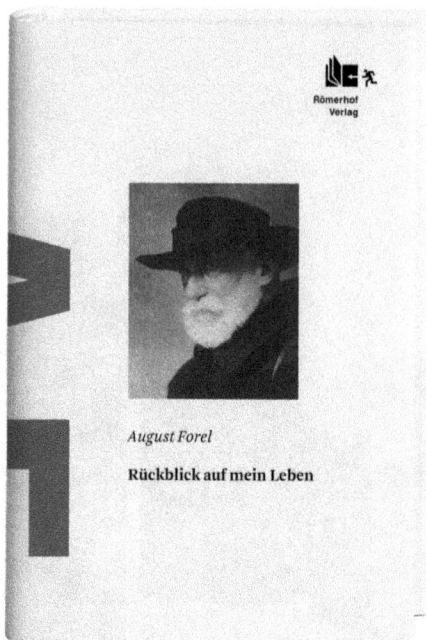

August Forel

Rückblick auf mein Leben

August Forel (1848–1931), Schweizer Mediziner und Insektenkundler, war zeitlebens von unermüdlichem Forschungsdrang getrieben: Er gilt als Vater der Schweizer Psychiatrie und als Vorreiter auf dem Gebiet der Sexualforschung. Als einer der ersten Wissenschaftler setzte er sich intensiv mit Alkoholkonsum und dessen verheerenden Konsequenzen auseinander.

In seiner sehr persönlichen Autobiographie beschreibt Forel zahlreiche seiner thematisch breit gefächerten Studien, etwa die Hirnforschung, seine Sexualreform oder die Untersuchungen über Ameisen, die ihn sein Leben lang begeistern sollten. Eingebettet werden diese Erinnerungen in den Kontext seines Privatlebens.

Mit einem kommentierenden Essay von Richard Müller

Leseprobe unter: www.roemerhof-verlag.ch
ISBN 978-3-905894-05-9

Mary Lavater-Sloman
Lucrezia Borgia
und ihr Schatten

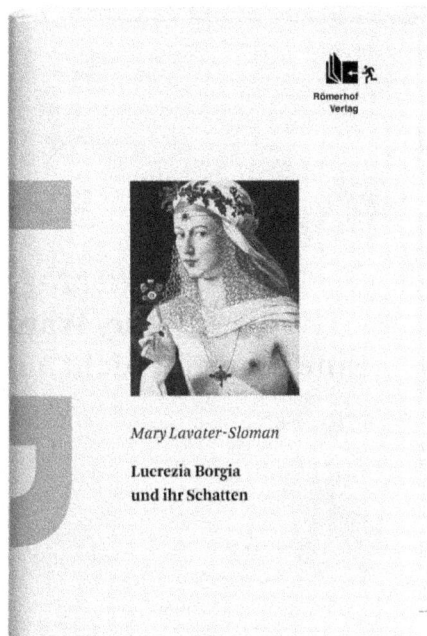

Welchen Preis musste eine Frau im 16. Jahrhundert zahlen, um wirklich frei zu sein? Lucrezia Borgia (1480–1519), Tochter des späteren Papstes Alexander VI., wurde bereits im Alter von 13 Jahren zum Spielball der großen Politik und der Intrigen ihres Vaters und ihres Bruders. Bewundert und gefürchtet, beneidet und als Mitglied des berüchtigten Borgia-Clans übelsten Verleumdungen ausgesetzt, wurde Lucrezia Borgia den Ruf einer Giftmischerin und Geliebten des eigenen Vaters bis heute nicht los.

Mary Lavater-Sloman zeichnet ein facettenreiches Bild dieser außergewöhnlichen Frau. Die Biographie beruht auf sorgfältig recherchierten Fakten, die aus der Sicht einer fiktiven Figur erzählt werden.

Mit einem kommentierenden Essay von Bernd Roeck

Leseprobe unter: www.roemerhof-verlag.ch
ISBN 978-3-905894-00-4

Römerhof
Verlag

Walter Nigg
Mary Ward
Eine Frau gibt nicht auf

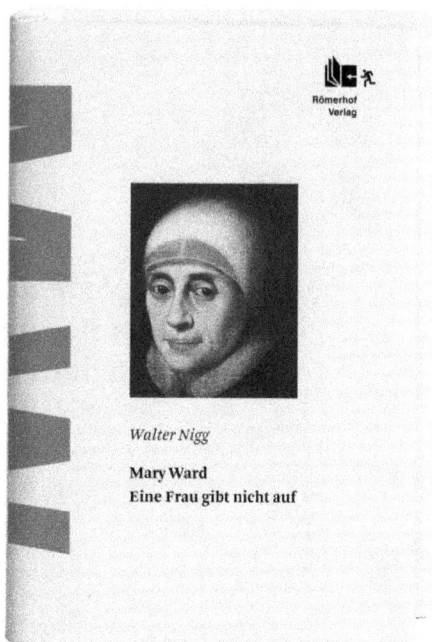

Walter Nigg

Mary Ward
Eine Frau gibt nicht auf

Was bewegt eine hübsche, junge Frau, trotz zahlreicher Ehe-
anwärter und gegen den Willen ihrer Eltern, den Weg ins
Kloster zu wählen? Mary Ward (1585–1645), geboren im eli-
sabethanischen England zur Zeit der Katholikenverfolgung,
ist eine der bedeutendsten und interessantesten Frauen der
Kirchengeschichte. Als Nonne setzte sie sich zeit ihres Lebens
unentwegt für eine bessere Bildung für Mädchen ein.

Das feinsinnige Porträt des renommierten Biographen Walter
Nigg zeichnet die Lebensgeschichte einer Frau, die nie ihren
Mut verlor und der es gelang, auf eine schöpferische Art mit
Rückschlägen fertig zu werde, ohne je ihre Ideale aus den Au-
gen zu verlieren.

*Mit einem kommentierenden Essay von Prof. Dr. Barbara
Hallensleben*

Leseprobe unter: www.roemerhof-verlag.ch
ISBN 978-3-905894-03-5

Walter Nigg
Franz Overbeck
Versuch einer Würdigung

Römerhof
Verlag

Walter Nigg

Franz Overbeck
Versuch einer Würdigung

Franz Camille Overbeck (1837–1905), religiöser Skeptiker und treuester Freund Nietzsches, gehört zu den widersprüchlichsten Gelehrten des 19. Jahrhunderts. Obwohl Professor für evangelische Theologie an der Universität Basel, distanzierte er sich schon früh von der akademischen Theologie und der kirchlichen Auslegung des Christentums. Auf Veranlassung Nietzsches formulierte er 1873 die Schrift »Über die Christlichkeit unserer heutigen Theologie«.

Das Buch des Overbeck-Kenners Walter Nigg basiert auf dem umfangreichen handschriftlichen Nachlass des Basler Theologen. Walter Nigg nimmt eine umfassende Darstellung von Overbecks Werk und eine bestechende Analyse seiner an Widersprüchen reichen Persönlichkeit vor.

Mit einem kommentierenden Essay von Dr. Niklaus Peter

———

Leseprobe unter: www.roemerhof-verlag.ch
ISBN 978-3-905894-02-8